MERIAN
Reiseführer

Ägypten

Die Autorin *Anne-Béatrice Clasmann, Jahrgang 1968, ist Auslandskorrespondentin der Deutschen Presse-Agentur (dpa). Nach dem Studium der Semitistik (Schwerpunkt Arabisch), Romanistik und Politikwissenschaft arbeitete die gebürtige Kölnerin als freie Journalistin für deutsche Tageszeitungen, bis sie 1993 zu dpa ging. Als Redakteurin arbeitete sie zuerst in Köln. 1998 wechselte sie als Korrespondentin nach Genf und 2001 schließlich nach Kairo.*

TRAVEL HOUSE MEDIA

6 **MERIAN TOPTEN** ★
Höhepunkte des Landes, die Sie gesehen haben sollten

8 **Übersichtskarte**
Ägypten

10 **WILLKOMMEN**
Jedes Jahr zieht es Millionen von Bildungshungrigen, Abenteurern oder Sonnenanbetern nach Ägypten.

20 **Bilderbogen**
Die schönsten Ausblicke und die spektakulärsten Ansichten aus dem Land der Pharaonen

32 **LITERARISCHE STIMMEN**
Im Roman »Der Jakubijan-Bau« zeichnet Alaa al-Aswani ein Sittenbild der ägyptischen Gesellschaft.

40 **DER GUTE TIPP VON MERIAN** ★
Autorenempfehlungen, mit denen Sie vor Ort mehr erleben

43 **Hotels**
46 **Essen und Trinken**
50 **Einkaufen**
54 **Erholung und Sport**
60 **Besondere Feste/Rituale**
62 **Sehenswertes**
64 **In-Treffs**
66 **Übersichtskarte**
70 **Am Abend**
75 **Besondere Orte**

UNTERWEGS zu den Pharaonen **Seite 114**

TAUCHEN im Roten Meer **Seite 216**

ORIENTALISCHE Manier **Seite 74**

Ägyptisch **FEIERN** **Seite 106**

IN LUXUS wohnen **Seite 119**

ZU GAST IN ÄGYPTEN 82

Die besten Adressen in Ägypten für einen gelungenen Aufenthalt

Hotels 84
SPEZIAL Fürstlich wohnen 88
Essen und Trinken 90
SPEZIAL Authentisch speisen 94
Essdolmetscher 96
Einkaufen 98
SPEZIAL Musik als Lebenselixier 102
Feste und Events 104
Sport und Strände 108

UNTERWEGS 114

Die wichtigsten Sehenswürdigkeiten, die schönsten Plätze des Landes

In Kairo und Umgebung 116
SPEZIAL Scharia al-Muizz 124
SPEZIAL Begräbnistraditionen 138
SPEZIAL Alt-Kairo 146
SPEZIAL Ramses 158
Mittelmeerküste und Delta 176
Rotes Meer und Sinai 192
SPEZIAL Tauchen im Roten Meer 216
SPEZIAL Christentum in Ägypten 222
Oberägypten 230
SPEZIAL Elephantine Island 242
SPEZIAL Tempel von Karnak 252
SPEZIAL Nilkreuzfahrt 263
SPEZIAL Tal der Könige 276
Oasen und westliche Wüste 286

FOKUS 304

Wissenswertes, Anekdoten, Porträts: Geschichten rund um Ägypten

307 **Als Frau unterwegs in Ägypten**
308 **Die Fayyum-Porträts**
310 **Religion und Götter im Alten Ägypten**
313 **Großfamilie – Fluch und Segen**
314 SPEZIAL Die Lust am Bauchtanz
317 **Minirock oder Islam-Chic**
318 SPEZIAL Nagib Machfus
321 **Ägyptische Sprichwörter**
322 SPEZIAL Die Pyramiden
327 **Taxifahren in Kairo**
328 **Eine streitbare Frau**
330 **Bettler, Schlepper und Bakschisch**
332 **Ägypter und die Zeit**

334 GESTERN UND HEUTE
5000 Jahre Geschichte und ihre Persönlichkeiten. Außerdem: Jahreszahlen und Fakten im Überblick

338 **Geschichtstabelle**
346 SPEZIAL Nofretete
360 SPEZIAL Islam und Islamisierung

364 REISE-SERVICE
366 **Wissenwertes von A–Z**
386 **Sprachführer**
388 **Glossar**

392 **Orts- und Sachregister, Bildnachweis**
398 **Impressum**

ROUTEN UND TOUREN
Herausnehmbare Faltkarte
im Maßstab 1: 2.000.000
(vordere Tasche)

Im Tal der **KÖNIGE** **Seite 276**

ABU SIMBEL ist ein Muss **Seite 233**

IM FOKUS der Jahrtausende **Seite 304**

Titelbild: Pyramiden von Gizeh, Foto: Laif/Clemens Emmler

Durch die **WÜSTE** **Seite 297**

RELIGION im Alltag **Seite 360**

Karten und Pläne

Übersichtskarte Ägypten	8/9
Übersicht Ägypten und Kairo	66/67
Ras Mohamed	76
Scharia al-Muizz	126
Zitadelle	136
Koptisches Kairo	146
Pyramiden von Gizeh	161
Alexandria	182/183
Hurghada	201
Assuan	247
Luxor und Karnak	260
Der Nil zwischen Assuan und Luxor	270
Theben-West	274
Oase Dachla und Oase Siwa	292 u. 300
Metroplan Kairo	377

Herausnehmbare Tourenkarten
(hintere Tasche)

Ländliche Pyramidentour	Tour 1
Zur schönsten Oase Ägyptens	Tour 2
Die große Sinai-Runde	Tour 3
Von Kairo ans Rote Meer	Tour 4
Islamische Altstadt von Kairo	Tour 5
Wüste und Tempel	Tour 6

HINWEISE

Erläuterung der Symbole

- Für Familien und Kinder geeignet
- Behindertengerechte Einrichtung
- Hunde erlaubt
- CREDIT Alle Kreditkarten akzeptiert
- Keine Kreditkarten akzeptiert

Preise für eine Ü im DZ ohne F

••••	ab 120 Euro	•••	ab 90 Euro
••	ab 40 Euro	•	ab 10 Euro

Preise für Hauptgerichte ohne Getränke

••••	über 45 Euro	•••	bis 45 Euro
••	bis 25 Euro	•	bis 10 Euro

Querverweise

in ein Planquadrat der Übersichtskarte auf Seite 8/9 oder in die Karte im Kapitel »Der gute Tipp von MERIAN« auf S. 66/67, z.B. ➤ **Der Süden, [a 2]** oder in einen Stadtplan, z.B. ➤ **Assuan, S. 247, [a 2]** sowie zusätzlich (mit Großbuchstabe) in das entsprechende Planquadrat der herausnehmbaren Faltkarte ➤ **[B 2]**

1 CHAN AL-CHALILI BASAR

Traditionelles Handwerk und redselige Händler im Herzen der islamischen Altstadt von Kairo bilden die Essenz des Orients – und an manchen Ecken scheint die Zeit im Jahr 1900 stehen geblieben zu sein. (S. 133)

2 ZITADELLE DES SALADIN

Zentraler historischer Ort für die Araber Kairos und schönster Aussichtspunkt der Metropole – aus der Vogelperspektive blickt man auf das Häusermeer mit Minaretten und Moscheekuppeln. (S. 137)

3 ÄGYPTISCHES MUSEUM IN KAIRO

Spektakuläre Entdeckungen in charmantem Kolonialbau – genug Programm für mehrere Tage inmitten eines erlesenen Sammelsuriums aus Gold und Mumien. (S. 140)

4 PYRAMIDEN VON GIZEH

Erhabene Monumente, Symbole der Macht – das eindrucksvollste Beispiel von Stein gewordenen Jenseitsvorstellungen der Pharaonen ist 4500 Jahre alt. (S. 159)

5 MOSESBERG UND KATHARINENKLOSTER

Auch ohne ein frommer Christ zu sein spürt man die historische Bedeutung des griechisch-orthodoxen Klosters am Fuße des Berges Sinai. Auf dem Gipfel soll Moses die zehn Gebote empfangen haben – bei fantastischer Aussicht. (S. 218)

6 NIL BEI ASSUAN

Mit einer Feluke gemächlich auf dem Nil herumschippern und sich inmitten einer traumhaften Flusslandschaft von Insel zu Insel treiben lassen. Der Weg ist schließlich das Ziel. (S. 238)

7 TEMPEL VON KARNAK

Nirgendwo sind Götterkult und Macht des Königs so verwoben wie in dieser Tempelanlage Ägyptens, wo eine Allee von Sphingen den Besucher grüßt. (S. 252)

9 ALTSTADT VON AL-QASR IN DER OASE DACHLA

Ein stimmungsvoller Spaziergang durch die hervorragend erhaltene mittelalterliche Kleinstadt gibt Einblick in das Leben in der Westlichen Wüste. (S. 292)

8 TAL DER KÖNIGE

Geschmückt und mit reich ausstaffierten Grabkammern begannen die Könige des Neuen Reiches – darunter auch Tutanchamun – in Luxor ihre Reise ins Jenseits. (S. 276)

10 OASE SIWA

Ganz einfach das Paradies. Quellen sprudeln, Palmen säumen die sandigen Wege der freundlichen Bewohner, bei denen man die Hektik des Alltags vergisst. (S. 297)

Mittelmeer
MITTELMEER-KÜSTE UND DELTA
KAIRO UND UMGEBUNG
OASEN UND WESTLICHE WÜSTEN
OBER
ÄGYPTEN
LIBYEN
Libysche (Westliche) Wüste
Qattara Depression
-133
Sidi Barrani
Marsa Matruh
Sidi Abd al-Rahman
Al-Alamain
Alexandria
Agami
Abu Sir
Abu Mena
Maamura
Raschid
Baltim
Ras al-Barr
Dumyat
Al Mansura
Damanhur
Tanta
Nil
Schubra al-Cheima
Kairo
Wadi Natrun
Pyramide von Abu Rawasch
Pyramiden von Gizeh
Saqqara
Memphis
Karanis
Helwan
Dahschur
Birkat Qarun
Fayyum
Maidum
Oase Fayyum
Beni Suef
Ain Suchna
Zafaran
Antoniuskl.
Paulus
Oase Siwa
Siwa
Al-Bawiti
Oase Bahariya
Al-Minya
Zawyet al-Amwat
Bani Hassan
Mallawi
Tell al-Amarna
Qasr Farafira
Oase Farafira
Assiut
Suhag
Al-Baliana
Abydos
Tempel von D
Theben-W
Tal der Kö
Oase Dachla
Mut
Oase Charga
Al-Charga
Baris
St.-Simeons
Kalabscha
Al-Gilf al-Kabir Plateau
Abu Simbel
1 2 3 4 8 9 10
55 11 1 44 33 54 2 57

MERIAN TOPTEN

Höhepunkte des Landes, die Sie kennen müssen, siehe Seite 6/7

ÄGYPTEN

Staatsform: Präsidiale Republik
Einwohner: 78,887 Mio.
Fläche: 997 739 km²
Hauptstadt: Kairo
Bevölkerungsdichte: 64 Ew./km²
Amtssprache: Arabisch
Religion: Muslime 94 %, Christen 6 %

Die Staatsflagge: Rot erinnert an die Revolution 1952, Weiß symbolisiert eine strahlende Zukunft, und Schwarz steht für die dunkle Vergangenheit. Der goldene Adler Saladins ist eine Idolfigur der arabischen Einheit. In seinen Fängen hält er ein Schriftband mit dem Namen des Staates.

Die Geschichte: Die Flagge geht auf die seit 1953 verwendete Arabische Befreiungsflagge zurück. Mit zwei grünen Sternen in der Mitte war sie die Flagge der Vereinigten Arabischen Republik. Offiziell gehisst wurde die heutige Version am 04.10.1984.

WILLKOMMEN

Millionen von Bildungshungrigen, Sonnenanbetern, Abenteurern und Wassersportbegeisterten zieht es jedes Jahr nach Ägypten. Kein Wunder, denn das Reich der Pharaonen ist so vielseitig wie kaum ein zweites Urlaubsland. Hier kann man durch riesige Tempel, einsame Wüsten und lebendige Basarviertel streifen. Oder im Roten Meer eine wunderschöne Welt der Korallenriffe und Fische entdecken.

Highlight im Morgenlicht: Kreuzfahrtschiff vor den Felsentempeln von Abu Simbel

Nächtliches Nil-Panorama: Zu Füßen des »Cairo Tower«, dem Fernsehturm im Stil einer Lotusblume, liegt die größte arabische Metropole.

Der Verkehr braust chaotisch, laut und unerbittlich über die Brücke. Doch völlig

unberührt davon halten Liebespaare an der Brüstung Händchen. Hier, in den Abendstunden auf der Qasr-al-Nil-Brücke im Herzen von Kairo, begreift man den ganzen Charme Ägyptens. Von hier aus sieht man den modernen Cairo Tower, die großen Luxushotels am Nil, die kleinen Feluken und die farbig beleuchteten Restaurant-Schiffe. Man blickt hinunter auf den Fluss, der die Lebensader Ägyptens ist. Familien kaufen Maiskolben, die alte Frauen auf kleinen Holzfeuern grillen. Jungen steuern Eselskarren an den großen Bussen und Lastwagen vorbei, und die Touristen blicken neugierig aus den Pferdekutschen heraus. Wenn man für einen Moment die Augen schließt und sich nur auf die Geräusche konzentriert, spürt man, wie lebendig diese Stadt ist, die nur in den Stunden zwischen drei und sechs Uhr morgens etwas zur Ruhe kommt. Hupen, Trommeln, Lachen und Geschrei – immer ist irgendwo etwas los.

»Ob es wohl am Wetter liegt? Auf jeden Fall haben die Ägypter bessere Laune als wir Mitteleuropäer«, stellt eine deutsche Touristin fest, die staunend beobachtet, wie ein junger Mann durch den Verkehr quer über die Brücke tänzelt. Wer hier, wo es weder Ampel, Zebrastreifen oder Verkehrspolizisten gibt, als Tourist länger als fünf Minuten hilflos steht, dem kann es passieren, dass ein Einheimischer kommt, um ihm zu helfen, einen sicheren Weg durch das Chaos zu finden. Die Brücke, die bei Tageslicht wenig romantisch wirkt, ist einer der beliebtesten Orte für Hochzeitspaare, die sich dort nachts in Brautkleid und schwarzem Anzug fotografieren lassen.

Die wenigsten Ägypter stört der Lärm, und so können viele von ihnen auch gar nicht verstehen, weshalb es Millionen von Ausländern, die ihre Heimat jedes Jahr besuchen, auch an die stilleren Orte zieht: zum Katharinenkloster auf dem Sinai, in die Wüste, an ruhige Strände in Naturschutzgebieten und auch zu den »anderen« Pyramiden, die nicht so berühmt und gut besucht sind wie diejenigen von Gizeh. Vor allem die Deutschen, das haben die Ägypter gelernt, lieben die Wüste. Weshalb das so ist,

Für Ägypter ein Rätsel: die Liebe vieler Deutscher für die Einsamkeit der Wüste

können sie sich allerdings nicht erklären. Ich erinnere mich noch sehr gut an einen ägyptischen Journalisten, der mir mit ungläubigem Kopfschütteln von den »70-jährigen deutschen Damen, die freiwillig zwölf Tage in der Wüste kampiert hatten« erzählte.

Von unberührter Natur kann an vielen Stränden am Roten Meer zwar nicht mehr die Rede sein. Dennoch ist das Wasser an den meisten Orten recht sauber und diese Küste idealer Ausgangspunkt für alle, die mit Schnorchel oder

Tauchausrüstung bunte Fische und prächtige Korallenriffe entdecken wollen. An manchen Orten liegen die Korallen so dicht am Strand, dass die Schwimmer nur über Stege ins Wasser gelangen können. Für Taucher sind solche Gegenden ein Traum. Für einen Urlaub mit Kindern, die am Ufer spielen wollen, sollte man eher einen der seichten Sandstrände auswählen. Wer das Rote Meer aber schon im Kindesalter kennenlernt und einmal mit dem Glasboot oder mit Taucherbrille und Schnorchel erkundet hat, der kommt davon meist nicht mehr los. Zwar besteht der Küstenstreifen dort,

Die Qual der Wahl: erholsame Badeferien oder beeindruckende Bildungsreise

wo es keine künstlich bewässerten Hotelgärten gibt, fast ausschließlich aus Sand, Steinen und Bergen, fast ohne jede Vegetation. Aber auch diese karge Landschaft hat ihren Reiz und lässt den Geist gestresster Großstadtmenschen zur Ruhe kommen.

Doch so schön Badeferien am Roten Meer auch sein können: Ägypten zu besuchen, ohne die Monumente aus der Pharaonenzeit, die islamische Altstadt von Kairo oder die Schönheit der Wüste auch nur eines Blickes zu würdigen, ist entweder eine Schande oder aber ein guter Grund für eine zweite Reise. Denn im Land der Pharaonen gibt es so viel zu sehen, dass es schwer fällt, einen Lieblingsort zu finden: In Assuan, wo man mit der Feluke nilaufwärts an kleinen Dörfern und idyllischen Inseln vorbeisegelt, oder in den gepflegten Klosteranlagen des Wadi Natrun, vor den riesigen Statuen Ramses II. in Abu Simbel oder im geschäftigen Treiben in der Kairoer Altstadt.

Ägypten ist trotz des großen Andrangs von Touristen ein Land, in dem es dem Besucher passieren kann, dass er sich ein 3000 Jahre altes Bauwerk ganz alleine anschauen darf. Denn zwischen Mittelmeer und dem Nassersee, zwischen dem Roten Meer und der Libyschen Wüste gibt es so viele beeindruckende Monumente und Ausgrabungsstätten, dass die meisten Touristen in ihrem oft knapp bemessenen Urlaub nur einen Bruchteil dessen sehen können.

Schon häufig habe ich mir mutterseelenallein Tempel angeschaut, deren Eingangstore mit Vorhängeschlössern gesi-

Untergang im Morgenland: Scharm al-Scheich ist ein Taucherparadies.

chert waren und die mir dann ein mehr oder minder bereitwilliger Aufseher aufschloss. Und selbst in der Knickpyramide von Dahschur ist am Nachmittag, wenn die Reisebusse verschwunden sind, oft keine Menschenseele zu finden. So kann man sich zumindest für einen kurzen Moment einbilden, ein Entdecker zu sein. Jedenfalls so lange, bis man auf die unerfreulichen Spuren einiger Ägypten-Reisender trifft, die ihre Namen in das 3000 Jahre alte Mauerwerk ritzten.

Die Ägypter selbst haben häufig ein zwiespältiges Verhältnis zu ihrem Erbe aus der Pharaonenzeit. Das hat verschiedene Gründe. Einerseits kann sich historisch gesehen nur ein Teil der heutigen Bevölkerung als Nachfahren der Alten Ägypter betrachten. Andererseits wird die Begeisterung für die Tempel und Sakralbauten der Alten Ägypter für so manchen frommen Muslim dadurch getrübt, dass die Menschen damals noch an viele Götter glaubten, was dem monotheistischen Islam widerspricht. Zudem ist das, was die Kinder in den ägyptischen Schulen über die Pharaonenzeit lernen, sehr dürftig, denn der Lehrplan konzentriert sich auf die islamische Geschichte. Dabei gibt es kaum eine frühe Zivilisation, die so faszinierende Spuren hinterlassen hat wie das Alte Ägypten. Diese sind so zahlreich, dass man an einigen Orten in Kairo oder Assuan kaum graben kann, um ein Fundament für ein neues Haus zu legen, ohne dass man dabei auf Zeugnisse dieser Hochkultur stößt.

Die Ägyptologen sind zudem in der glücklichen Lage, zahlreiche schriftliche Zeugnisse auswerten zu können, die bis zu 4000 Jahre alt sind. Das haben sie letztlich den Soldaten Napoleons zu verdanken, die den sogenannten Stein von Rosetta fanden, einen schwarzen Granitblock, auf dem ein und derselbe Text in

Ansteckender Forschergeist: vom kulturell Interessierten zum Hobby-Ägyptologen

drei verschiedenen Schriften festgehalten ist: Griechisch, Ägyptisch-Demotisch und Hieroglyphen. Der Stein ist heute im British Museum zu bewundern.

Doch obwohl die ägyptischen Sammlungen in London oder Berlin eindrucksvoll sind und auch die Schätze aus dem

Grab von Tutanchamun in Wanderausstellungen schon ein großes Publikum fernab von Ägypten gefunden haben, so sind es gerade die vor Ort entdeckten Details, die aus einem kulturell interessierten Reisenden oft einen Hobby-Ägyptologen werden lassen. Zum Beispiel die nach strengen Regeln funktionierende Malerei der Alten Ägypter: Wenn man in einem Tempel steht, von einem farbigen Relief in den Bann gezogen, und darüber sinniert, warum die Frauen und Jungen damals immer in Ockergelb dargestellt wurden, während Rotbraun die Farbe der Männer war. Oder die in den Fels gehauenen Skulpturen: seinen prüfenden Blick zu schärfen, was hier wohl realistische Darstellung oder aber idealisierter Mensch ist. Wo wurde vielleicht ein Buckel, ein Höcker auf der Nase oder ein dicker Bauch unterschlagen?

Zu Unrecht ignoriert: das Erbe der Ptolemäer, Römer und islamischen Herrscher

Doch so wie viele Ägypter den Hinterlassenschaften aus der Pharaonenzeit ihr Desinteresse entgegenbringen, ist auch mancher Kulturtourist aus dem Westen so auf die Tempel, Gräber und Pyramiden fixiert, dass er die Spuren späterer Zivilisationen völlig ignoriert, von den Ptolemäern über die Römer bis zu den verschiedenen Dynastien islamischer Herrscher. Gerade Letztere haben in Kairo Bauwerke hinterlassen, die mehr als nur einen flüchtigen Blick verdient haben.

Große Moscheen wie die von Ibn Tulun oder Sultan Hassan zeugen von den gewaltigen Kraftanstrengungen, die Ägyptens muslimische Herrscher ihren Untertanen einst abverlangten. Wie groß das Gemeinschaftsgefühl damals gewesen sein muss, zeigen die großen Wasserspeicher (Sabils) in der islamischen Altstadt, die einst der Allgemeinheit offen standen. Diese Tradition hat sich – wenn auch im Kleinen – erhalten. An vielen Straßenecken in Kairo findet man heute noch von Privatleuten vor ihren Häusern aufgestellte Wasserspender aus Metall oder Tonkrüge. Hier können durstige Passanten frisches Wasser trinken. Darüber, wie es denjenigen erging, die aus der

Powerfrau: Hatschepsut, die einzige Pharaonin, im Thebener Tempel

Gemeinschaft ausgestoßen wurden oder dem Herrscher in die Quere kamen, sollten zartbesaitete Menschen lieber nicht nachdenken, wenn sie zum Beispiel das Altstadttor Bab Zuwaila besichtigen, an dem früher die öffentlichen Hinrichtungen stattfanden.

Auf dem Vormarsch: Sanfter Tourismus setzt sich in Ägypten immer mehr durch

Für diejenigen Urlauber, die eher einen sanften Tourismus fernab der ausgetretenen Pfade suchen, ist es eine Wohltat, dass sich der Umweltschutzgedanke, der bei der Entwicklung des Tourismus in Ägypten Jahrzehnte lang völlig vernachlässigt worden war, inzwischen zumindest ein bisschen durchgesetzt hat. So dürfen beispielsweise auf dem großen Salzwasser-See Birkat Qarun in der Halboase Fayyum keine Motorboote fahren. Ein großer Teil der Sinai-Halbinsel wurde zum Naturschutzgebiet erklärt und in einigen Gegenden bieten inzwischen kleine, einfache Gästehäuser, die aus Lehmziegeln oder anderen lokalen Materialien gebaut sind, idyllische Übernachtungsmöglichkeiten am Meer oder zwischen Palmenhainen.

Doch auch, wer sich im Urlaub in luxuriöser Umgebung entspannen will, kommt in Ägypten voll auf seine Kosten. Und jedes Jahr kommen neue Reiseziele hinzu. Nachdem eine Zeit lang auf dem Sinai neue Hotels wie Pilze aus dem Boden schossen, sind es inzwischen die Küste des Roten Meeres von Hurghada bis zur Südgrenze und die Mittelmeerküste westlich von Alexandria, die touristisch erschlossen werden. Durch den Ausbau des Flughafennetzes bemühen sich die Verantwortlichen in Kairo, diese Entwicklung zu fördern. So kann man inzwischen direkt ins Taucherparadies Marsa Alam fliegen. Direktflüge von Europa nach al-Alamain, das den meisten Deutschen vor allem wegen der Schlacht im Zweiten Weltkrieg unter Generalfeldmarschall Rommel ein Begriff ist, bringen inzwischen die ersten Urlauber zu den neuen Hotels an der ägyptischen Mittelmeerküste.

Im Sommer versammeln sich allerdings in Alexandria und in den Feriensiedlungen an der Nordküste Hunderttausende von Urlaubern, die vorwiegend aus Kairo kommen, um in den heißesten Monaten die frische Meeresbrise zu schnuppern. Mit dem Ergebnis, dass es an einigen Mittelmeerstränden um diese Jahreszeit genauso voll ist wie in der Innenstadt von Kairo. Wer das pralle Leben genießen und einmal so richtig eintauchen will in die ägyptische Gesellschaft, der ist hier dagegen goldrichtig. So war meine erste Begegnung mit Ägypten ein Studienaufenthalt im Sommer 1990 in Alexandria. Es war heiß, und abends brauchte ich zu Fuß manchmal eine halbe Stunde, um im Gedränge in der Innenstadt 300 Meter zurückzulegen. Trotzdem habe ich die Zeit genossen und erinnere mich noch gut daran, wie ein Taxifahrer mir und drei anderen deutschen Studentinnen im größten Stau das ägyptische Lied »Zahma, ya dunya zahma« (Oh, was für ein Gedränge überall) beigebracht hat. Beim Singen verflog der Ärger über die lange Warterei in dem klapprigen Taxi – ein klassischer Fall von Stressbewältigung auf ägyptisch.

In meinem dritten Jahr am Nil wurde ich einmal gefragt, was mir an Ägypten

Herzliche Gastfreundschaft: Ägypter sind humorvoll und ausgesprochen kinderfreundlich

gefällt. Die Sehenswürdigkeiten konnte ich, für den der Besucherstatus nicht mehr galt, natürlich nicht nennen. Stattdessen fielen mir spontan der unvergleichliche Humor der Ägypter und ihre Liebe zu Kindern ein. Man wird in Ägypten, anders als in vielen europäischen Ländern, kaum ein Lokal finden, wo das Personal oder die einheimischen Gäste die Stirn runzeln, weil irgendwo ein Kind herumläuft oder laut spricht. Auch ist, wie in allen arabischen Ländern, in Ägypten die Gastfreundschaft beispielhaft. So würde ein Ägypter seinen Besucher nie fragen: »Möchtest du etwas trinken?« Stattdessen lautet die Frage: »Was trinkst du?«, womit klar ist, dass ein Nein hier als Antwort nicht akzeptiert wird. Ein Glas Tee sollte man auch in der bescheidensten Hütte nicht abschlagen, wobei man bei Einladungen zum Essen nach meiner Erfahrung warten sollte, bis der andere sie drei Mal ausgesprochen hat. Denn dann kann man sicher sein, dass der Besuch für ihn tatsächlich eine Freude und keine Pflichtübung wäre. Im Gegenzug kann man sich beim Gastgeber mit einer Kiste Schokolade oder orientalischen Süßigkeiten anstatt der in Europa oft üblichen Blumen oder Weinflaschen für die Einladung zum Abendessen bedanken.

Dieses Buch soll Ihnen ein treuer Begleiter sein, wenn Sie die Baudenkmäler der Pharaonen bestaunen, vor denen häufig nur ein einfaches Schild mit drei dürren Zeilen Auskunft über Epoche, Erbauer und Zweck des Gebäudes gibt. Es soll Ihnen aber auch Lust darauf machen, die Ägypter kennenzulernen und dorthin zu gehen, wo Büffel gemächlich die Landstraße überqueren und sich in den zu Sammeltaxen umgebauten halboffenen Kleinlastern alle Fahrgäste kennen und begrüßen.

Lachender Fremdenführer: Luxor lebt von den Tempeltouristen.

ANTIKE SPITZENLEISTUNG

Die fast 5000 Jahre alten Pyramiden von Gizeh sind ein Muss für jeden Reisenden. Am besten frühmorgens oder spät am Nachmittag kommen!

ERLEBNIS-SHOPPING AUF DEM NIL

Vom Boot werfen fliegende Händler Tücher und Gewänder auf die Kreuzfahrtschiffe. Mit der dann leeren Tüte kommt das Geld der Touristen zurück.

EIN MANN MIT KÖPFCHEN

Die Kolossalstatue Ramses II. in Memphis zeugt von einem Herrscher, der das Land vor 3000 Jahren zu kultureller Blüte und 50-jährigem Frieden führte.

GOLDENE AUSSICHTEN

Beeindruckend ist die goldverzierte Kuppel der Mohammed-Ali-Moschee in Kairo, die nach ihrer Wandverkleidung »Alabastermoschee« genannt wird.

TRAUM FÜR OFF-ROADER

Die Weiße Wüste ist ein Nationalpark, in dessen bizarrem Kalkgestein Besucher steinerne Kamele, Pilze oder Pokale erkennen können.

KNUTSCHENDE KAMELE

Mit kecken Sprüchen werben Kamelführer um reitlustige Urlauber.
Mitunter erliegen selbst die Tiere dem Charme ihrer Herren.

LITERARISCHE STIMMEN

In seinem Roman »Der Jakubijan-Bau« zeichnet Alaa al-Aswani ein gestochen scharfes Sittenbild vom Alltag der alten Upperclass in Kairo. Humorvoll beschreibt er, was die Menschen am Nil so liebenswert macht, beleuchtet dabei aber auch schonungslos die dunklen Seiten der ägyptischen Seele. Eine Reise der ganz besonderen Art.

Quellenhinweis: Das Buch »Der Jakubijan-Bau« ist 2007 im Lenos Verlag erschienen.

Männerwelt: mit Wasserpfeife und Tee in einem Café am alten Stadttor Bab Zuwaila in Kairo

Belesener Händler: Die Buchhandlung Lehnert & Landrock in Kairos Zentrum verkauft solche fast 100 Jahre alten Fotos.

Ein ägyptischer Zahnarzt erzählt die Geschichte eines Vertreters der alten

Upperclass, seiner amourösen Abenteuer und einer Gesellschaft, die – fernab des sozialistischen Ideals – alte Ungerechtigkeiten durch neue, zum Teil noch schlimmere ersetzt. Dabei lässt er kaum ein Tabu aus: Homosexualität, Korruption, radikale Islamisten und außerehelicher Sex. Und das Erstaunlichste ist: Alaa al-Aswani landete mit seinem Roman 2002 einen großen Überraschungserfolg. Für die moderne ägyptische Gesellschaft, in der sich nur eine Minderheit für Literatur interessiert, ist es bezeichnend, dass sich der Proteststurm gegen den »Jakubijan-Bau« erst erhob, als das Werk mit großem Staraufgebot von einem ägyptischen Regisseur verfilmt wurde. Als der Film auf internationalen Festivals lief, unter anderem auf der Berlinale, war man noch stolz auf die positive Resonanz. Doch nach der erfolgreichen Kinopremiere in Kairo im Sommer 2006 meldeten sich die Moralapostel und Muslimbrüder und zettelten im Parlament eine Debatte über diese »Beleidigung für alle Ägypter« an.

Dabei ist dieses Buch gerade wegen seiner gut beobachteten, stimmungsvollen Szenen so lesenswert, angefangen bei den morgendlichen Begrüßungsszenen mit der Nachbarin vor dem Haus, dem Zeitungshändler an der Ecke oder den Verkäufern der Schuhgeschäfte:

»Zwischen der Behler-Passage, in der Zaki Bek Dessouki wohnte, und seinem Büro im Jakubian-Gebäude lagen nicht mehr als hundert Meter. Dennoch brauchte er **für diesen Weg jeden Morgen eine ganze Stunde.** Denn er hatte viele Freunde in dieser Straße, die er alle begrüßte. Sogar

die Hausmeister und die Schuhputzer, die Bettler und die Verkehrspolizisten kannten seinen Namen.« Das Austauschen von Grüßen, wie es Alaa al-Aswani in seinem Buch beschreibt, ist ein ganz wichtiger Bestandteil der arabischen Kultur. Es gilt als extrem unhöflich, nur mit einem freundlichen Nicken an jemandem, den man kennt, vorbeizugehen. Sind sie in Eile, rufen sich die Ägypter oft von einer Straßenseite zur anderen Höflichkeitsfloskeln zu: »Einen sehr schönen guten Morgen wünsche ich. Wie geht es, was macht die Gesundheit?« »Einen Morgen des Lichts wünsche ich dir auch. Gott sei Dank, mir geht es gut, und wie ist das eigene Befinden?«

Wer in Kairo bei einem Spaziergang durch sein Viertel auch nach zwei Jahren noch niemanden gefunden hat, der ihn grüßt, ist innerlich noch nicht in der Stadt angekommen. Denn jeder normale Kairoer wechselt jeden Tag mindestens ein paar Sätze mit dem Bügler an der Ecke, dem Pförtner, dem Parkplatzanweiser oder dem Wachmann vor der Bank.

Diese Gewohnheiten verlangsamen natürlich das Vorwärtskommen im Leben. Für viele der an Effizienz gewöhnten Ausländer, die in Ägypten arbeiten, ist diese Langsamkeit, die man vor allem bei den Beamten in der Verwaltung findet, oft quälend. Als Urlauber sollte man sich diesem Tempo ruhig anpassen und sich ein wenig treiben lassen.

»Die sogenannte Stadtmitte war mindestens einhundert Jahre lang **das wirtschaftliche und gesellschaftliche Zentrum von Kairo**. Denn dort liegen die größten Banken, ausländische Firmen und Geschäfte, Arztpraxen, Kanzleien, Kinos und prächtige Restaurants. Die frühere

Elite Ägyptens erbaute die Stadtmitte als europäisches Viertel mit Straßen, die den Straßen europäischer Hauptstädte ähneln.« Von diesem europäischen Flair und der stadtplanerischen Absicht von einst sind heute bestenfalls noch Spuren zu erkennen. Im Zentrum gibt es viele Gebäude, bei denen jede Etage in einer anderen Farbe angestrichen ist: Symbol des mangelnden gesellschaftlichen Zusammenhaltes, der eigentlich nur noch in den seltenen Momenten erwacht, in denen die Ägypter eine Bedrohung ihres Landes von außen zu erkennen meinen. Zur Stadtmitte von Kairo gehören der zentrale Tahrir-Platz, der Ramses-Bahnhof und der Abdin-Palast. Die Straßen sind in diesem Viertel nicht so eng wie die Gassen der islamischen Altstadt. Der Glanz von einst ist sicherlich verblasst, dafür ist es sehr lebendig.

»In den 70er-Jahren verlor die Stadtmitte Stück für Stück an Bedeutung und **das Herz von Kairo wanderte an einen anderen Platz,** als die neue Elite in den Vororten Mohandessin und

Madinat Nasr Quartier bezog.« Hier wohnt heute vor allem die ägyptische Mittelschicht. Das geistig-religiöse Zentrum Kairos liegt dagegen eher in der islamischen Altstadt, wo sich die Moscheen dicht in den Gassen drängen. Das Al-Azhar-Islam-Institut im Basarviertel mit der dazugehörenden Universität zieht Religionsstudenten aus der gesamten islamischen Welt an. Diese beeinflussen auch die einheimischen Muslime. Eine Hierarchie des Klerus wie etwa bei der katholischen Kirche gibt es beim sunnitischen Islam, zu dem die ägyptischen Muslime zählen, zwar nicht. Dennoch genießt Al-Azhar auch über die Grenzen Ägyptens hinaus Respekt als eine Institution, die in wichtigen Glaubens- und Lebensfragen Orientierung bietet.

Die Rückbesinnung auf den Islam hatte in Ägypten, wie auch in anderen Staaten der arabischen Welt, bereits Anfang der 1990er-Jahre begonnen. Plötzlich gab es Frauenabteile in den Straßenbahnen. Im Straßenbild fällt auf, dass die Mehrheit der Frauen inzwischen das islamische Kopftuch trägt. Sogar der Gesichtsschleier, den man früher in Kairo höchstens an Besucherinnen aus Saudi-Arabien sah, ist relativ weit verbreitet. In den Behörden wurde das gemeinsame Gebet in den Tagesablauf integriert.

»Einige von ihnen trugen moderne Kleidung. **Die meisten** erschienen jedoch **in pakistanischer Tracht:** Das weiße oder blaue Gewand endet unterhalb des Knies, darunter tragen sie eine Hose in der gleichen Farbe und auf dem Kopf einen Turban, von dem ein Zipfel bis tief in den Nacken herunterhängt.«

Der »Islam-Chic«, dieser von Alaa al-Aswani geschilderte Look, mit dem junge Männer ihre Religiosität plakativ vor sich hertragen, ist in Ägypten zwar auf dem Vormarsch. Anders als das Kopftuch bei den Frauen, zieht es für denjenigen, der sich so in der Öffentlichkeit blicken lässt, oft negative Konsequenzen nach sich. Ein zipfelbärtiger Turbanträger würde in Kairo zum Beispiel niemals eine wichtige Position im öffentlichen Dienst bekleiden dürfen.

Die Moschee ist aber in Ägypten nicht nur Gebetsraum, sondern auch ein Ort für soziale Kontakte, wo man leicht Anerkennung finden kann, zum Beispiel durch auffällige Frömmigkeit. Denn Beziehungen, mit denen man sich gesellschaftlich und beruflich Vorteile verschaffen kann, werden sonst vor allem in elitären Sportclubs oder beim Essen im Restaurant gepflegt – für viele eine kostspielige Alternative.

»**Unter den Dutzenden von Besuchern,** die das arabische Restaurant des Sheraton El Gezirah füllten, waren **nur sehr wenige Normalbürger**. Die meisten der Stammkunden gehörten zur besseren Gesellschaft: Es waren erfolgreiche Geschäftsleute, Minister sowie amtierende und frühere Gouverneure. Sie kamen, um zu essen, und sich fernab der Blicke der Journalisten und der Neugierigen zu treffen.«

Die ägyptische Gesellschaft ist eine Klassengesellschaft. Dies führt oft dazu, dass sich die Reichen, die alle Hauspersonal haben, in Restaurants manchmal herablassend gegenüber den Kellnern verhalten. Umgekehrt fällt es auch Ägyptern, die aus der Unterschicht stammen, gelegentlich schwer, sich in den Luxusrestaurants ungezwungen zu benehmen, selbst wenn sie sich das Essen in einer solchen Gaststätte leisten können oder eingeladen sind. Eine ägyptische Haushälterin erklärt, weshalb: Zu Hause mit ihrer Familie isst die Mittfünfzigerin auf dem Boden. Anstatt einer Tischdecke breitet sie Zeitungspapier aus.

»Das Teehaus war eng und sehr schmutzig. Hatem betrat es schnellen Schrittes und sah sich hastig um.«

Für viele ägyptische Männer sind die Teehäuser ein Rückzugsort fernab des häuslichen Lärms. Hier spielen sie Karten, Brettspiele, schauen Fußball im Fernsehen oder rauchen Wasserpfeife. Allerdings sind in den vergangenen zehn Jahren in Alexandria, Kairo und einigen Badeorten moderne Coffeeshops eröffnet worden, in denen sich auch Frauen jeden Alters treffen, denn das Schischa-Rauchen gilt bei einigen jungen Frauen inzwischen als chic, auch bei konservativen Frauen, die Kopftuch tragen.

Strenge, ungeschriebene Gesetze gibt es für das in anderen arabischen Kulturen weniger gebräuchliche Siezen. So siezen Angehörige der Oberschicht einander, wenn sie nicht eng befreundet sind, indem sie »hadhritek« zueinander sagen. Ein Pförtner im Hotel würde seinen Gast ebenso grüßen. Dieser würde aber den Pförtner einfach mit dem Vornamen ansprechen.

»Es verging noch ein Moment des Schweigens. Dann schrie ihn der Herr an: ›Hör mal zu, Azzam, ich kann meine Zeit nicht mit Dir vertrödeln. (...) Schließlich gibt es auch eine Gegenleistung. Wir beschützen Dich vor der Steuerbehörde und dem

Versicherungsamt, vor den Kontrolleuren der Industriesicherheit, vor der Überwachungsbehörde und vor tausend anderen Ämtern.« In dieser Szene geht es aber nicht nur um das verbale Gefälle zwischen dem Mächtigen und dem Bittsteller, sondern auch um die Korruption, die Ägypten wie ein Krake umfasst. Kleine Beamte, die Bestechungsgelder fordern – beschönigend »ikramiya« (Gratifikation) genannt – verweisen, wenn man sie zur Rede stellt, meist darauf, dass ja auch ihr Chef und der Chef ihres Chefs sich bestechen lassen: »Warum soll ausgerechnet ich dann anständig sein?«

Hätte ein Ausländer den »Jakubian-Bau« geschrieben, die Ägypter hätten sich mehr erregt. Einem Einheimischen aber verzeihen sie, wenn er sich weniger auf das konzentriert, was die Menschen am Nil liebenswert macht, sondern ihre Schwächen betont, schonungslos, aber nicht ohne Humor.

Orientalische Schönheit der 1920er-Jahre: ein Foto von Rudolf Lehnert

DER GUTE TIPP VON MERIAN

Ägypten – das ist Geschichte zum Anfassen: Da sind die Pyramiden von Gizeh, die Pharaonengräber in Theben, die Tempel von Luxor. Doch das Land bietet weit mehr – nämlich sinnliche Verführung: Köstlichkeiten des Orients in urigen Restaurants, hinreißende Tauchplätze am Roten Meer und wunderbare Hotels am blauen Nil.

Hotels	43
Essen und Trinken	46
Einkaufen	50
Erholung und Sport	54
Besondere Feste/Rituale	60
Sehenswertes	62
In-Treffs	64
ÜBERSICHTSKARTEN	66
Am Abend	70
Besondere Orte	75

Mit Stil auf dem Nil: Der Barkeeper des Dampfers »Sultan« serviert Cocktails.

Zimmer mit Aussicht: Kein anderes Hotel in Kairo liegt so schön am Nil wie das »Grand Hyatt« – und vor allem ruhig.

HOTELS

Wohnen mit Blick über den Nil

Bei einem Besuch in Kairo sollte jeder Urlauber, der es sich leisten kann, versuchen, in den großen Hotels am Nil ein Zimmer mit Blick auf den Fluss zu ergattern. Oft sind, ähnlich wie in den Strandhotels von Ägypten, die Zimmer mit Aussicht teurer als die mit Blick auf die Straße. Doch es lohnt sich. Denn dass diese großen Hotelkomplexe von außen zum Teil nicht so schön anzuschauen sind, stört ja nicht, wenn man nachts aus dem Fenster oder vom Balkon aus den Feluken und Restaurantschiffen nachschaut, die vorbeiziehen. Denn in Kairo ist nichts romantischer als der Blick über den Nil bei Nacht. Überhaupt gibt es viele Menschen, die Ägyptens Hauptstadt im Dunkeln viel schöner finden als bei Tag, wenn es überall brechend voll ist und die Hitze den Menschen zusetzt. Außerdem sieht man nachts nicht, dass viele Kairoer Fassaden dringend eine Reinigung nötig hätten.

Im **Grand Hyatt Hotel**, das früher Meridien hieß, hat man in Sachen Nähe zum Fluss die allerbesten Karten. Denn in diesem Hotel gegenüber von Garden City gibt es keine Straße, die den Blick stören könnte, auch vom Lärm der Uferstraße hört man hier kaum etwas. Das Hotel, zu dem auch ein Restaurantschiff gehört, liegt direkt am Wasser. In den Sommermonaten sind die Nil-Hotels in Kairo zum Großteil von reichen Golfarabern belegt, die für ihre Großfamilien und Bediensteten manchmal ganze Etagen reservieren. Zum Hotel gehören unter anderem ein japanisches Restaurant, eine Café-Restaurant-Terrasse direkt am Wasser, ein Fischrestaurant mit einem großen Aquarium sowie das »Revolving Restaurant« in der obersten Etage des Hotelturmes. Von hier hat man eine spektakuläre Aussicht über Kairo. In diesem Restaurant sollte man vor allem donnerstags und freitags unbedingt reservieren. Mit Kleinkindern darf man hier nicht dinieren.

WEGWEISER 1

Grand Hyatt Cairo

➤ Kairo, S. 66/67, [a 4] ➤ [F 2]

Corniche al-Nil, Garden City, Kairo; Tel. 02/ 3 65 12 34, Fax 3 62 19 27; www.cairo.grand.hyatt.com; 714 Zi. •••• CREDIT ♿

Nicht sehr groß, dafür aber sehr sauber und schön gestaltet ist der – nach Geschlechtern getrennte – Sauna-Bereich des Hotels. Sehr bequem gelangt man direkt von der Hotellobby in das nebenan gelegene Einkaufszentrum, in dem man sowohl mehrere der Firmen findet, die günstige ägyptische Sportswear aus Baumwolle anbieten, als auch einige etwas exklusivere Geschäfte. Unter anderem kann man hier reich bestickte arabische Gewänder und handgefertigte Stoffhandtaschen finden.

Ressort für Romantiker: das »Jolie Ville Mövenpick« auf der Krokodilinsel

Paradiesische Insel im Nil

Rund vier Kilometer vom Stadtzentrum von Luxor entfernt liegt, auf der Privatinsel Crocodile Island, die über eine kleine Brücke mit dem Festland verbunden ist, das Resort **Jolie Ville Mövenpick**. Die Zimmer, die in Bungalows zwischen intensiv bewässerten Grünanlagen, tropischen Pflanzen und altem Baumbestand liegen, haben alle eine eigene Terrasse. Gerade für Familien mit jüngeren Kindern ist dieses Hotel geeignet, denn statt Autoverkehr gibt es einen kleinen Zoo, dessen Attraktion ein großes Nil-Krokodil ist. Außerdem gibt es auf der Insel Tennisplätze, einen Fahrradverleih und zwei Swimmingpools. Der neuere sogenannte Beachpool erweckt durch eine optische Täuschung den Eindruck, als ob man vom Schwimmbecken in den Nil schwimmt. Das Essen im Büfett-Restaurant ist sehr gut, der Service zuvorkommend. Das Hotel bietet einen kostenlosen Shuttle-Service mit dem Motorboot oder dem Bus ins Stadtzentrum. Doch viele Gäste starten ihre Besichtigungstouren in Karnak und Theben-West lieber direkt vom Hotel aus und genießen ansonsten die Abgeschiedenheit der Insel, auf der es einem an nichts fehlt.

WEGWEISER 2

Jolie Ville Mövenpick

➤ Oberägypten, S. 66, [c 4] ➤ [H 6]

Crocodile Island, Luxor, Tel. 0 95/2 37 48 55, Fax 095/2 37 49 36; www.moevenpick-luxor.com; 332 Zi. ••

Feriencamps auf dem Sinai

Wer während seines Badeurlaubs keine anonymen Bettenburgen mag und bereit ist, dafür auf Luxus und Komfort zu verzichten, der sollte sich in einem der vielen Camps auf dem Sinai einquartieren. Hier kann man nach dem Motto »Weniger ist mehr« Urlaub vom Konsum machen, tauchen, schnorcheln oder einfach nur einmal richtig die Seele baumeln lassen. Schon so mancher gestresste Europäer hat auf den bunten Kissen der Feriencamps von Dahab oder Nuwaiba wieder zu sich selbst gefunden. In den Feriencamps leben auch so manche westliche Aussteiger auf Zeit. Sie arbeiten auf dem Sinai als Tauch- oder Surflehrer oder haben sich andere Jobs in der Tourismusbranche gesucht. Nur wer länger als ein paar Monate bleibt, mietet sich eine Wohnung.

Die Auswahl an Speisen ist in den Feriencamps meist gering. Und oft gibt es in den kleinen Hütten nur Ventilatoren und keine Klimaanlagen. Dafür findet man unter dem Sonnendach des Strandcafés schnell Anschluss. Auf Matratzen, Kissen, Matten und Flickenteppichen lagert man hier zum Teetrinken wie die Beduinen auf dem Boden.

Konsequent an ökologischen Kriterien orientiert man sich im **Basata-Camp** in der Nähe von Nuwaiba. Weit und breit ist kein großes Hotel zu sehen. Die Einrichtung ist sehr einfach, aber auch sehr geschmackvoll. Das aus Naturmaterialien wie Bambus und Steinen errichtete Feriencamp, das vor allem bei Deutschen sehr beliebt ist, liegt umgeben von Hügeln direkt am Meer. Das Camp besteht aus einem Hauptgebäude, 17 Hütten und acht Chalets. Wer selbst kochen will, kann das in der Gemeinschaftsküche tun. Die Betreiber – ein ägyptisch-deutsches Paar – bieten aber auch jeden Tag ein Abendessen an. Es gibt abwechselnd Fisch oder Gemüsegerichte. Fleisch wird nicht zubereitet.

Obwohl die Anreise von Kairo aus einen halben Tag in Anspruch nimmt, findet man hier häufig Kurzurlauber aus der Hauptstadt, die vor allem die Abgeschiedenheit schätzen. Mehr als ein Dach gegen die Sonne und ein paar bequeme Kissen, auf denen man es sich mit einem Buch gemütlich machen kann, braucht man hier ohnehin nicht. Alternativ schaut man einfach hinunter aufs Wasser oder genießt die Schönheit der Berge des Sinai. Man kommt leicht mit Rucksackreisenden aus aller Welt und Erholungssuchenden aus Ägypten ins Gespräch.

WEGWEISER 3

Basata Ecolodge

➤ Rotes Meer und Sinai, S. 66, [c 2] ➤ [J 3]

Taba Uferstraße, Ras al-Burqa, 22 km nördl. von Nuwaiba; Tel. 0 69/3 50 04 80; www.basata.com; 17 Hütten, 8 Chalets • (Preis für Übernachtung)

ESSEN UND TRINKEN

Fastfood auf Arabisch

Für den kleinen Hunger zwischendurch sollte man während seines Ägypten-Aufenthalts mindestens einmal auch einen Ausflug in die Welt des arabischen Fastfood wagen. Dort geht es – mit Ausnahme von »Schawarma«-Sandwiches, der ägyptischen Version von Dönerkebab – zumeist vegetarisch zu. Und es ist vor allem gnadenlos billig. Wer es darauf anlegt, kann in den Buden und Imbissrestaurants, in denen nur wenige Touristen essen, schon für 50 Cent richtig satt werden. Eine Portion »Koschari« bekommt man beispielsweise für umgerechnet knapp 40 Cent. Etwas mühsam ist allerdings das Anstehen. Denn selbst wenn es in dem Fastfood-Lokal leer ist, hat der hungrige Gast, bevor er sein Essen erhält, meist erst einmal zwei Schritte zu bewältigen. An der Kasse wird gezahlt und beim Koch wird das Essen dann gegen Vorlage des Kassenbons dem Kunden ausgehändigt.

WEGWEISER 4

Koschary El Tahrir

➤ Kairo, S. 66/67, [b 3] ➤ [F 2]

Sch. Tahrir, Nähe Maid. Tahrir, Downtown, Kairo; Metro: Sadat; Filialen u. a. in der Sch. Abbas al-Aqqad, Nasr-City

»Taamiya« (die ägyptische Variante der Falafel) und »Foul« (Püree aus Fava-Bohnen) sind wohl die bekanntesten Fastfood-Spezialitäten Ägyptens. Sie kauft man zum unterwegs essen am besten im Sandwich. »Manakisch« (ausgesprochen: Mana'isch), die Edel-Variante des arabischen Fastfood, stammt – wie könnte es auch anders sein – aus dem Libanon. Aber auch die verschiedenen Arten dieser pizzaähnlichen libanesischen Teigtaschen mit Oregano, Käse, Hackfleisch oder Spinat, sind durchaus erschwinglich.

Ägyptischer Eintopf: Nudeln, Linsen – das ist »Koschari«.

Klassischerweise isst man Mana'isch mit Saatar (einer Oregano-Sesam-Mischung) und Hallumi-Käse.

Schlicht und besonders nahrhaft ist Koschari, ein ungewöhnlicher, in Ägypten erfundener Mix aus Nudeln, Linsen, Tomatensauce und Reis. Wer will, kann sich obenauf auch noch geröstete Zwiebeln und scharfe Paprikasauce (»Schatta«) legen lassen. Die Kairoer sind allerdings in der Frage, wer das beste Koschari macht, gespalten. Die einen sagen: Abu Tarek in der Champollion-Straße. Die anderen schwören auf **Koschary El Tahrir.** Letzterer ist jedenfalls für Nicht-Kairoer leichter zu finden. Wenn man sein Koschari direkt im Lokal isst, bekommt man das Essen meist in einem Metallteller serviert, was viele Fastfood-Freunde appetitlicher finden als die dünnen weißen Plastikdosen, in denen Koschari-to-go serviert wird.

Am »Koschari« scheiden sich auf jeden Fall die Geister. Die einen lieben diese wilde weiß-rot-braune Mixtur und ziehen sie jedem anderen Snack vor, die anderen schimpfen auf die »Pampe«. Garantiert wahr ist jedoch die Geschichte von dem deutschen Diplomaten in Bagdad, der auf die Frage einer Besucherin aus Kairo, was sie ihm denn aus Ägypten mitbringen könne, geantwortet hat: »Eine Portion Koschari.«

Kleine Pause vom Orient

Die besten Steaks von Kairo serviert der Franzose Eric Dunoyer. An einer der größten Straßen des lebendigen Stadtteils Mohandessin liegt das **Restaurant Charwood's.** Die Speisekarte an der Wand ist übersichtlich. Außer Steaks und Filets in allen Variationen – auch Schweinefleisch – gibt es außerdem Pizza. Bei der Qualität des Fleisches geht der passionierte Jäger, der viele Jahre in Hotels rund um den Globus gearbeitet hat, keine Kompromisse ein. Wer ankommt, dem werden zuerst einmal ungefragt Salat und knuspriges Brot auf den Tisch gestellt. Zu seinem Steak kann man unter verschiedenen, nicht zu schweren Saucen wählen. Dazu gibt es anstatt der sonst überall unvermeidlichen Pommes frites auch eine Ofenkartoffel. Und das Lokal hat eine Alkohollizenz. Neben ägyptischen finden sich auf der Karte auch französische Weine, die allerdings etwas teuer sind. Es läuft westliche Musik. Kein Wunder, dass der sympathische Familienbetrieb schnell ein Stammpublikum gefunden hat.

WEGWEISER 5

Restaurant Charwood's

➤ Kairo, S. 66/67, [a 1] ➤ [F 2]

53 Sch. Gameat al-Dowal al-Arabiya, Mohandessin; Kairo; Tel. 02/7 49 08 93; Metro: Mohandessin; Di–So 13–0.30 Uhr ••• MASTER VISA

Kaffee und Sandwiches

In Ägypten hatte man früher in Sachen Kaffee nur die Wahl zwischen türkischem Mokka oder Nescafé. Mit etwas Verspätung hat die mittlerweile in allen westlichen Großstädten verbreitete Mode der Coffeeshops, die alles vom Espresso bis zum Latte macchiato anbieten, auch Kairo erreicht. Wer einen Kaffee mit aufgeschäumter Milch haben will, muss, wenn er seine Bestellung aufgibt, »Latté« sagen, mit einem langen »E« am Ende. Denn sonst wird man nicht verstanden. Sprachlich logisch ist das zwar nicht, aber nur so kommt man zum Ziel, ganz ähnlich wie an der Tankstelle, wo einem der Tank auch nur dann komplett gefüllt wird, wenn man statt »full« eben »foul« sagt. In einigen dieser neuen Coffeeshops kann man auch gut frühstücken. Ein Frühstücksbüffet gibt es zwar nicht – das findet man nur in den Hotels. Dafür wird aber vom »Croque Monsieur« über den »Mexican Wrap« bis zum »Club Sandwich« alles an internationalen Snack-Standards angeboten. Auch Croissants sind fast immer zu haben. Ägyptische Spezialitäten sucht man in diesen schicken Cafés dagegen vergebens auf der Speisekarte.

WEGWEISER 6

Beano's

➤ Kairo, S. 66/67, [a 2] ➤ [F 2]

8 Maid. Al-Marsafy, Zamalek, Kairo, Tel. 02/7 36 23 88, tgl. 8–24 Uhr

Auf das örtliche Starbucks-Café wartet Kairo noch. Die Kaffee-Kette »Costa« ist aber schon am Nil vertreten. Besonders populär ist das **Beano's** im Stadtteil Zamalek. Hier treffen sich Ägypter und Ausländer, die in Kairo leben, besonders gerne am frühen Morgen. Ein Teil der Kundschaft nutzt den Hotspot, sitzt mit Laptop auf den Knien da und nippt beim Surfen im Internet selbstvergessen am Milchkaffee. Andere lesen in den Tageszeitungen, die hier in großer Zahl ausliegen. Die restlichen Kunden plaudern in fröhlicher Runde. Es sind Kollegen, die sich hier auf dem Weg zur Arbeit treffen, oder Mütter, die ihre Kinder gerade in der Schule abgeliefert haben und gleich zur gemeinsamen Shoppingtour aufbrechen.

Wer mit dem eigenen Auto hierher kommt und seine Verabredung länger warten lässt, hat immer eine gute Ausrede. Denn die Parkplatzsituation rund um das Café ist zum Haareraufen. Sitzt man erst einmal an einem der Tische des zweistöckigen Cafés, ist aber Entspannung angesagt, bei frisch gepressten Säften, kalten und warmen Snacks. Eine Spur zu entspannt ist manchmal auch die Bedienung, aber Zeit wird in Ägypten anders empfunden als anderswo auf diesem Planeten. Wer hastet, wird krank, lautet hier die Devise.

Frische Fische: Meeresfrüchte sind am besten, wo sie gefangen werden.

Fisch am Meer

Da man Fisch und Meeresfrüchte in Ägypten am besten immer da isst, wo sie gerade frisch gefangen wurden, gibt es die meisten berühmten Fischlokale in Alexandria, Port Said, Scharm al-Scheich und Suez. Das soll aber nicht heißen, dass man nicht auch in Kairo im Restaurant Sushi und Sashimi bekommen kann, die ganz frisch sind. Zwar sind Hummer und Riesengarnelen auch in Ägypten nicht ganz preiswert, aber auf alle Fälle um einiges günstiger als in Europa.

In vielen Lokalen bezahlt man seinen Fisch oder auch andere Meeresfrüchte nach Gewicht. Der Kellner fragt meist »Gegrillt oder frittiert?«, wobei man bei einem guten Fisch die erstere Variante wählen sollte, wenn man nicht möchte, dass der Fisch mehr nach Öl und Panade schmeckt als nach Fisch. Gedünsteten Fisch gibt es auch, aber nicht überall. Die meisten Ausländer mögen die Mischung aus Zwiebeln, Petersilie, Gewürzen und Tomatenstückchen nicht, mit denen in Ägypten oft Fische gefüllt werden. Deshalb ist es am besten, schon beim Aufgeben der Bestellung zu sagen, dass man seinen Fisch ohne jeden Schnickschnack (»Sada«) haben will.

Groß, bizarr dekoriert und originell ist das **Sea Gull Restaurant**, eines der bekanntesten Fischlokale von Alexandria. Hier werden sich auch Kinder nicht langweilen. Denn während die Erwachsenen auf das Essen warten, können die Kinder spielen – Platz gibt es genug – und die Sammlung wild zusammengewürfelter Antiquitäten betrachten. Beschaulich oder gar romantisch ist es in diesem auf Familien eingerichteten Restaurant am Meer nicht. Dafür ist der Fisch sehr gut. Und genau an dieser Stelle soll Napoleon Bonaparte 1798 an Land gegangen sein.

WEGWEISER 7

Sea Gull Restaurant

➤ Alexandria, S. 66, [a 1] ➤ [E 1]

Al-Agami Street, El Max, Alexandria, in der Nähe zur Auffahrt der Wüstenstraße nach Kairo, Tel. 03/4 40 55 75, Fax 03/4 42 49 91, www.seagullegypt.com, tgl. 13–1 Uhr CREDIT •••

EINKAUFEN

Ein west-östlicher »Diwan«

Wenn arabische Intellektuelle Kairo einen Besuch abstatten, gehört ein Besuch im Madbouli-Buchladen am Talaat-Harb-Platz zwingend zum Programm. Das Angebot für Leser, die der arabischen Sprache nicht mächtig sind, war in Kairo dagegen über Jahrzehnte mehr als dürftig, sieht man einmal von dem Buchladen der Amerikanischen Universität, der kleinen deutschen Traditions-Buchhandlung »Lehnert & Landrock« in der Innenstadt oder dem Angebot in französischer Sprache ab. Das hat sich erst seit dem Jahr 2000 allmählich geändert.

Der schönste unter den neuen Buchläden ist ohne Zweifel **Diwan**. Im März 2002 eröffneten fünf ägyptische Bücherfreunde im Stadtteil Zamalek »Diwan«, den ersten Buchladen Ägyptens, in dem man in entspannter Umgebung und schönem Ambiente nach englischen, französischen, deutschen und arabischen Büchern suchen kann. Die Auswahl an deutschen Titeln ist allerdings nicht sehr groß. Die meisten deutschen Bücher findet man in der Kinderbuch-Abteilung. Das liegt auch daran, dass es in Kairo mehrere deutschsprachige Schulen gibt. »Diwan« hat ein großes Angebot an politischen Sachbüchern, Reiseberichten und Romanen, vor allem aus und über die arabische Welt. Gerade englische Ausgaben von Romanen und Erzählungen ägyptischer Autoren gibt es bei »Diwan« in großer Zahl.

Obwohl Gedichte einen großen Teil der literarischen Produktion in arabischer Sprache ausmachen, findet man leider weniger übersetzte Gedichtbände, was zum einen daran liegt, dass diese Form der Literatur bei ausländischen Lesern nicht so gut ankommt und auch zum Teil nur sehr schwer in eine andere Sprache übertragbar ist.

In der übersichtlich gestalteten kleinen CD-Abteilung können Interessierte außerdem einen ersten Zugang zur arabischen Musik finden, und wer noch ein Reisemitbringsel sucht, wird bei den handgearbeiteten Schreibwaren oder den Kunstdrucken leicht fündig. Ein schönes arabisches Souvenir für Kinder sind auch die großformatigen ägyptischen Malbücher, die hier verkauft werden. Das Geschäft, das an einer Ecke der 26.-Juli-Straße liegt, ist aber nicht nur ein Buchladen, sondern auch ein beliebter Treffpunkt. Denn in Kairo kommt man aufgrund des ewigen Staus oft zu spät. Und da ist es

WEGWEISER 8

Diwan Bookstore

➤ Kairo, S. 66/67, [a 1] ➤ [F 2]

159 Sch. 26. Julyu (auf der rechten Straßenseite, wenn man von der Innenstadt über die Brücke nach Zamalek fährt), Zamalek, Kairo; Tel. 02/36 25 78; tgl. 9–23 Uhr

Lesevergnügen ohne Hieroglyphen: »Madbouli« ist ein Muss für arabische Intellektuelle.

nicht ganz so schlimm, wenn derjenige, mit dem man verabredet ist, bei einem Kaffee oder einem frischen Erdbeersaft im Café von »Diwan« warten kann. Denn hier kann man in Ruhe Bildbände oder die neuesten Taschenbücher aus den USA anschauen und so die Wartezeit verkürzen.

Der neue große **Virgin Megastore** in der »City Stars Mall« in Heliopolis ist im Vergleich zu diesem nicht sehr großen, aber gut sortierten Geschäft, was Bücher angeht nicht sonderlich ergiebig. Das Sortiment wirkt etwas willkürlich zusammengesucht. Da macht das Stöbern in der Musik-Abteilung schon wesentlich mehr Spaß. So gemütlich wie bei »Diwan« ist es in dem großen Laden aber nicht. Mit einem Sofa hat der Name von Kairos schönstem Buchladen aber trotz aller Gemütlichkeit nichts zu tun. Denn, dass das persische Wort »Diwan« ursprünglich eine Couch bezeichnet haben soll, geht schlicht auf einen Übersetzungsfehler zurück. Gemeint ist damit der Raum eines Hauses oder Palastes, in dem man Gäste (zu Konsultationen) empfängt, oder aber eine Sammlung von Gedichten eines Autors.

Türkenshop: Im Beymen findet nun auch der Ägypter Kostümchen für 3000 Euro.

Kairos neues Luxuskaufhaus

Kairo stand bisher, anders als die Glitzermetropole Dubai, eher am unteren Ende der Liste der arabischen Luxus-Shopping-Reiseziele, irgendwo oberhalb von Khartum, aber weit unterhalb von Beirut. Das ändert sich durch die Eröffnung eines einzigen Kaufhauses natürlich nicht von heute auf morgen. Dennoch hat die türkische Kaufhauskette **Beymen** mit ihrem superelleganten Designer-Geschäft im neuen »Four Seasons at Nile Plaza Hotel« in Garden City für Kairoer Verhältnisse neue Maßstäbe gesetzt. Hier wird Mode von mehr als 50 Top-Designern von Armani bis Versace präsentiert. Das Verkaufspersonal ist hilfreich und unaufdringlich, die schwarzen Einkaufstaschen sind edel, die Kundschaft vor allem reich. Dem normalen Kairoer Publikum stockte erst einmal der Atem. Kostümchen für umgerechnet 3000 und Schuhe für 800 Euro hatte man hier noch nie gesehen. Wer nicht ganz so viel Geld anlegen will, kann sich unter den Beymen-Eigenkreationen umsehen. Außer Kleidung werden hier auch edles Porzellan und feine Tischwäsche angeboten.

WEGWEISER 9

Beymen

➤ Kairo, S. 66/67, [b 4] ➤ [F 2]

Garden City, Kairo; Four Seasons at Nile Plaza; Corniche al-Nil; Tel. 02/7 97 66 79, tgl. 10–23 Uhr AmEx DINERS MASTER VISA

Die Kunst des Türkischen Kaffees

Viele Legenden ranken sich um die Entdeckung des Kaffees. Eine davon erzählt von einem äthiopischen Ziegenhirten, der zum ersten Mal festgestellt haben soll, dass die Beeren der Kaffeepflanze seine Ziegen so aktiv machten. In Saudi-Arabien soll im 15. Jahrhundert erstmals Kaffee getrunken worden sein. Ägypten erreichte das belebende Heißgetränk um das Jahr 1510. Obwohl die Pflanze Coffea Arabica heißt, spricht man in Ägypten von »Türkischem Kaffee« (»Ahwa Turki«, hocharab. Qahwa Turki, engl. Turkish Coffee), wenn man eine Tasse traditionellen Kaffees bestellt. Die Bezeichnung Türkischer Kaffee bezieht sich allerdings nicht auf die Sorte, sondern lediglich auf die Art der Zubereitung.

Um einen richtigen ägyptischen Kaffee zu kochen, nimmt man ganz fein gemahlenes Kaffeepulver, fügt dem etwas gemahlenen Kardamom hinzu, gibt das Ganze in eine kleine, oben offene Metallkanne (ägypt. »Kanaka«) und dann erst Zucker und Wasser hinzu. Anschließend wird die Kanne auf dem Herd so lange erhitzt, bis das Wasser kocht und der Kaffee nach oben steigt. Erst kurz bevor er überzukochen droht, nimmt man die Kanne vom Herd. (Ein Gasherd eignet sich besser als ein Elektroherd.) Dann gießt man den Kaffee in eine kleine Tasse und wartet einen Moment, damit sich das Pulver setzen kann. Man trinkt die Tasse nie ganz leer, denn unten sitzt das Pulver, das einem sonst auf Zunge und Gaumen klebt.

WEGWEISER 10

Abdel Maboud Coffee

➤ Kairo, S. 66/67, [c 3] ➤ [F 2]

Bab al-Louk, Kairo; 11 Maid. al-Falaki; Tel. 02/3 96 04 33; tgl. 9–24 Uhr

In Ägypten verliert der »Ahwa Turki« in jüngster Zeit etwas an Popularität bei der Jugend, die zunehmend Nescafé oder Instant-Cappuccino-Getränke trinkt. Wer den Ahwa Turki in Ägypten lieben gelernt hat, kann sich in jedem Kaufhaus eine kleine Kanne kaufen, um auch zu Hause Kaffee auf orientalische Art zu trinken. Zu den bekanntesten ägyptischen Kaffeeröstereien gehören Al-Bunn al-Jemeni, Al-Bunn al-Brasili und **Abdel Maboud**. Beim Kaffeepulver (arab. »Bunn«) sollte man auf Qualität achten. Ein Kilo kostet zwischen 24 und 120 LE.

Türkentrank: Der »Ahwa Turki« gehört zu den Genüssen des Orients.

Wüstenschiff und Wellenreiter im
Surfer-Paradies Ras Sidr auf dem Sinai

ERHOLUNG UND SPORT

Surfer-Romantik am Moon Beach

Ein Paradies für Surfer, die eine kräftige Brise, Gleichgesinnte und eine einfache Bleibe direkt am Strand suchen, ist das Hotel **Moon Beach** bei Ras Sidr auf dem Sinai. Vor allem für Urlauber, die ansonsten nur Kairo besuchen, ist ein Besuch in dieser schönen Bucht mit dem weißen Sandstrand verlockend, da man von der Hauptstadt aus nur etwa drei Stunden mit dem Auto hierher fährt. Vor allem Ägypter und Ausländer, die in Kairo wohnen, verbringen hier gern ihre Wochenenden.

Wer in Moon Beach schon einmal eine romantische Nacht am Strand verbracht hat, der weiß, woher das 1991 eröffnete Hotel seinen Namen hat. Von der Küstenstraße hört man hier so gut wie nichts. Der Mond, der im

Laufe der Nacht quer über die Bucht zieht, ist ein Anblick, den man so schnell nicht wieder vergisst. Und die trostlose Provinzstadt Ras Sidr ist gerade weit genug entfernt, um die Urlaubsidylle nicht zu stören. Weit und breit ist kein anderes Gebäude zu sehen und auch laute Jet-Skis gibt es hier nicht. Stattdessen trifft sich an den Wochenenden eine zum Teil nicht mehr ganz so junge Surfer-Clique. Brett und Segel kann man mieten. Gelegentlich unterhalten die Gäste abends in der Surfstation Gleichgesinnte mit Amateur-Live-Musik. Ab und zu ist auch Massage im Angebot.

Das Hotel-Personal ist sehr nett, der Service recht gut. Nur am Strand muss man manchmal sehr lange auf seinen Tee warten. Dafür sagt aber auch keiner etwas, wenn man zum Aperitif unter dem Sonnenschirm seine mitgebrachten Flaschen aus der Kühlbox holt. Das Essen ist in **Moon Beach** eher unspektakulär, aber nicht schlecht. Auf der Terrasse des pseudo-futuristischen Hauptgebäudes wird manchmal Fleisch gegrillt. Bier und Wein sind bezahlbar. Unbedingt probieren sollte man das hausgemachte Bohnenpüree (Foul) zum Frühstück.

Man schläft in kleinen Doppelbungalows oberhalb des Strandes, die mit Natursteinen verkleidet sind. Die Einrichtung ist zwar einfach gehalten. Dafür blickt man beim Aufwachen direkt auf das Meer. Und mit etwas Glück bekommt man sogar Besuch von Delfinen. Wer sich schnell genug auf sein Tretboot schwingt, kann mit diesen faszinierenden Säugetieren um die Wette schwimmen. Im Vergleich zu Hurghada sind die Wassersportmöglichkeiten in Moon Beach natürlich begrenzt. Doch wer fernab der Touristenzentren stundenlang auf dem Brett stehen will, ist hier goldrichtig.

Von Moon Beach aus kann man einen kleinen Ausflug zur Pharaonenquelle (Hammam al-Fara'un) unternehmen, einer heißen schwefelhaltigen Quelle, die direkt am Strand entspringt (45 Kilometer südlich des Stadtzentrums von Ras Sidr) oder das von Saladin erbaute Gindi-Fort (80 Kilometer südöstlich des Ahmad-Hamdi-Tunnels, der unter dem Suez-Kanal hindurchführt) besuchen. Von einsamen Ausflügen in die Berge des Sinai ist abzuraten, da hier immer noch Minengefahr besteht.

WEGWEISER 11

Moon Beach Retreat

➤ Rotes Meer und Sinai, S. 66, [c 2] ➤ [G 3]

40 km südl. von Ras Sidr; vom Abbassiya-Bahnhof in Kairo aus fährt morgens um 7.30 und um 8.30 Uhr ein Bus nach Ras Sidr (15 LE). Bei der Anreise mit dem Auto fährt man durch den Ahmad-Hamdi-Tunnel, dann sind es noch etwa 100 km in Richtung al-Tur. Der Mietwagen mit Fahrer von Kairo kostet ca. 450 LE für eine Strecke. Tel. 0 69/3 40 15 00, Fax 02/7 60 40 25 (bei Reservierung in Kairo); www.moonbeachretreat.com; Haustiere erlaubt. EZ 60 $, DZ 70 $

Orientalische Schönheitsrituale

In keinem anderen Geschäft wird so viel geplaudert, getratscht und gelacht wie im Friseursalon. Das ist in Ägypten nicht anders. Hier bekommt man bei einem Friseurbesuch außer einem neuen Haarschnitt, einem glatt rasierten Gesicht, gezupften Augenbrauen oder manikürten Fingernägeln auch noch einen kleinen Einblick in die ägyptische Gesellschaft, fernab des Touristenrummels. Das gilt, obwohl die meisten Urlauber des Arabischen nicht mächtig sind. Außerdem sind die verschiedenen Schönheitsbehandlungen in Ägypten meist wesentlich preisgünstiger als zu Hause. Allerdings sollte man darauf achten, einen Salon zu wählen, in dem Hygienestandards beachtet werden. Wer feststellt, dass die sprachliche Verständigung mit dem Friseur nur suboptimal ist, sollte sich lieber auf einfachere Verschönerungsaktionen beschränken und keine komplizierte Frisur anstreben. Frauen können sich in den meisten Salons zudem für wenig Geld die Haare mit Henna färben lassen, eine aufwendige Prozedur, vor der Friseure in Europa oft zurückschrecken. Blonde Frauen sollten davon jedoch Abstand nehmen, wenn sie nicht mit karottenfarbenem Schopf nach Hause reisen wollen. Bei den meisten Friseuren braucht man keine telefonische Terminvereinbarung. Viele Frauen aus den arabischen Golfstaaten trifft man im Friseursalon des Four Seasons Hotels in Garden City.

Bei **Jacques Dessange** in Mohandessin, einer Filiale der internationalen Kette mit Hauptsitz in Frankreich, kann man sich nicht nur die Haare schneiden, färben oder frisieren lassen. Auch sehr effektive, aber manchmal etwas schmerzhafte orientalische Prozeduren wie die Haarentfernung im Gesicht mit einem Faden werden angeboten. In der zweiten Etage lockt ein marokkanisches Schwitzbad mit Peeling. Dabei sitzt man ganz alleine in einer kleinen feuchten Nasszelle. Zwischendurch reibt einen eine Angestellte mit einer speziellen Paste ein und mit einem groben Waschhandschuh ab.

WEGWEISER 12

Jacques Dessange

➤ Kairo, S. 66/67, [a 1/2] ➤ [F 2]

Sch. Gamaat al-Duwal al-Arabiya, Mohandessin, Kairo; Tel. 02/7 61 27 66; Mo-Sa 10-20 Uhr

Sehr preiswert ist es beim Herrenfriseur. Zu den bekannteren Herrenfriseuren von Kairo zählen der »Salon Disang«, in dem man sich problemlos auch um 22 Uhr abends noch verschönern lassen kann (32 Sch. Schagarat al-Dur, Zamalek, Kairo; Tel. 02/7 36 94 78; tgl. 10-23 Uhr). Im »Salon Get« gibt es eine besonders glatte Rasur und einen schlichten Haarschnitt für umgerechnet rund vier Euro (Scharif al-Aschkar, 132 Sch. 26. Julyu, Zamalek, Kairo; Tel. 02/7 36 89 39; Sa-Do 12-22 Uhr).

Das Glück dieser Erde: hoch zu Ross bei den Pyramiden von Abu Sir

Kulturtour auf dem Pferderücken

Ein unvergessliches Reiterlebnis bietet Maryanne Stroud ihren Kunden an. Sie nimmt sie von ihrem Hof in der Nähe der Pyramiden von Abu Sir aus mit auf abwechslungsreiche Touren durch die Wüste, Felder und Dörfer der Umgebung. Mit derzeit zwölf Pferden, zwei Eseln, Hunden, Wasserbüffeln und Papageien lebt die 57-Jährige fernab des Kairoer Trubels. Von der Innenstadt aus erreicht man ihren Reitstall **Recoub al-Sorat** mit dem Taxi in etwa 40 Minuten, wenn es keinerlei Stau gibt. »Ich biete Reittouren auch für Leute an, die noch nie auf einem Pferd gesessen haben«, erklärt die resolute Frau aus Toronto. Ihre Ausflüge auf dem Pferderücken, bei denen sie ihren Kunden erklärt, wie die ägyptischen Dorfbewohner leben, wie sie ihr Auskommen sichern und wer hier gerade wen geheiratet hat, nennt Stroud anthropologische Touren. Ein straffes Programm wird hier nicht durchgezogen. Eher läuft bei ihr alles nach dem Motto »Bloß keine Hektik, bloß kein Stress«, wobei die Reitstallbesitzerin selbst ziemlich umtriebig ist. Immerhin hat sie trotz ihres Geschäfts und der Tiere noch Zeit, einen Blog über Ägypten zu schreiben, der international viele Leser hat. Typisches aus Ägypten jenseits des üblichen Postkartenkitsches zeigen die Fotos, die Stroud im Internet veröffentlicht.

WEGWEISER 13

Recoub al-Sorat

➤ Kairo und Umgebung, S. 66, [b 1/2] ➤ [F2]

Abu Sir, Mansoureya Road; Tel. (Handy) 0 12/ 2 11 83 86; www.alsorat.com; eine Reittour kostet derzeit 25 $ pro Stunde.

Pharaonisch: Abkühlung verspricht der Pool des Mohammed Ali Clubs in Gizeh.

Ein Tag cool am Pool

In den Monaten April bis November kommt für fast jeden Kairo-Besucher irgendwann einmal der Punkt, an dem er nichts lieber tun möchte, als der Hitze eine lange Nase zu drehen und in einen kühlen Swimmingpool zu springen. Öffentliche Schwimmbäder, die für Urlauber zugänglich wären, gibt es in der Hauptstadt leider keine. Dafür bieten aber mehrere Hotels und einige Clubs sogenannte Day-Use-Arrangements an, bei denen man entweder nur Eintritt für einen Platz unter dem Sonnenschirm bezahlt, oder aber gleich ein Zimmer für den Tag oder eine kleine »Kabine« dazu mietet, in der man sich umziehen kann. Die Preise ändern sich oft, weshalb jemand, der ein knappes Urlaubsbudget hat, vorher anrufen und nachfragen sollte. Außerdem lohnt es sich, darauf hinzuweisen, dass man nicht in Ägypten lebt. Denn vor allem in den Hotels gibt es manchmal verschiedene Preise für Touristen und Ausländer mit Aufenthaltsgenehmigung.

Ein Club mit besonders relaxter Atmosphäre ist der **Mohammed Ali Club** am Nilufer in Gizeh. Hier kann man nicht nur im Pool schwimmen oder Wasserball spielen, sondern auch in einem großen Jacuzzi-Becken sitzen oder auf einer kleinen grünen Insel spazieren gehen. Am Pool werden Snacks und ägyptische Gerichte wie Köfte und auch Pizza serviert. Nur freitags ist es hier manchmal etwas voller und es läuft laute Musik.

WEGWEISER 14

Mohammed Ali Club

➤ Kairo, S. 66/67, [a 5] ➤ [F 2]

Sch. al-Nil, al-Seied-Gizeh Road, Kairo; Tel. 010/5 68 60 00; tgl. 8 Uhr bis Sonnenuntergang

Die Clubs von Kairo – Oasen der Ruhe

In der Großstadt Kairo mit ihren Hochhäusern und ihrem Verkehrschaos sehnen sich Touristen genauso wie die Einheimischen gelegentlich nach einem ruhigen Platz im Grünen oder in der Wüste. Da es kaum Häuser mit Garten gibt, verbringen die in Ägypten lebenden Ausländer und diejenigen Ägypter, die es sich leisten können, einen großen Teil ihrer Freizeit in Privatclubs, die zum Teil auch ein breites Sportangebot haben. Einige dieser Clubs stehen gegen eine Eintrittsgebühr auch Touristen offen.

Der bekannteste Club der Stadt ist der **Gezira Sporting Club** im Herzen der Nilinsel Zamalek. Hier kann man im Pool schwimmen, Ball spielen, für wenig Geld einen Tee oder frisch gepressten Obstsaft trinken oder den Ägyptern beim Walking oder Jogging zusehen. Zu dem Club gehört auch ein 18-Loch-Golfplatz. Auf dem großen Kinderspielplatz herrscht bis in die Abendstunden ein reges Treiben. Am Morgen ist es dagegen meist relativ leer, und nur einige Reiter, Tennisspieler und Golfer bevölkern die Anlagen.

Gegründet wurde der Club 1883 auf einem Stück Land, das der Chedive Mohammed Tawfik zu diesem Zweck stiftete. Lange Zeit war der Zutritt ausschließlich Angehörigen der britischen Besatzungsarmee vorbehalten, die dort Cricket-Wettbewerbe, Polo-Turniere und Pferderennen organisierten. Später fanden auch andere Ausländer und Ägypter Zugang, bis der Club in den 1950er-Jahren schließlich vollständig »ägyptisiert« wurde.

Heute machen die ausländischen Mitglieder noch etwa zehn Prozent aus. Dazu zählen auch die zahlreichen Kindermädchen aus Südostasien, die im Club die Sprösslinge der sogenannten High Society beaufsichtigen. Diese müssen – hier zeigt sich die ägyptische Klassengesellschaft in Reinkultur – einen bei der Clubleitung zu kaufenden blau-weißen Kittel tragen, damit man sie von den anderen Mitgliedern unterscheiden kann. Denn um in einem der Privatclubs Mitglied zu werden, muss ein Ägypter viel Geld auf den Tisch legen. Die Tatsache, dass die Mitgliedschaft später dann für die ganze Familie gilt, sorgt jedoch dafür, dass sich in den Traditionsclubs inzwischen nicht nur die Reichen tummeln, sondern auch Angehörige der Mittelschicht.

WEGWEISER 15

Gezira Sporting Club

➤ Kairo, S. 66/67, [a 2] ➤ [F 2]

15 Sch. Saraya al-Gezira, Zamalek, Kairo; Tel. 02/7 36 72 93, www.gezira.org (Website under construction); Sa–Mi; 20 LE

Nicht-Mitglieder können den Gezira Sporting Club an allen Tagen außer Donnerstag und Freitag gegen eine Eintrittsgebühr von 20 Pfund besuchen. Eine zeitliche Begrenzung für den Aufenthalt gibt es nicht.

Bunter Musikmix und gute Stimmung unterm Sternenzelt

BESONDERE FESTE

Feiern mit Franzosen

In Kairo ist der Sommer Festivalzeit. Zwar suchen viele Kairoer in den heißen Sommermonaten sehnsüchtig Abkühlung an der Nordküste oder im Ausland. Doch für die Daheimgebliebenen und Touristen gibt es in jedem Jahr zahlreiche Musikveranstaltungen unter freiem Himmel, für die man zum Teil auch keinen Eintritt bezahlen muss.

Allerdings ist es für Urlauber nicht immer leicht, herauszufinden, wann und wo genau die besten Konzerte stattfinden, da es kaum Veranstaltungen mit fixen Terminen gibt, die schon lange im Voraus feststehen. Der Restaurantführer Le Croc und andere aktuelle Veranstaltungskalender, die in den meisten Geschäften und Gaststätten ausliegen, helfen da weiter. Die englischsprachige Wochenzeitung »Al-Ahram Weekly«, die donnerstags erscheint, hat außerdem einen recht umfassenden Veranstaltungskalender. Oder einfach Einheimische fragen.

Vorwiegend einheimische Musiker treten von Mitte Juli bis Ende August beim Sommerfestival des Cairo Opera House auf dem Opernhaus-Gelände auf und im Römischen Theater von Kum al-Dikka in Alexandria. Besonders gut ist die Stimmung immer bei der ägyptischen Ausgabe der **Fête de la Musique**, einer von der französischen Regierung finanzierten Konzertreihe in Frankreich und 100 Staaten weltweit. Seit über 20 Jahren organisieren die Franzosen zwischen dem 21. und dem 25. Juni jeweils mehrere Konzerte, die auf der Open-Air-Fläche des Opernhauses, im französischen Kulturinstitut oder auf der Zitadelle stattfinden. Geboten wird meist ein bunter Mix aus französischer, afrikanischer und arabischer Musik, der den Geschmack eines sehr bunt gemischten, meist tanzbereiten Publikums trifft.

WEGWEISER 16

Fête de la Musique

➤ Kairo, S. 66/67, [b 2] ➤ [F 2]

Informationen zum Programm der Fête de la Musique gibt es unter www.ambafrance-eg.org oder beim Französischen Kulturzentrum im Kairoer Stadtteil Munira, 1 Sch. Madrassat al-Huquq al-Frinsiya; Tel. 02/7 94 76 79

Die langen Nächte des Ramadan

Im Fastenmonat Ramadan dürfen gläubige Muslime von Sonnenaufgang bis Sonnenuntergang nicht essen und trinken. Auch Rauchen und Sex sind in dieser Zeit verboten. In den Restaurants wird – außer in den Hotels – kein Alkohol ausgeschenkt. Wer fromm ist, liest in diesem Monat außerdem möglichst häufig im Koran und betet in der Moschee. Das klingt auf den ersten Blick nicht sehr spaßbetont, doch gerade in Ägypten ist der Ramadan auch ein ganz besonderes Erlebnis.

Der Ramadan ist der Monat der langen Nächte, in denen man sich mit Freunden nachts zum Essen im Restaurant trifft oder bei Tee und Süßigkeiten auf einer Terrasse am Nil sitzt. Die Hauptmahlzeit zum Sonnenuntergang (»Iftar«) nehmen die meisten Ägypter zwar zu Hause im Kreis der Familie ein. Zur zweiten Mahlzeit gegen Mitternacht (»Suhur«) verabreden sich gerade junge Leute gerne in einem Restaurant oder einem sogenannten Ramadan-Zelt. In diesen Zelten, die gerade in Kairo zahlreich aufgestellt werden, gibt es zum Teil üppige Büfetts sowie spezielle Ramadan-Getränke und -Süßigkeiten. Einige Veranstalter engagieren im Ramadan Musiker, die klassische arabische oder gar fromme Lieder zum Besten geben. In anderen Zelten treten Popstars auf.

WEGWEISER 17

Sequoia

➤ Kairo, S. 66/67, [a 1] ➤ [F 2]

Sch. Abu al-Feda, Zamalek, Kairo; 02/7 35 00 14; tgl. 11–2 Uhr ••

Zu den beliebtesten Ramadan-Hangouts gehört das trendige Terrassen-Restaurant **Sequoia** am Nil an der Nordspitze von Zamalek. Hier isst man im Ramadan nicht wie sonst à la carte, sondern es wird ein großes Büfett aufgebaut, zu dem auch traditionelle äygptische Hausmannskost und Ramadan-Spezialitäten wie Aprikosensaft oder gefüllte kleine Teigtaschen gehören. Man sitzt idyllisch direkt am Wasser draußen unter weißen Segeltuchplanen. Wenn es kalt sein sollte, werden Gas-Heizgeräte aufgestellt. Familien trifft man hier eher selten, denn im »Sequoia« geht es auch ein bisschen um das Sehen und Gesehen-Werden.

SEHENSWERTES

Heimat der modernen Kunst

Bei Kunst in Ägypten denkt jeder spontan an Reliefs aus der Pharaonenzeit und arabisch-islamische Kalligraphie. Für zeitgenössische Kunst ist das Land am Nil allerdings nicht unbedingt bekannt, auch wenn einige aus Ägypten stammende Künstler, die in Europa oder den USA leben, durchaus erfolgreich sind. In den Kairoer Museen und Galerien sieht man dagegen oft Kunst, der es an Originalität mangelt. Zu den bekanntesten und besten Galerien der Stadt zählen die nach den Holzfenstern aus islamischer Zeit benannte Galerie Mashrabiya und die **Townhouse Gallery of Contemporary Art**, die sich seit ihrer Eröffnung 1998 zum wichtigsten Zentrum der alternativen Kunstszene der Hauptstadt entwickelt hat.

Auch für ausländische Künstler ist diese Galerie, die in der Innenstadt inmitten enger Gassen und Werkstätten liegt, ein Anlaufpunkt in Kairo. Sehr häufig finden Fotoausstellungen statt und auch ausländische Kulturinstitute nutzen die Ausstellungsfläche gelegentlich. Kein Wunder also, dass die Vernissagen in der Townhouse-Galerie meist sehr gut besucht sind. Zu den schillerndsten Figuren, die in der Galerie ein zweites Zuhause gefunden haben, zählt die ägyptische Künstlerin Lara Baladi.

Die Galerie ist durch zwei Anbauten, die 2001 und 2002 eröffnet wurden, zu einem der wichtigsten Orte der Kunstszene in der arabischen Welt geworden. In dem kleinen Laden der Galerie kann man ansprechende Gebrauchskunst, Poster, Drucke und Kunsthandwerkliches kaufen.

WEGWEISER 18

Townhouse Gallery of Contemporary Art

➤ Kairo S. 66/67, [b 3] ➤ [F 2]

10 Sch. Nabrawy (kleine Nebenstraße der Champollion-Straße, die Galerie ist etwas schwer zu finden, die meisten Taxifahrer kennen aber das Koschari-Restaurant Abu Tarek, das in der Nähe liegt); Tel. 02/5 75 59 01; Sa–Mi 10–14 und 18–21 Uhr; freitags nur abends

Die Townhouse Gallery ist das Zentrum moderner ägyptischer Kunst.

Tempel für Teens: ein Freizeitpark zum Thema Mumien, Pyramiden und Co.

Alte Geschichte zum Anfassen

Ein Familienurlaub in Ägypten hat Licht- und Schattenseiten. Zum einen sind die Ägypter extrem kinderfreundlich, sodass man mit seinem Nachwuchs fast überall mit offenen Armen empfangen wird. Zum anderen sind in den ägyptischen Städten vernünftige Spielplätze rar. In Kairo muss man kleinere Kinder zudem bei Spaziergängen ständig an der Hand halten, weil es kaum Gehsteige gibt und man sich seinen Weg durch den chaotischen Verkehr bahnen muss. Deshalb sollte man unbedingt auch Aktivitäten in die Urlaubsplanung einbauen, die besonders jüngere Kinder für ihre Geduld beim Besichtigen der Pyramiden, Museen und Tempel entschädigen.

Gerade Kinder im Grundschulalter kann man durch einen Besuch im »Pharaonischen Dorf« für die »richtigen Besichtigungen« gewinnen. Denn auch wenn manche Erwachsene über diesen altägyptischen Freizeitpark die Nase rümpfen, so verschafft er Kindern doch einen Zugang zu dem, was sich hinter den Tempeln, Mumien, Sarkophagen und Grabmälern aus der Zeit der Pharaonen verbirgt.

Gelebte Geschichte ist das Konzept des **Pharaonic Village**, das auf der Jakobinsel auf der Gizeh-Seite des Nils liegt. Dutzende von Angestellten des Pharaonendorfes spielen in dem Freizeitpark Szenen aus dem Alten Ägypten nach. Das Gelände erkundet man teils zu Fuß,teils bei einer Bootsfahrt durch kleine Kanäle. Zu den Hauptattraktionen gehören die Nachbildung eines ägyptischen Tempels mit angrenzendem heiligen See sowie eine nachgebaute Grabanlage. Die Park-Mitarbeiter tragen Kostüme. Besucher können sich im »Pharaonen-Look« fotografieren lassen, zum Beispiel als Kleopatra.

WEGWEISER 19

Pharaonic Village

➤ Kairo S. 66/67, [a 5] ➤ [F 2]

Jacob's Island, Saqiet Mekki, Gizeh, Kairo; Tel. 02/ 5 71 86 75; tgl. 9–20 Uhr (im Sommer bis 21 Uhr); Eintritt 79 LE für Erwachsene und Kinder ab 5 Jahren (Kurzbesuch), 169 LE Tagesticket inkl. Bootstour und Mittagessen im Restaurant des Parks, Kinder unter 5 Jahren frei

IN-TREFFS

Live-Musik, Kunst, Drinks und Tanz

Zu einer der ersten Adressen in Sachen Live-Unterhaltung in Kairo hat sich in den letzten Jahren das **After 8** gemausert. Hier treten zwar immer wieder dieselben lokalen Bands auf, doch das muss Touristen ja nicht stören, für die das Repertoire schließlich neu ist. Außerdem ist die Musik oft wirklich gut. Das kleine Lokal in der Nähe des zentralen Tahrir-Platzes ist fast immer so gut besucht, dass es sich empfiehlt, einen Tisch zu reservieren. Das gilt vor allem, wenn man auch essen möchte. Neben ägyptischen Snacks gibt es auf der Karte auch internationale Küche.

Im »After 8« findet man fast alles, was das Kairoer Nachtleben zu bieten hat, allerdings im Miniaturformat. Die Band muss sich mit einer winzigen Ecke des Lokals begnügen. In der Mitte liegt eine kleine, meist heiß umkämpfte Tanzfläche und zwischen Tischen und Bar bleibt vor allem am Donnerstagabend kaum noch Platz zum Atmen. Dafür trifft sich hier eine bunte Mischung von Ägyptern, arabischen und westlichen Ausländern, Intellektuellen und Partypeople unterschiedlichen Alters. An den Wänden hängen immer neue Werke ägyptischer Künstler, die man auch kaufen kann. Normalerweise geht es im »After 8« auch am Wochenende, wenn nicht mehr alle Gäste nüchtern sind, trotz Gedränge friedlich zu. Dafür sorgt der Türsteher. Wer sicher sein will, dass er eingelassen wird, sollte vor allem am Wochenende nicht zu spät kommen, denn wenn es voll ist, lässt der Türsteher manchmal nur noch Stammgäste hinein.

WEGWEISER 20

After 8

➤ Kairo, S. 66/67, [b 3] ➤ [F 2]

6 Sch. Qasr al-Nil (Nähe Tahrir-Platz), Downtown, Kairo; Tel. 02/5 74 08 55, Handy 0 10/3 39 80 00; www.after8egypt.com; tgl. 20 Uhr bis zum Morgengrauen; Mindestverzehr 40 LE, Do 60 LE

Turban-Disco: live unterhalten im »After 8« in Kairo

Lecker speisen: In der »Asia Bar« trifft sich Kairos Geschäftswelt.

Lounge-Atmosphäre

In der »Asia Bar«, dem neuen In-Treff der Reichen und Schönen im Stadtteil Zamalek, lautet das Motto »sehen und gesehen werden«. Hier kann man auf den bequemen Hockern der halbrunden Bar mit Blick auf den Nil Cocktails trinken und dazu eine kleine Portion Sushi essen. Wer sich aus dem Angebot chinesischer, japanischer und anderer fernöstlicher Speisen ein komplettes Menü zusammenstellen will, sollte besser auf den weiß-schwarzen Sesseln im hinteren Teil des Lokals Platz nehmen. Keine Angst, obwohl in vielen Reiseführern zu Recht vor dem Krankheitsrisiko beim Verzehr roher Lebensmittel gewarnt wird: Hier kann man ohne jede Bedenken rohen Fisch essen. Die Sushi sind absolut frisch. Das Essen steht in der **Asia Bar** aber eigentlich nicht im Vordergrund. Hier treffen sich am späten Abend vor allem Ausländer, die in Kairo leben, und ägyptische Geschäftsleute, die besonders die ungezwungene Atmosphäre des Lokals schätzen. Ideal ist die Asia Bar auch für alleinreisende Frauen, die ihren Abend nicht im Hotelzimmer verbringen wollen, denn mit Belästigung ist hier nicht zu rechnen.

Die Cocktails in der Asia-Bar sind für ägyptische Verhältnisse gut, und wer länger auf seine Verabredung warten muss, kann gemächlich das gewagte Design dieser Bar studieren, die auf einem der Restaurant-Schiffe gegenüber dem Gezira-Club liegt. Richtig voll wird es ohnehin erst gegen Mitternacht. Dann steigt auch der Geräuschpegel, und zwar nicht ausschließlich, weil sich viele Menschen so angeregt miteinander unterhalten, sondern auch weil einige Gäste ihre Finger und Ohren nicht vom Handy lassen können. Denn das Mobiltelefon ist für Ägypter ein ständiger Begleiter, und Handyverbote in Lokalen kennt man nicht.

WEGWEISER 21

Asia Bar auf dem Blue Nile Schiff

➤ Kairo, S. 66/67, [a 3] ➤ [F 2]

Sch. al-Saraya al-Gezira (hinter al-Andalus Garden), Zamalek, Kairo, Tel. 02/7 35 31 14, App. 146, tgl. 13–2.30 Uhr, AmEx MASTER VISA

Mittel-
meer
Alexandria
Sidi Abd al-Rahman
Agami
Abu Sir
Al-Alamain
Abu Mena
KÜSTE
UND
DELTA
Raschid
Ras al-Barr
Dumyat
Maamura
Al Mansura
Port Said
Qanat as-Suwais
Damanhur
Tanta
Al-Ferdan
Ismailiya
Timsah Lake
Bitter Lake
Nil
Schubra al-Cheima
Kairo
Pyramide von Abu Rawasch
Pyramiden von Gizeh
Al-Arish
ISRAEL
SINAI
Sinai
KAIRO
UND
UMGEBUNG
Suez
Ras al-Sudr
Saqqara
Memphis
Karanis
Heluan
Dahschur
Ain Suchna
Birkat Qarun
Fayyum
Maidum
Oase Fayyum
Zafarana
Gabal Hamman Fara'un 494
Serabit al-Chadim
Furtaga
Taba
Halig as-Suwais
Beni Suef
Antoniuskl.
Pauluskl.
Abu Zenima
Feiran
Nuwaiba
Katharinenkloster
Dahab
G. Serbal 2070
2642
2285 Berg Sinai
G. Katherina
Sharm al-Scheich
Arabische
(Östliche
Ras Gharib
Al-Bawiti
Oase Bahariya
Al-Minya
Zawyet al-Amwat
Bani Hassan
Mallawi
Tell al-Amarna
ROTES
Ras Mohammed
Libysche
(Westliche
Al-Gouna
Giftun
Hurghada
Gabal Scha'ib al-Banat 2187
Qasr Farafira
OASEN UND
Oase Farafira
OBER-
Assiut
Wüste
Wüste)
Safaga
Suhag
MEER
Qusair
Al-Baliana
Abydos
Nag Hammadi
Qina
Tempel von Dendera
WESTLICHE
Oase Dachla
Oase Charga
Theben-West, Tal der Könige
Karnak
Luxor
Wüste
Wüste)
Mut
Al-Charga
Esna
Al-Kab
Al-Kula-Pyramide
Edfu
Horus-Tempel
WÜSTEN
Baris
Kom Ombo
Daraw
St.-Simeons-Kloster
Assuan
Kalabscha-Tempel
Philae
Sadd al-Ali-Hochdamm
ÄGYPTEN
Buhairat Nasir
Abu Simbel
N
0
150 km
© MERIAN-Kartographie

Mutter des Zar: Umm Sameh singt nordafrikanische Musik – gefühlvoll.

DER GUTE TIPP VON MERIAN

Spezielle Autorenempfehlungen, mit denen Sie vor Ort mehr erleben, ab S. 40

HOTELS

1 **Grand Hyatt Cairo, S. 43**
➤ Kairo, [a 4] Wohnen mit Nil-Blick

2 **Jolie Ville Mövenpick, S. 44**
➤ [c 4] Paradiesische Insel

3 **Basata Ecolodge, S. 45**
➤ [c 2] Campen auf dem Sinai

ESSEN UND TRINKEN

4 **Koschary El Tahrir, S. 46**
➤ Kairo, [b 3] Fastfood auf Arabisch

5 **Restaurant Charwood's, S. 47**
➤ Kairo, [a 1] Kairos beste Steaks

6 **Beano's, S. 48**
➤ Kairo, [a 2] Kaffee und Mexican Wrap

7 **Sea Gull Restaurant, S. 49**
➤ [a 1] Fisch und Meeresfrüchte

EINKAUFEN

8 **Diwan Bookstore, S. 50**
➤ Kairo, [a 1] Die schönsten Bücher

9 **Beymen, S. 52**
➤ Kairo, [b 4] Kairos Luxuskaufhaus

10 **Abdel Maboud Coffee, S. 53**
➤ Kairo, [c 3] Kaffee mit Kardamom

ERHOLUNG UND SPORT

11 **Moon Beach Retreat, S. 54**
➤ [c 2] Romantik für Surfer

12 **Jacques Dessange, S. 56** ➤ Kairo, [a 1] Schönheitsrituale des Orients

13 **Recoub al-Sorat, S. 57**
➤ [b 1/2] Reiten vor den Pyramiden

14 **Mohammed Ali Club, S. 58**
➤ Kairo, [a 5] Entspannte Atmosphäre im Jacuzzi-Becken

15 **Gezira Sporting Club, S. 59**
➤ Kairo, [a 2] Golfen im Nil

BESONDERE FESTE

16 **Fête de la Musique, S. 60**
➤ Kairo, [b 2] Feiern mit Franzosen

17 **Sequoia, S. 61**
➤ Kairo [a 1] Fastenbrechen im Ramadan

SEHENSWERTES

18 **Townhouse Gallery of Contemporary Art, S. 62** ➤ Kairo, [b 3]

19 **Pharaonic Village, S. 63**
➤ Kairo, [a 5] Geschichte zum Anfassen

IN-TREFFS

20 **After 8, S. 64**
➤ Kairo, [b 3] Live-Musik und Drinks

AM ABEND

21 **Asia Bar, S. 65**
➤ Kairo, [a 3] Lounge-Feeling

22 **Makan, S. 70**
➤ Kairo, [b 4] Folkore mit Zar

23 **Barrell Bar, S. 72**
➤ Kairo, [c 2] Treff für Nostalgiker

24 **Haroun al-Raschid Nightclub, S. 73**
➤ Kairo, [b 3] Bauchtanz vom Feinsten

25 **Goal Café, S. 74**
➤ Kairo, [a 1] Rauchen mit Schischa

BESONDERE ORTE

26 **Nationalpark Ras Mohammed, S. 75**
➤ [c 3] Spektakuläre Natur

27 **Wadi Degla Protected Area, S. 77**
➤ [b 1] Durch die Wüste

28 **Wohnhaus Lawrence Durrell, S. 78**
➤ [a 1] Literarisches Alexandria

29 **Bootsfahrt in Kairo, S. 79**
➤ Kairo, [b 3] Schöne Feluken-Fahrt

Kairo
Gezira
Zamalek
Gezireth Badran
Bulaq
Al-Ezbekiya
Al-Muski
Al-Taufikiya
Abdin
Garden City
Al-Sayyida Zeinab
Tilul Zeinhom
Geziret al-Roda
Nile (Nil)
World Trade Center
Main Station
Ramses II
Maidan Ramses
Mubarak (Ramses)
Victoria
Orabi
Nasser
St. Joseph
Marriott
Nile Aquarium
Bridge of 26. July
Sch. 26. Julyu
Corniche al-Nil
Sch. Ramses
Sch. al-Gala
Sch. Schabana
Sch. Schubra
Sch. al-Sabtiya
Sch. Ahmad Helmy
Sch. Kamil Sidqi Pascha
Sch. Allam
Sch. al-Zahir
Sch. Adly
Ezbekiya Gardens
Maidan Opera
Maidan al-Ataba
Maidan al-Chadra
Sch. al-Muski
Sch. Port Said
Nile Gardens
Sch. Mathaf al-Zira'i
Bridge of 6. October
Ägyptisches National-museum
Nile Hilton
Maidan al-Tahrir
Cairo Tower
Cairo Exhibition Grounds
Opera
Qasr al-Nil Bridge
Sch. al-Tahrir
Muchtar-Museum
Maidan Kubri al-Galaa
Museum für Moderne Kunst
Sadat
American University
Semiramis Intercontinental
Parlament
Sch. Qasr al-Nil
Champollion St.
Sch. Tala'at Harb
Sch. al-Bustah
Sch. Abd al-Aziz
Sch. al-Gumhuriya
Maidan al-Gumhuriya
Gumhuriya-Theater
Abdin-Palast-Museum
Scheich Rihan
Sch. Sharif
Sch. Nubar
Sch. Mansur
Sch. al-Qala
Mus. f. Islam. Kunst
Zitadelle
Sultan-Hassan-Moschee
Cairo Sheraton
Nile Fountain
Sch. al-Qasr al-Aini
Saad Zaghlul
Sch. Hairat
Bait al-Sennari
Sayyida-Zeinab-Moschee
Sch. as-Saliba
Moschee
Gayer-Anderson-Museum
Al-Saiyida Zeinab
Sch. Ali Bascha
Manial-Palast, Museum
Al-Gamia Bridge
Bot. Gardens
Sch. al-Gizeh
Sch. Harun
Sch. al-Nil
Al-Bahr al-Ama
Sch. Sadd al-Barrani
Sch. Beiram al-Tunsi
Zeinhom Gardens
Sch. Magra al-Uyun
Aquädukt (Ruine)
Sch. Abu Seyfine
Saiyalet al-Roda
Sch. al-Manial
Sch. Abdul Aziz as-Saud
Int. Airport, Suez, Heliopolis
Alexandria, Tanta
Luxor
Sch. Bahgat Ali
Sch. al-Gezira al-Wusta
Sch. Isma'il Mohammed
Sch. Moh. Mazhar
Sch. Hassan Sabri
Sch. al-Gezira
Rod al-Farag Viaduct
0
900 m
© MERIAN-Kartographie

Traditionelle Musik ohne Folklorekitsch

Der kleine Saal an einer Straßenecke neben dem Saad-Zaghlul-Mausoleum ist mit gelbem Licht nur schwach erleuchtet. Langsam drehen sich die Ventilatoren an der Decke. Und langsam ist auch der Sprechgesang von Madiha (56), die mit ihrer Mazaher-Zar-Truppe hier ein bunt zusammengewürfeltes Publikum unterhält und in eine Welt entführt, in der nur der Augenblick zählt.

Zar ist eine traditionelle nordafrikanische Musik, der heilende Kräfte nachgesagt werden. Wer in Ägypten eine Zar-Gruppe zu sich ins Haus einlädt, tut dies für ein Mitglied seiner Familie, dem es körperlich oder psychisch nicht gut geht. Der Leidende soll durch den Rhythmus der Musik und die Worte in Trance versetzt und geheilt werden. Es gibt nicht mehr viele Zar-Musiker und -Tänzer in Ägypten, und viele moderne Ägypter rümpfen die Nase über diese Tradition, die sie für rückschrittlich und fern der islamischen Lehre halten. Dabei sind die Texte der Zar-Sänger zu einem großen Teil religiös. Sie singen von der Liebe zum Propheten Mohammed und von der magischen Wirkung des Wortes Gott, »Allah«.

Ahmad al-Maghrabi hat dieser Musik in Kairo einen neuen Raum gegeben: **Makan** – Ägyptisches Zentrum für Kultur und Kunst heißt der Veranstaltungsort im Munira-Viertel, den er Anfang 2005 eröffnet hat. Madiha, die sich Umm Sameh (Mutter von Sameh) nennt, tritt hier jeden Mittwoch auf. Auch andere Musiker aus ihrer Truppe – meist sind etwa zehn von ihnen anwesend – singen. Die Musik klingt angenehm monoton und eher afrikanisch als arabisch, auch wenn in arabischer Sprache gesungen wird. Die Zar-Musiker benutzen Trommeln, eine einfache Holzflöte, Tamburin, Zimbeln und ein archaisches Saiteninstrument. Jedes Stück hat seine eigene Dynamik. Doch immer beginnt es ganz langsam und endet mit lautem, wildem Getrommel. Die Frauen und Männer, die im Makan auftreten, sind alle älter als 40 Jahre. Die Zar-Tradition, so befürchten sie, könnte eines Tages aussterben, weil ihre Kinder sie nicht fortsetzen wollen. »Wenn wir eines Tages nicht mehr sind, dann wird auch Zar nicht mehr existieren«, sagt Umm Sameh bedauernd. Denn Zar konnte man bisher nicht in einer Schule erlernen, sondern es wurde von den Eltern an die Kinder weitergegeben.

Die 40 bis 60 Zuhörer, die sich im Makan (arab. für Ort) auf Sitzkissen, Hockern und Holzstühlen niederlassen, um der Zar-Vorführung zu lauschen, könnten kaum unterschiedlicher sein. Ausländische Arabisch-Studenten sitzen neben sudanesischen Familien, linke Intellektuelle neben

Im Makan kann man noch die mitreißende Musik des Zar erleben.

Frauen mit Kopftuch. Die Musiker tragen lange Gewänder (Galabiyas), die Musikerinnen bunte weite Kleider, große goldene Ohrringe und nach hinten gebundene Kopftücher. Gelegentlich fordert Umm Sameh die Zuhörer zum Mittanzen auf. Die Atmosphäre ist locker und freundlich. Trotz des religiösen Inhalts der Musik darf auch mal gelacht werden. In der Pause gibt es für alle schwarzen und Hibiskustee. Die Musiker nehmen draußen vor der Tür Platz, denn im **Makan** darf nicht geraucht werden. Und die stämmigen Sängerinnen qualmen alle. Derweil wird dafür gesorgt, dass ihre Trommeln mit kleinen elektrischen Heizplatten gewärmt und dadurch geschmeidig gemacht werden. Denn sonst könnte die Bespannung reißen.

Das Gebäude, in dem Ahmad al-Maghrabi sein kleines Kulturzentrum eröffnet hat, war bis in die 1940er-Jahre eine Zeitungsdruckerei. Dann stand es jahrzehntelang leer. »Viele Ägypter meinen, Zar oder andere traditionelle Musik, wie etwa die der Nubier, passe nicht zu einem modernen zivilisierten Land«, erklärt al-Maghrabi. Von solchen Vorurteilen lässt sich der grauhaarige Musikfan, der ursprünglich italienische Literatur studiert hat, nicht beeindrucken. Er ist stolz darauf, dass er helfen kann, eine ägyptische Tradition vor dem Aussterben zu bewahren und ein bisschen gesellschaftsfähig zu machen.

WEGWEISER 22

Makan

➤ Kairo, S. 66/67, [b 4] ➤ [F 2]

1 Sch. Darih Saad, Munira, Kairo; U-Bahn: Saad Zaghlul; Tel. 02/7 92 08 78; Mi 21–23.30 Uhr; Eintritt 20 LE

Die Barrel Bar – Treff für Nostalgiker

Lässt sich Wafik Doss am Nachmittag einen Tee bringen, stellt ihm der alte Kellner stets unaufgefordert englischen Kuchen und orientalische Süßigkeiten dazu. Zwei Tische weiter liest eine amerikanische Touristin in ihrem Roman. Außer dem Knarren des alten Aufzugs dringt kaum ein Geräusch in diesen kleinen, fast leeren Saal der **Barrel Bar**, der tagsüber als Aufenthaltsraum für Hotelgäste dient. Doch um 21 Uhr füllt sich der Raum, der einst britischen Offizieren als Club diente und heute eine der stilvollsten Hotelbars von Kairo beherbergt. Als Sessel dienen alte halbierte Eichenfässer, frisch poliert, mit Messingbeschlägen und Sitzkissen.

Über die bewegte Geschichte des Windsor-Hotels, dessen Eingang in einer der düsteren Nebenstraßen der Innenstadt liegt, berichtet Doss gerne. Denn seit 1962 ist das Windsor mit seiner berühmten Bar das Zuhause seiner Familie. Anfang des 20. Jahrhunderts als türkisches Bad für die Elite erbaut, wurde es unter den Briten zur Unterkunft für die Offiziere der unteren Ränge. Als unter Präsident Gamal Abdel Nasser die Welle der Enteignungen und Verstaatlichungen begann, suchte die damalige Betreiberfamilie nach einem Käufer. »Mein Vater, dessen Fabrik damals gerade auch verstaatlicht worden war, wollte das Hotel unbedingt haben. Deshalb verkaufte er seine Lebensversicherung und kaufte mit dem Geld 1962 das Hotel«, erinnert sich Wafik Doss.

WEGWEISER 23

Barrel Bar

➤ Kairo, S. 66/67, [c 2] ➤ [F 2]

19 Sch. Alfi Bay (neben Cinema Diana), Downtown, Kairo; im Windsor-Hotel; Tel. 02/5 91 52 77 (Hotel), www.windsorcairo.com; tgl. 10–1 Uhr (Mittagessen 12.30–15 Uhr, Abendessen ab 19.30 Uhr) AmEx MASTER VISA ••

Die 55 Zimmer des Drei-Sterne-Hotels (ein Doppelzimmer kostet zwischen 38 und 57 $ pro Nacht) könnten heute durchaus eine Renovierung vertragen. Die Bar, in der es Pizza, ägyptische Küche und relativ preiswertes Bier gibt, ist dagegen herausgeputzt wie ein museales Juwel. Deshalb kommen gelegentlich auch internationale Filmteams hierher, um in dieser einzigartigen Kulisse historische Filme zu drehen. »Für die TV-Serie ›In 80 Tagen um die Welt‹ wurden hier Aufnahmen gemacht«, berichtet Doss. Schon allein ein Blick auf die alte Telefonzentrale an der Rezeption, die immer noch in Betrieb ist, lohnt den Besuch im Windsor, und auch die Fahrt mit dem mehr als 100 Jahre alten Schindler-Aufzug ist ein Abenteuer. Der Eisenkäfig wird von einem Profi betrieben, denn er stammt noch aus der Zeit, als es keine Etagenknöpfe gab. Der Liftboy betätigt eine Kurbel und muss die gewünschte Etage punktgenau ansteuern.

Schwelgerischer Schwung: Dina ist die Königin des Bauchtanzes.

Königin der Nacht

Wer nicht nur eine Standard-Touristen-Vorführung, sondern eine echte arabische Nacht mit Live-Musik und Bauchtanz erleben will, sollte einen Platz im Nachtclub des »Semiramis Intercontinental Hotels« am Nil reservieren. Am meisten geboten bekommt man donnerstags, wenn es im Haroun al-Raschid richtig voll ist. Preiswert ist dieses Vergnügen nicht, und man muss eine echte Nachteule sein, denn die Show beginnt nicht vor 23.30 Uhr. Dafür kann man hier Dina, die ungekrönte Königin des ägyptischen Bauchtanzes, bewundern.

Dina schwingt nicht nur die Hüften wie keine zweite Bauchtänzerin Ägyptens. Sie trägt dazu auch spektakuläre Kostüme und hat mit ihrem Schmollmund, der schwarzen Haarmähne und der ausladenden Oberweite, die in den engen Bustiers gut zur Geltung kommt, fast mehr Sex-Appeal als sittenstrenge Ägypter ertragen können. Sie tritt im Nachtclub des Semiramis Intercontinental donnerstags und sonntags auf. Bands mit Sänger oder Sängerin und anderen Tänzerinnen geben in dem Club auch an anderen Abenden Vorstellungen (bei der Reservierung konkret nachfragen). Das Essen ist im »Haroun al-Raschid« eher Nebensache. Wer Jeans und Turnschuhe trägt, wird in den Nachtclub nicht hineingelassen. Reservierung wird empfohlen.

Alternativ bieten sich die Nachtclubs der Hotels »Cairo Sheraton« und »Sofitel Gezira« für einen abenteuerlichen Exkurs in die Welt des orientalischen Tanzes an.

WEGWEISER 24

Haroun al-Raschid Nightclub

➤ Kairo, S. 66/67, [b 3] ➤ [F 2]

im Semiramis Intercontinental, Corniche al-Nil, Garden City, Kairo; Tel. 02/7 95 71 71; www.intercontinental.com; Di–So 23–4 Uhr; Eintritt und Abendessen (ohne Getränke) 500 oder 620 LE, je nach Lage des Tisches; CREDIT ••••

Geschmackvolle Rauchzeichen

Zug um Zug: Die traditionelle Schischa wird immer beliebter.

Trotz aller Anti-Tabak-Kampagnen findet das Wasserpfeife-Rauchen auch in Europa immer mehr Anhänger. In orientalischer Manier lässt man sich auf großen Kissen nieder, trinkt süßen Minze-Tee und lässt dazu die Wasserpfeife blubbern, während süßliche Rauchschwaden den Raum durchziehen. In der arabischen Welt nennt man die Wasserpfeife Nargila oder (in Ägypten) Schischa. Wer den Rauch der Wasserpfeife nicht gewöhnt ist, dem kann beim ersten Zug manchmal etwas schwindelig werden, selbst wenn er Zigaretten-Raucher ist. Die Schischa-Raucher behaupten, die Wasserpfeife helfe ihnen, sich zu entspannen – ein Argument, dem Ärzte sicher vehement widersprechen würden.

WEGWEISER 25

Goal Café

➤ Kairo, S. 66/67, [a 1] ➤ [F2]

13 Sch. Abu al-Feda, Zamalek, Kairo; Tel. 02/7 38 10 24; tgl. 0–24 Uhr

Heutzutage unterscheidet man in Ägypten zwei Arten von Schischa-Cafés. Zum einen traditionelle Teehäuser, in denen nur Männer verkehren, und zum anderen moderne Lokale, die meist unter freiem Himmel liegen und in denen sich auch Frauen bei einer Wasserpfeife wohl fühlen. Zu den beliebtesten modernen Schischa-Cafés gehört das **Goal Café**, das am Nilufer im Kairoer Stadtteil Zamalek liegt. Hier sieht man auch oft Ausländer, die sich eine Wasserpfeife bestellen. Wer nur die Atmosphäre genießen will, kann hier auch einfach italienisch essen oder Backgammon spielen.

Geraucht werden die Wasserpfeifen mit einem speziellen, mit Melasse vermischten Tabak, den es in verschiedenen Geschmacksrichtungen wie Apfel (»Tuffah«) oder Honig (»M'assal«) gibt. Die Schischa besteht aus einem Glasbehälter, der mit Wasser gefüllt wird. Zieht man am Mundstück des Schlauches, so wird der Rauch vom Kopfstück, auf dem der glühende Tabak liegt, durch das Wasser gefiltert und angesogen. Nach Ägypten kam die Wasserpfeife in osmanischer Zeit, zu Beginn des 19. Jahrhunderts.

BESONDERE ORTE

Der Nationalpark Ras Mohammed

Ein Ausflug nach Ras Mohammed (wörtlich: Kopf Mohammeds) an der Südspitze der Sinai-Halbinsel ist das ideale Kontrastprogramm zum laut-lustigen Strandleben im benachbarten Scharm al-Scheich. Hier gibt es einsame Strände, spektakuläre Fossilien, lebende Korallen, und die Küste wird teilweise von Mangroven gesäumt. Rund 1000 verschiedene Fische und über 200 Korallenarten wurden hier registriert. Seit 1983 steht die schmale, 3,5 Kilometer lange Halbinsel, die zwischen dem Golf von Aqaba und dem Golf von Suez liegt, unter Naturschutz. 1989 wurde sie zum einzigen Nationalpark Ägyptens erklärt und hat eine Fläche von 480 Quadratkilometern. Am Mangrove Channel machen Zugvögel Station auf ihrem Weg nach Afrika, unter anderem Störche.

Zur Unterwasserwelt von **Ras Mohammed** gehören unter anderem Haie, die allerdings fast nie in der Nähe der Küste zu finden sind. Trotzdem sollte man sicherheitshalber nicht mit einer offenen Wunde ins Wasser gehen. Wer zum ersten Mal im tiefen Wasser schnorcheln geht, sollte sich auf den Anblick der riesigen, steil abfallenden Riffe einstellen. Mancher Anfänger ist hier, wo man sehr weit hinunterschauen kann, schon mit einem kleinen »Tiefen-Schock« aus dem Wasser geklettert. Generell sollten hier am Kap, wo eine starke Strömung herrscht, nur erfahrene Taucher ins Wasser gehen – und am besten nicht ohne Tauchguide. Man kann im Park keine Tauchausrüstung mieten.

Zum Nationalpark gibt es zwei Eingänge. Von dem Tor aus, das man aus Scharm al-Scheich kommend zuerst erreicht, findet man leicht zum Informationszentrum, wo auch eine Karte des Geländes erhältlich ist. Von beiden Toren aus fährt man zum eigentlichen Haupteingang an der Nordspitze der Halbinsel. Die meisten Reiseveranstalter und einheimischen Agenturen bringen Touristen zum Main Beach, dem einzigen Ort des ganzen Parks, an dem es vor allem freitags und samstags etwas voll werden kann. Dieser Hauptstrand, an dem nur auf der linken Seite gebadet werden darf, liegt westlich des sogenannten Shark's Observatory mit hohen Kliffen, die eine tolle Aussicht bieten. Von hier aus blickt man hinunter ins klare Wasser auf die

WEGWEISER 26

Nationalpark Ras Mohammed

➤ Rotes Meer und Sinai, S. 66, [c 3]➤ [J 5]

25 km/35 km südwestl. von Scharm al-Scheich, zu erreichen mit dem Taxi (rund 120 LE für einen Tag) oder mit dem Boot, tgl. von Sonnenaufgang bis Sonnenuntergang; Eintritt 5 €, Camping mit Genehmigung 5 €

Korallenriffe, die von oben wie Berge aussehen. Einsamer ist es am Observatory Beach, wo gelegentlich auch Meeresschildkröten zu sehen sind. Ruhig ist es auch am Aqaba Beach weiter östlich und am daneben liegenden Eel Garden, der seinen Namen wegen der Aale erhalten hat, die hier vor der Küste in rund 20 Meter Tiefe leben. Westlich vom Hauptstrand liegt auch noch der kleinere Strand Lion Beach. Taucher aber zieht es vor allem zu den Sharks Reefs vor Yolanda Bay (guter Schnorchelplatz), wo an einem 70 Meter steil abfallenden Riff besonders viele Fischarten zu sehen sind. Auch der Tauchplatz Anemone City ist wegen der großen Zahl verschiedener Anemonenarten sehr beliebt. Vor der Küste von Beacon Rock liegt auf dem Meeresgrund das Wrack der Dunraven.

Im Park darf, hat man sich bei den Rangern am Eingang eine Genehmigung besorgt, auch gecampt werden. Allerdings sollte man daran denken, dass es hier weit und breit kein Geschäft und keinen Kiosk gibt, sich also vorher in Scharm al-Scheich genügend Proviant besorgen muss. Außerdem darf hier nur an bestimmten Plätzen gezeltet werden. Wer sich nicht daran hält, muss ein Bußgeld zahlen. Wie in jedem Naturschutzgebiet auf der Welt gilt auch in Ras Mohammed: Tüten mitbringen, um seinen Müll anschließend selbst wieder mitzunehmen. Getreu dem Motto: Nimm nichts mit und hinterlasse nur Fußspuren im Sand.

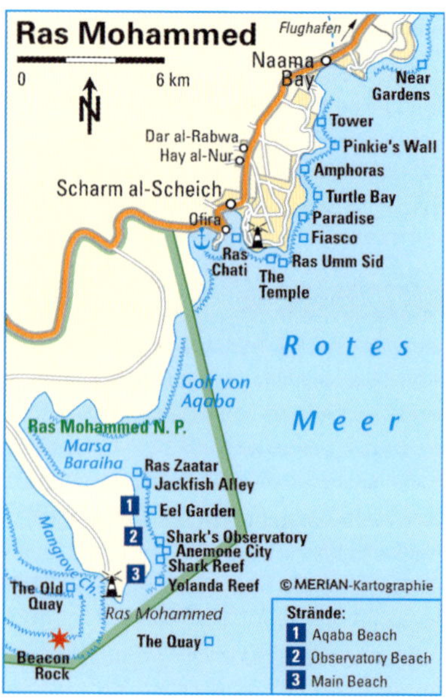

Ein Teil der Straßen und Pisten von **Ras Mohammed** ist mit dem normalen Pkw befahrbar, andere Strecken können dagegen nur mit Geländewagen bewältigt werden. Es ist aus Naturschutzgründen verboten, mit dem Jeep nach Lust und Laune kreuz und quer durch das Gelände zu fahren. Wer einen Trip nach Ras Mohammed plant und sich nicht an das oft wenig einfallsreiche Programm der lokalen Veranstalter binden will, kann sich mit Gleichgesinnten einen ortskundigen Fahrer mit einem geländegängigen Wagen suchen, um die Tour selbst zu organisieren. Oder aber er sollte vorab mit der lokalen Reiseagentur über die Orte sprechen, die angefahren werden.

Naturerlebnis am Rande der Großstadt

Ägypten-Urlaubern, die ein bisschen Wüstenluft schnuppern wollen, aber keine Zeit für eine ausgiebige Oasen-Tour haben, sei das Wadi Degla im Süden von Kairo ans Herz gelegt. Das 30 Kilometer lange Wüstental mit seinen bizarren Hügel-Formationen aus Sand und Kalkstein wurde 1999 zum Naturschutzgebiet erklärt und wurde in den vergangenen Jahren zum Geheimtipp für Sportler und Erholungssuchende. Vor allem am Wochenende sieht man hier Familien, die an den wenigen schattigen Plätzen ihre Picknickkörbe auspacken. Gelegentlich ziehen Jogger und Mountainbike-Fahrer vorbei. Auch Felskletterer kommen hier auf ihre Kosten. Manche Kairoer kommen aber einfach nur, um die Stille der Wüste zu genießen.

Wer während eines Kairo-Aufenthaltes eine Tagestour zum **Wadi Degla** einplant, sollte feste Schuhe tragen sowie Sonnenschutz, genügend Wasser und einen Müllbeutel einpacken. In dem Naturschutzgebiet gibt es weder einen Kiosk noch Mülleimer, Toiletten oder gepflasterte Wege. Dringt man tief in das trockene Tal vor, so landet man schließlich auf einem Hügel, von dem aus ein kleiner steiler Weg hinunter zu einer Stelle führt, an der es im Frühjahr richtig grün ist. 64 Pflanzenarten, Reptilien und Vögel leben im Wadi Degla. Einige der Tierarten sind vom Aussterben bedroht.

Vom südlichen Villenvorort Maadi aus fährt man etwa 15 Minuten mit dem Auto, um das einsame Tal zu erreichen, das Teil der Östlichen Wüste ist. Die meisten Kairoer Taxifahrer kennen jedoch das Wadi Degla nicht. Wenn man Glück hat, findet man einen Fahrer, der zumindest den nahe gelegenen neuen »Wadi Degla Sportclub« kennt. Dort bekommt man nach einer Wanderung durch das Wadi Degla auch etwas zu essen. Im Tal selbst kann man sich nur zu Fuß, mit Mountainbikes oder Geländewagen fortbewegen. Von dem waghalsigen Versuch, mit einem normalen Auto über die unebenen, steinigen Wege des Wadis zu fahren, ist dringend abzuraten.

WEGWEISER 27

Wadi Degla Protected Area

➤ Kairo und Umgebung, S. 66, [b 1] ➤ [F 2]

südl. von Kairo; tgl. 9 Uhr bis Sonnenuntergang; Eintritt 2 $ (wird nicht immer erhoben)

Zum Wadi Degla fährt man die Corniche in Richtung Maadi, dann bei der links abseits von der Straße gelegenen hellblauen Coop-Tankstelle links abbiegen und den Schildern »Maadi Public Library« folgen. Am Ende von Maadi einmal um das abgesperrte Gelände mit der riesigen Satellitenschüssel herumfahren, vorbei an mehreren Schulen, bis man frontal auf den »Wadi Degla Sporting Club« zufährt. Vor dem Club links die Straße hochfahren bis zum Eingang des Naturschutzgebietes (arab. Mahamiya).

Literarisches Alexandria

Die Nostalgiker unter den Touristen lesen bei einem Aufenthalt in Alexandria das berühmte »Alexandria-Quartett« von Lawrence Durrell (1912–1990) und suchen dann hinter der Fassade der großen modernen Stadt nach den Spuren der fast verschwundenen kosmopolitischen Metropole, in der Durrells Romane spielen. »Eine Untersuchung der modernen Liebe« nannte der in Indien als Sohn eines britischen Kolonialisten geborene Autor die vier Romane »Justine«, »Balthazar«, »Mountolive« und »Clea«, die in Alexandria zwischen dem Ersten und Zweiten Weltkrieg angesiedelt sind und die Durrells literarischen Ruhm begründeten. Doch von den Juden, Griechen, Libanesen, Syrern und Italienern, die hier in den 1940er-Jahren mit den Ägyptern zusammenlebten, ist kaum noch jemand da. Die meisten wanderten aus, als die Revolution kam, und mit ihr die Enteignungen durch den ägyptischen Staat. Die wenigen Ausländer, die in der Mittelmeerstadt blieben, fühlen sich in ihr heute zum Teil etwas unbehaust.

Lawrence Durrell war 1941 nach Ägypten gekommen. Auf der Flucht vor den Nazis verließ er seine griechische Heimat und heuerte in Alexandria als Presseattachée des britischen Konsulats an. Zusammen mit einem Freund nahm er sich eine düstere Wohnung in der Scharia Fuad. Kurze Zeit später lernte er Eve Cohen kennen, die dann seine zweite Ehefrau und das Vorbild für seine Romanfigur Justine wurde.

Zu der damals großen und lebendigen Künstlerszene der Stadt gehörte auch die Familie Ambron, die Lawrence Durrell und Eve im Obergeschoss ihrer Villa einquartierten. Im Dachzimmer eines achteckigen Turms verfasste der britische Romancier dort einige seiner wichtigsten Werke. Bis heute zieht es Durrell-Bewunderer regelmäßig dorthin, in die Scharia Maamun. Sie stehen vor dem Haus Nummer 19, dessen Inneres allerdings nicht zur Besichtigung freigegeben ist. Doch nicht alle sind über diesen modernen Nostalgie-Tourismus glücklich. Die Erben der Familie Ambron verkauften das Gebäude 1995. Der neue Besitzer baute auf dem Grundstück Apartmentblocks und wollte auch die Villa abreißen lassen. Das rief einige geschichtsbewusste Alexandriner auf den Plan, die dieses Vorhaben stoppten. Doch das entkernte Gebäude verfiel weiter, und wenn nichts geschieht, so ist es nur eine Frage der Zeit, bis es endgültig in sich zusammenbricht.

WEGWEISER 28

Wohnhaus Lawrence Durrell

➤ Alexandria, S. 182/183, [a 1] ➤ [E 1]

19 Sch. Maamun, Alexandria; Buch: »Das Alexandria-Quartett« (Justine/Balthazar/Mountolive/Clea) von Lawrence Durrell, 1957–1960

Flotte Feluken: Ein Törn auf dem Nil ist unvergesslich – wie hier bei Assuan.

Kairo vom Wasser aus

Es gibt wohl keine angenehmere und geruhsamere Art, sich Ägypten anzunähern, als vom Wasser aus. Besonders in Kairo und Assuan bietet sich eine Bootsfahrt auf dem Nil an. Ideale Kreuzfahrt-Strecken sind zudem der Klassiker Assuan-Luxor und eine Tour auf dem Nasser-See ganz im Süden.

In Kairo gibt es auf der Innenstadt-Seite des Nils zwischen den Stadtteilen Maadi und Maspero sehr viele Bootsanlegeplätze. Hier kann man **Feluken** oder Motorboote stundenweise mieten, alleine oder als Gruppe. Mit der Feluke, einem arabischen Segelboot, fährt man von hier aus nur stromaufwärts, da der Segelmast zu hoch ist, um alle Nilbrücken stromabwärts zu passieren. Der

WEGWEISER 29

Bootsfahrt in Kairo

➤ Kairo, S. 66/67, [b 3] ➤ [F 2]

Dokdok Tourist, Corniche al-Nil, Garden City, Kairo; Tel. 02/7 9 57 00, Handy 0 10/5 14 43 20; pro Stunde 50 LE für eine Feluke, bis zu 100 LE für ein Motorboot. Der Bootsführer erwartet ein kleines Trinkgeld. Fähre nach Al-Qanatir 6 LE.

Bootsführer sorgt vor der Abfahrt, wenn man ihn darum bittet, für Getränke. Man kann sich aber für einen mehrstündigen Trip auch selbst ein Picknick mitnehmen. Bis Heluan sollte man mindestens fahren, um einen Eindruck von der Stadt zu gewinnen. Schön ist es auch, an den Nilinseln auf der Höhe von Maadi vorbeizufahren. Plötzlich blickt man auf ländliche Szenen, Felder und Kühe. Es ist kaum zu glauben, dass man sich ja noch inmitten der Metropole Kairo befindet.

Etwas lauter, aber dafür schneller und auch stromabwärtes, geht es mit dem **Motorboot**. Falls Sie das Boot alleine mieten, können Sie den Fahrer bitten, die laute ägyptische Popmusik auszuschalten. Wer das Boot mit Ägyptern teilt, sollte sich dagegen zurückhalten, um nicht als sauertöpfischer Spielverderber zu gelten. Gegenüber dem Fernsehgebäude in Maspero gibt es zudem eine Anlegestelle, von der aus Ausflüge nach al-Qanatir angeboten werden. 90 bis 120 Minuten dauert die Reise in diese grüne Oase am Fluss. Dort kann man reiten, Fahrräder mieten oder mit der Kutsche durch Gärten fahren. An ägyptischen Feiertagen ist ein Ausflug nach al-Qanatir allerdings nur etwas für Urlauber, die das pralle ägyptische Leben kennenlernen wollen und keine Scheu vor Menschenmassen haben.

Ein Motorboot, das wie eine Fähre verkehrt und bis zu 100 Passagiere an Bord nehmen kann, legt in Maspero vor dem TV-Gebäude um 9.30 und 12 Uhr ab. Die Rückkehr aus der Delta-Stadt al-Qanatir (wird umgangssprachlich »Anatir« ausgesprochen) ist um 15 oder 16 Uhr möglich. Viele der Bootsführer, die in Kairo arbeiten, stammen ursprünglich aus Assuan. Möchte man inmitten des Kairoer Trubels auf der **Feluke** einmal die Ruhe genießen und auf jeden Fall auch kein Gespräch mit dem Bootsführer führen, so sollte man sich nicht scheuen, dies zu sagen. Außerdem kann hin und wieder ein Blick auf die Uhr bei der Abfahrt nicht schaden, denn manche Feluken-Kapitäne kehren schon gerne mal etwas früher zur Anlegestelle zurück als ursprünglich vereinbart war.

Abgetakelt: Feluken am abendlichen Nilufer

ZU GAST

Das Land am Nil ist bestens auf seine Gäste vorbereitet und lässt keine Wünsche offen. Der Reisende kann bei Unterbringung, Stränden, Restaurants und Besichtigungstouren aus einer breiten Palette von »Einfach und preiswert« bis »Exklusiv und teuer« auswählen. Individualisten kommen hier genauso auf ihre Kosten wie Urlauber, die eine Rundumbetreuung bevorzugen.

Hotels 84
SPEZIAL Fürstlich wohnen 88
Essen und Trinken 90
SPEZIAL Authentisch speisen 94
Essdolmetscher 96
Einkaufen 98
SPEZIAL Musik als Lebenselixier 102
Feste und Events 104
Sport und Strände 108

Im Hotel »Old Cataract« in Assuan schrieb Agatha Christie »Tod auf dem Nil« (S. 88/89).

Mehr Meer geht kaum: Das »Hyatt Regency« in Scharm al-Scheich zählt zu Ägyptens besten Badehotels (S. 212).

HISTORISCHER GLANZ UND FERIENCAMPS

Ob luxuriöse Nostalgieherberge, modernes Beach-Resort oder naturnahe Ecolodge: Ägypten bietet für jeden Geschmack und jedes Budget reichlich Auswahl an Übernachtungsmöglichkeiten.

In Ägypten gibt es Hotelzimmer und einfache Unterkünfte in Hülle und Fülle. Hunderte von Hotels und eine große Zahl von Pensionen und Feriencamps warten auf ihre Gäste, vor allem in den touristisch gut erschlossenen Zentren Kairo, Alexandria, Hurghada, Assuan, Scharm al-Scheich und Luxor. In einigen anderen Regionen ist die Hotelsituation dagegen etwas schwierig. Das gilt vor allem für die Festlandküste des Roten Meeres nördlich von Hurghada sowie für das von Touristen kaum bereiste Nil-Tal zwischen Kairo und Luxor.

Der Tourismus ist eine der wichtigsten Einnahmequellen des Landes. Wer nicht pauschal bucht, sollte bei der Reservierung seiner Zimmer Folgendes beachten: Die ägyptische Einteilung der Hotelkategorien von einem bis zu fünf Sternen entspricht nicht immer der Realität, weshalb es besser ist, sich auf konkrete Empfehlungen oder die gezielte Anfrage im Hotel zu verlassen. In der Kategorie, die nach europäischem Standard zum Drei- bis Vier-Sterne-Bereich zählt, ist das Angebot besonders groß.

Besonders in Scharm al-Scheich und in Kairo gibt es einige Luxushotels mit Golf-Plätzen und Spas. Außergewöhnlichen Charme strahlen zudem die wenigen Traditionshotels des Landes aus, die zum Teil noch aus den Anfangszeiten des Ferntourismus stammen. Allerdings hat man in einigen dieser Nostalgie-Herbergen den Eindruck, dass sich das Personal ein wenig auf dem historischen Glanz des Hauses ausruht. Man entdeckt bei den Angestellten gelegentlich die gleiche etwas arrogante Attitüde, die man bei Verkäufern in noblen Herrenausstatter-Geschäften finden kann.

Camping ist in Ägypten kaum bekannt, stattdessen findet man in Nuweiba und Dahab am Roten Meer sehr einfache, billige Feriencamps am Meer, in denen man zum Teil in Hütten schläft. Bei einigen neuen Hotels der oberen Preisklasse gibt es seit einigen Jahren den Trend zur Verwendung von Naturmaterialien wie Eisen, Bast, Naturstein oder Ton in der Inneneinrichtung. Außerdem schießen seit etwa 2000 überall sogenannte Ecolodges aus dem Boden, in denen man auf gemauerten Betten schläft und ohne Strom auskommen muss. Eine Ferienwohnung in Ägypten zu mieten, ist schwierig, da dies meist über Mund-zu-Mund-Propaganda läuft.

In allen Hotels, die in einem Radius von 300 Kilometer um Kairo liegen, ist es an den ägyptischen Feiertagen und an den Sommer-Wochenenden voll. In Oberägypten muss man Monate vorher buchen, wenn man in den beliebtesten Hotels ein Zimmer zur Oster- oder Weihnachtszeit haben will. Schwierig ist es häufig auch, in den Monaten Juli und

August ein Zimmer in Alexandria oder anderswo an der Mittelmeerküste zu finden, da sich hier viele Kairoer versammeln, um der drückenden Sommerhitze in der Hauptstadt zu entfliehen.

Für die Übernachtung und Verpflegung von Kindern im Alter von bis zu sechs Jahren muss man in ägyptischen Hotels meistens nichts bezahlen. Höchstens für das Essen wird gelegentlich ein eher symbolischer Betrag gefordert. Unterschiedlich sind die Regelungen, was die Übernachtungskosten für Kinder im Alter zwischen sechs und zwölf Jahren angeht. In einigen Hotels können sie umsonst im Zimmer der Eltern übernachten, auch das Essen ist frei. Andere Hotels verlangen nur Geld für das Essen. Ein Teil der ägyptischen Hotellerie berechnet für Kinder dieser Altersklasse den halben Erwachsenenpreis. Ab 13 Jahren zahlen die Kinder meist den vollen Preis. Spezielle Zimmer, die auf die Bedürfnisse von Rollstuhlfahrern zugeschnitten sind, gibt es nur in wenigen Hotels.

In manchen Hotels bezahlt man pro Zimmer, in anderen pro Person. Zimmer ganz ohne Verpflegung bieten oft nur die sehr bescheidenen Pensionen an, bei allen anderen muss man mindestens das Frühstück dazubuchen. In Hurghada werden Zimmer fast grundsätzlich nur in Kombination mit Halbpension, Vollpension oder all-inclusive vermietet. In Scharm al-Scheich und Kairo bekommt man meist auch Übernachtung mit Frühstück. Einige Luxushotels in Kairo bieten

Das »Marriott Hotel« wurde als Palast für Frankreichs Kaiserin Eugenie erbaut (S. 88).

Halbpension gar nicht an. Die Essenszeiten in den Hotelrestaurants sind häufig etwas länger als in Europa, da man den Gewohnheiten der ägyptischen und ausländischen Gäste Rechnung trägt. Das heißt, zu Abend gegessen wird meist zwischen 18.30 und 22.30 Uhr, wobei man manchmal beobachten kann, dass die Ausländer zuerst essen und die Ägypter dann erst ab 21 Uhr eintrudeln.

Als Individualtourist kann man in ägyptischen Hotels manchmal über den Preis verhandeln, vor allem in der Nebensaison oder wenn nur wenige Zimmer belegt sind. Haustiere dürfen in ägyptischen Hotels bis auf wenige Ausnahmefälle nicht mitgebracht werden. In den meisten Hotels kann man ab 14 Uhr sein Zimmer beziehen und muss es um 12 Uhr wieder räumen. Was die Check-Out-Zeit angeht, so sind die Hoteliers jedoch normalerweise flexibel, wenn es freie Zimmer gibt. Meist muss man für einen Late-Check-Out auch keinen Aufpreis bezahlen.

Was Kreditkarten angeht, so gilt die Faustregel: Alle Hotels, die zur ägyptischen Fünf-Sterne-Kategorie gehören, akzeptieren mindestens Visa und American Express, meist auch Master Card und oft Diners. In Vier- oder Drei-Sterne-Häusern, die viele Pauschalgäste beherbergen, nimmt man mindestens eine dieser Karten. Allerdings ist es hier durchaus möglich, dass sich der Preis bei Zahlung mit Kreditkarten um einige Prozentpunkte erhöht. In einfachen Unterkünften, den preiswerteren unter den Ecolodges und in sogenannten Traveller-Hotels werden grundsätzlich keine Kreditkarten akzeptiert.

Viele ägyptische Hotels, die an der Küste liegen, haben ihr Sales-Office in Kairo, wo auch die Reservierung vorgenommen wird. Oft sind nur deren Mitarbeiter autorisiert, Preisnachlässe anzubieten. Wenn man keine Pauschalreise gebucht hat, sollte man direkt bei der Reservierung klären, ob das Hotel zur Abholung einen Shuttle-Bus zum Flughafen schickt und ob dieser Service etwas zusätzlich kostet. Oft wird dieser Dienst kostenlos angeboten, wenn man ihn direkt bei der Buchung einfordert, während man sonst später eventuell zur Kasse gebeten wird. Das ist dann in der Regel auch teurer als eine normale Taxifahrt.

Ganz wichtig ist in ägyptischen Hotels das Thema Trinkgeld. Die meist sehr schlecht bezahlten Service-Mitarbeiter erwarten für fast jede Handreichung ein Bakschisch. Dabei genügt schon ein kleiner Betrag als Anerkennung. Denn niemand erwartet, dass ein Urlauber dem Reinigungspersonal, dem Kellner im Hotelrestaurant oder dem jungen Mann, der am Strand Handtücher verteilt, größere Summen in die Hand drückt. Im Zimmer sollte man bei einem mehrtägigen Aufenthalt am besten schon nach der ersten Reinigung fünf oder zehn ägyptische Pfund auf dem Kopfkissen liegen lassen.

Empfehlenswerte Adressen finden Sie bei den jeweiligen Orten im Kapitel »Unterwegs«.

Das Restaurant »Felfela« liegt idyllisch direkt am Roten Meer (S. 202).

FÜRSTLICH WOHNEN

Stilvoll wohnen wie einst Agatha Christie – das »Old Cataract« in Assuan verbindet einzigartig Nostalgie mit Luxus.

Urlauber mit einem Sinn für Nostalgie sind in den großen Traditionshotels von Ägypten goldrichtig. Das Vergnügen, dort zu nächtigen, wo einst europäische Staatsoberhäupter, Könige, Schriftsteller oder andere berühmte Reisende ihr Haupt zur Nachtruhe gebettet haben, hat allerdings seinen Preis. Zu den reizvollsten dieser historischen Herbergen zählen das Mena House Oberoi, das von einigen Zimmern aus einen Blick auf die nur einen Steinwurf entfernten Pyramiden von Gizeh bietet, das Marriott Hotel mit dem alten Palast in Kairos Stadtteil Zamalek, der Old Winter Palace an der Uferpromenade von Luxor und das Old Cataract am Stadtrand von Assuan.

Vor allem das **Old Cataract** ist eine echte Institution. Der ältliche Portier in roter Livree, der die Gäste huldvoll begrüßt, passt perfekt zur Kulisse. Dezent, aber mit Kennerblick, mustert er Neuankömmlinge. Er weiß sofort, wer aufgeregt ist, weil er für diese Reise zum 25. Hochzeitstag schon lange gespart hat, und wer den Preis für einen Aperitif auf der Getränkekarte, den er sich bei Sonnenuntergang auf der legendären Hotelterrasse mit Nil-Blick bestellen wird, gar nicht beachtet.

Anders als in Ägyptens modernen Fünf-Sterne-Hotels, in denen die Eingangshallen oft riesig und prunkvoll, die Zimmer aber eher klein und funktional sind, herrscht in der Lobby des Old Cataract Understatement. Die Besonderheiten dieses Hauses blühen eher im Verborgenen. Kein Zimmer gleicht dem anderen. Die Bäder sind teilweise riesig, entsprechen aber nicht modernstem Standard. Die Flure sind so lang und breit wie eine Paradestraße. Wer schnell ins nächste Stockwerk gelangen will, nehme den modernen Aufzug. Stilvoller fährt man dagegen mit dem liebevoll polierten alten Ungetüm aus Holz und Eisen. Die Zimmer auf der Nil-Seite bieten einen unvergleichlichen Blick über den Fluss auf die Insel Elephantine. Auf der Eingangsseite des Hotels blickt man über die breite Auffahrt und in den Garten. Dafür sind die Holzbalkone zum Teil so groß wie das Zimmer eines Neubau-Hotels.

Abgesehen von den gigantischen Suiten des Hotels laden vor allem zwei Orte zum Verweilen ein: die obere Terrasse und der große Speisesaal. Die obere Terrasse mit dem Holzdeck ist den Hotelgästen vorbehalten, alle anderen Besucher müssen eine Etage tiefer Platz nehmen. Oben sitzen amerikanische Studentenpärchen, deren wohlhabende Eltern ihnen in den Semesterferien eine teure Bildungsreise spendieren, neben händchenhaltenden Rentnerpaaren aus Europa. Gemeinsam erholt man sich ab 16 Uhr bei einem Tee oder kühlen Bier vom Besichtigungsprogramm des Tages und genießt die Stille, die höchstens von einem vorbeiziehenden Motorboot gestört wird.

Neigt sich der Tag dem Ende zu, tupfen sich die Hotelgäste etwas Parfüm hinter die Ohren. Die Männer tauschen ihre Sandalen

Das »Old Cataract« hat die Klasse eines alten europäischen Grandhotels – aber mit Nilblick.

gegen Halbschuhe, und die Frauen legen Schmuck an. Man trifft sich nun in der Rotunde, dem großen Speisesaal, in dem morgens auch das Frühstücksbüffet auf einer Empore aufgebaut wird. Abends kann man hier nur à la carte essen. Das Menü ist eine East-West-Mischung ähnlich wie das musikalische Live-Programm mit Ud und Harfe, das die Gäste beim Dinner unterhält. Wer im Restaurant des Old Cataract etwas Landestypisches probieren will, sollte die Molochiya mit Kalbfleisch und Reis bestellen. Danach geht es ins Bett, denn besichtigt wird in Oberägypten wegen der oft extremen Mittagshitze vor allem am frühen Morgen. Und für Nightlife-Exzesse reist man schließlich nicht nach Assuan.

Sofitel Old Cataract Hotel, Sch. Abtal al-Tahrir, Assuan; Tel. 0 97/2 31 60 00, Fax 0 97/2 31 60 11; www.sofitel.com; 131 Zi. ••••

Im großen Speisesaal gibt es morgens ein Büfett und abends Dinner mit Musik.

Marriott Hotel, 16 Sch. Saraya al-Gezira, Kairo, Tel. 02/7 35 88 88, Fax 02/7 35 66 67; www.marriott.com; 1250 Zi. ••••

Mena House Oberoi, Pyramid's Road, Gizeh; Kairo, Tel. 02/3 77 32 22, Fax 02/3 76 77 77; www.oberoimenahouse.com; 523 Zi. ••••

Sofitel Old Winter Palace, Corniche al-Nil, Luxor; Tel. 0 95/2 38 04 25, Fax 0 95/ 2 37 40 87; www.sofitel.com; 92 Zi. ••••

Essenz des Orients: Händler, wie hier in Theben-West, bieten Gewürze feil, ohne welche die ägyptische Küche undenkbar wäre.

DEFTIG, KRÄFTIG UND SÜSS

Prachtvoll gefüllte Tellerchen mit traditionellen arabischen Vorspeisen – nur ein Vorgeschmack auf die deftigen Fleischspezialitäten und köstlichen Süßigkeiten.

In Ägypten dreht sich vieles ums Essen, und die aufgetischten Mengen sind oft enorm. Denn bei einer Einladung wird der Gastgeber nach alter arabischer Tradition dafür sorgen, dass die Schüsseln auf dem Tisch nie leer werden. Die ägyptische Küche ist sehr bodenständig und weniger raffiniert als beispielsweise die libanesische Küche. Deutlich spürbar ist der Einfluss der türkischen Küche.

Die Ägypter selbst essen morgens entweder kaum etwas oder aber ein schweres Frühstück, zu dem oft »Foul« gehört, ein warmes Püree aus Favabohnen, das so sättigend ist, dass sich vor dem frühen Nachmittag kein Hungergefühl einstellt. Das Mittagessen nehmen viele erst zwischen 15 und 17 Uhr ein, zu Abend isst man meist nicht vor 22 Uhr. Wer also am Abend ein vorwiegend von Ägyptern frequentiertes Restaurant besuchen will, der kann sich normalerweise die Reservierung sparen, wenn er schon um 19.30 Uhr kommt – lange bevor der große Besucherandrang beginnt.

Die zum Frühstück äußerst beliebten Foul-Sandwiches gibt es fast überall zu kaufen, sie werden auch auf kleinen Karren an der Straße angeboten. Zusammen mit Foul wird oft »Taamiya« gegessen. Das sind frittierte kleine Küchlein, die ebenfalls aus Bohnen hergestellt werden. Manche Ägypter essen morgens auch schon »Fatayer«, in Fett ausgebackene Pfannkuchen. In den meisten Hotels mit mindestens vier lokalen Sternen gibt es ein reichhaltiges Frühstücksbüffet, zu dem neben der Foul-Kanone fast immer auch frisch gebackene Omeletts gehören. Vollkornbrot deutscher Machart sucht man in der Regel jedoch genauso vergeblich wie Wurst aus Schweinefleisch. Die Käseauswahl ist meist eher dürftig, dafür geizt man nicht mit Joghurt und frischem Obst. Oft werden auch kleine schmackhafte Crèpes angeboten.

Beim ägyptischen Brot unterscheidet man grob drei Sorten: »Aisch Baladi«, ein relativ nahrhaftes graues Fladenbrot, das man an vielen Orten nur abgepackt kaufen sollte, wenn man nicht auf den ein oder anderen Sandkrümel beißen will, außerdem »Fino«, ein weiches, leicht süßliches, längliches Weißbrot, und das weiße, ganz dünne Fladenbrot.

Zu einem richtigen ägyptischen Essen gehört eine Reihe von »Mezze«, den traditionellen Vorspeisen wie »Baba Ghanusch« (Auberginenpüree mit Sesampaste), »Salata Zabadi« (frische Joghurttunke) und »Besara« (Paste aus Bohnen und frischem Koriander mit gerösteten Zwiebeln). Bei den Suppen sind die gelbe Linsensuppe und eine Brühe mit gekochten kleinen Nudeln, die nach deren Form »Schurbat Lisan Asfur« (Vogelzungen-Suppe) genannt wird, am weitesten verbreitet.

Das Hauptgericht besteht im Restaurant entweder aus gegrilltem Fleisch oder Fisch oder aber aus einer Art Eintopf mit Gemüse. Nudeln oder Gemüse werden oft mit Béchamel-Sauce serviert. Die ägyptischen Eintöpfe sind äußerst schmackhaft und gehaltvoll. Das liegt in erster Linie daran, dass die Ägypter in der Küche für Herzhaftes und Süßes gerne »Samna« (geklärte Butter) benutzen. Olivenöl wird höchstens einmal für die Vorspeisen verwendet.

Zum klassischen ägyptischen Fastfood-Repertoire gehört neben Foul und Taamiya auch noch »Koschari«, eine sehr sättigende Mischung aus Nudeln, kleinen Linsen, Kichererbsen, Reis und Tomatensauce, zu der auf Wunsch noch geröstete Zwiebeln und scharfe Chilisauce hinzugefügt werden.

Neben Obst bekommt man in Ägypten zum Nachtisch oft süßes orientalisches Gebäck wie den berühmten Grießkuchen »Basbusa« oder aber weißen Pudding (»Mahalabiya«) mit oder ohne Reis. Ein ganz typischer Nachtisch, der sich in dieser Form auch nur in Ägypten findet, ist »Umm Ali«, was wörtlich übersetzt »Alis Mutter« bedeutet. Er besteht hauptsächlich aus Rosinen, Mandeln und milchgetränktem Brot, ist sehr köstlich und macht richtig satt.

Biokost ist in Ägypten noch weitgehend unbekannt und nur in einigen Hotels zu finden. In den größeren modernen Supermärkten gibt es inzwischen Bio-Gemüse und -Obst sowie zum Teil auch Honig, Marmelade und Tees aus kontrolliertem Anbau. Vegetarier gibt es in Ägypten relativ wenige, dennoch hat man genügend Auswahl an Gerichten ohne Fleisch. Das Angebot ist gerade in den einfachen Lokalen schon deshalb relativ groß, weil sich viele Ägypter nur an den Festtagen ein Stück Fleisch leisten können. In Restaurants der mittleren bis gehobenen Preisklasse wird es für Vegetarier dagegen manchmal etwas komplizierter. Wer als Vegetarier gefülltes Gemüse (»Mahschi«) bestellt, sollte sicherheitshalber immer fragen, ob die Füllung Hackfleisch enthält.

Alle gesellschaftlichen Schichten verbindet das Teetrinken, das für die Ägypter oft Ritual, Stütze im Alltag und Mahlzeitersatz ist. Jeder Ägypter trinkt täglich mehrere Tassen stark gesüßten Schwarztee, und es gibt kaum eine Behörde oder ein privates Büro mit mehr als zehn Mitarbeitern, das keinen eigenen Teeboy hat.

Beim Kaffee hat man meist die Wahl zwischen Nescafé und Türkischem Kaffee. Filterkaffee oder Espresso gibt es nicht überall. Allerdings haben in Kairo und Alexandria in den vergangenen fünf Jahren einige Coffeeshops aufgemacht, in denen man auch einen Milchkaffee

Abwarten...: Tee gehört zum Alltag wie der Ruf des Muezzins

... und Tee trinken: im »Fischawi«, Kairos ältestem Teehaus, in Chan al-Chalili.

mit aufgeschäumter Milch oder Kaffee mit Sirup bekommt. Die Ägypter unterscheiden beim »Turkish Coffee«, bei dem das Kaffeepulver mit aufgekocht wird und sich unten in der Tasse absetzt, drei Varianten: ungezuckert (»säda«), leicht gezuckert (»masbut«) und supersüß (»sukkar ziyada«). Vorsicht, eine Tasse Türkischen Kaffee sollte man nie ganz austrinken, sonst hat man plötzlich das Kaffeemehl auf der Zunge.

Weitere typisch ägyptische Getränke sind Saft aus Zuckerrohr (»Asir Asab«) und getrockneten Aprikosen (»Amar al-Din«), aus Tamarinden (»Tamarhindi«) und Lakritz (»Irk al-Sus«) oder auch »Karkade«, ein kalter Hibiskustee, der meist stark gesüßt angeboten wird. Frischen Mango-, Guaven- und Karottensaft, gesüßten Zitronensaft (»Laimun«) und frisch gepressten Orangensaft (»Asir Burtuan«) bekommt man in Ägypten an fast jeder zweiten Straßenecke. Allerdings sollte man sich genau überlegen, in welchem Laden man einen Saft trinkt und – wenn man einen empfindlichen Magen hat – darum bitten, kein zerkleinertes Eis hinzuzufügen.

Alkohol wird in den Hotels sowie in einem Teil der besseren Restaurants und Kneipen ausgeschenkt. Die Qualität des ägyptischen Bieres hat sich in den vergangenen Jahren deutlich gebessert, und es gibt inzwischen auch mehrere lokale Sorten bis hin zum dunklen Starkbier. Der einheimische Wein ist mäßig, aber trinkbar. Die düsteren Zeiten, als im staatlichen Weingut unter sozialistischer Ägide noch Weißwein mit Hibiskusblüten zu Rotwein umgefärbt wurde, sind zum Glück lange vorbei.

Empfehlenswerte Adressen finden Sie bei den jeweiligen Orten im Kapitel »Unterwegs«.

AUTHENTISCH SPEISEN

Gutes Essen in rustikaler Atmosphäre schätzen die Ägypter. Nicht einfach also, bei Abou el Sid einen Sitzplatz zu erwischen.

Wer authentische ägyptische Küche abseits der überlaufenen Touristenlokale sucht, ist bei Abou el Sid im Kairoer Stadtteil Zamalek gut aufgehoben. Hier geht es volkstümlich zu (die Ägypter nennen es »baladi«) und es wird so gekocht, wie die Ägypter zu Hause am liebsten essen. Dazu gehören nicht nur typisch ägyptische Vorspeisen wie »Besara« oder »Baba Ghanusch« und frisches Fladenbrot, sondern auch deftige Hauptgerichte wie Eintopf mit Magen. Die berühmte »Molochiya«, die man sonst auf fast keiner Speisekarte findet, gibt es hier in allen erdenklichen Varianten, zum Beispiel mit Hühnchen oder Kaninchen. Das Gericht ist eine Art dickflüssige Suppe, die mit einem grünblättrigen Gemüse namens Molochiya gekocht wird, welches man in Europa nicht kennt, und das ein wenig an Spinat erinnert. Diese Suppe, in die ganz viel Knoblauch gehört, mischt man mit weißem Reis und mit Fleisch oder Geflügel. Auch Vegetarier kommen bei Abou el Sid auf ihre Kosten, selbst wenn es bei den Hauptgerichten für sie eher schlecht aussieht. Doch die kalten und warmen Vorspeisen sind so üppig, dass einem das Hauptgericht nicht unbedingt fehlt. Bei Abou el Sid wird auch Alkohol serviert.

Das Lokal ist allerdings nichts für Leute mit empfindlichen Nasen. Denn die Gäste qualmen oft Zigaretten und Wasserpfeifen, was das Zeug hält. Ohne Reservierung läuft hier gar nichts. Und selbst wer reserviert hat, muss manchmal noch ein wenig an der Bar warten. Die Einrichtung erinnert stark an eine etwas in die Jahre gekommene »gute Stube«, wie man sie in vielen Kairoer Altbauwohnungen findet. Die Gäste sind etwa zur Hälfte Ausländer und Ägypter, die Atmosphäre ist locker. Wer ein Gespräch sucht, wird keine Schwierigkeiten haben, wenn er an der Bar sitzt.

Kairoer Szene-Gänger rümpfen manchmal die Nase über das Abou el Sid, denn der Laden gehört schon so lange zu den In-Restaurants der Stadt, dass der Vorschlag, im Abou el Sid zu essen zumindest für die Einheimischen nicht der Gipfel der Originalität ist. Wenn sie aber doch hingehen, loben sie das Essen und versichern sich gegenseitig:

Lukullischer Genuss: Frische Kräuter und Gewürze zeichnen Kairos Küche aus.

»Gut, dass wir wieder hergekommen sind – hier schmeckt es einfach am besten.«
Abou el Sid, 157 Sch. 26 Julyu (am Buchladen Diwan in eine kleine Seitenstraße abbiegen, das von außen schlecht beleuchtete Lokal liegt dann auf der rechten Seite), Zamalek; Tel. 02/7 35 96 40; tgl. 13–2 Uhr, Mindestverzehr 30 LE ••

Eine ganz andere Kategorie authentischer ägyptischer Küche serviert das Straßenlokal al-Rifai, in dem es weder ein Dach über dem Kopf noch eine Speisekarte gibt. Die Spezialität dieser Gaststätte sind »Köfte«, kräftig gewürzte Hackfleischspieße. Etwas anderes gibt es hier nicht. Wer sich in der schmalen Gasse gegenüber der Sayyida-Zainab-Moschee niederlässt, bekommt ungefragt eine Auswahl der üblichen kleinen Vorspeisen und Köfte serviert, jedoch keinen Alkohol. Weil das Fleisch frisch ist und die Köfte hier nicht nur super-preiswert, sondern auch extrem lecker sind, findet man bei al-Rifai sowohl die Leute aus dem Viertel als auch Gäste, die sich durchaus ein Abendessen in einem »richtigen« Restaurant leisten könnten.

Hackfleisch sollte man in Ägypten vor allem im Sommer, wenn es heiß ist, nur in ausgewählten Lokalen bestellen, wo man Vertrauen haben kann. Bei al-Rifai besteht kein Risiko, weil es außer Hackfleisch-Spießen hier nichts zu essen gibt. Das Fleisch wird also schnell verarbeitet und ist daher immer frisch. In weniger stark frequentierten Lokalen erinnern sich die Gäste dagegen manchmal länger an ihre Nudeln mit Bolognese-Sauce oder ihre Hackfleisch-Bällchen, als ihnen lieb ist. Wer das Essen in einer staubigen Gasse mit seinen Hygienestandards nicht in Einklang bringen kann, ist hier nicht an der richtigen Adresse.

Das al-Rifai ist nicht ganz einfach zu finden. Gegenüber dem Haupteingang der Sayyida-Zainab-Moschee im gleichnamigen Viertel liegt, nicht zu übersehen, ein rundes Brunnenhaus aus islamischer Zeit (»Sabil«). Hier biegt man in die Gasse links neben dem Sabil ein und läuft direkt auf die Bude zu, in der das Essen für das al-Rifai zubereitet wird. Die Tische werden allerdings erst am späten Abend auf die Straße gestellt.
Al-Rifai, in der kleinen Gasse, die gegenüber der Sayyida-Zainab-Moschee links am Sabil vorbeiführt (biegt man hinter dem Straßenlokal noch einmal rechts ab, steht man vor dem mittelalterlichen Wohnhaus Bait al-Sennari, das aber abends nicht geöffnet ist). Die Öffnungszeiten richten sich nach der Jahreszeit, bis Mitternacht wird immer serviert.

Gute Stube: Im Abou el Sid essen Ägypter wie zu Hause bei Muttern.

KULINARISCHES

A

Ahwa – *Kaffee*

Aisch baladi – *graues Fladenbrot*

Arnabit – *Blumenkohl*

Asal – *Honig*

Asir – *Saft*

Asir asab – *Zuckerrohrsaft*

Asir burtuan – *Orangensaft*

Asir laimun – *Zitronensaft, gesüßt*

B

Ba'dunis – *Petersilie*

Baba Ghanusch – *Auberginenpüree, kalt*

Balah – *Datteln*

Bamia – *Okraschoten*

Barquq – *Pflaume*

Basbusa – *Grießkuchen*

Bassal – *Zwiebel*

Bassilla – *Erbsen*

Bastirma – *Trockenfleisch, scharf gewürzt*

Batata – *Süßkartoffeln*

Batatis – *Kartoffeln*

Batatis ma'liya – Pommes frites

Batich – Wassermelone

Bedh – *Ei*

Bedh ma'li – *Spiegelei*

Bedha maslu'a – *hart gekochtes Ei*

Bedha nisf maslu'a – *weich gekochtes Ei*

Besara – *Bohnenpaste mit Koriander und Zwiebeln*

Betindschan – *Aubergine*

Birra – *Bier*

Boharat – *Gewürze*

Bolti – *Tilapia/Nilfisch*

Bosomat – *Brotstäbchen*

Buri – *Meerbarbe*

Burtuan – *Orangen*

C

Charschuf – *Artischocke*

Chass – *Salatkopf*

Chiyar – *Gurke*

Choch – *Pfirsich*

Chubs – *Brot*

D

Dik rumi – *Truthahn*

E

Einab achdar – *Trauben, grün*

Einab ahmar – *Trauben, rot*

Eis kriem – *Speiseeis*

F

Facha – *Obst*

Faraula – *Erdbeere*

Fasuliya chadra – *grüne Bohnen*

Fatayer – *frittierte Teigfladen*

Fatta – *Fleisch mit Reis, Brot und Essig*

Ferach – *Huhn*

Figl – *Radieschen*

Filfil – *Paprika*

Filfil harr – *scharfe Paprika*

Filfil iswid – *Pfeffer, schwarz*

Fino – *leicht süßes Weißbrot*

Fischar – *Popcorn*

Foul – *Bohnenpüree*

Foul Sudani – *Erdnüsse*

G

Gasar – *Möhre*

Gauafa – *Guave*

Gibna – *Käse*

Gibna bedha – *weißer, salziger Käse*

Gibna rumi – *gelber, salziger Käse*

H

Haga saa – *Limonade oder Cola*

Halawiyat – *Süßigkeiten*

Halawiyat schamiya – *orientalische Süßigkeiten*

Hamam mahschi – *gefüllte Taube*

Harr – *scharf*

Hommus – *Kichererbsenpaste*

I

Irk as-Sous – *Lakritz*

Ischta – *Sahne*

Istakosa – *Hummer*

K

Kabburiya – *Krebs*

Kalawi – *gegrillte Innereien*

Kantalup – *Melone, grün*

Karkade – *Hibiskustee*

Kebab – *Fleischspieß*

Khodar – *Gemüse*

Kibda – *Leber*

Köfte – *Hackfleischbällchen*

Kometra – *Birne*

Koschari – *Nudel-Reis-Linsen-Gericht*

Krumb – *Weißkohl*

Kubbe/Kobeba – *frittierte Bulgur-/Hackfleisch-Bällchen*

Kunafa – *süße Fadenkuchen*
Kusa – *Zucchini*

L

Laban – *Milch*
Lahma – *Fleisch*
Lahma ba'ari – *Rindfleisch*
Lahma bitello – *Kalbfleisch*
Lahma dane – *Lammfleisch*
Lahma mafruma – *Hackfleisch*
Laimun – *Zitrone*
Lus – *Mandeln*

M

Mahalabiya – *arabischer Pudding*
Mahschi – *gefüllt (z.B. Auberginen)*
Maiya – *Wasser*
Maiya ma'daniya – *Mineralwasser*
Makarona – *Nudeln*
Makarona fil-furn – *Nudelauflauf*
Ma ma'dani – *Mineralwasser*
Mana'isch – *libanesischer Teigfladen*
Masbut – *leicht gesüßt*
Maschwi – *gegrillt*
Messe/Mezze – *Vorspeisen, gemischt*
Millah – *Salz*
Mischmisch – *Aprikose*
Mkassarat – *Nüsse*
Molochiya – *Gemüsespezialität aus Spinat*
Mombar – *ägyptische Würstchen*
Much – *Hirn (vom Lamm)*
Mu'li – *frittiert*
Murabba – *Marmelade*
Mus – *Bananen*

N

Nbit abyadh – *Weißwein*
Nbit ahmar – *Rotwein*

Q

Qarus – *Seebarsch*

R

Rumman – *Granatapfel*
Russ – *Reis*
Russ bil laban – *Milchreis*
Russ chalta – *Reis mit Nüssen und Rosinen*
Russ schariya – *Reis mit gebratenen Nüdelchen*

S

Sabadi – *Joghurt*
Sabanich – *Spinat*
Säda – *ungezuckert*
Sal' – *Mangold*
Salata – *Salat (als Gericht)*
Salata chadra – *grüner Salat*
Salatat sabadi – *Joghurtsalat*
Salsa – *Soauce*
Samna – *geklärte Butter*
Sandawitch – *Sandwich*
Schai – *Tee*
Schai bi-na'na – *Tee mit Minze*
Schakschuka – *Fleisch mit Tomatensauce und Ei*
Schammam – *Honigmelone*
Schatta – *rote Peperonisauce*
Schorba – *Suppe*
Schurbat ads – *Linsensuppe*
Schurbat chodar – *Gemüsesuppe*
Schurbat lisan asfur – *Hühnersuppe mit Nudeln*
Schurbat samak – *Fischsuppe*
Seet – *Öl*
Seet seitun – *Olivenöl*
Seitun – *Olive*
Sibda – *Butter*
Sobeit – *Tintenfisch*
Suchn – *heiß*
Sukkar – *Zucker*
Sukkar chafif – *leicht gezuckert*
Sukkar ziyada – *stark gezuckert*

T

Taamiya – *frittierte Bohnenpasteten*
Tabbule – *Petersiliensalat mit Minze und Bulgur*
Tahina – *Sesammus*
Talg – *Eis (Würfel)*
Tamarhindi – *Tamarinde*
Tin – *Feige*
Tin schuki – *Kaktusfeige*
Tomatim/Ota – *Tomaten*
Tuffah – *Apfel*
Tuna – *Thunfisch*
Turschi – *in Essig eingelegtes Gemüse*

U

Ulaas – *suppenartiges Gericht mit Mangold*
Umm al-Chullul – *Muscheln*
Umm Ali – *Dessert mit Milch, Brot, Rosinen*

W

Wara'a einab – *gefüllte Weinblätter mit Reis*

Z

Zihab – *Anisschnaps*

Wandeln und handeln: Kairos Chan-al-Chalili-Basar ist mehr als 600 Jahre alt und der größte im Nahen Osten. Nichts, was es hier nicht gäbe (S. 133).

DESIGNERMODE BIS PHARAONENKITSCH

Feilschen ist bei Shopping-Touren ein Muss. Ob für duftende Gewürze, Baumwollhemden bester Qualität oder fein ziselierten Schmuck – die Freude ist umso größer, wenn sich der Preiskampf gelohnt hat.

Das Schönste gleich vorweg: In Ägypten kann man fast zu jeder Tages- und Nachtzeit einkaufen gehen, denn ein Ladenschlussgesetz gibt es hier nicht. Viele Boutiquenbesitzer haben allerdings morgens vor 10 Uhr noch keine Lust, ihre Geschäfte zu öffnen. Kleinere Geschäfte schließen meist um 22 Uhr.

Zu den traditionellen Mitbringseln aus Ägypten zählen vor allem Wasserpfeifen und der dazugehörige Tabak, filigrane Parfümflakons, farbenfrohe Patchworkdecken, Silberschmuck und bemalte Papyrusblätter. (Vorsicht: Gerne verkaufen die Basarhändler Bananenblätter als Papyri.) Hoch im Kurs steht seit jeher auch der sogenannte »Pharaonenkitsch«, von der Mini-Pyramide aus Kristall über pseudo-antike Tontöpfe bis hin zur Sphinx aus Speckstein. In Luxor bekommt man besonders viele Vasen und Töpfe aus Alabaster angeboten. Wirklich schöne Töpferwaren finden sich allerdings nur in einigen ausgewählten Geschäften. In den Basars von Kairo und Alexandria gibt es zu relativ guten Preisen Gold-, Silber- und Modeschmuck. Vieles wird nach Gewicht verkauft. Sehr preiswert sind in Ägypten schmale hohe Messingtische, wie man sie in den traditionellen Teestuben findet.

Vielen ausländischen Touristen ist es lästig, doch ohne zu feilschen, kann man in Ägypten fast nichts kaufen. Generell sollte man sich von der Summe leiten lassen, die man letzten Endes zu zahlen bereit wäre, und dann ein Anfangsgebot machen, das um etwa ein Viertel darunter liegt. An der Reaktion des Verkäufers lässt sich meist schnell ablesen, ob man ungefähr richtig gelegen hat. Allerdings ist hier Fingerspitzengefühl gefragt, denn Klappern gehört zum Handwerk, und ein bisschen Schauspielerei beherrscht jeder ägyptische Händler. Trotzdem darf man den Verkäufer nicht als Lügner bezeichnen. Besser sind Sätze wie: »Wir wollen doch beide zufrieden sein, deshalb einigen wir uns jetzt auf einen Betrag in der Mitte.« Beim Kauf hochwertiger Waren im Basar lohnt es sich oft auch, das angebotene Glas Tee oder die Limonade anzunehmen, um dann in Ruhe zu verhandeln.

Ausgenommen von der Regel des Feilschens sind einzig und allein Supermärkte sowie die Filialen von bekannten Bekleidungsherstellern. Einige Kunsthandwerkläden in der islamischen Altstadt von Kairo, die sich auf die Bedürfnisse der Ausländer eingestellt haben, zeichnen ebenfalls ihre Ware mit festen Preisen aus.

Abstand nehmen sollte man grundsätzlich von Einkäufen in Geschäften in der Nähe von Sehenswürdigkeiten, die von einem ägyptischen Reiseführer ausdrücklich empfohlen werden. Denn oft

müssen die Touristen hier höhere Preise bezahlen, weil ihr Begleiter von den Ladeninhabern Prozente oder eine Prämie dafür bekommt, dass er die Ausländer in sein Geschäft lotst.

Zu den eher profanen Mitbringseln aus Ägypten gehören preisgünstige Männerunterhemden in bester Baumwolle und klassischer Form, wie man sie in den alten Kaufhäusern mit sozialistischem Flair findet. In vielen Geschäften kann man zu günstigeren Preisen als in Europa Baumwollbekleidung kaufen – die ägyptische Baumwolle ist von hoher Qualität und ein wichtiges Exportgut. Allerdings sollte man bei der Verarbeitung genau hinschauen. Denn bei der lokalen Herstellung wird nicht immer der gleiche Standard eingehalten wie bei der Produktion für den Export.

Wer später im heimischen Wohnzimmer noch in Orient-Nostalgie schwelgen will oder ein besonderes Kostüm für den Karneval sucht, kann in Ägypten außerdem günstige und zum Teil auch sehr schön bestickte arabische Gewänder (Galabiyas) und kitschige Kopftücher mit klimperndem Münzenbesatz kaufen. In Oberägypten werden zudem schöne breite Schals verkauft, die dort von den Männern im Winter getragen werden und so groß sind, dass sie auf Reisen im Zug oder Flugzeug komfortabel als Decke oder Kopfkissen dienen können.

In den großen Einkaufsstraßen von Kairo und Alexandria fallen vor allem den Frauen zuerst die vielen Schuhgeschäfte ins Auge. Doch hier ist Vorsicht geboten. Denn das Design ist zwar oft ganz originell, die meisten Schuhe sind aber aus Kunstleder, was gerade im Sommer oft zu einer Qual für die Füße wird. Hemmungslos zugreifen kann man dagegen bei den Handtaschen. Neben hübschen, aufwendig bestickten Stofftaschen findet man auch viele Kopien von Taschen international bekannter Designer. Auch auf so manchem, eher lässig verarbeiteten ägyptischen T-Shirt oder Pullover prangen Markennamen, was den Besitzern der Markenrechte, wenn sie die Ware sähen, wohl die Haare zu Berge stehen lassen würde.

Was Lebensmittel angeht, so findet man zumindest in Kairo inzwischen fast alles, was der westliche Konsument begehrt – von deutschen Gummibärchen bis zu Parmesan aus Italien. Lange zurück liegen die Zeiten, als die Ägypter

Geduld übt: Kommt ein Kunde, wird gehandelt – fast überall.

in bester sozialistischer Tradition vor den Lebensmittelkooperativen anstehen mussten, um eine Handvoll Pfefferkörner zu kaufen. Heute sind bestimmte Gewürze günstig zu haben und werden vielerorts lose aus dem Sack per Kilo verkauft. Die meisten Supermärkte, in denen auch Ausländer einkaufen, liegen in Kairo im Stadtteil Zamalek. Vor den Toren Kairos gibt es außerdem sehr große Supermärkte – »auf der grünen Wiese« würde man in Deutschland dazu sagen, in Ägypten liegen sie dagegen meist »am Rande der Wüste«. Alkohol gibt es dort nicht zu kaufen, sondern nur in einigen wenigen Geschäften, die zum Teil etwas schmuddelig aussehen.

Wie auch in anderen arabischen Ländern gehören Einkaufstouren in Ägypten zu den beliebtesten Freizeitbeschäftigungen. Meiden sollte man allerdings die Geschäftsstraßen und Shopping-Malls an den letzten Tagen des Fastenmonats Ramadan. Denn in dieser Zeit kaufen alle ägyptischen Muslime neue Kleidung zum Fest des Fastenbrechens (»Aid al-Fitr«) und es ist so brechend voll, dass man sich nur mit großer Mühe von einer Boutique zur nächsten vorkämpfen kann. Besuche in großen Supermärkten sind dagegen an den letzten Tagen vor Beginn des Ramadan nicht ratsam, weil die Ägypter für den Fastenmonat gerne Lebensmittelvorräte anlegen. Zu dieser Zeit herrscht dann ein hektischer Betrieb wie in Europa am letzten Samstag vor Weihnachten.

Empfehlenswerte Adressen finden Sie bei den jeweiligen Orten im Kapitel »Unterwegs« ab S. 117.

AUTORENTIPP Noch ein letzter Tipp zum Thema Feilschen: Antwortet der Verkäufer auf die Frage »Was kostet die Ware?« mit »Bei Gott, ich schenke sie dir, gib mir einfach das, was du zahlen willst«, muss man sich auf ganz besonders zähe Verhandlungen gefasst machen. Manchmal hilft es dann, einfach wegzugehen und nach zehn Minuten mit einem lässigen Blick auf die Ware noch einmal vorbeizuschlendern. In 50 Prozent der Fälle ruft Ihnen der Händler dann einen günstigeren Preis zu.

MUSIK ALS LEBENSELIXIER

Schmachten mit Umm Kalthum oder tanzen mit Hakim: Wie man sich vom Klang der ägyptischen Musik anstecken lässt.

Die Ägypter lieben Musik zu fast jeder Tages- und vor allem Nachtzeit, im Taxi, im Geschäft, im Restaurant und sogar auf dem Segelboot. Für viele westliche Touristen klingt die arabische Musik allerdings monoton. Sie mögen höchstens einem einsamen Ud-Spieler zuhören, der im Restaurant auf seiner arabischen Laute Traditionelles zum Besten gibt. Für diejenigen Ägypten-Besucher, die sich vom Musik-Virus der Einheimischen anstecken lassen, hier eine kleine Einführung in den zeitgenössischen ägyptischen Musikgeschmack. So lässt sich die Ägypten-Nostalgie nach dem Urlaub noch einmal mit passender musikalischer Untermalung zelebrieren.

Unangefochtene Königin der ägyptischen Musik ist die 1975 verstorbene Sängerin Umm Kalthum, für die sogar im Kairoer Stadtteil Zamalek eine Statue aufgestellt wurde. Die Lieder dieser ernsten Künstlerin, die meist von Liebesschmerz handeln, sind jeweils mindestens 20 Minuten lang und klingen eigentlich auf billigen Musikkasetten viel authentischer als auf einer CD. Da die Lieder voller Wiederholungen sind, fällt es nicht so schwer, den ganzen Text auswendig zu lernen, und es gibt wohl nur wenige erwachsene Ägypter, die nicht mindestens ein Lied von Um Kalthum vortragen könnten. Unter den ägyptischen Stars von einst hat heute nur der schmale Sänger Abdel Halim Hafez (1929–1977), der auch in einigen Musikfilmen mitspielte, eine ähnlich treue Fan-Gemeinde wie diese Nationalheldin der Ägypter.

Was die moderne Popmusik angeht, so kann man in Ägypten schon seit Jahrzehnten ein Phänomen beobachten, das es in Europa erst seit einigen Jahren gibt: Alt und Jung hören dieselbe Musik. Ägypten ist dabei das unangefochtene Zentrum der arabischen Popmusik, gefolgt vom Libanon.

Seit Jahren erfolgreich ist der Ägypter Hakim, dessen extrem eingängige Songs vor allem auf Tanzpartys gerne gespielt werden. Zum Stillsitzen und Zuhören ist Hakims Musik – Dauerbrenner ist sein Hit »Al-Nar, al-Nar« – dagegen nichts. Alle Jahre wieder landet zudem Hani Schakir einen seiner clever produzierten Hits. Der Sänger hat entweder einen guten Schönheitschirurgen oder er ist ein biologisches Wunder. Auf jeden Fall sieht er heute jünger aus als noch vor zehn Jahren. Das gilt auch für Warda al-Dschasairiya, die ursprünglich aus Algerien stammt, aber schon lange zur ägyptischen Szene gehört. Ihre Songs sind irgendwo an der Schnittstelle zwischen Tradition und Pop angesiedelt. Vor allem bei den Mädchen ist der smarte Amre Diab beliebt, der seinen Aufstieg unter anderem Songs zu verdanken hat, die mit andalusischen oder indischen Elementen gewürzt sind.

Unter den weiblichen Newcomern der vergangenen Jahre fällt die Sängerin Sherine etwas aus dem Rahmen, die sich mit ihren kurzen Haaren und ihrer leicht burschikosen Art dem klassischen Image der ägyptischen Sängerinnen entzieht. Mehr durch ihren neckischen Augenaufschlag und ihre für ägyptische Verhältnisse zum Teil gewagten Kostüme in den Musikvideos als durch ihre Stimme beeindruckt die junge Ruby.

Gleichzeitig volkstümlich und intellektuell ist die Musik von Mohammed Mounir. An ihr scheiden sich in Ägypten die Geister. Entweder man liebt oder man hasst seine etwas ruhigere Musik und die zum Teil anspruchsvollen Texte. Viel Erfolg hatte der Nubier mit Liedern, die von der Musik der Sufis inspiriert sind.

Die Rai-Musik aus Algerien, die in Europa das Einzige ist, was an moderner arabischer Musik bekannt ist, kennen die wenigsten Ägypter. Sie verstehen auch die Texte im maghrebinischen Dialekt kaum. Selbst nach CDs libanesischer Künstler muss man in Ägypten manchmal lange suchen. Dafür hört man in den vergangenen Jahren gelegentlich, dass in den Lokalen abends Musik arabischer Künstler aus den Golfstaaten gespielt wird.

Westliche Popmusik hört in Ägypten fast nur die Jugend. Wenn ägyptische Sänger in Hotelbars internationale Hits von Frank Sinatra bis Diana Ross zum Besten geben, ist das Ergebnis oft sehr grenzwertig. Europäische klassische Musik ist in ägyptischen CD-Geschäften ein Nischen-produkt.

Musikkassetten kosten in Ägypten 7–12 LE. Mit Copyright hat man hier nicht sonderlich viel am Hut. CDs kosten zwischen 15 und 45 LE, je nachdem, ob es sich um Originale oder Raubkopien handelt. Wer eine selbstgebrannte CD im Geschäft kauft, sollte darauf bestehen, dass der Verkäufer sie aus der Hülle nimmt und zumindestens ein oder zwei Lieder anspielt, da sonst das Risiko besteht, dass man seine CD zu Hause in den Player legt und gar nichts hört.

Leise Laute: Den Klang der Ud mögen auch Touristen, Ägypter lieben's lebendiger.

Fasten-Feste: Das Mitternachtsmahl während des Ramadan ist in Kairos al-Chalili-Markt immer eine fröhliche Party.

IM RHYTHMUS DES MONDES

Wann immer sich eine Gelegenheit zum Feiern bietet, lassen die Ägypter sie sich nicht entgehen. Mit 16 offiziellen Feiertagen pro Jahr haben sie dazu auch reichlich Gelegenheit.

Ägyptische Feste, Messen und Festivals finden nicht jedes Jahr genau zur gleichen Zeit statt. Das würde dem lockeren Verhältnis der Ägypter zur Zeit an sich auch gar nicht entsprechen. Zudem orientieren sich die Daten der islamischen Feiertage am Mondkalender. Da das Mondjahr kürzer ist als unser Kalenderjahr, »wandern« die Monate des Mondkalenders durch das Jahr. Aus diesem Grund beginnt beispielsweise der Fastenmonat Ramadan und folglich auch das Opferfest am Ende dieses Monats jedes Jahr zu einem anderen Zeitpunkt. Wann genau, weiß man immer erst am Vorabend des ersten Tages.

ISLAMISCHE FEIERTAGE

Das Fasten im Monat Ramadan ist eine der sogenannten fünf Säulen des Islam – die anderen sind das Glaubensbekenntnis, die Almosen, das tägliche Gebet und die Pilgerfahrt nach Mekka. Während der gesamten Zeit üben sich Muslime in Enthaltsamkeit. Von Sonnenaufgang bis Sonnenuntergang sind Essen, Trinken, Rauchen und Sex verboten. Nicht-Muslime betrifft dies zwar nicht, es ist aber nicht sehr höflich, tagsüber außerhalb von Hotels zu essen oder zu trinken. Wenn die Sonne untergeht, wird in den Häusern geschlemmt. Die ganze Familie versammelt sich zu einem üppigen Mahl. Danach schalten die meisten Ägypter den Fernseher an, denn die besten Serien werden extra für den Monat Ramadan produziert. In den Nächten des Ramadan wird überall gefeiert. Noch um drei Uhr morgens findet man volle Kaffeehäuser, weshalb viele Ägypter, besonders die Jugend, verspätet und mit dunklen Augenringen zur Arbeit erscheinen. Vor allem in Kairo werden in Restaurants oder sogenannten Ramadan-Zelten Musik, Tanz und andere kulturelle Darbietungen angeboten. Alkohol gibt es meist nur in den Hotels und wenigen ausländischen Clubs. Dafür gibt es überall spezielle Ramadan-Speisen und -Getränke.

Für Geschäftsreisen nach Ägypten, Wüstentouren oder anstrengende Fernreisen innerhalb des Landes ist der Ramadan ein schlechter Monat. Denn die Öffnungszeiten der Büros und Geschäfte sind tagsüber verkürzt. Auch Busfahrer und Reiseführer fasten, was sich auf den Arbeitselan auswirkt. (Nächster Beginn 12. oder 13. September 2007, 1. oder 2. September 2008.)

Der Ramadan endet mit dem dreitägigen Fest des Fastenbrechens »Aid al-Fitr« (»kleines Fest«). Hier kommt das öffentliche Leben fast vollständig zum Erliegen, die meisten Geschäfte bleiben zu (etwa 12. Oktober 2007, 2. Oktober 2008). Jeweils 70 Tage danach beginnt das islamische Opferfest »Aid al-Adha« (»großes Fest«), das fünf Tage dauert. Zu Beginn findet frühmorgens das rituelle Schlachten von Schafen, Kühen und Büffeln statt, oft in Hauseingängen oder Hinterhöfen. Während des Opferfestes sind alle öffentlichen Parks und Einkaufszentren überfüllt. (Voraussichtlich 20. Dezember 2007, 9. Dezember 2008.)

Ohne großartige Feststimmung begeht man in Ägypten das Islamische Neujahrsfest (»Awwal Sanaa Hidschriya« – 20. Januar 2007, 10. Januar 2008). Dafür ist, anders als in anderen arabischen Ländern, in Ägypten auch der Geburtstag des Propheten Mohammed (»Maulid al-Nabi«) ein wichtiger Feiertag. An diesem Tag wird in vielen Restaurants kein Alkohol ausgeschenkt. (31. März 2007, 20. März 2008)

Ein lokales religiöses Fest ist das Maulid Sayyidna al-Hussein vor der Hussein-Moschee in Kairo. Für Fremde ist es zwar faszinierend, dieses Fest zu erleben. Sie sind aber nicht immer gern gesehene Gäste, und im Gedränge muss man sich manchmal vorsehen. Das Gleiche gilt für das Fest von Sayyida Zainab in Kairo. Die genauen Daten am besten bei Einheimischen erfragen. Jeweils zwei Wochen vor Beginn des Ramadan wird in Luxor das Maulid des Abu al-Haggag gefeiert. Bei diesem Straßenfest, das zwei Tage dauert und auf eine Tradition aus der Pharaonenzeit zurückgeht, sind auch Fremde willkommen.

KOPTISCHE FEIERTAGE

Die koptischen Christen in Ägypten begehen zwar dieselben religiösen Feste wie in Europa. Allerdings an anderen Tagen, weil die Kopten zu den orthodoxen Ostkirchen gehören. Weihnachten wird am 6. oder 7. Januar gefeiert. Auch das Osterfest der Kopten (nur die Christen haben hier frei) wird zu einer andern Zeit gefeiert (März/April). Vor Ostern fasten die meisten Kopten und essen kein Fleisch. Manche verzichten auch auf Fisch, Eier und Milch.

Am Montag nach dem koptischen Osterfest feiern nicht nur die Christen, sondern alle Ägypter das Frühlingsfest »Scham al-Nessim« (»Schnupper die Brise«). Dabei wird traditionell ein geräucherter, stark riechender Fisch (»Fasich«)

verzehrt. Da dieser Fisch nicht überall entsprechend kühl gelagert wird, vergeht kein Jahr, ohne dass die ägyptischen Zeitungen von Menschen berichten, die mit Magenschmerzen im Bett liegen. (8. April 2007, 28. April 2008)

STAATLICHE FEIERTAGE

Unter den nicht-religiösen Feiertagen ist für die Ägypter vor allem der Tag der Streitkräfte am 6. Oktober wichtig. Erinnert wird hier an einen der wenigen Erfolge gegen Israel. Weitere nationale Feiertage: 1. Januar – Neujahr, 25. April – Tag der Befreiung des Sinai, 1. Mai – Tag der Arbeit, 23. Juli – Tag der Revolution, 24. Oktober – Suez-Tag, 23. Dezember – Tag des Sieges.

KULTUR UND EVENTS

Mitte oder Ende Januar zieht die Internationale Buchmesse von Kairo Hunderttausende von Ägyptern und auch einige arabische Besucher aus dem Ausland an. Die Messe hat Volksfestcharakter. Ebenfalls im Frühjahr können sich Bildhauer beim Internationalen Skulptur-Symposium in Assuan an dem rosafarbenen Granit austoben, den schon die Pharaonen aus dieser Gegend holten, um ihre Tempel zu bauen. (Informationen beim Kulturministerium und im Basma-Hotel in Assuan, Tel. 0 97/2 31 09 01.) Amateur- und Profibauchtänzerinnen treffen sich jedes Jahr im Sommer (Juni/Juli) zu einem mehrtägigen Bauchtanzfestival mit Tanzkursen und Vorführungen im Hotel Mena House Oberoi an den Pyramiden von Gizeh. Das Datum variiert (Informationen unter www.nilegroup.net oder www.raqiahassan.net).

Klassische Musik und Folklore in einer wunderschönen Kulisse bekommen diejenigen, die es im heißen Augustwetter in Kairo aushalten, beim Festival für Musik und Gesang auf der Zitadelle geboten. Die Konzerte sind alle abends. Meist weht um diese Uhrzeit zumindest eine leichte Brise über den Hügel. Eines der schönsten lokalen Feste Ägyptens im Oktober ist das dreitägige Festival in der Oase Siwa mit Umzügen, Musik und traditionellen Speisen. (Informationen bei den Hotels in Siwa, den Veranstaltern von Wüstentouren oder der Touristeninformation der Oase, Tel. 0 46/4 60 23 38.)

Jeweils im November findet in Kairo ein Festival für Arabische Musik mit Künstlern aus der gesamten Region statt. Eine Woche lang kann man im Opernhaus hochkarätigen Sängern, Orchestern, Ud-Spielern und anderen Solisten zuhören. Trotzdem sind die Konzerte oft nicht ausverkauft (Kairoer Opernhaus, Tel. 02/7 37 06 01). Ende November treffen sich arabische und einige internationale Größen des Kinos zum Internationalen Filmfestival in Kairo. Für viele Ägypter eine willkommene Gelegenheit, unzensierte ausländische Filme zu sehen. Denn in den normalen Kinovorführungen fehlen oft die Szenen, in denen Sex oder auch nur Nacktheit zum Film vorkommt. (www.cairofilmfest.com)

Die wichtigsten Feste sind unter den einzelnen Orten in dem Kapitel »Unterwegs« aufgeführt.

In Trance zu Gott: Ägyptens Derwische tanzen fröhlicher und farbiger.

Blaues Wunder am Roten Meer: Taucher über der Salatkoralle der Straße von Tiran vor dem Sinai (S. 216)

PARADIES FÜR SONNENANBETER & AKTIVE

Die ägyptische Küste des Roten Meeres ist für Strandurlauber und Wassersport-Fans das schönste Reiseziel in der gesamten arabischen Region. Andere finden Erholung in der Stille und Weite der Wüste.

Surfen, tauchen, baden – an der langen Küste des Roten Meeres kommen alle auf ihre Kosten, die glasklares Wasser, endlose Strände, bunte Fische und große Korallenriffe suchen. Vor allem unter den Surfern und Tauchern, die einmal in Ägypten Urlaub gemacht haben, gibt es viele »Wiederholungstäter«. Aber auch Aktivurlauber, die in den schönsten Wochen des Jahres Golfspielen oder Erholung durch eine ausgedehnte Wüstenwanderung suchen, finden in Ägypten ideale Bedingungen vor. Für alle Outdoor-Aktivitäten, bei denen man sich nicht ins kühle Nass begibt, eignen sich die weniger heißen Monate von Oktober bis Mai am besten.

ANGELN

In Ägypten können Angler im Prinzip überall ihre Rute auswerfen, ob im Mittelmeer, im Roten Meer, am Nil oder an einem der Seen. Nach einem Angelschein fragt hier niemand. In Kairo trifft man sich zum Teil sogar nachts auf den viel befahrenen Nil-Brücken zum Angeln. Bei Assuan ist der Nil noch so sauber, dass man den Flussfisch ohne jede Bedenken essen kann. Die Ägypter essen auch die Fische, die in Kairo aus dem Nil geholt werden. Wer sich die Wasserqualität genauer anschaut, wird von dem Verzehr dieser Tiere jedoch aus gesundheitlichen Gründen Abstand nehmen.

BALLONFAHRTEN

Mit dem Ballon kann man am Nilufer gegenüber von Luxor aufsteigen, um die Tempel und das Tal der Könige aus der Luft zu betrachten. Außerdem werden Ballon-Ausflüge in den Oasen Bahariya und Charga angeboten.

BERGSTEIGEN/WANDERN

Für »echte« Kletterer gibt es in Ägypten kaum Herausforderungen. Die landschaftliche Schönheit der Bergregion im Zentral-Sinai mit ihrem farbigen Gestein macht das Gebiet jedoch zu einer reizvollen Wanderregion. Karten für den Sinai gibt es für das St. Katharina Naturschutzgebiet (erhältlich im Dorf neben dem Kloster von St. Katharina). Allerdings ist es an vielen Orten auf dem Sinai ratsam, einen Beduinenführer mitzunehmen, auch wegen der noch im Boden liegenden Minen aus den Kriegen gegen Israel. Wer die Hitze nicht scheut, kann reizvolle Touren durch die ausgetrockneten Flussbetten (Wadis) auf dem Sinai und im Hinterland der Festland-Küste des Roten Meeres machen. Nur ganz hartgesottene Urlauber gehen in der Westlichen Wüste wandern. Auch hier gilt: nur mit ortskundiger Begleitung.

BOOTSTOUREN

Tretboote kann man an allen größeren Stränden und in vielen Hotelanlagen stundenweise mieten. Eine Yacht, ein Motorboot oder ein Segelboot sind oftmals nur zusammem mit dem Bootsführer zu bekommen. Ruderboote werden in der Regel ausschließlich von den Fischern genutzt. Pro Person zahlt man auf einer Yacht je nach Ausstattung zwischen 130 und 400 € pro Nacht.

FAHRRADFAHREN

Mit dem Fahrrad kann man die Umgebung von Luxor und Assuan hervorragend erkunden. Auch für Ausflüge in den Oasen ist das Fahrrad ein geeignetes Fortbewegungsmittel. Lange Fahrradtouren über Land machen in Ägypten jedoch eher wenig Sinn und sind nur etwas für Leute, die Lust auf Abenteuerurlaub haben. Denn abgesehen davon, dass erwachsene Radfahrer in den Großstädten Kairo und Alexandria, wenn sie nicht gerade Brot oder andere Waren auf dem Kopf balancieren, als Kuriosum angesehen werden, ist es wegen der chaotischen Fahrweise der Autofahrer vielerorts gefährlich, Ägypten mit dem Fahrrad zu erkunden. Wer als Ausländer in Kairo Fahrradfahren will, riskiert schlicht gesagt sein Leben.

GOLF

Die Popularität des Golfsports hat in den vergangenen zehn Jahren stark zugenommen, nicht nur im Tourismus-Sektor, sondern auch bei den Ägyptern. In Kairo gibt es neben den bekannten Golfplätzen am Hotel Mena House Oberoi und im Gezira Sport Club in Zamalek neue Anlagen im Katamiya Heights Sportclub und Mirage City. Weitere Möglichkeiten bieten das Mövenpick Jolie Ville Golf Resort in Scharm al-Scheich sowie das Steigenberger Golf-Hotel in al-Gouna. Ein von Gary Player angelegter 18-Loch-Platz liegt in dem Feriendorf Soma Bay an der Festlandküste des Roten Meeres.

www.travco-eg.com/egypt-golf-tours.html

REITEN

Das Reiten auf Pferden oder Kamelen gehört zu den klassischen Freizeitbeschäftigungen für Ägypten-Urlauber. Doch an den Stränden und in der Nähe der meisten Sehenswürdigkeiten wird man nur auf dem Rücken des Tieres herumgeführt. Wer reiten kann, der kann aber in einigen Badeorten sowie in Saqqara, in al-Qanatir und an den Pyramiden von Gizeh stundenweise Pferde mieten und alleine ausreiten. Meistens führen die Touren außerhalb von Kairo durch die Wüste. Erst seit Kurzem werden

Schlägertypen: Golfen wird in Ägypten immer populärer.

auch Ausflüge zu Pferde durch die Felder und Dörfer südlich von Kairo angeboten.

SCHWIMMEN/STRÄNDE

Die schönsten Küstenabschnitte Ägyptens findet man an der Küste des Roten Meeres südlich von Hurghada, auf der Sinai-Halbinsel in Taba, Dahab, Scharm al-Scheich und in den Naturschutzgebieten des Sinai. An der Mittelmeerküste gibt es recht einsame Strände in der Nähe der Stadt Al-Arisch (Nord-Sinai). Die Strände von Alexandria sind überfüllt und zum Teil nicht sonderlich sauber. Westlich von Alexandria ist die Mittelmeerküste gepflastert mit klotzigen Betonburgen, in denen die ägyptische Mittelschicht die Sommermonate verbringt. In al-Alamain und westlich davon bis zur libyschen Grenze gibt es jedoch etliche sehr saubere Strände. Das Wasser ist im Prinzip fast überall sauber. Ausnahmen bilden nur die Umgebung von Alexandria sowie der Golf von Suez und einige Küstenabschnitte in der Nähe von Abu Gharib.

An öffentlichen Stränden ist das Baden für Frauen meist kein großer Spaß. Denn schon in einem normalen Badeanzug zieht man alle Blicke auf sich. Die meisten einheimischen Frauen gehen hier entweder in knielangen Outfits mit Ärmeln schwimmen oder sogar in langen Gewändern mit Kopftuch. Zum Teil gibt es an der Küste Strandclubs mit Sonnenschirmen, Stühlen und Liegen, für die man Eintritt bezahlt. Dort ist es meist sauberer. Im Bikini sollte man hier jedoch vielleicht auch nicht auftauchen. Keine Sorge muss man sich dagegen um die Verpflegung machen. Überall gibt es Limonadeverkäufer. Kinder und Männer laufen am Strand entlang und verkaufen alles von Melonen bis zu Eis und belegten Broten.

Sieht man einmal ab von den touristisch noch nicht so erschlossenen Regionen an der südlichen Küste des Roten Meeres und an der Mittelmeerküste kurz vor der libyschen Grenze, so gehören die schönsten Strände in der Regel zu Hotels. Hier gibt es überall Sonnenschirme, zum Teil auch einen Windschutz, Stühle, Liegen und einen Handtuchservice. Einige Hotels der höheren Preiskategorie bieten zudem Wasserski, Jet-Ski, Tretboote, Glasboot-Trips, Tauchsafaris und andere Aktivitäten an. Die Swimmingpools der Hotels sind vor allem in Anlagen umlagert, in denen viele Ägypter Urlaub machen. Denn die Einheimischen ziehen oft das Schwimmen im Pool dem Baden im Meer vor. Die Pools der meisten Hotels sind sauber. Gelegentlich kommt es vor, dass die Bademeister allzu großzügig mit dem Chlor umgehen.

In Scharm al-Scheich und an einigen anderen Orten entlang der Küste des Roten Meeres sollte man Plastikschuhe dabeihaben, wie sie die Surfer tragen, weil es am Ufer Seeigel und kantige Steine im Wasser gibt. Für planschende Kleinkinder ungeeignet sind Strände, an denen ein Korallenriff direkt am Strand liegt. Die meisten Erwachsenen stört das nicht, da es immer einen Steg gibt, über den sie bequem zum Schwimmen ins Meer gelangen können.

SEGELN UND SURFEN

In mehreren Häfen an der Küste des Roten Meeres kann man entweder ein Segelboot mieten oder sich einer Gruppe anschließen.

Die meisten Surfbrett-Verleihe findet man in Hurghada, wo die Windverhältnisse fast immer günstig sind. Aber auch in al-Gouna, Ras Sidr und Safaga trifft man an einigen Stränden viele Surfer. In mehreren Badeorten am Roten Meer kann man inzwischen auch eine Kitesurfing-Ausrüstung mieten.

www.surfmotion.com

TAUCHEN UND SCHNORCHELN

Ägypten ist das Land der Taucher. Abgesehen von der Möglichkeit im nicht eben sauberen Wasser des Mittelmeeres bei Alexandria einige Funde der Unterwasserarchäologen zu bewundern, beschränkt sich das Tauchen auf das Rote Meer, das zu den beliebtesten Zielen von Tauchern weltweit gehört. Tauchzentren gibt es deshalb in allen Urlaubsorten auf dem Sinai und an der Festlandküste des Roten Meeres, viele davon gehören zu Hotels. Bei einigen bekommt man günstigere Konditionen, wenn man Tauchlehrgänge oder Tauchsafaris zusammen mit einem Hotelzimmer bucht. Die Ausrüstung, die man in der Umgebung der bekanntesten Tauchreviere auf dem Sinai mieten kann, ist gut und modern, was auch an der Konkurrenzsituation liegen dürfte. Dafür sind die Preise relativ hoch. Günstiger kann es sein, vorab über das Internet zu reservieren. Auch Tauchermasken und Schnorchel kann man auf dem Sinai fast überall ausleihen. Und selbst 80-jährige Frauen sieht man hier manchmal langsam und selbstvergessen mit Maske und Schwimmflossen von Riff zu Riff schwimmen.

www.diveindahab.com, www.alexandra-dive.com, www.diversintl.com, www.sinaidivers.com

WÜSTENTOUREN

Touren durch die Wüste, die von vielen lokalen Reiseagenturen angeboten werden, macht man meist mit Geländewagen. Es gibt aber auch Ausflüge mit Kamelen oder zu Fuß. Klassisch sind die Oasentouren, wobei die meisten Touristen entweder Bahariya und Farafira zusammen besuchen oder Charga und Dachla. Oder man startet von Bahariya aus und verbringt einige Tage und Nächte in der Wüste. Beschwerlich und zeitaufwendig ist die Wüstentour von Bahariya zur Oase Siwa. Nur wenige Touristen schaffen es bis zum einsamen Gilf-al-Kabir-Plateau in der Westlichen Wüste.

Karl-Heinz of Arabia: Kamele dienen weniger den Beduinen als den Urlaubern.

UNTERWEGS

Ägypten ist das perfekte Reiseziel. Kein anderes Land bietet so viel Abwechslung: eine 5000 Jahre alte faszinierende Geschichte mit versunkenen Städten, Tempeln, Gräbern, eine turbulente Gegenwart in Kairo, Afrikas größter Metropole, eine endlose Wüste mit herrlichen Oasen und tropischen Tauchplätzen am Roten Meer.

Kairo und Umgebung 117
SPEZIAL Sch. al-Muizz li-din Allah 124
SPEZIAL Begräbnistraditionen 138
SPEZIAL Alt-Kairo 146
SPEZIAL Ramses kehrt zurück 158
Mittelmeerküste und Delta 176
Rotes Meer und Sinai 192
SPEZIAL Tauchen im Roten Meer 216
SPEZIAL Christentum in Ägypten 222
Oberägypten 230
SPEZIAL Elephantine Island 242
SPEZIAL Tempel von Karnak 252
SPEZIAL Kreuzfahrt auf dem Nil 263
SPEZIAL Tal der Könige 276
Oasen und westliche Wüste 286

Abendliches Highlight: der Luxortempel mit den beiden sitzenden Ramsesstatuen (S. 261)

Volksbewegung: Kairos Straßen wimmeln von Menschen, und die Millionenstadt wächst und wächst ...

KAIRO – DIE SIEGREICHE

Kriege hat sie überstanden, Dürren und Beben überlebt: Seit über 1000 Jahren trägt Ägyptens Hauptstadt ihren Namen zu Recht – denn die Stadt hat immer gesiegt. Heute ist sie die größte Metropole Afrikas.

Kairo ist die größte Stadt Afrikas. Der arabische Name der Stadt lautet al-Qahira und bedeutet »Die Siegreiche«. Dieser Name wurde von den Gründern der Stadt aber nicht etwa gewählt, um an gewonnene Schlachten zu erinnern. Die Fatimiden nannten ihre Stadt, die sie als Nachfolgerin der Stadt Fustat erbauten, al-Qahira, weil sich der Planet Mars (arab. al-Qahir) zu diesem Zeitpunkt im Aszendenten befand.

Wie das stetig wachsende Netz einer besonders fleißigen Spinne breitet sich diese riesige, unübersichtliche Stadt vom Niltal bis in die Wüste und im Norden bis ins Nildelta aus. Hier und da ragt ein spitzes Minarett oder eine Kuppel aus dem Gewirr der Straßen, Plätze und Gebäude hervor. Kairo ist – mehr noch als New York – eine Stadt, die nie schläft. Selbst morgens um 3 Uhr findet man an der Uferpromenade des Nils noch Spaziergänger. Kurz darauf sind schon die ersten gläubigen Muslime unterwegs, die sich zum Morgengebet in die Moschee aufmachen. Der Kontrast zwischen Arm und Reich ist in Kairo besonders krass. Er fällt Außenstehenden aber oft stärker auf als den Ägyptern selbst, vor allem da man neben Luxushotels oft halb verfallene Häuser findet.

Die Menschen in den Städten der Umgebung von Kairo – von Beni Suef über die Halboase Fayyum bis hinauf zu den koptischen Klöstern im Wadi Natrun und nach Benha am Rande des Deltas – orientieren sich alle an der Hauptstadt und gehören im weitesten Sinne zu ihrem Einzugsgebiet.

KAIRO

17 Mio. Einwohner; 68 m ü.d.M.

➤ Stadtplan, S. 66/67 und Faltplan, ➤ [F 2]

Vorwahl: 02

Kairo ist nicht nur die bevölkerungsreichste, sondern auch eine der lebendigsten Städte Afrikas. Die Menschen leben in Kairo so dicht zusammen, dass man sich in der Innenstadt und in den ärmeren Vierteln manchmal fühlt wie in einem Ameisenhaufen. Jedes Jahr dehnt sich diese lebendige, von Umweltproblemen geplagte Metropole weiter aus. Neue Siedlungen entstehen inmitten von Feldern und in der Wüste. Um Platz zu sparen, werden auch viele Häuser am Stadtrand nicht im ländlichen Stil, sondern mit sechs oder mehr Stockwerken gebaut.

Die wichtigsten Sehenswürdigkeiten der Stadt liegen auf der östlichen Seite des Nils. Auf der Westseite befinden sich am Rande der Stadt die Pyramiden von Gizeh. Die großen Pyramiden Ägyptens sind wie an einer Perlenschnur von Nord nach Süd aufgereiht und liegen alle westlich des Nils. Die nördlichste Pyramide ist die von Abu Rawasch (nördlich von Gizeh), die südlichste Pyramide liegt in al-Lahun. Abgesehen von den Pyramiden von Gizeh, die direkt am Stadtrand liegen, befinden sich die ägyptischen Pyramiden alle mehr oder weniger in der Einsamkeit der Wüste. Zwar ist es meist nicht weit bis zum nächsten Dorf, doch Restaurants gibt es keine. Man sollte deshalb bei einer Besichtigungstour entweder einen Umweg über eine Gaststätte einplanen oder aber ein Lunch-Paket mitnehmen.

Das moderne Stadtzentrum von Kairo, das sich vom Nil bis zum Abdin-Palast ausdehnt, grenzt an die islamische Altstadt. Die Altstadt, die bis heute nur von wenigen größeren Straßen durchschnitten wird, kann man am besten zu Fuß erkunden. Die Gassen sind eng und oft nicht gepflastert. Wenn man in dieser Stadt, die eigentlich mehrere Zentren hat, überhaupt einen zentralen Ort benennen will, so ist dies der Tahrir-Platz. Hier liegen das Ägyptische Museum, das Gebäude der Arabischen Liga, die American University und die Mugamma, das größte Verwaltungsgebäude des Landes. Die Mugamma ist ein kafkaeskes Labyrinth der Bürokratie, ein Albtraum für jeden Ausländer oder Ägypter, der hier seine Aufenthaltsgenehmigung oder seine Ausweispapiere abholen muss.

Südlich an den Tahrir-Platz schließt das kleine Viertel Garden City an, in dem viele schöne alte Villen stehen, von denen einige liebevoll gepflegt und andere völlig heruntergekommen sind. Weiter südlich liegen Alt-Kairo mit dem antiken koptischen Viertel, der Villenvorort Maadi und schließlich der einstige Kurort Heluan, der heute relativ unansehnlich ist und dessen Zementindustrie ihren Teil zur Luftverschmutzung in der Hauptstadt beiträgt.

Zu den bei Ausländern beliebteren Wohnvierteln gehört Zamalek, das auf einer relativ grünen Nilinsel gegenüber dem Tahrir-Platz und dem Maspero-Viertel liegt. Hier gibt es viele Restaurants und Geschäfte. Die schönste Aussicht hat man in den Restaurants auf den Schiffen, die vor Zamalek im Nil liegen. Gegenüber von Garden City befinden sich am Nil die Viertel Roda und Manial. In die Wohnviertel Mohandeseen und Dokki auf der Westseite des Nils verschlägt es Touristen nur selten, genauso wie in das große Viertel Schubra, in dem viele koptische Christen leben, oder nach Heliopolis und Nasr-City in der Nähe des Internationalen Flughafens. Die größte unter den neuen Vorstädten in der Wüste ist die Vorstadt 6th of October. Hier haben sich auch zahlreiche Firmen angesiedelt. Abgesehen von den Pyramiden gehören die Halboase Fayyum und das Wadi Natrun mit seinen koptischen Klöstern zu den interessantesten Ausflugszielen in der Umgebung der Hauptstadt.

Hotels

Cairo Marriott Hotel

Inmitten des ebenso lebendigen wie gepflegten Viertels Zamalek liegt dieses Hotel, das früher ein Palast war. Die Zimmer liegen in zwei modernen Wohnblöcken zu beiden Seiten des 1869 erbauten Palastes, der viel Charme hat. Seit

Imperialer Pool: Im »Cairo Marriott« logiert, wer standesgemäß wohnen möchte.

einer großen Renovierungsaktion 2006 sind die Zimmer nun zum Teil viel schöner als vorher. Der Garten des Hotels mit seinem Coffeeshop ist sowohl tagsüber als auch am Abend ein beliebter Treffpunkt. Das Frühstücksbüffet, zu dem auch japanische Spezialitäten gehören, ist sehr gut und reichhaltig.

➤ S. 66/67, [a/b 1]

16 Sch. Saray al-Gezira, Zamalek; Tel. 02/7 28 30 00, Fax 02/7 28 30 01; www.cairomarriotthotel.com; Metro: Zamalek; 1250 Zi. •••• (nur Ü/Frühstück) CREDIT ♿ 🐕

Four Seasons Hotel at Nile Plaza

Der Neuzugang unter den Luxushotels von Kairo ist so gestaltet wie alle Hotels, die dem saudischen Prinzen und Geschäftsmann Walid bin Talal gehören. Sein Motto lautet: Klotzen und nicht kleckern. Die Blumenarrangements in der Eingangshalle sind so groß, dass eine ganze Vogelschar darin ihre Nester bauen könnte. Die riesigen Zimmer sind elegant eingerichtet und heben sich sehr wohltuend vom Standardinventar vieler Hotelketten ab. Das Haus mit seinen 30 Stockwerken liegt direkt an der Uferstraße, der legendären Corniche. Von den Restaurants hat man einen wunderschönen Blick auf den Nil, sitzt ruhig hinter dickem Glas und bemerkt nichts vom alltäglichen Verkehrschaos, das unten tobt. Im Hotelkomplex gibt es eine Filiale des türkischen Edel-Kaufhauses Beymen sowie ein Daniela Steiner Spa mit 16 Behandlungsräumen, Dampfbad und Sauna.

➤ S. 66/67, [b 3/4]

1089 Corniche al-Nil, Garden City; Tel. 02/7 91 70 00, Fax 02/7 91 69 00; www.fourseasons.com/caironp; 365 Zi. •••• (nur Ü/Frühstück) CREDIT ♿ 🐕

Grand Hyatt Cairo ✡1

(→ Der gute Tipp von **MERIAN**, S. 43)

Mena House Oberoi

Wenn man in Kairo nicht direkt am Nil nächtigen will, ist dies der schönste Standort, den man sich denken kann. Denn im Traditionshotel Mena House wohnt man gegenüber den Pyramiden von Gizeh. Außerdem gehört mit dem »Moghul Room« das beste indische Restaurant der Stadt zum Traditionshotel. Die Gäste sind zum Teil in dem alten palastähnlichen Haupthaus, zum Teil in Bungalows in dem weitläufigen Park untergebracht. Großer Pool, Golfplatz.

➤ Faltplan, Kairo, [a 6]

6 Sch. al-Haram, Gizeh; Tel. 02/3 76 77 77, Fax 02/37 66 44; www.oberoihotels.com, 486 Zi. •••• (nur Ü/Frühstück) CREDIT

Shepheard Hotel

Mit einem Preis von rund 110 Euro (oder sogar weniger) pro Person für Übernachtung und Frühstück im Doppelzimmer ist das Shepheard Hotel etwas preisgünstiger als alle umliegenden großen Hotels am Nil. Schön ist der Coffeeshop im Erdgeschoss, wo man mit einem wunderbaren Ausblick auf den Nil sein Frühstück einnehmen kann.

Corniche al-Nil, Garden City; Tel. 02/7 92 10 00, Fax 02/7 92 10 10; www.shepheard-hotel.com; 298 Zi. •••• (nur Ü/Frühstück) CREDIT ♿

Golden Tulip Flamenco Hotel

Gediegen, aber nicht luxuriös, ist das Flamenco Hotel, das im Norden der Nilinsel Gezira liegt. Die Zimmer sind modern, funktional und für die Bedürfnisse von Geschäftsreisenden eingerichtet. Zum Hotel gehören ein spanisches und ein italienisches Restaurant. Auf der Nilseite gibt es eine Bäckerei, die Vollkornbrot, Laugenbrezeln und andere europäische Backwaren anbietet.

➤ S. 66/67, Kairo, [a 1]

2 Sch. Gezirat al-Wusta, Zamalek; Tel. 02/7 35 08 15, Fax 02/7 35 08 19; www.flamencohotels.com; Metro: Zamalek; 163 Zi. ••• CREDIT

Talisman Hotel de Charme

Unter den zahlreichen Etagenpensionen in der Innenstadt sticht dieses kleine Hotel, das Anfang 2005 in einem Gebäude mit Kuppeldach aus dem Jahr 1935 eröff-

net wurde, hervor. Jedes der blitzsauberen Zimmer im orientalischen Stil sieht anders aus und hat eine Klimaanlage und einen ADSL-Internetzugang. Obwohl das hübsche Hotel in einer kleinen Gasse an der lauten Talaat-Harb-Straße liegt, ist es hinter den doppelverglasten Scheiben relativ ruhig. Im Hotelrestaurant wird nur Frühstück serviert.

➤ S. 66/67, [b 2]

39 Sch. Talaat Harb, 5. Etage, in der Gasse gegenüber Café Américaine, Downtown; Tel./Fax 02/3 93 94 31, E-Mail talisman_hoteldecharme@yahoo.fr; 24 Zi. ••• (nur Ü/Frühstück)

Hotel Longchamps

Wer ein relativ zentral gelegenes Mittelklassehotel sucht, das aber nicht mitten im lauten Trubel liegt, ist im Longchamps Hotel gut aufgehoben. Die Zimmer sind nicht spektakulär, aber sehr sauber, gemütlich und funktional. Die Atmosphäre im Hotel ist insgesamt sehr angenehm. Für 50 LE wird man vom Flughafen abgeholt.

➤ S. 66/67, [a/b 1]

21 Sch. Isma'il Mohammed, Zamalek; Tel. 02/7 35 23 11, Fax 02/7 35 96 44; www.hotellongchamps.com; 30 Zi. •• (nur Ü/Frühstück) MASTER VISA

Happyton Hotel

Zweckmäßig, klein und sauber sind die Zimmer in diesem vor allem von einheimischen Gästen frequentierten Hotel. Die Lage ist ruhig. Zur Ausstattung der Zimmer gehören Klimaanlage und Duschbad. Im Hotelrestaurant wird Bier ausgeschenkt.

10 Sch. Ali al-Kassar, Emad al-Din; Tel. 02/5 92 86 71, Fax 02/5 92 86 76; 89 Zi. •

Pyramidal: Das traditionsreiche »Mena House Oberoi« hat einen 9-Loch-Golfplatz.

Ausflüge

Dokdok Tourist 29

(→ Der gute Tipp von MERIAN, S. 79)

Fagnoon Art School

Jedes Kind ist ein kleiner Künstler, wenn es nur genug Freiraum für seine Kreativität bekommt. Getreu diesem Motto bietet die Open-Air-Kunstschule Fagnoon, die auf halber Höhe zwischen den Pyramiden von Gizeh und den Pyramiden von Saqqara liegt, kunsthandwerkliche und künstlerische Betätigungsmöglichkeiten für Kinder ab vier Jahren an. Sie können hier an der frischen Luft malen, töpfern, Parfüm herstellen, mit Holz arbeiten, Gips modellieren oder sich in Glasmalerei üben. Die Kunstschule Fagnoon unterscheidet sich merklich von anderen ägyptischen Kinder-Einrichtungen, denn hier dürfen die Kleinen auch draußen toben und sich schmutzig machen. Und die Eltern können sich, während die Kinder spielen und ihrer Kreativität freien Lauf lassen, im Grünen entspannen oder aber mitmachen. In den Sommermonaten ist es in den Morgenstunden eher leer.

Saqqara Rd., Sabil Umm Haschim; Tel. 02/8 15 16 33; www.fagnoon.net; tgl. 9–18 Uhr im Sommer, 9–17 Uhr im Winter; Eintritt 30 LE pro Tag (inkl. zwei Aktivitäten), jede zusätzliche Aktivität 10 LE

Kairoer Zoo

Ein Besuch im Kairoer Zoo ist eine zwiespältige Angelegenheit. Auf der einen Seite sind hier sehr viele Tiere Afrikas aus nächster Nähe zu betrachten. Auf der anderen Seite können einem die Zootiere hier zum Teil leid tun. Denn einige Käfige sind sehr klein. Die Zoobesucher machen die Tiere manchmal nervös, indem sie Stöcke oder Futter durch die Gitter stecken. Die Zoowärter lassen sie gewähren und organisieren gegen ein Bakschisch auch schon mal einen direkten »Kontakt« zwischen Mensch und Tier. An Feiertagen ist der Zoo brechend voll. Es herrscht eine ausgelassene Stimmung. Familien sitzen mit Kühlboxen und Plastiktellern unter jedem Baum.

➤ S. 66/67, [a 4/5]

Tgl. 8.30–17 Uhr im Sommer, 8.30–16 Uhr im Winter; Eintritt 25 Piaster

Pharaonic Village 19

(→ Der gute Tipp von MERIAN, S. 63)

Wadi Degla Protected Area 27

(→ Der gute Tipp von MERIAN, S. 77)

Sehenswertes

Abdin-Palast (Qasr Abdin)

Der Chedive Ismail (1863–1879) ließ den prunkvollen Abdin-Palast – offizieller Name ist heute Palast der Republik – bauen. Nach dem Sturz des letzten Königs Faruq 1952 blieb er 20 Jahre lang geschlossen, bis ihn Präsident Anwar al-Sadat wieder instand setzen ließ. Der Vorhof des äußerst sehenswerten Palastes wird heute von Präsident Husni Mubarak unter anderem für seine seltenen öffentlichen Auftritte genutzt. Der Chedive, der Kairo mit seinen stadtplanerischen Ideen neu erschuf, das Land aber gleichzeitig hoch verschuldete, kaufte das Gelände von Abdin Pascha, nach dem der Palast und das umliegende Viertel bis heute benannt sind. Er beauftragte einen französischen Architekten damit, einen großen Palast zu bauen, und verlegte 1873 die Regierungsgeschäfte von der Zitadelle in das Schloss. Den Palast ließ er von Ägyptern, Italienern, Franzosen und Türken dekorieren. Der große Schlossgarten wurde erst später angelegt. Im Abdin-Palast lebten sämtliche ägyptischen Monarchen bis zu König Faruq. Ihre Privatgemächer im Obergeschoss sind für die Öffentlichkeit nicht zugänglich. Der Garten und ein großer Teil des Erdgeschosses können dagegen besichtigt werden. Sehenswert im Park sind die kleine Moschee und der Musikpavillon links neben dem Eingangstor.

Der Palast beherbergt seit 1998 ein Museum, in dem Edles und Kitsch in buntem Mix nebeneinander stehen. Vor allem an Militärgeschichte Interessierte kommen hier auf ihre Kosten, gerade bei den prunkvoll verzierten antiken und modernen Waffen, die Präsident Mubarak im Lauf seiner Amtsjahre von anderen arabischen Staatschefs geschenkt bekommen hat. Zu den unglaublichsten Schenkungen gehört ein vergoldetes Gewehr aus dem Irak, das nach einer berühmten Schlacht »al-Qadisiya« benannt ist. Ein kleines Mausoleum mit dem Schrein des

Schuhe aus zum Gebet: Kolonnadengang in der Al-Azhar-Moschee

islamischen Heiligen Sidi Badran aus dem 19. Jahrhundert befindet sich ebenfalls auf dem Rundgang. In den folgenden Räumen findet man von der alten Wasserpfeife über Tabakdosen und Orden vieles, was die ägyptischen Royals in den Jahren ihrer Herrschaft angehäuft haben. Außerdem sind eine Sammlung alten Silbers und Porzellans zu sehen.

Nach dem Rundgang kann man bei einer Tasse Tee im Garten des Palastes entspannen, bevor man wieder in das Gewühl der Stadt eintaucht.

Der Eingang zum Museum liegt auf der Rückseite. Die Eintrittskarten gibt es an einem Schalter auf dem Parkplatz, der gegenüber dem Eingang liegt. Aus Sicherheitsgründen müssen alle Besucher ihre Kameras und Mobiltelefone mit intergrierter Kamera am Eingang abgeben.

➤ Faltplan, Kairo, [c 3]

Maidan al-Gumhuriya; Tel. 02/3 91 69 09; Sa-Do 9-15 Uhr; Eintritt 10 LE

Al-Azhar-Moschee

Gauhar al-Siqili, der Kommandeur der Armee des fatimidischen Herrschers al-Muizz li-Din Allah, ließ die »Die Blühende« Moschee im Jahr 696 errichten. Die Bauzeit betrug rund fünf Jahre. Doch al-Azhar, die heute Teil einer großen Institution mit einem islamischen Institut und einer Universität ist, war von Beginn an mehr als nur eine Moschee. Bereits im Jahr 975 wurde an der al-Azhar mit dem Studium des islamischen Rechts begonnen. Bis heute ist sie die führende islamische Hochschule in der arabischen Welt. Sechs Tore hat diese Moschee, die wegen ihrer Bedeutung immer wieder erweitert wurde. Der heutige Haupteingang ist das Tor der Barbiere. In der Moschee sind fatimidische und mameluckische Stilelemente erkennbar. Vom Haupteingang tritt man in den Vorhof. Links und rechts davon liegen zwei alte Religionsschulen.

weiter auf S. 127

SCH. AL-MUIZZ LI-DIN ALLAH

Palast reiht sich an Moschee, Madrasa an Pavillon – in dieser alten Straße wird das mittelalterliche Kairo wieder lebendig.

Das Herz des fatimidischen Kairos schlug einst in der Sch. al-Muizz li-Din Allah. An dieser Straße, benannt nach dem ersten fatimidischen Herrscher Ägyptens Abu Tamin al-Muizz (953–79), stehen so viele islamische Baudenkmäler wie sonst nirgendwo in der ganzen Stadt.

Von der Sch. al-Azhar kommend, stößt man zu Beginn der Sch. al-Muizz links auf die um 1385 erbaute Moschee und Madrasa, die Religionsschule des mameluckischen Sultans al-Aschraf Barsbay (im Volksmund Aschrafiya genannt), zu der auch ein Mausoleum gehört. Aufmerksamkeit verdienen die bemalte Holzdecke und die bunten Fenster des Gebäudekomplexes. Die Moschee mit ihren vier Iwanen erinnert vom Grundriss her an die große Sultan-Hassan-Moschee. Nur noch eine Ruine ist das daneben gelegene Konvent eines Sufi-Ordens.

An seinen Maschrabiyas zu erkennen ist der schräg gegenüber liegende Palast des Emirs Baschtak al-Nasiri von 1339. Der Haupteingang liegt in der Sch. Darb Qarmiz. Der Palast gehörte einst dem einflussreichen Schwiegersohn von Sultan al-Nasir Mohammed. Dieser soll dort rauschende Feste gefeiert haben.

An der nächsten größeren Kreuzung liegt der Sabil-Kuttab des Emirs Abd al-Rahman Katchuda (1744). Hier lohnt vor allem ein Blick auf die farbige Marmor-Dekoration am Eingangstor und die blau-weißen Fliesen.

Nicht durch ihre Größe, sondern die interessanten architektonischen Details und freundlich-helle Atmosphäre fällt die al-Aqmar-Moschee besonders auf. Der Name

Sultan Barquq baute im Kairo des Mittelalters diese Madrasa.

Zeigt her eure Füße: Moscheen dürfen nur ohne Schuhe betreten werden ...

... trotzdem müssen die Teppiche dann und wann ausgeklopft werden.

bedeutet »Mondlicht-Moschee«, was wohl auf den strahlenden Glanz des Gebäudes zurückgeht. Der mit Stuck und Marmor dekorierte und aufwendig restaurierte Innenraum dieser 1125 unter dem Kalifen al-Amir von seinem Wesir Mamun al-Bataihi erbauten Moschee liegt schräg zur Fassade des Gebäudes. Das Minarett aus der Zeit des Wesirs al-Bataihi ist eingestürzt und wurde im 14. Jahrhundert ersetzt. Man kann die Moschee durch einen Seiteneingang betreten.

Auf der gegenüberliegenden Straßenseite fällt der große Gebäudekomplex des Sultans Qala'un auf, zu dem eine Religionsschule, ein Mausoleum und ein Krankenhaus gehörten. Der Sultan regierte Ägypten von 1279 bis 1290. An der Fassade kann man besonders an der Form der Fenster Einflüsse der Architektur der Kreuzfahrer entdecken. Die Inspiration dazu kam dem Sultan wohl bei seinen Militärkampagnen in Syrien. Ein Teil der Steine, die zum Bau des Komplexes benötigt wurden, holte man sich von älteren Bauwerken. Sogar an den Pyramiden soll dafür geplündert worden sein. Sehenswert ist der Innenraum mit seinen Granit-Säulen.

Wunderschön restauriert wurden das Bait al-Suhaimi und die umliegenden Gebäude, die man auf der gleichen Straßenseite wie die al-Aqmar-Moschee in einer kleinen Gasse findet. Das Haus ist ein gutes Beispiel für islamische Wohnarchitektur. Der größte Teil des Gebäudekomplexes stammt aus dem 17., ein Teil aus dem 18. Jahrhundert. Nach außen hin wirkt das Bait al-Suhaimi abweisend und verschlossen, im Inneren luftig und freundlich. Zur Anlage gehören zwei Gärten, ein kleiner Pavillon spendet Schatten. Schön sind die Holzarbeiten und Fenster dieses labyrinthartigen Hauses mit seinen vier Empfangsräumen. (Tgl. 9–18 Uhr im Frühjahr und Sommer, 10-17 Uhr im Herbst und Winter, Eintritt 20 LE)

Ein vergleichsweise junges, aber trotzdem sehenswertes Gebäude ist der Moschee-Sabil-Kuttab-Komplex des Sulaiman Agha al-Silahdar (1839). In der Moschee findet sich ein bunter spätosmanischer Stilmix. Der Sabil ist schlicht. Es lohnt sich aber, einen kurzen Blick in die Gewölbe zu werfen. Das beeindruckende Wasserreservoir, das aus einem Gewölbe mit Säulen besteht, hatte früher nur ein Loch in einer Ecke der Decke, durch das frisches Wasser in den Raum hineingegossen wurde, und ein

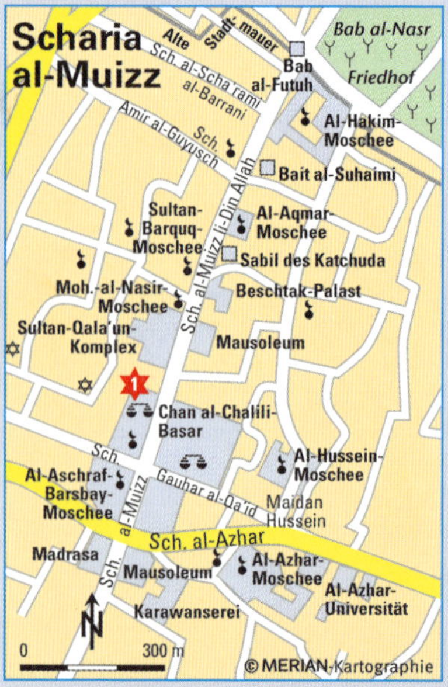

Verschleierte Schulmädchen an der Scharia al-Muizz, dem mittelalterlichen Herz Kairos

zweites Loch am anderen Ende dieser Wand, durch das die Bürger den Eimer zum Wasserschöpfen herunterließen. (Tgl. 9-14 Uhr)

Die 1013 fertiggestellte al-Hakim-Moschee hat eine wechselvolle Geschichte hinter sich. Abu Ali al-Mansur, der den Beinamen al-Hakim bi-Amr Allah (»Herrscher auf Befehl Gottes«) trug, war der sechste Kalif der ägyptischen Fatimiden. Er schränkte die Religionsfreiheit der Juden und Christen ein und zerstörte die Grabeskirche in Jerusalem. 1021 wurde der als exzentrisch geltende Herrscher, der ein Förderer der Wissenschaft war, ermordet. Das Gebäude wurde von Napoleons Soldaten als Stall und unter Präsident Nasser als Jungenschule genutzt. Am Ende der Straße liegt das 1087 von dem armenisch-fatimidischen General Badr al-Gamali errichtete wuchtige Stadttor Bab al-Futuh, das »Tor der islamischen Eroberungen«. (→ Tour 5)

Geradeaus geht es in den von Marmorsäulen umgebenen Hof der Moschee. Hier herrscht viel Betrieb, darum empfiehlt sich ein Besuch frühmorgens. (→ Tour 5)

➤ Faltplan, Kairo, [d 3]

Al-Azhar-Park

Der von der Aga-Khan-Stiftung finanzierte und erdachte Park ist 30 Hektar groß und wurde 2005 eröffnet. Geboten wird in dem Park ein zwar etwas gewagter, aber in sich stimmiger Mix aus Versailles, fatimidischen Stilelementen und modernem Design. Der Blick vom Aussichtspavillon ist unschlagbar. Und auch auf der arabisch dekorierten Terrasse des darunter liegenden Gebäudes kann man seinen Tee mit Ausblick genießen. Zu dem Park gehören neben Wasserspielen und Pflanzen auch eine kleine Bimmelbahn und ein Spielplatz. Freitags ist es manchmal etwas voll hier. Viele Kairoer waren nicht begeistert, dass man die Musikveranstaltungen im Park bereits nach wenigen Monaten wieder verboten hat.

Sch. Salah Salim von der Zitadelle aus stadtauswärts in Richtung Flughafen, nach etwa 600 m auf der linken Seite. Sa–Mi 9–23 Uhr, Do–Fr 9–24 Uhr im Sommer, im Winter schließt der Park jeweils eine Stunde früher; Eintritt 10 LE

AUTORENTIPP

Das Essen auf der arabischen Terrasse ist weniger empfehlenswert als im Restaurant darunter oder in dem kleinen Restaurant, das weiter unten auf dem Gelände an einem künstlichen See liegt.

Al-Ghuriya

Neben der al-Azhar-Moschee liegt die Wikalit al-Ghuri, eine Karawanserei aus dem frühen 16. Jahrhundert. Wie jede dieser großen Unterkünfte, die es einst überall in der arabischen Welt gab, bot auch diese von Sultan al-Ghuri errichtete Herberge für Kaufleute einst Platz für fremde Händler, ihre Reit- und Lasttiere sowie die Waren, die sie transportierten. Zu dem Komplex, der von den Einheimischen kurz al-Ghuriya genannt wird, gehören noch zwei weitere Gebäude auf der anderen Seite der großen Straße, die hier die Altstadt in zwei Hälften zerschneidet.

In der Gasse der Karawanserei befinden sich auch die letzten Tarbusch-Macher von Kairo. Hier werden die traditionellen roten Hüte, auch Fes genannt, noch in Handarbeit hergestellt. Aus dem Stadtbild sind sie schon lange verschwunden. Heute arbeiten die Tarbabischi vor allem für Touristen, islamische Geistliche und einige wenige einheimische Nostalgiker.

Al-Hussein-Moschee

Diese Moschee, mit deren Bau 1154 begonnen worden war, ist nur für Muslime zugänglich. Einige wenige Teile des Gebäudes stammen aus dem 12. und 13. Jahrhundert, während der Rest unter dem Chediven Ismail um 1870 neu errichtet wurde. Später kam noch ein Anbau hinzu. An diesem heiligen Ort, der vor allem im Fastenmonat Ramadan Zentrum für die Gläubigen der ganzen Stadt ist, wird eine wichtige Reliquie aufbewahrt,

Aus der Mode: Nur noch ein Betrieb stellt den Fes aus rotem Filz her.

der Kopf des 680 in der Schlacht von Kerbela (im heutigen Irak) getöteten Prophetenenkels Hussein. Vor der Moschee wurden inzwischen drei gigantische Sonnenschirme aufgestellt, als Sonnenschutz für die Betenden, die sich hier am Freitag versammeln, wenn in der Moschee kein Platz mehr ist. (→ Tour 5)

➤ Faltplan, Kairo, [d 3]

Al-Manasterly-Palast

Direkt neben dem Nilometer auf der Insel Roda liegt dieser 1851 von Hassan Fuad al-Manasterly Pascha errichtete Palast. Er beherbergt heute einen Konzertsaal.

➤ Faltplan, Kairo, [a 6]

Insel Roda; Sch. Salah al-Malik; www.manasterly.com

AUTORENTIPP

Mittwoch und Samstag 20 Uhr treten in der al-Ghuriya die Tanzenden Derwische auf.

Al-Rifai-Moschee

Direkt neben der Sultan-Hassan-Moschee liegt die 6500 Quadratmeter große al-Rifai-Grabmoschee, mit deren Bau rund 500 Jahre später begonnen worden war. Die Mutter des Chediven Ismail, Chuschiar Hanem, hatte den Bau der Moschee veranlasst und wollte dort begraben werden. Die Bauarbeiten begannen 1869, verzögerten sich jedoch. Weder der erste Architekt Hussein Fahmi, noch Chuschiar Hanem oder der Chedive Ismail erlebten die Fertigstellung des Gebäudes. Die erste Freitagspredigt wurde dort 1912 abgehalten. Ein Großteil der Materialien, die zum Bau dieser aufwendig dekorierten Moschee verwendet wurden, importierte man aus Europa.

Die Moschee ist nach dem islamischen Heiligen Scheich Ali al-Rifai benannt, dessen Grab schon früher an dieser Stelle lag und von Pilgern besucht wurde. Noch heute findet man Gläubige, die den Schrein des Scheichs, der mit einem intarsiengeschmückten Sandelholzgitter umgeben ist, umrunden. Der Schrein befindet sich direkt gegenüber dem Eingangstor. Von dort aus wendet man sich zuerst nach links: Dort, hinter einem Holzgitter (Maschrabiya), liegen die Gräber von König Fuad und König Faruq sowie weiterer Mitglieder der Königsfamilie. Im nächsten Raum liegt

Würzig: Freitagsmarkt vor der Al-Hussein-Moschee in Chan al-Chalili

das Grab des letzten Schah des Iran, Reza Pahlewi, der im Kairoer Exil starb.

Anschließend betritt man die eigentliche Moschee, den Gebetsraum. Man beachte ganz besonders die goldverzierten Decken, die mit Perlmutt verzierte Kanzel und die schönen Türen. Tritt man durch die hintere Tür ins Freie, so sollte man einen Wächter suchen, der die Räume zur Linken aufschließt. »Der Schlüssel ist 400 Jahre alt und funktioniert immer noch«, erzählt er gerne. Hier sieht man zuerst das aufwendig dekorierte Grab des Chediven Ismail. Neben ihm ist seine Mutter beigesetzt. Die beiden Gräber sind leicht zu unterscheiden durch den steinernen Tarbusch des Chediven und die Krone auf dem Grab seiner Mutter. Im zweiten Raum wurden drei Frauen des Chediven beigesetzt, darunter die französische Ehefrau, die für ihren Ehemann zum Islam konvertierte. Auf ihrem Grab brachte man aus Respekt außer Koran-Suren auch christliche Kreuze an. Im dritten Raum liegen die Gräber des Sultans Hussein Kamil und seiner Ehefrau.

➤ Faltplan, Kairo, [a 6]

Maid. Salaheddin, unterhalb der Zitadelle; tgl. 8–17 Uhr; Eintritt 12 LE (erm. 6 LE)

Bab Zuwaila

Nur wenige Touristen, die in der islamischen Altstadt und im Basar spazieren gehen, besuchen das fatimidische Stadttor Bab Zuwaila. Das im 11. Jahrhundert erbaute Altstadt-Tor befand sich schon zu Zeiten der Mamelucken mitten im Zentrum der Stadt. Hier wurden Kriminelle oder auch Unterlegene im höfischen Machtpoker öffentlich hingerichtet. Direkt an dem alten Stadttor liegt die bereits im 19. Jahrhundert umfassend restaurierte Hofmoschee des Scheich al-Muayid aus dem 15. Jahrhundert.

Wer ein wirklich ägyptisches Souvenir sucht, das man nicht genauso gut im Basar von Istanbul oder Damaskus kaufen kann, sollte unbedingt einen Abstecher in

den schräg gegenüber des Tores gelegenen Zeltmacher-Suq (Al-Chayyamiya) machen. Hier gibt es wunderschöne Patchwork-Decken mit Arabesken-Mustern sowie kleine Wandbilder aus Stoff mit Derwischen oder Paradiesvögeln.

Bait al-Sennari

Das 1794 erbaute Haus im Viertel Sayyida Zainab ist erst seit Kurzem wieder zugänglich. Das dreistöckige Gebäude hat schöne antike Holztüren und Fensterverkleidungen sowie ein hübsches Badezimmer mit kleinen Kuppeldächern, deren kreis- und sternförmige Fensterchen ein wenig an das großartige Badezimmer der Alhambra erinnern. Erbaut wurde es für den sudanesischen Händler Ibrahim al-Sennari, der seinen Reichtum erlangt haben soll, indem er seine übersinnlichen Kräfte vermarktete. Seine Berühmtheit verdankt das Gebäude jedoch Napoleon Bonaparte, der es nach seiner Eroberung Kairos im Juli 1798 für seine Wissenschaftler und Künstler reklamierte. Hier entstanden wesentliche Teile der »Déscription de l'Egypte«, einer Dokumentation des ägyptischen Altertums. In einem Teil des Bait al-Sennari wohnen Familien, die sich bislang standhaft weigern, das Gebäude zu verlassen.

Das Bait al-Sennari ist schwierig zu finden: Gegenüber der Sayyida-Zainab-Moschee liegt direkt an der Straße das kleine runde Gebäude des Sabil-Kuttab (Wasserstelle und Koranschule) des Sultan Mustafa. Direkt links daneben betritt man eine schmale Gasse, dann geht es (jeweils bis zur ersten Straßenecke) links, rechts und dann wieder links, bis man auf der rechten Seite das einzige alte Gebäude hier sieht.

➤ Faltplan, Kairo, [c 4]

15 Harat Monge, nahe Sch. Chayrat; tgl. 8.30–17 Uhr; Eintritt 20 LE (erm. 10 LE)

Bait al-Harawi, Bait al-Sitt al-Wasila, Bait Zainab Chatun

An einem kleinen begrünten Platz liegen die drei restaurierten Stadtpaläste. Das Bait al-Harawi aus dem Jahr 1731 hat ei-

Am Fuße der Zitadelle liegen die Sultan-Hassan- und die Rifai-Moschee.

nen besonders schönen Innenhof, in dem manchmal kulturelle Veranstaltungen stattfinden. Der irakische Künstler Nasir Schamma leitet hier eine Schule für Ud, die arabische Laute. Nebenan liegt das liebevoll restaurierte Haus der Frau Wasila aus dem 17. Jahrhundert. Auf der anderen Seite des Platzes steht das Haus der Zainab Chatun von 1486. Neben den prächtigen Empfangsräumen für die Männer (»Salamlik«) und Frauen (»Haramlik«) kann man hier einen kleinen Raum auf dem Dach anschauen, in dem die Dame des Hauses ihre Kinder zur Welt brachte. Von dem Geburtsraum führt eine kleine Holzleiter hoch zu einer Empore, die mit einem niedrigen Holzgitter abgesperrt ist. Hier hielt sich die Mutter nach der Geburt des Kindes 40 Tage lang mit dem Baby auf, um es vor Krankheiten zu schützen, die zur hohen Kindersterblichkeit führten. Auf dem Weg zum Konzert kann man im benachbarten Kunsthandwerkladen al-Chatun vorbeischauen, in dem einige wunderschöne traditionelle Handwerkskunst angeboten wird, von Stoffen, die mit kalligraphischer Dekoration bedruckt sind,

über originelle Lampen bis hin zu Holzkistchen und bestickten Schals.

➤ Faltplan, Kairo, [d 3]

Schmale Gasse hinter der Wikalit al-Ghuri entlanglaufen, bei dem großen arabischen Buchladen biegt man links ab und läuft geradeaus bis zu dem Platz.

Cairo Tower

Der 187 Meter hohe Aussichtsturm bietet bei schönem Wetter (und wenig Smog) einen Weitblick bis zu den Pyramiden. Das Restaurant oben im Turm ist nicht empfehlenswert.

➤ Faltplan, Kairo, [a 3]

Zamalek; tgl. 9–23 Uhr; Eintritt 30 LE

Darb al-Ahmar

Vom Bab Zuwaila aus kann man das daneben liegende Altstadtviertel Darb al-Ahmar besuchen, in dem in den vergangenen Jahren einige halb verfallene Gebäude restauriert wurden. Gleich nach dem Tor stößt man in der Darb-al-Ahmar-Gasse, die weiter hinten zur Sch. Bab al-Wasir wird, zunächst auf die Moschee des Salih Talai aus der späten Fatimidenzeit. Nach einigen Metern trifft man auf die Moschee des Emirs Saif al-Din Qajmas al-Ishaqi aus dem 15. Jahrhundert, deren Dekoration aus Marmor über dem Eingang besonders schön ist. Wie im Mittelalter fühlt man sich an dem kleinen Platz, auf dem die 1344–45 erbaute Moschee des Aslam al-Silahdar liegt. Baha al-Din Aslam war ein Schwertträger (»Silahdar«) des Sultans. Vorsicht: In den Gassen rund um den Platz kann man sich leicht verlaufen.

➤ Faltplan, Kairo, [c/d 3/4]

Ezbekiya-Park

Der 1872 vom Chediven Ismail eingeweihte Ezbekiya-Garten, der im Stil eines französischen Lustgartens angelegt wurde, lag früher mitten im vornehmen, im europäischen Stil erbauten Stadtzentrum. Ein Teil des Parks, in dem es immer noch einige Palmen und exotische Bäume gibt, existiert bis heute. Allerdings ist von den einstigen Tee-Pavillons nicht mehr viel übrig und der Garten liegt heute inmitten viel befahrener Straßen und Parkplätze. Der Kinderspielplatz besteht aus einer Handvoll trauriger Spielgeräte, die Wasserbecken sind trocken. Wer den Park besucht, kann jedoch erahnen, wie die High Society um die Jahrhundertwende dort flanierte. In der Kolonialzeit hatte der Garten einen üblen Ruf, weil es dort mehrere Tavernen gab und der Park direkt an das Rotlichtviertel grenzte.

Sch. al-Gumhuriya; Metro Ataba; Eintritt 1 LE

Ibn-Tulun-Moschee

Die Moschee des Ahmad bin Tulun ist die älteste in Kairo, die noch weitgehend in ihrer ursprünglichen Form erhalten ist. Die Moschee, die aus der Abbasidenzeit stammt, wurde auf Befehl von Ahmad bin Tulun errichtet, der als Statthalter über Ägypten und später auch über Syrien herrschte.

Die Moschee hat eine Fläche von 118 mal 138 Metern und ihre Umfassungsmauern sind mit Zinnen geschmückt. Sie wurde im Jahr 879 vollendet. Die Mo-

Alles am Fluss: Blick über den Nil auf den Cairo Tower

schee wurde aus Lehmziegeln gebaut und orientiert sich in ihren dekorativen Elementen an der berühmten Moschee von Samarra im heutigen Norden des Irak. Der untere Teil des Minaretts hat noch die traditionelle Spiralform aus Mesopotamien. Die Moschee mit dem großen Hof hat auf drei Seiten jeweils zwei Reihen von Pfeilerarkaden, nur auf der Seite der Gebetsnische (»Mihrab«) und der Kanzel (»Minbar«) sind es fünf Reihen. Die Gebetsnische, die direkt links neben der Kanzel an der Rückwand liegt, war ursprünglich mit Holz dekoriert.

Sultan Ladschin ließ hier im 13. Jahrhundert ein goldenes Mosaik mit der Inschrift »Es gibt keinen Gott außer Gott, und Mohammed ist sein Prophet« einfügen. Der Sultan soll in der Moschee, die über Jahrhunderte dem Verfall preisgegeben war, einst Zuflucht vor seinen Feinden gesucht haben. Damals schwor er, die Moschee zu restaurieren, falls er mit dem Leben davonkommen sollte. Er hielt sein Wort und ließ auch das Brunnenhaus in der Mitte des Hofes erbauen. Sehr schön sind die zum Teil noch erhaltenen Stuckdekorationen in den Arkadenbögen. Wenn man auf das Minarett klettert, gewinnt man einen guten Überblick über das Viertel und schaut in den Hof der Madrasa (islamische Religionsschule) des Emirs Sarghatmisch aus dem 14. Jahrhundert.

➤ Faltplan, Kairo, [c 4]

Sch. al-Saliba; tgl. 8–18 Uhr

Chan al-Chalili Basar 1

Benannt ist der Basar nach dem Emir Dscharkas al-Chalili, der hier 1382 einen Markt gründete. Die Viertel im Chan-al-Chalili-Basar waren früher nach den verschiedenen Handwerkszünften und Waren getrennt. Diese Trennung ist heute nicht mehr so streng, auch wenn man immer noch viele Goldschmiede,

Teppichknüpfer, Kupferschmiede oder Parfümeure nebeneinander in einem Viertel (»Hara«) findet. Wer nichts kaufen will, sollte die gelegentlich aufdringlichen Rufe der Verkäufer und Marktschreier am besten ignorieren. Wer Kaufabsichten hat, muss Feilschen können, wenn er nicht den doppelten Preis zahlen will. Die am stärksten von Touristen frequentierte Straße des Basars ist die Sch. al-Badistan. Hier befindet sich auch der Klassiker unter den Teehäusern des Chan, das Fischawi, wo man sich von einem längeren Gang durch die Altstadtgassen erholen kann. Die Getränke sind hier trotz der großen Popularität des Lokals immer noch billig. Jedoch herrscht hier oft großer Rummel und man findet nicht immer einen Platz. (→ Tour 5)

Manial Palace

Einen kleinen Einblick in das Leben der letzten ägyptischen »Royals« vermittelt dieser Palastkomplex mit Park auf der Nil-Insel Roda, wobei man den Namen Palast nicht allzu wörtlich nehmen sollte. Denn das Hauptgebäude erinnert eher an eine prunkvolle Villa. Erbaut wurde der Manial-Palast für Prinz Mohammed Ali Anfang des 20. Jahrhundert. Er liegt inmitten eines schönen Gartens mit vielen verschiedenen Palmenarten. Eher kurios ist das auf dem Gelände untergebrachte Museum mit den Jagdtrophäen von König Faruq.

➤ Faltplan, Kairo, [b 5]

Insel Roda; tgl. 8–16 Uhr; Eintritt 20 LE

Scharia al-Muski

Ägyptisches Markttreiben ohne touristisches Flair – in dieser langen Straße wird alles zum Kauf angeboten, was billig, bunt und kitschig ist. Frauen-Galabiyas gibt es schon von acht LE an, für Plastikschlappen »Made in Egypt« zahlt man hier im Gedränge sogar nur halb so viel. Ausländer findet man meist nur am anderen Ende der Straße, nämlich da, wo sie in den Chan al-Chalili übergeht. Dort nimmt auch die Zahl der Souvenirhändler rapide zu. Leder, Kupferwaren und jede Menge Kitsch werden feilgeboten. Konnte man vorher noch weitgehend unbehelligt zwischen Geschäften mit billigen Handtüchern und Ständen mit Unterhosen spazieren gehen, so heißt es nun an jeder Ecke: »Hello Mister, woher kommen Sie?«

An der Straße liegt auch die kleine Murad-Pascha-Moschee von 1578. Die 2003 renovierte Moschee stammt aus

Ruhepol im Chan-al-Chalili-Basar: das »Fischawi«-Teehaus

osmanischer Zeit. Im Innenraum findet man oft nicht nur Betende, sondern auch arme Leute, die sich bei einem Becher kühlen Wassers vom Stress der Großstadt erholen oder ein Nickerchen machen. Hier im Gamaliya-Viertel spielen mehrere Romane von Nagib Machfus.

➤ **Faltplan, Kairo, [b 5]**

Sultan-Hassan-Moschee

Die im Jahr 1363 fertiggestellte Sultan-Hassan-Moschee gehört zu den bedeutendsten Monumenten der Islamischen Altstadt von Kairo und ist eines der besten Beispiele der Architektur der Mameluckenzeit. Von außen wirkt das asymmetrische fünfeckige Gebäude, das 7900 Quadratmeter groß und 36 Meter hoch ist, ein wenig wie eine düstere Festung. Ursprünglich sollte die Moschee vier Minarette erhalten. Es wurden jedoch nur zwei gebaut, ein Minarett stürzte bereits während der Bauarbeiten ein. Der Sultan erlebte ihre Fertigstellung nicht mehr. Er wurde im Jahr 1361 von Rivalen getötet, seine Leiche allerdings nie gefunden. Im Mausoleum der Moschee, das sich hinter der Gebetsnische befindet, sind seine Söhne begraben worden.

Die Moschee wird heute noch benutzt. Die vier Religionsschulen (»Madrasa«), die dort einst untergebracht waren, sind zugesperrt, sollen aber bald restauriert und dann voraussichtlich im Jahr 2009 wieder geöffnet werden. Bis dahin kann man nur darauf hoffen, dass vielleicht einer der Wächter bereit ist, die schweren Holztüren aufzuschließen, damit man einen Blick ins Innere werfen kann.

Zum großen Eingangsportal der Moschee steigt man eine Treppe hinauf. Man betritt zunächst einen reich dekorierten Vorraum und wendet sich dann nach links, von wo aus ein Korridor zum Innenhof führt. In der Mitte des Hofes liegt ein Brunnen. Darum liegen acht kleine Säulen, die ein vorspringendes Holzdach tragen. An den vier Wänden liegen vier offene Gebetsräume (»Iwane«), in denen an langen Ketten zahlreiche Moscheelampen hängen. Daneben liegen die Türen, die zu den Rechtsschulen der Hanafiten, Hanbaliten, Malikiten und Schafiiten führen. Frontal blickt man auf den Hauptiwan, in dem hinten die Gebetsnische mit dem goldenen

Schriftfries liegt. Oben an der Wand entlang läuft ein größerer Schriftfries aus Stuck. Den Abschluss der Treppe, die hoch zur Gebetskanzel führt, bildet eine kunstvoll mit Bronze beschlagene Holztür. Im Hauptgebetsraum befinden sich auch noch weitere größere Bronzetüren. Durch eine Gittertür betritt man dann das Mausoleum. Der Schrein ist von einem großen Holzgitter umgeben. Man beachte hier die Stalaktitendekoration an der Decke sowie das Schriftfries in riesigen goldenen Buchstaben. (→ S. 26)

➤ Faltplan, Kairo, [c 4]

Maid. Salaheddin (unterhalb der Zitadelle); tgl. 8–17 Uhr, Fr mittags geschl.; Eintritt 12 LE (erm. 6 LE)

Totenstadt

Am Rand der islamischen Altstadt, auf der anderen Seite der Stadtautobahn Sch. Salah Salim, liegt die Totenstadt, in der Generationen von Ägyptern, von den Mamelucken bis heute, ihre Toten bestattet haben. Zu den Sehenswürdigkeiten auf diesem Gelände zählen die 1565 erbaute Moschee al-Mahmudiya mit dem auffallend schlanken Minarett, das Mausoleum des Sultans Ibn Barquq (1411) und die Qaitbay-Moschee. Allerdings sind beinahe alle der zum Teil innen prächtig geschmückten Grabstätten nicht für die Öffentlichkeit zugänglich. In den alten Friedhöfen von Kairo leben viele Menschen. (→ Spezial, S. 138)

Mit knapp 137 Metern überragt die Cheops-Pyramide beinahe alle Gebäude Ägyptens – so wie hier, zum Vergleich, die Dresdener Frauenkirche. Nur der Fernsehturm Cairo Tower ist noch einmal 40 Meter höher

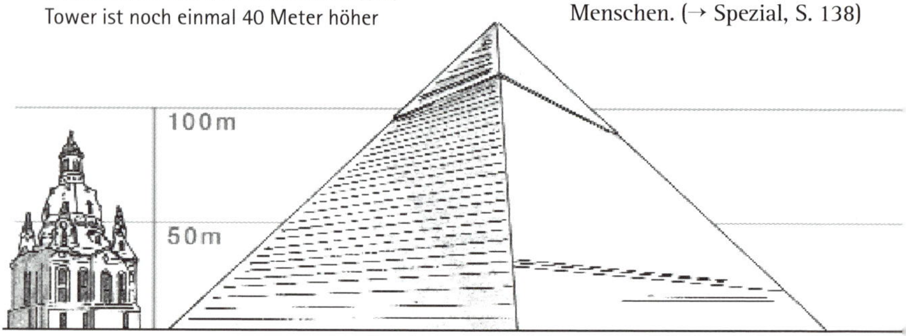

Zitadelle des Saladin 2

Hoch über der Altstadt thront die Zitadelle von Kairo. Schon von Weitem sieht man die 82 Meter hohen Minarette und die Kuppeln der Mohammed-Ali-Moschee. Die Bauwerke, die auf diesem Hügel liegen, stammen aus verschiedenen Epochen. Salah al-Din al-Ayyubi (Saladin) ließ hier im Jahr 1176 eine große Festung erbauen, die jedoch erst rund 30 Jahre später, nach seinem Tod, fertiggestellt wurde. Die Festung hat drei Eingänge: das wuchtige Tor Bab al-Azab, das erst unter den Osmanen erbaut wurde, das Tor Bab al-Gadid, das an ein Altstadtviertel voller enger Gassen angrenzt und nur von den Putzkräften, Wächtern und sonstigen Arbeitern auf der Zitadelle benutzt werden darf, und das Tor Bab al-Gabal an der modernen Schnellstraße Salah Salim, der heutige Besuchereingang. Für den Bau der Festung, von deren Originalmauern nur noch wenige Teile erhalten sind, sollen auch Steine aus den Pyramiden von Gizeh verwendet worden sein. Von den Palästen der Ayyubiden ist heute leider nichts mehr zu sehen.

Hauptattraktion des Geländes ist die Mohammed-Ali-Moschee, in der auch das Grabmal des Begründers des modernen Ägyptens steht. Auffallend schön ist innen die Alabaster-Wandverkleidung. Der gesamte Bau ist bis auf einige europäische Elemente ganz im osmanischen Stil gehalten und erinnert an die Moscheen von Istanbul. Die Moschee hat zwei Minbars, die ältere ist aus bemaltem Zedernholz, die jüngere aus Alabaster. Der Marmor-Schrein Mohammed Alis liegt im Gebetsraum hinter einem vergoldeten Gitter. Genau wie Saladin, der die Fertigstellung seiner Festung nicht mehr erlebte, starb auch Mohammed Ali, bevor die im Jahr 1824 begonnene Grabmoschee fertig wurde. Im Vorhof liegt ein aufwendig gestaltetes Brunnenhaus für die rituellen Waschungen. Den grünen Uhrenturm, der gegenüber des Moscheeeingangs liegt, hat Frankreichs König Louis Philippe 1846 gestiftet. Dafür bekam er den Obelisken geschenkt, der bis heute in Paris die Place de la Concorde ziert.

Direkt daneben befindet sich die unscheinbare al-Nasir-Mohammed-Moschee aus dem *14.* Jahrhundert mit ihrer schlichten grünen Kuppel. Schön sind

weiter auf S. 140

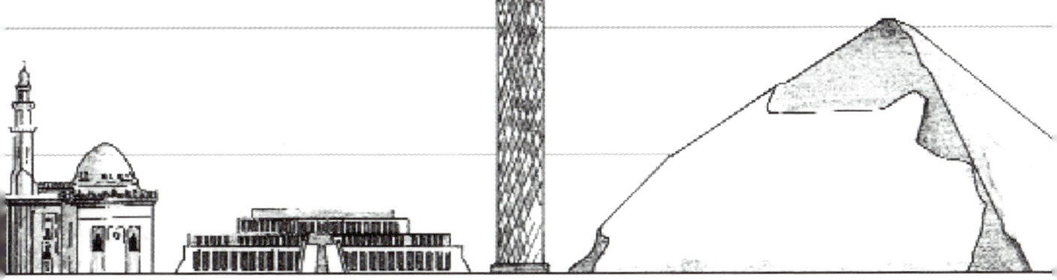

BEGRÄBNISTRADITIONEN

Tausende Großfamilien leben auf den Friedhöfen – aus Tradition und Platzmangel in der Stadt.

Wer die Gelegenheit hat, mit einem Ägypter seine Familiengruft in der sogenannten Totenstadt (»al-Qarafa«) zu besichtigen, kann hier viel über das Verhältnis der Ägypter zum Tod und die bis über den Tod hinausreichende Kluft zwischen Arm und Reich lernen.

Was die Begräbnisriten angeht, so haben Christen und Muslime in Ägypten sehr unterschiedliche Traditionen. Jedoch erinnert eine Gemeinsamkeit an die Zeit der Pharaonen. Anders als in anderen Ländern der Region, wo die Toten einfach in der Erde bestattet werden, setzen viele Ägypter ihre Angehörigen bis heute in unterirdischen gemauerten Räumen bei. Bei den koptischen Christen baut man oberhalb dieser Grabkammern oft kleine Gebäude, die an Kapellen erinnern. Bei den Muslimen sind es zum Teil größere von Kuppeln gekrönte Gebäudekomplexe mit Innenhöfen.

Stirbt ein Familienmitglied, so holt man einen »Turabi«. Dieser entfernt die Erde (»Turab«) auf dem Schachtdeckel, räumt die Platten weg, steigt hinunter in die Gruft und legt dort in einem der Räume – alleine oder in Begleitung eines Verwandten des Verstorbenen – den Leichnam ab.

Die großen Grabstätten auf dem alten zentralen Friedhof von Kairo entstanden alle zu einer Zeit, als Bevölkerungswachstum und Platzmangel in der Stadt noch keine Probleme waren. Dementsprechend großzügig wurde gebaut. Ein Schmuckstück ist zum Beispiel die für die Öffentlichkeit nicht zugängliche Gruft der Familie von Talaat Harb (1876-1941), dem Gründer der ägyptischen Zentralbank, nach dem eine der wichtigsten Straßen der Kairoer Innenstadt benannt wurde. Die Gruft hat eine wunderschöne bemalte Holzdecke und wurde liebevoll restauriert.

Oft liegt es jedoch nicht an der Nachlässigkeit der Familie, wenn ihr Mausoleum in einem heruntergekommenen Zustand ist. Grund ist häufig eine alte islamische Finanzkonstruktion, die ursprünglich zum Wohl der Allgemeinheit erfunden wurde, heute jedoch nicht mehr richtig funktioniert. Wer eine Familiengruft einrichten wollte, der musste dafür eine religiöse Stif-

Grab-Anlage: Eine Hausfrau hat über einem Sarkophag Wäsche aufgehängt.

tung ins Leben rufen, um die Instandhaltung des Gebäudes zu sichern. Dafür übertrug der Bürger den Verwaltern der Stiftungen meist Ländereien oder Gebäude. Von den Pacht- oder Mieteinnahmen sollten dann alle Ausgaben bestritten werden. Erste Probleme tauchten auf, als unter Präsident Nasser die Mieten eingefroren wurden. Die Instandhaltungskosten stiegen, aber die Mieteinnahmen reichten häufig nicht mehr aus, um diese zu begleichen. Auch macht heute die allgegenwärtige Korruption vor den Verwaltern nicht mehr Halt.

Aber das ist nicht das einzig Besondere an Kairos Totenstädten. Besucher verwundert meist vielmehr, dass die Friedhöfe bewohnt sind. Zwar gibt es hier keine Geschäfte oder Kaffeehäuser. Doch davon abgesehen ist es inzwischen fast wie in jedem anderen Stadtviertel auch. In vielen Familiengräbern lebte von Anfang an eine Art Wächter, der sich um die Pflege des Grabes kümmerte. Nach alter Sitte schliefen die Verwandten, wenn sie an den islamischen Festtagen ihre Toten besuchten, in einem Haus über der Gruft. Heiratete ein Wächter, zog die Frau bei ihm ein. Als die Sitte der mehrtägigen Besuche auf dem Friedhof einschlief, gab es mehr Platz für die Bediensteten. In leeren Grabstätten wohnen zudem Familien als »Grabbesetzer«. Wirklich legal lebt in den Totenstädten niemand. Doch ist der Wohnraummangel so groß, dass sich selbst die ägyptische Regierung dazu durchringen musste, auch den zehntausenden Bewohnern der Friedhöfe Strom und Wasser zu liefern.

Friedhofsleben: In den meisten Mausoleen wohnen ganz normale Familien.

die Säulen, die auf der Seite der Qibla in vier Reihen stehen. Die Moschee hat zwei Minarette, die wie Zwiebeltürmchen aussehen und mit persischen Fayencen dekoriert sind.

Neben der Moschee liegt der mehr als 85 Meter tiefe Josefsbrunnen (Bir Yusuf), durch den man mittels Schöpfvorrichtungen im Mittelalter das Nilwasser zur Zitadelle hochschaffte. Im Jahr 2006 begannen am Brunnen Instandhaltungsarbeiten. Restauriert werden sollen auch Teile des al-Gauhar-Palastes. In diesem Palast Mohammed Alis werden Andenken des Herrschers gezeigt und ein riesiges besticktes Tuch, das einst für die Kaaba, das islamische Heiligtum in Mekka, angefertigt worden war. Das Militärmuseum mit seinen Waffen und Orden sowie das Polizeimuseum, die beide auf der Zitadelle liegen, sind nur mäßig spannend. Nett anzuschauen sind auch die Ausstellungsstücke des kleinen Kutschenmuseums.

Nach einem Besuch der beiden Moscheen und des Palast-Museums sollte man sich von der Zitadelle einen Rundblick über Kairo gönnen.

➤ Faltplan, Kairo, [d 4]

Tgl. 8–16.45 Uhr, Museen ab 9 Uhr; am wenigsten Gedränge gibt es sehr früh und nach 15 Uhr

Museen

Ägyptisches Museum 3

Am zentralen Tahrir-Platz liegt das 1902 eröffnete Gebäude, das die weltweit größte Sammlung ägyptischer Altertümer beherbergt. Der Bau platzt aus allen Nähten, deshalb soll demnächst ein neues Museum in der Nähe der Pyramiden gebaut werden. In der Ausstellung befinden sich derzeit rund 120 000 Fundstücke, von der Kolossalstatue bis zur kleinen Ushabti-Figur. In den Magazinen lagern zudem Kisten, die nach Abschluss der jeweiligen Grabungskampagne nie mehr geöffnet wurden. Museumsdirektorin Wafa Sadik hat mutig mit den Aufräumarbeiten begonnen.

Das Ägyptische Museum ist trotz der leicht chaotischen Präsentation der Altertümer, die eine Zeitspanne vom Alten Reich bis in die griechisch-römische Epoche umfassen, ein faszinierender Ort. Hobby-Ägyptologen brauchen mehrere Tage, wer nur wenig Zeit mitbringt, sollte gezielt die Statuen und Sarkophage des Alten Reichs und den Amarna-Saal im Erdgeschoss sowie den Grabschatz des Tutanchamun und den Mumiensaal im Obergeschoss in Angriff nehmen.

Am besten beginnt man den Rundgang durch das Erdgeschoss chronologisch und betritt zuerst links den Westflügel mit Statuen, Stelen und Sarkophagen aus dem Alten Reich. Gleich zu Beginn stößt man

Liegender Anubis: der Totengott aus dem Grabschatz Tutanchamuns

auf eine farbig bemalte Sitzstatue des Djoser, Bauherr der Stufenpyramide von Saqqara. Sehr schön gearbeitet ist die Triade des Mykerinos (Menkaure) aus Grauwacke. Sie zeigt den Pharao, für den die kleinste der drei Königspyramiden von Gizeh errichtet wurde, zusammen mit der Göttin Hathor (links) und einer lokalen Gaugöttin.

Rechts um die Ecke stößt man auf lebensgroße geschnitzte Holzstatuen, die nach mehr als 4000 Jahren noch gut erhalten sind. Weiterer Anziehungspunkt ist eine Diorit-Statue des Chephren, die den König sitzend zeigt, hinter ihm ein Falke. In der Galerie 16 stehen zwei Sphingen Amenemhets III. (12. Dynastie) aus schwarzem Granit mit Löwenmähne. Am hinteren Ende des Gebäudes befindet sich der sogenannte Amarna-Saal, der von vier Kolossalstatuen Echnatons eingerahmt wird. Weiter rechts zeigt eine Statue den sonst meist als Kriegshelden dargestellten Pharao Ramses II. als hockenden Knaben.

Im Mittelsaal befindet sich unter Glas der Palastboden, den sich der »Ketzerpharao« Echnaton in seiner neuen Residenz Tell al-Amarna anfertigen ließ. Bis heute leuchten darauf die Farben der Sumpfpflanzen und Wildvögel. Es ist ein gutes Beispiel für den neuen Stil der Amarna-

Tohuwabohu: Das Ägyptische Museum ist großartig – und leicht chaotisch.

Zeit. Dominiert wird der Saal von einer Kolossalstatue, die Pharao Amenhotep III. zusammen mit seiner Gattin Teje und drei Töchtern zeigt. Dieser Herrscher (um 1360 v. Chr.) hat mehr überlebensgroße Statuen von sich anfertigen lassen, als jeder andere Pharao. Im Mittelsaal stehen zudem vier Pyramidenspitzen, die von großem Seltenheitswert sind.

Im Obergeschoss verteilt sich der 1922 von Howard Carter entdeckte Grabschatz des Tutanchamun über mehrere Säle. Das wohl bekannteste Stück ist die Totenmaske des jung verstorbenen, relativ unbedeutenden Pharaos aus massivem Gold mit Lapislazuli, das Aushängeschild des Ägyptischen Museums. Außer kleinteiligen Grabbeigaben, Truhen, Statuetten und sogar kleinen Broten für das Leben im Jenseits, die mehr als 3000 Jahre alt sind, beeindrucken die kunstfertig gearbeiteten Sarkophage des Königs, wie der innere Sarg aus massivem Gold. Auch die Sandalen und die Hülsen für Zehen und Finger der Mumie waren aus Gold.

Im Mumiensaal sind elf Mumien ausgestellt. Lange wurde darüber diskutiert, ob man die präparierten Leichen der Könige zeigen solle. Im August 2006 wurde sogar ein zweiter, aufwendig gestalteter Mumiensaal eröffnet. Rund um den Mumiensaal werden anhand von Zeichnungen, Werkzeugen und Erklärungen die Riten der Mumifizierung und Bestattung sowie die Jenseitsvorstellungen der Alten Ägypter vorgestellt. Zu sehen sind

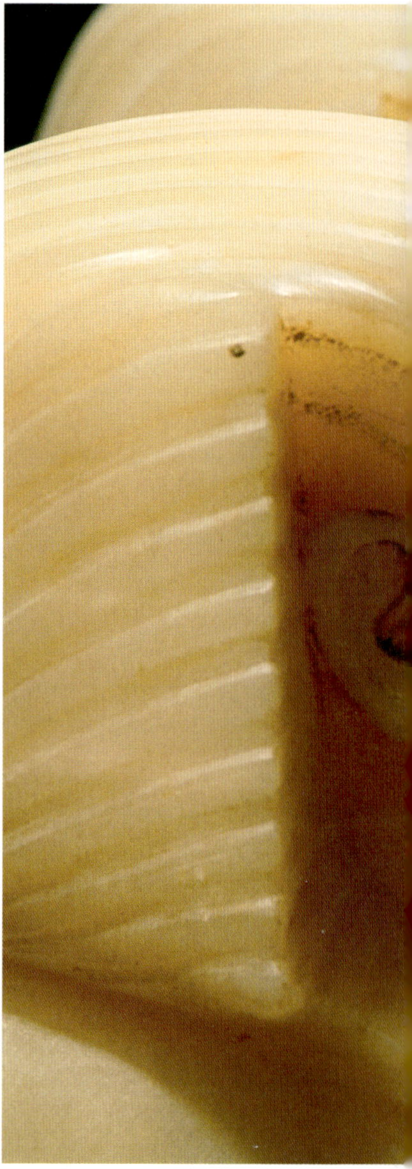

Nur für Eingeweide: kopfförmige Deckel der Kanopengefäße aus Tutanchamuns Grab

auch Tiermumien, unter anderem Krokodile. In weiteren Sälen sind Goldschmiedearbeiten, Handschriften, Papyri und Möbel ausgestellt.

Für 20 LE werden digitale Führer in englischer, französischer oder arabischer Sprache angeboten. 50 bis 80 LE pro Stunde nehmen die ägyptischen Museumsführer, die jedoch nicht unbedingt Experten sind.

➤ Faltplan, Kairo, [b 3]

Maid. al-Tahrir; www.egyptianmuseum.gov.eg; tgl. 9–19.30 Uhr (Ticketverkauf ab 8.30 Uhr), im Ramadan tgl. 8.30–16 Uhr; Eintritt 40 LE, Extra-Eintrittskarte für Mumiensaal 70 LE

Gayer-Anderson-Museum

Direkt neben der Ibn-Tulun-Moschee liegt das Gayer-Anderson-Museum, das nach einem britischen Arzt und Offizier benannt ist, der hier in den 1920er-Jahren des 20. Jahrhundert lebte. Der Orientalist kaufte zwei herrschaftliche Häuser aus osmanischer Zeit, die sich in einer kleinen Gasse gegenüberlagen und verband sie durch eine geschlossene Galerie im dritten Stockwerk. Das ältere Haus ist das Bait Amna Bint Salim von 1540. Das Bait al-Kreatliya aus dem Jahr 1670 liegt, kommt man von der Moschee, auf der linken Seite der Gasse. Sehenswert sind in den beiden Häusern vor allem die bemalten Holzdecken und die Maschrabiyas. Im Gayer-Anderson-Museum gibt es eine Geheimtür, die hinter einem hölzernen Wandschrank in einer Ecke liegt. Sie führt in eine kleine Nische, von der aus man hinunter in den Empfangssaal blicken kann. Unter dem Bait al-Kreatliya liegt eine große Zisterne. Das Wasser, das von Wasserträgern dorthin gebracht wurde, war für die Öffentlichkeit bestimmt: Zu dem Haus gehörte ein sogenannter »Sabil«, an dem jeder Wasser bekommen konnte. Interessant sind auch die altägyptischen, persischen, türkischen und syrischen Altertümer, die der britische Sammler zusammentrug. Zu den Bildern, die hier an den Wänden hängen, gehören mehrere, die seinen Lieblingsdiener Dibbisch zeigen, einen Jungen nubischer Herkunft. Auf einem anderen Bild ist der Sphinx aus Gizeh zu sehen – mit dem Gesicht Gayer Andersons. Fans von James Bond werden das Museum wiedererkennen: Hier wurden Szenen zu dem Film »Der Spion, der mich liebte« gedreht.

➤ Faltplan, Kairo, [c 4]

Tgl. 9–16 Uhr (freitags um die Gebetszeit für ca. 2 Std. geschlossen); Eintritt 30 LE, erm. 15 LE

Golden Boy: Tutanchamuns Totenmaske im Ägyptischen Museum

Mahmud-Muchtar-Museum

Dem berühmtesten Bildhauer Ägyptens Mahmud Muchtar (1891–1934) ist das nach ihm benannte Museum gegenüber dem Opernhaus gewidmet.

Sch. al-Tahrir; Sa–Do 9–13 und 17–21 Uhr

Museum für Islamische Kunst

Aufgrund umfassender Renovierungsarbeiten ist das Museum für Islamische Kunst im Viertel Bab al-Chalq noch mindestens bis zum Frühjahr 2007 geschlossen. Das Museum ist in einem 1887 errichteten Gebäude untergebracht und wurde 1903 als »Museum der Arabischen Kunst« eröffnet, 1952 jedoch umbenannt. Es beherbergt die weltweit größte Sammlung islamischer Kunst mit Exponaten vom ersten Jahrhundert des Islam (7. Jahrhundert) bis zum 19. Jahrhundert Zu sehen sind unter anderem Keramikarbeiten, Grabplatten, Textilien, Waffen, Schmuck, Holzschnitzarbeiten, Möbel, Teppiche, Münzen und Bücher. Ein Teil der Sammlung sind Dekorationselemente, Türen und anderes aus den alten Moscheen Ägyptens. Ein weiterer Schwerpunkt sind Stücke, die aus den Palästen der Mamelucken-Zeit stammen sowie eine große Sammlung von Moscheelampen.

➤ Faltplan, Kairo, [c 3]

Maid. Ahmad Mahir, Sch. Port Said; neue Öffnungszeiten und Eintrittspreise stehen noch nicht fest

ALT-KAIRO

In dieser Vorstadt im Süden von Kairo liegen die wichtigen Bauwerke aller drei Offenbarungsreligionen.

AMR-IBN-AL-AS-MOSCHEE

Kurz vor der Straßensperre der Polizei, die das Viertel für alle Fahrzeuge gesperrt hat, die nicht zum Tourismussektor gehören, liegt an der Sch. Mar Girgis diese Moschee, die nach dem islamischen Eroberer Ägyptens benannt ist. Sie gilt als älteste Moschee des Landes. Doch von dem ursprünglichen Bauwerk aus Ziegeln ist nichts mehr zu sehen. Sie hatte damals noch keinen Innenhof und wurde vom 9. Jahrhundert bis heute mehrfach umgestaltet und restauriert. Aus der kleinen Moschee von einst ist eine 110 mal 120 Meter große Hofmoschee mit drei Mihrabs geworden.

Vom Haupteingang aus betrachtet hinten links lag einst der Schrein des Scheich Abdallah, eines Sohnes von Amr Ibn al-As. Dieser wurde jedoch nach Auskunft der Moscheeaufseher vor fünf Jahren entfernt. Die sterblichen Überreste dieses für die Muslime wichtigen Mannes seien in Muqattam außerhalb der Stadt beerdigt worden, weil das Benehmen einiger Gläubiger für »Unruhe« gesorgt habe. Diese seien um den Schrein herumgelaufen und hätten davor gebetet, so die Berichte der von diesen Praktiken nicht sonderlich angetanen Aufseher. Vor dem Holzgitter, das einst den Schrein umschloss, steht heute ein Schild in arabischer Sprache, auf dem steht »In dieser Moschee gibt es keinen Schrein.«

ST. SERGIUS KIRCHE (KANISAT ABU SARGA)

An der Mar-Girgis-Straße führt links eine Treppe hinunter in das alte koptische Viertel Qasr al-Schama. Folgt man rechts einer schmalen Gasse, so stößt man auf einen Torbogen, der so niedrig ist, dass sich Erwachsene bücken müssen, um ihn zu passieren. Direkt dahinter führen einige Stufen hinunter in die Kirche Abu Sarga. An diesem Ort lag einst die älteste Kirche Kairos, von der jedoch nichts erhalten ist. Die heutige Kirche ist eine Basilika mit drei Schiffen. Die Säulen sind zum Teil unterschiedlich. Die Empore war für die Frauen vorgesehen. Die kleine Kanzel aus Marmor, die auf kleinen zarten Säulen steht, findet man in ähnlicher Form auch in anderen koptischen Kirchen von Alt-Kairo. Aus unterschiedlichen Epochen stammen die verschiedenen Teile der Ikonostase, die ältesten aus dem 13. Jahrhundert Der koptischen Überlieferung nach soll sich die heilige Familie während ihrer Flucht nach Ägypten hier aufgehalten haben.

KOPTISCHES MUSEUM

Durch ein schmiedeeisernes Tor betritt man das Museumsgelände, zu dem ein gepflegter kleiner Garten gehört. Gegründet wurde das Museum 1908, erweitert in den 1940er-Jahren, renoviert 2006. Viele Ausstellungsstücke stammen aus den ersten sechs Jahrhundert nach der Verbreitung des Christentums in Ägypten. Vor allem die Textilsammlung ist sehr beachtlich. Zu sehen sind zudem Wandmalereien, Ikonen, Manuskripte, Holzarbeiten sowie Säulenkapitelle, Fragmente von Fresken sowie Gegenstände aus Metall wie Lampen oder Kerzenständer, die in den Kirchen benutzt wurden. Das Museum gewährt zudem einen Einblick in den Alltag und die Kunst der frühen ägyptischen Klöster.

➤ **Faltplan, Kairo, [b 6]**

Sch. Mari Girgis; Tel. 02/3 62 87 66; tgl. 9–17 Uhr; Eintritt 40 LE, erm. 20 LE

DIE »HÄNGENDE« KIRCHE (AL-MUALLAQA)

An der südwestlichen Seite des römischen Kastells befindet sich die St.-Maria-Kirche, die von der Seite aussieht, als würde sie über dem Tor der römischen Festung hängen, und daher den Beinamen »Die Hängende« trägt. Die ursprüngliche Kirche aus dem 7. Jahrhundert – einige Forscher meinen, bereits im 3. oder 4. Jahrhundert habe an dieser Stelle ein christliches Gotteshaus gestanden – wurde zerstört und neu aufgebaut. Im 11. Jahrhundert wurde sie der Sitz der koptischen Patriarchen (bis ins 14. Jahrhundert). Die meisten Ikonen der Kirchen stammen aus dem 18. Jahrhundert. Man steigt über eine steile Treppe empor zu der Kirche, in der regelmäßig Gottesdienste stattfinden. Auffällig ist die Asymmetrie der fünf Schiffe der Basilika. Hinter der Kirche kann man die Reste des römischen Kastells betrachten, das der vom Kalifen Omar geschickte muslimische Feldherr Amr Ibn al-As im Jahr 641 eroberte.

BEN-EZRA-SYNAGOGE

Eine wechselvolle Geschichte hat das einzige jüdische Gotteshaus in diesem Viertel. Die Synagoge war bis zum 8. Jahrhundert eine St.-Michael-Kirche aus dem 6. Jahrhundert. Für Aufsehen sorgte 1890 der Fund einer großen Zahl antiker Schriften, die entdeckt wurden, als die Decke eines Raumes der Synagoge einstürzte.

FUSTAT

Östlich der römischen Festung gründete Ibn al-As die Stadt Fustat, die im Jahr 1168 durch einen Brand zerstört wurde. Nur wenige Ruinen aus Lehmziegeln sind von dieser einst reichen Stadt noch erhalten.

➤ **Faltplan, Kairo, [b 6]**

Sch. Mari Girgis; Metro Mari Girgis; tgl. 9–16 Uhr; kein Eintritt

Museum für Moderne Kunst

Für zeitgenössische Kunst ist das Land am Nil nicht unbedingt bekannt, auch wenn einige aus Ägypten stammende Künstler, die in Europa oder den USA leben, durchaus erfolgreich sind. In den Kairoer Museen und Galerien sieht man dagegen oft Kunst, der es an Originalität mangelt. Dabei ist Ägyptens Kulturminister Faruq Husni selbst Maler. Einen Einblick in die ägyptische Kunst des 20. und 21. Jahrhunderts bietet das Museum für Moderne Kunst, das auf dem Gelände des Kairoer Opernhauses liegt.

➤ Faltplan, Kairo, [a 3]

Sch. al-Tahrir, neben Kairoer Oper, Dokki; Di–So 10–13 und 17–21 Uhr

Townhouse Gallery of Contemporary Art 18

(→ Der gute Tipp von MERIAN, S. 62)

Essen und Trinken

Charwood´s 5

(→ Der gute Tipp von MERIAN, S. 47)

Chan al-Chalili Restaurant

Im Herzen des Chan-al-Chalili-Basars, nahe der al-Hussein-Moschee, liegt dieses Restaurant, das von der Oberoi-Hotelkette geführt wird und gehobene ägyptische Küche bietet. Eine Reservierung zum Abendessen ist ratsam. Nach einer Einkaufstour im Basar kann man im angegliederten Nagib-Mahfuz-Café auch nur einen Snack oder Tee zu sich nehmen.

➤ Faltplan, Kairo, [d 3]

5 al-Badistan-Gasse; Tel. 02/5 90 37 88, E-Mail: mgr@khanelkhalili.com.eg; tgl. 10–2 Uhr; CREDIT •••

L'Asiatique

Eines der besten und elegantesten asiatischen Restaurants Kairos. Sushi, thailändische und chinesische Küche. Das Restaurant ist so beliebt, dass sich eine Reservierung dringend empfiehlt. Kinder sind hier nicht erwünscht.

➤ Faltplan, Kairo, [a 2]

Le Pacha 1901 Schiff, Sch. al-Gezira, Zamalek, Tel. 02/7 35 67 30, tgl. 19–3 Uhr CREDIT •••

Moghul Room

Als bestes Restaurant der Stadt gilt immer noch der Moghul Room, das traditionsreiche indische Restaurant im Hotel Mena House Oberoi. Einen Blick auf die Pyramiden hat man zwar beim Essen nicht. Doch das Ambiente ist sehr ansprechend, das Essen sehr gut, das Personal aufmerksam. »Von diesem Gericht gibt es keine milde Variante«, warnt die Speisekarte bei einigen Spezialitäten. Ein Trio spielt indische Musik. Auf kleinen Kärtchen kann man seinen Musikwunsch notieren und wird mit einer Überraschung belohnt. Sogar mit arabischen Klassikern kennt sich die indische Sängerin aus, die mit Sitar-Begleitung dann sehr originell klingen. Die Wein- und Spirituosen-Karte ist für ägyptische Verhältnisse sehr umfangreich. Wer hier abends essen will, muss unbedingt reservieren.

➤ Faltplan, Kairo, [a 6]

6 Sch. al-Haram, Gizeh; Tel. 02/3 83 32 22; tgl. 19–23.45 Uhr, freitags 12.30–2.45 Uhr CREDIT •••

Couscous-Hochgenuss: Das Weizengrieß-Gericht gehört auf jede arabische Tafel.

Safsafa

Das schlicht und elegant eingerichtete Fischrestaurant bietet neben ägyptischen Klassikern auch gewagtere Kreationen wie Fisch in Weinblättern und frittierten Fisch mit Kokosnuss an.

1 Maid. Amman (Nähe Shooting Club), Dokki; Tel. 02/3 36 18 83; tgl. 12–2 Uhr CREDIT •••

Abou Shakra

Gegrilltes Fleisch und Vorspeisen wie Baba Ghanusch gehören zu den Spezialitäten dieses einfachen ägyptischen Restaurants. Allerdings lässt die Dekoration etwas zu wünschen übrig.

69 Sch. Qasr al-Aini, Garden City; Tel. 02/5 31 61 11; tgl. 12–2 Uhr ••

Applebee's

Warum nicht Tex-Mex-Küche auf einem Nil-Schiff? Familien kommen sehr gerne in dieses originelle Lokal, auch weil es zu den preiswerteren Restaurants gehört, die sich entlang der Vergnügungsmeile von Zamalek reihen.

9a Sch. al-Gezira, Zamalek; Tel. 02/7 38 17 08; Sa–Mi 12–1 Uhr, Do–Fr 12–2 Uhr CREDIT ••

Beano's 6

(→ Der gute Tipp von **MERIAN**, S. 48)

Felfela

Der Klassiker unter den preiswerten Restaurants mit ägyptischer Küche. Trotz der hohen Touristendichte kommen auch viele Einheimische gerne hierher, um das beliebte Bohnengericht Foul zu essen oder Linsensuppe zu löffeln. Die Einrichtung dieses großen Innenstadt-Lokals ist merkwürdig, aber originell. Im Take-Away-Bereich ist es gerade in der Mittagszeit immer voll.

15 Sch. Hoda Scharawi (Seitengasse der Sch. Talaat Harb); Tel. 02/3 92 27 51; tgl. 8–24 Uhr CREDIT ••

Mezzaluna

Die originellsten Pasta-Gerichte von ganz Kairo findet man im Café-Restaurant Mezzaluna in Zamalek, das im November 2006 eröffnet wurde. Zu fairen Preisen kann man hier schwarze Sepia-Bandnudeln, Nudeltaschen mit Nussfüllung oder japanische Ravioli probieren. Alle Nudeln und Saucen sind hausgemacht. Zum Frühstück gibt es leckere Sandwiches und einen wirklich guten Espresso. Im Außer-Haus-Verkauf werden Oliven und andere ägyptische Produkte angeboten. Einziger Nachteil: Das Lokal hat keine Alkohol-Lizenz. Allerdings ist das Mezzaluna auch nicht ganz einfach zu finden. Fährt man von der Innenstadtseite über die Brücke nach Zamalek, muss man von der Sch. 26. Julyu links abbiegen. Nach ungefähr 30 Metern befindet sich das Restaurant dann auf der linken Seite; es liegt etwas zurückgesetzt.

118 Sch. 26. Julyu/Sch. Aziz Osman, Zamalek; Tel. 02/7 35 26 55 ••

Sequoia 17

(→ Der gute Tipp von **MERIAN**, S. 61)

Taboula

Das Taboula ist ein geschmackvoll eingerichtetes Restaurant im Souterrain mit libanesischer Küche. Unbedingt probieren: gebackener Hallumi-Käse, Hommus mit Fleischstückchen und Pinienkernen, Hühnerspieße mit Knoblauch-Dip. Die Desserts kann man sich dagegen getrost schenken.

1 Sch. Amrika al-Latiniya, Garden City, Tel. 02/7 92 52 61, tgl. 12–3 Uhr CREDIT ••

Abddel Maboud Coffee 10

(→ Der gute Tipp von **MERIAN**, S. 53)

Cilantro

Etwas eng und laut ist es in diesem In-Café, in dem man manchmal keinen Platz mehr bekommt. Der Laden ist winzig klein, rauchen ist verboten. Besonders bequem sitzt man oben in der ersten Etage. Das Lokal bietet Snacks vom einfachen Croissant bis zur Champignon-Quiche an. Wer eher auf eine spontane Unterhaltung aus ist, der kann unten am großen Gemeinschaftstisch auf einem Hocker Platz nehmen. Im Café liegt meist der »Cilantro Cairo Gig Guide« aus, ein kleines Faltblatt mit Veranstaltungstipps. Der Lieferdienst der Cilantro-Kette ist schnell, allerdings sollte man nicht erwarten, dass man nach einer Fahrt mit dem Motorroller quer durch Kairo noch Schaum auf dem Milchkaffee findet.

157 Sch. 26. Julyu, Zamalek; tgl. 0–24 Uhr; Tel. 02/7 36 11 15; Delivery Downtown Tel. 02/79 28 21

Goal Café 25

(→ Der gute Tipp von **MERIAN**, S. 74)

Koschary El Tahrir 4

(→ Der gute Tipp von **MERIAN**, S. 46)

La Chesa Swiss Restaurant

Guten italienischen Kaffee und darüberhinaus ein ordentliches Frühstück bekommt man in der Innenstadt – in der zu fast jeder Tageszeit belebten Adly-Straße. Das Lokal ist vor allem am frühen Nachmittag ein beliebter Treffpunkt für die Mittagspause. Das La Chesa gehört zur

Kette der Swiss-Restaurants, zu der auch das Le Chantilly in Heliopolis sowie das Le Chalet und das Le Chateau an der Uferstraße von Gizeh gehören.

➤ Faltplan, Kairo, [c 2]

21 Sch. Adly; tgl. 7–24 Uhr

Einkaufen

Atelier de Reliure Mohammed Abdel Zaher

In diesem 1936 gegründeten Buchbinder-Geschäft werden seit 1993 auch handgefertigte Notizbücher mit Lederrücken, kleine Kisten und andere schöne Gegenstände aus Karton, Pappe oder Papier angeboten. Die meisten Kunden sind Ausländer. Der Laden ist von außen etwas unscheinbar, es lohnt sich jedoch, mal hineinzuschauen.

31 Sch. al-Scheich Mohammed Abdu (hinter der Al-Azhar-Moschee); Tel. 02/5 11 80 41; E-Mail: abdelzaher_binding@hotmail.com; tgl. 11–22 Uhr

AUC-Bookstore

Eine besonders reiche Auswahl an Büchern zur ägyptischen Geschichte in englischer Sprache findet man in dem leicht unübersichtlichen Buchladen der Amerikanischen Universität (AUC). Hier gibt es mehr arabische Literatur in englischer Übersetzung als in jedem anderen Buchladen Ägyptens. Viele dieser Titel sind im eigenen Verlag der AUC erschienen, darunter die Romane des ägyptischen Literaturnobelpreisträgers Nagib Mahfus. Anschließend kann man sich im Garten der Universität unter die Studenten mischen und auf einer Bank sitzend ihren Unterhaltungen folgen, die häufig in einem merkwürdigen arabisch-englischen Kauderwelsch geführt werden.

➤ Faltplan, Kairo, [b 3]

113 Sch. Qasr al-Aini, Tahrir-Platz; Tel. 02/7 97 59 00; So–Do 9–16 Uhr, Sa 10–15 Uhr

Azza Fahmy

Ägyptens bekannteste Schmuckdesignerin hat mit dem 08/15-Goldschmuck, den man in vielen Geschäften des Chan al-Chalili findet, nichts zu tun. In ihren Kreationen greift sie zwar auch traditionelle arabische Elemente wie Kalligraphie auf. Insgesamt sind ihre Schmuckstücke jedoch modern und zeitlos. Auch außerhalb Ägyptens hat sie inzwischen eine Fangemeinde. Weitere Filialen gibt es mittlerweile auch in Bahrain, Jordanien und Dubai.

➤ Faltplan, Kairo, [a 5]

First Mall (neben Four Seasons Hotel gegenüber dem Zoo), Gizeh; Tel. 02/5 73 76 87; tgl. 10–22 Uhr CREDIT

Beymen 9

(→ Der gute Tipp von MERIAN, S. 52)

City Stars Shopping Mall

Shop till you drop – Einkaufen bis zum Umfallen – kann man im größten Einkaufszentrum Ägyptens mit seinen 550 Geschäften, Restaurants, Kinosälen, Coffeeshops und einem Kinder-Vergnügungspark mit kleinen Fahrgeschäften – dem größten des Landes. Zu der Mall gehört auch eine Etage mit Basargeschäften. Außerdem gehören zum riesigen Einkaufsparadies auch drei Luxus-Hotels mit 1500 Zimmern, Appartements und ein Privat-Krankenhaus, von wo der

Blick bis zu den Pyramiden reicht. Eines der meistbesuchten Geschäfte ist der Virgin Megastore. Vor allem am Donnerstagabend, wenn sich hier die Jugend trifft, kann es voll werden.

Sch. Omar Ibn Chattab (Schilder an der Flughafenstraße weisen den Weg), Heliopolis; www.citystars.com.eg; tgl. 10–1 Uhr

Diwan Bookstore 8

(→ Der gute Tipp von MERIAN, S. 50)

Chatun

Kunsthandwerk, das Tradition und originelle Innovation verbindet. Verspieltes findet sich hier neben Schlichtem. Im Angebot sind Stoffe, Bilderrahmen, Kleinmöbel, Lampen und Schals.

➤ Faltplan, Kairo [d 3]

3 Sch. al-Scheich Mohammed Abdu (hinter der al-Azhar-Moschee); Tel. 5 14 71 64; E-Mail: khatoun@wadada.net; tgl. 12–21 Uhr

Lehnert & Landrock

Der kleine deutsche Buchladen in der Kairoer Innenstadt ist von außen so unscheinbar, dass man ihn leicht übersieht. Dabei ist das vor mehr als 100 Jahren gegründete Geschäft durchaus international bekannt. Seine Berühmtheit verdankt der etwas düstere Laden allerdings nicht den dort zum Verkauf angebotenen Büchern, sondern außergewöhnlichen Schwarzweißfotografien aus der arabischen Welt. Rudolf Lehnert war in den ersten 30 Jahren des vergangenen Jahrhunderts in Tunesien, Algerien, Ägypten und Palästina mit der Kamera unterwegs, und fing mit ihr jene Exotik ein, die Europa am Orient immer fasziniert hat. Ein Teil dessen, was seine Nachfahren aus den historischen Aufnahmen gemacht haben, wird hier zum Verkauf angeboten. Eine kleinere Filiale befindet sich gegenüber dem Ägyptischen Museum am Tahrir-Platz.

➤ Faltplan, Kairo, [c 3]

44 Sch. Scharif, Downtown; Tel. 02/ 3 92 76 06; Mo–Sa 10–14 und 16–21 Uhr

Nagada

Stoffe, Keramik, Kleidung aus Naturmaterialien. Der Showroom ist im Jahr 2005 von Garden City in den Stadtteil Dokki umgezogen. Benannt ist die Firma, die sich um die Wiederbelebung alter ägyptischer Handwerkstechniken bemüht hat, nach der Nagada-Zeit, einer Periode vor der 1. Pharaonendynastie.

13 Sch. Refaa, Dokki; Tel. 02/7 48 66 63; www.nagada.net; tgl. 9.30–17 Uhr VISA

Oum El Dounia

Im Obergeschoss eines alten Gebäudes in der Nähe des Tahrir-Platzes liegt dieses neue Geschäft für Kunsthandwerk und Bücher. Dass hier alles ägyptisch ist, zeigt schon der Name des Ladens, der übersetzt »Mutter der Welt« bedeutet – und nichts Geringeres als Ägypten meint.

➤ Faltplan, Kairo [b 3]

3 Sch. Talaat Harb, OG; Tel. 02/3 93 82 73; tgl. 10–19 Uhr

Aktiv

Gezira Sporting Club 15

(→ Der gute Tipp von MERIAN, S. 59)

Mohammed Ali Club 14

(→ Der gute Tipp von MERIAN, S. 58)

Hitziger Handel: Ein Mann verkauft auf einem Basar kühlende Zitronade.

Am Abend

After 8 20

(→ Der gute Tipp von MERIAN, S. 64)

Asia Bar auf dem Blue Nile Ship 21

(→ Der gute Tipp von MERIAN, S. 65)

35

Wer sich nicht an den wichtigtuerischen Türstehern stört, kann im 35, einem sehr modernen Restaurant mit Bar in der Nähe des Zoos, die Kairoer Bussi-Bussi-Gesellschaft kennenlernen: Frauen, die den »letzten Schrei« aktueller Mode tragen, und Männer, die ihr Geld mit Geschäften machen oder denen wenigstens Papa genügend Scheine zusteckt. Auch wenn der Lokalname wegen der Hausnummer gewählt wurde, weist er doch gleichzeitig auf das ungefähre Alter der Gäste hin. Das Essen kommt als Fusion-Küche mit französischem und thailändischem Einschlag daher; es ist relativ originell und gut. Die Cocktails sind für ägyptische Verhältnisse zwar gar nicht schlecht, sie sind aber teuer. Deshalb bezahlen Einheimische lieber ein sogenanntes »Flaschengeld« – und bringen sich ihre eigene Flasche Wodka, Gin oder Whisky mit.

35 Sch. al-Gizeh, im Four Seasons Hotel (Eingang an der Straße); Tel. 02/5 73 85 00; www.firstplacecairo.com; tgl. 19.30–3 Uhr, ••••

Hard Rock Café Cairo

Hier bekommt man deftiges amerikanisches Essen, große Drinks und am späten Abend auch noch extrem laute Musik zu hören. Vor 24 Uhr ist auf der Tanzfläche allerdings nichts los. Das Publikum ist jung. Im Sommer treffen sich hier nachts die 20-Somethings aus den arabischen Golfstaaten.

➤ Faltplan, Kairo, [b 3]

Corniche al-Nil, neben Grand Hyatt Hotel; Garden City; Tel. 02/5 32 12 77; www.hardrock.com; tgl. 12–4 Uhr CREDIT •••

Haroun al-Raschid Nightclub 24

(→ Der gute Tipp von MERIAN, S. 73)

Rio de Cairo

Eine wirkliche Bereicherung des Kairoer Nachtlebens ist das im Mai 2006 eröffnete Rio de Cairo, das mit dem Auto vom zentralen Tahrir-Platz in etwa 20 Minuten zu erreichen ist und im Vorort Maadi direkt am Nil liegt. Neben einer coolen Lounge mit Chrom, viel Musik und internationaler Küche befinden sich hier unmittelbar der Luxor-Biergarten, in dem man zum Bier Laugenbrezeln und verschiedene Wurstspezialitäten bekommt, ein italienisches Lokal, das hausgemachte Pasta anbietet, eine Weinbar und ein ägyptisches Café. Vor allem am frühen Abend lohnt sich der sehr schöne Blick von hier auf den Fluss, wenn die Sonne auf der anderen Nilseite hinter den Palmen untergeht.

Corniche al-Maadi (hier gab es früher das Restaurant Andrea, das Taxifahrer meist kennen); Tel. 02/5 28 39 04; tgl. 10–2 Uhr
MASTER VISA ●●●

Cairo Jazz Club

Der Club ist einer der wenigen der Stadt, in denen regelmäßig Bands auftreten. Vor allem einheimische Musiker geben hier ihren Einstand. Es herrscht eine lockere Atmosphäre. Kleine Tanzfläche.

➤ Faltplan, Kairo [a 1]

197 Sch. 26. Julyu (unten neben der Brücke des 26. Juli), Mohandessin; www.cairojazzclub.com; tgl. 20–3 Uhr ●●

Fête de la Musique 16

(→ Der gute Tipp von MERIAN, S. 60)

Makan 22

(→ Der gute Tipp von MERIAN, S. 70)

Jacques Dessange 12

(→ Der gute Tipp von MERIAN, S. 56)

Sawy Culture Wheel

Einer der vielseitigsten Clubs in ganz Kairo mit Konzerten und Lesungen. Im Sawy Culture Wheel treten vor allem arabische Künstler auf, hin und wieder aber auch westliche Musiker.

Sch. 26. Julyu, Zamalek; Tel. 7 36 61 78, www.culturewheel.com; tgl. 9–22 Uhr (bei Abendveranstaltungen länger)

ABU RAWASCH

➤ [F 2]

Auf einem Felsplateau acht Kilometer nördlich von der Pyramide seines Vaters Cheops ließ Djedefre die Pyramide von Abu Rawasch errichten, die wahrscheinlich nie vollendet wurde. Sie ist die nördlichste unter den Pyramiden. Ihr unfertiger Zustand ist wohl ein Grund dafür, dass sich die Steinräuber an diesem Monument besonders eifrig bedienten. Erhalten sind von dieser Pyramide aus der 4. Dynastie nur noch der unterste Teil sowie der Schacht, der zur Grabkammer führt. Auch von einer kleinen Kultpyramide im Südwesten des Pyramidenbezirks ist nur noch der Schacht erhalten. In der Bootsgrube im Osten der Pyramide wurden Fragmente von Statuen gefunden. Bis zum Mittleren Reich wurden in Abu Rawasch Gräber angelegt. Ein Besuch in Abu Rawasch, das etwas abseits der Straße liegt, ist für Besucher ohne ein spezielles Interesse für die Geschichte des Pyramidenbaus nicht unbedingt lohnend.

ABU SIR

➤ [F 2]

Neben kleinen Dörfern liegt das Pyramidenfeld von Abu Sir, das schon bald wieder für die Öffentlichkeit zugänglich sein soll. Die Pyramiden von Königen der 5. Dynastie sind etwas verfallen. Die nördlichste und älteste der drei Pyramiden ist die des Sahure (um 2490–2475 v. Chr.). Sie ist heute nur noch etwa halb so groß wie einst bei ihrer Fertigstellung. Im Osten sind noch Reste des Pyramidentempels (vor allem das Pflaster und Reste umgestürzter Säulen) zu sehen. Der

Pyramidenkomplex hieß »Der Ba (die Seele) des Sahure erscheint«. Die größte Pyramide von Abu Sir ist die des Neferirkare, die wahrscheinlich nicht vollendet wurde. Reliefs aus den Tempeln von Abu Sir sind in mehreren Museen zu sehen.

Auf dem Gelände liegt zudem die riesige und reich dekorierte Mastaba des Ptahschepses, eines Wesirs aus der Herrschaftszeit des Neuserre. Zur Grabanlage gehören drei Vorhallen und ein Hof mit quadratischen Pfeilern.

Aktiv

Recoub al-Sorat 13

(→ Der gute Tipp von **MERIAN**, S. 57)

DAHSCHUR

➤ [F 3]

Am Rande der Wüste liegen fünf Pyramiden aus der 4. und 12. Dynastie, wobei die älteren Bauwerke besser erhalten sind als die neueren. Die meisten Besucher konzentrieren sich auf die Besichtigung der beiden Pyramiden von Snofru (um 2670–2620 v. Chr.): die Knickpyramide und die Rote Pyramide. Dem Begründer der 4. Dynastie wird auch noch ein dritter Monumentalbau zugeschrieben, die Pyramide von Maidum.

Die Knickpyramide in Dahschur stellt so etwas wie einen Zwischenschritt zwischen der Stufenpyramide des Djoser in Saqqara und den Pyramiden von Gizeh dar. Weshalb die etwas merkwürdige Form der Pyramide zustande kam, deren Neigungswinkel sich in etwa 50 Meter Höhe ändert, darüber sind sich die Forscher immer noch nicht einig. Eine Theorie besagt, dass sich der Boden unter dem Bau während Arbeiten gesenkt habe. Einer zweiten Theorie zufolge wurde die Pyramide ohne große Sorgfalt fertiggestellt. Der dritten Theorie nach bekamen die Bauherren kurz vor der Vollendung plötzlich Angst, ihr Gebäude könne nicht stabil genug konstruiert sein, weshalb sie von dem ursprünglich geplanten spitzen Design Abstand nahmen. Die Pyramide ist innen sehr schlicht. Wer sie besichtigen will, muss erst einmal über eine später hinzugefügte Treppe ein Stück hinaufklettern. Dann klettert man durch einen schrägen Schacht hinab und landet schließlich in einer an der Decke spitz zulaufenden Kammer. Snofru war mit dem Bauwerk offensichtlich nicht zufrieden. Jedenfalls ließ er in unmittelbarer Umgebung die sogenannte Rote Pyramide aus Kalkstein errichten, die schon die perfekte Form der Gizeh-Pyramiden hat. Sie hat drei Kammern und ungefähr den gleichen Neigungswinkel (etwa 44 Grad) wie die »abgeknickte« Spitze der Knickpyramide.

Die Pyramide im Norden des Pyramidenfeldes wurde für Sesostris III. (1837–1818 v. Chr.) erbaut. In ihrem Inneren wurde ein leerer Sarg aus rotem Granit gefunden. Die südlichste der Pyramiden wird Amenemhat III. zugeschrieben. Sie wurde aus Ziegeln erbaut und hatte eine Kalkstein-Verkleidung.

Tgl. 9–16 Uhr

FAYYUM

300 000 Einwohner, 24 m ü.d.M.

➤ [F 3]

Die Halboase Fayyum, die durch den Josefsfluss (Bahr Yusuf) und den Ibrahimiya-Kanal mit dem Nil verbunden ist, haben die Hauptstädter erst in den letzten Jahren als Ausflugsziel wiederentdeckt. Wer aus der Metropole Kairo kommt, wird die Fahrt durch Felder, Palmenhaine und Kanäle als wohltuende Entspannung empfinden. Typisch für die Region sind die hohen Taubenhäuser. Im Fayyum wird viel Obst angebaut, unter anderem die dicken Fayyum-Trauben, die zu einer Zeit Saison haben, in der es in Ägypten sonst keine andere heimische Traubensorte zu kaufen gibt.

In der Oasenhauptstadt Madinat al-Fayyum, die man bei einer Tour durch die Dörfer der 50 Kilometer langen Oase auch auslassen darf, kann man einen großen Markt besuchen, auf dem unter anderem Kupferwaren, Gewürze und Gold verkauft werden. Ebenso kann man dort die Qait-Bay-Moschee besichtigen und die vier Wasserräder in der Nähe. Wenig hilfreich dagegen ist ein Besuch in der Touristen-Information. In dem Bauerndorf Tunis haben sich einige Künstler aus Kairo niedergelassen.

Wer ins Fayyum mit dem Auto reist, sollte zumindest einige Kilometer am Qarun-See (Birkat Qarun) entlangfahren. Das Wasser des mehr als 200 Quadratkilometer großen Sees ist leicht salzhaltig. Am Ufer gibt es mehrere einfache Fischrestaurants.

Wer keinen Mietwagen hat: Busse ins Fayyum fahren in Kairo vom Maidan Gizeh ab.

Hotels

Es gibt nicht viele Hotels in der größten Oase des Landes. Man kann Fayyum aber von Kairo aus auch gut in einer Tagestour besuchen.

Helnan Auberge Fayoum

Das berühmte Hotel L'Auberge, das in einer ehemaligen Residenz von König Faruq direkt am Qarun-See untergebracht ist, wurde komplett renoviert. Dabei hat man sich besondere Mühe bei der Aufarbeitung der Suiten geben, in denen einst der König und seine illustren Gäste nächtigten. Die Zimmer bieten eine wunderbare Aussicht auf den See. Das Hotel verfügt über einen Swimmingpool und einen Tennisplatz.

80 Zi., Informationen unter Tel. 0 84/6 98 12 00, Handy 010/1 68 62 41

Freche Früchtchen: Der Obstanbau hat Fayyum bekannt gemacht.

Zad al-Mosafer Guesthouse

Eine Oase der Ruhe, die der ehemalige Journalist Abdo Gobair hier inmitten von Feldern geschaffen hat. Wer sich abkühlen will, kann in den kleinen Pool springen, der zum Schwimmen allerdings nicht geeignet ist. Das Restaurant bietet preiswerte Speisen und Getränke an (für ein komplettes Mittagessen mit Fleisch zahlt man 30 LE). Vor allem an den Wochenenden im Frühling oder Herbst unbedingt reservieren. Das Hotel hat auch einen Abholservice: Für 120 LE werden Gäste von und nach Kairo gebracht. Für den gleichen Preis von 120 LE pro Tag können die Hotelgäste die Gegend auf dem Rücken eines Kamels erkunden.

Ezbet Tunis (an der Route de L'Auberge bis hinter Schakschuk fahren, dann den Schildern zum Wadi Rayan folgen); Tel. 0 84/6 82 01 80, Handy 0 10/6 39 55 90 •

Ausflüge

Wadi Rayan und Wadi al-Hitan

Vor allem Ausländer, die das Fayyum besuchen, zieht es meist auch in diese Wüstensenke 15 Kilometer außerhalb der Oase, durch die gelegentlich ein heftiger Wind weht. Es gibt keine öffentlichen Verkehrsmittel, die zu diesem Naturschutzgebiet fahren. Das Wadi ist die Heimat einer seltenen Gazellenart. Hier gibt es zwei künstliche Seen und Wasserfälle (»schallalat«). Im Wüstensand des Wadi Rayan liegen überall kleine runde Steinplättchen, die wie Steine eines Dame-Spiels aussehen. Wegen seiner Fossilien ist das rund 40 Kilometer westlich der künstlichen Seen gelegene Wadi al-Hitan (Walfischtal) berühmt. Das Gelände ist nur mit dem Jeep zugänglich. Hier, wo vor mehr als 40 Mio. Jahren das sogenannte Thetys-Meer lag, fanden Forscher Fossilien einer Wal-Spezies, die den Übergang vom Land- zum Wassertier darstellten.

Wüstensafaris ins Wadi Rayan organisieren u. a. die Betreiber des Zad-al-Mosafer-Gästehauses und Marzouk Desert Cruises in Kairo, Tel. 02/2 58 80 83

Sehenswertes

Hawara-Pyramide

Acht Kilometer südöstlich der Oasenhauptstadt liegt nahe dem Dorf Hawarit al-Maqta die Pyramide von Hawara, die sich Ame-

RAMSES KEHRT ZURÜCK

Jahrzehntelang war die monumentale Pharaonen-Statue dem Kairoer Smog ausgesetzt. Nun steht sie wieder in der Wüste.

Mehr als 50 Jahre hat die berühmte Kolossalstatue von Pharao Ramses II. (um 1279–1213 v. Chr.) in der Nähe des Kairoer Hauptbahnhofes ausgeharrt, umtost vom Verkehr einer Millionenstadt, durchgeschüttelt vom Rattern der U-Bahn, angefressen von den beißenden Abgasen. Im August 2006 endlich erbarmten sich die Denkmalschützer und schickten die rund 3200 Jahre alte Granitstatue zurück in die Wüste. Mitten in der Nacht wurde Ramses auf einen Spezialtransporter gehievt und im Schneckentempo zu seiner neuen Heimat nahe der Pyramiden von Gizeh transportiert, begleitet von Tausenden Schaulustigen.

Entdeckt worden war die Statue im Jahr 1882 in Memphis, wo sie in den Trümmern des Ptah-Tempels lag. Doch erst 1955 wurde sie in Einzelteilen in die Innenstadt gebracht, wo man sie vor Ort restaurierte und schließlich die Statue aufrichtete.

Pläne für einen Transport des elf Meter hohen Pharaos lagen bei der Kairoer Altertümerverwaltung zwar schon sechs Jahre zuvor in der Schublade, doch mit der Umsetzung haperte es. Die Angst war groß, dass die antike Statue die Reise durch Kairo nicht unbeschadet überstehen würde. Um auf Nummer sicher zu gehen, wurde zunächst eine Replik der Statue auf die Reise geschickt.

So oft war der Transport angekündigt und dann wieder abgesagt worden, dass die Kairoer schon Witze darüber machten. So wie man auf Arabisch »fi-l mischmisch« zu einer Sache sagt, die in weiter, weiter Ferne liegt, spotteten die Menschen am Nil: »Ja, ja, das wird geschehen, wenn die Ramses-Statue versetzt ist.«

Doch auch am neuen Standort muss der Granit-Ramses wieder lange warten. Diesmal darauf, dass vor seinen Augen ein neues Ägyptisches Museum gebaut wird. Und bis dahin dürften noch einige Jahre vergehen.

Kolossal: Die Ramses-Statue kehrt nach 51 Jahren zurück in die Wüste.

nemhet III. (um 1818–1773 v. Chr.) hier erbauen ließ, unter dem das Fayyum eine Blütezeit erlebte. Berühmt ist dieser Pyramidenbezirk vor allem wegen des heute fast verschwundenen großen Labyrinths am Totentempel. Von diesem einzigartigen Gewirr aus Mauern und Säulen weiß man vor allem durch Beschreibungen aus der Antike.

Qarun-Palast

Etwas beschwerlich ist die Reise zum sogenannten Qasr Qarun, einem Tempel aus griechisch-römischer Zeit, der dem Oasengott Sobek gewidmet war. Die Fahrt führt durch die Ortschaft Schakschuk. Die Überreste der römischen Stadt Dionysias, die einst rund um den Tempel lag, sind im Wüstensand zu erkennen, wenn man vom Tempel, der drei Vorräume und kaum Inschriften hat, hinunterschaut.

Tgl. 8–16 Uhr, Eintritt 16 LE

Nekropole

Nördlich der Hawara-Pyramide liegt eine Nekropole aus griechisch-römischer Zeit. Hier fand Flinders Petrie 1888 die berühmten Fayyum-Porträts, die einst für Angehörige der Oberschicht angefertigt worden waren. Nach dem Tod des Auftraggebers wurde sein möglicherweise idealisiertes Porträt wie eine Totenmaske auf die Mumie gelegt.

Essen und Trinken

Merry Land

Einfaches, sehr preiswertes Fischrestaurant mit Terrasse. Den Fisch sollte man sich am besten unten in der Küche selbst aussuchen.

Ca. 5 km vom Hotel L'Auberge entfernt am Seeufer, Handy 012/1 05 41 55 •

GIZEH

2,5 Mio. Einwohner

➤ [F 2]

Mit dem Namen Gizeh bezeichnet die ägyptische Verwaltung mehrere Stadtteile des Großraumes Kairo, die westlich des Nils liegen. Ausländer denken beim Wort Gizeh allerdings nur an das Pyramidenplateau. Für einen Besuch dieser Sehenswürdigkeit, die zu den 4 sieben Weltwundern der Antike gehört, sollte man nach Möglichkeit genügend Zeit einplanen. Denn der Blick von unten zur Spitze der großen Cheops-Pyramide ist zwar auf jeden Fall ein Spektakel, das man sich nicht entgehen lassen sollte, doch wäre es schade, es dabei zu belassen. Wer sich körperlich fit fühlt und nicht unter Platzangst leidet, sollte in mindestens eine der Pyramiden hineinklettern. Auch manche

AUTORENTIPP Lästig, aber wohl unvermeidlich sind die recht hartnäckigen Pferde- und Kamelverleiher, Postkartenverkäufer und selbst ernannten Fremdenführer. Wenn man sich für ihre Dienste oder Waren nicht interessiert, hilft ein knappes »Nein«, um längere Debatten zu vermeiden. Ein Trick ist es auch, dass diese Leute nach irgendwelchen Ausweisen oder Tickets fragen. Die Eintrittskarte, die man nicht wegwerfen soll, muss man aber nur an den jeweiligen Eingängen der Pyramiden, Mastabas oder Tempel vorzeigen.

der Beamtengräber, die direkt neben den Pyramiden liegen, verdienen, dass man einen Augenblick dort verweilt.

Die großen Pyramiden von Gizeh und der Sphinx stammen alle aus der 4. Dynastie. Sie wurden in der Zeit zwischen 2670 und 2500 v. Chr. als Grabstätten für die Pharaonen Cheops, Chephren und Mykerinos erbaut. Zu jeder Pyramide gehörten jeweils im Osten ein Taltempel und ein Verehrungstempel. Im Taltempel fand die Einbalsamierung des Toten statt. Dort und im Totentempel wurden nach einem Begräbnis kultische Handlungen durchgeführt.

Wer die Entfernung zwischen den Sehenswürdigkeiten auf dem Rücken eines Pferdes oder gar Kamels zurücklegen, oder von Gizeh zur Stufenpyramide von Saqqara reiten will, sollte dafür nicht mehr als 25 LE pro Stunde bezahlen. Ein Ritt lohnt sich auch zu einem Aussichtspunkt südwestlich der Pyramide des Mykerinos. Jedoch sollte man die Pyramiden von Gizeh am allerbesten am frühen Morgen besuchen, denn dann ist der Besucherandrang noch nicht allzu groß.

Das Pyramidenfeld von Gizeh liegt am Ende der Scharia al-Haram. Hier mündet die Straße in einen Platz, hinter

dem sich ein Hügel erhebt. Dort oben befindet sich der Eingang zum Pyramidenplateau.

Pyramidenplateau tgl. 8–17 Uhr; Bootsmuseum und Gräber tgl. 8–16 Uhr; Eintritt 40 LE; Besichtigung des Inneren der Cheops-Pyramide kostet 100 LE extra. Wer spät kommt, darf oft nicht mehr hinein. Einzelne Pyramiden können zudem über mehrere Tage, Wochen oder Monate geschlossen sein. Es ist verboten, auf die Pyramiden zu klettern.

Sehenswertes

Cheops-Pyramide

Die größte und älteste der Pyramiden von Gizeh war ursprünglich fast 147 Meter hoch. Heute, wo ihre Kalksteinverkleidung und ihre Spitze fehlen, misst sie noch immer beeindruckende 137 Meter. Die Bauleiter Hemiun (ein Neffe des Cheops) und Anchchaef errichteten das monumentale Grabmal mit einer Seitenlänge von 230 Metern um einen natürlichen Felskern herum. Rund 2,5 Mio. Steinblöcke mit einem Gesamtgewicht von 7 Mio. Tonnen wurden hier verbaut. Die große Präzision, mit der die Bauleiter die Pyramide konzipierten und bauen ließen, ringt dem Betrachter aber fast noch größere Bewunderung ab als die schier unermessliche Größe des Bauwerks. Dazu, wie die Steinblöcke oben auf die Pyramide geschafft wurden, gibt es verschiedene Theorien.

Bis heute ist das Innere der Cheops-Pyramide nicht gänzlich erforscht. Die Pyramide hat eine unterirdische Kammer, eine zweite Kammer auf halber Höhe, die Königinnenkammer genannt wird, und die eigentliche Grabkammer. Der heutige Eingang zur Cheops-Pyramide an der Nordseite war einst von Grabräubern geschaffen worden. Er liegt unterhalb des ursprünglichen Eingangs. Wer das Innere der Pyramide besichtigen will, kann bequem über Stufen hochklettern, die zwischen den Pyramidenquadern eingelassen worden sind. Durch einen kurzen Stollen gelangt man dann zunächst zu einem schrägen Schacht, der in die Tiefe führt. Dieser Schacht führte zu der unterirdischen Grabkammer. Hier kann man nur gebückt gehen. Danach steigt man durch einen weiteren Schacht wieder hoch. Nach rund 20 Metern geht es geradeaus zur sogenannten Königinnenkammer, die aber für Besucher nicht zugänglich ist. Durch die Große Halle, deren Decke von sieben Lagen leicht hervorstehender Steinreihen gebildet wird,

Sehenswert: Nur Asterix-Leser wissen, wie die Nase der Sphinx abhanden kam.

steigt man nun weiter nach oben. Am Ende der Halle liegt die Grabkammer, ein schmuckloser Raum, der nicht dekoriert ist. Auf der hinteren Seite des 13 mal 6,5 Meter großen Raumes steht der leere Granit-Sarkophag ohne Deckel. Die Mumie wurde nie gefunden.

Von dieser Grabkammer aus steigen zwei sogenannte Luftschächte schräg nach oben auf. Über ihre Bedeutung ist viel spekuliert worden. Eine Theorie, die viele Anhänger hat, besagt, dass nach Vorstellung der alten Ägypter die Seele des Toten durch diese Schächte zum Himmel aufsteigen sollte. Klar ist jedenfalls, dass die Schächte, durch die kein Mensch hindurch klettern kann, weil sie zu schmal sind, nicht nachträglich in den Stein getrieben wurden, sondern schon bei der Berechnung der Architekten eingeplant worden waren. Auch in der sogenannten Königinnenkammer finden sich zwei solche Schächte.

Der Taltempel der Cheops-Pyramide ist völlig zerfallen. (→ Spezial, S. 322)

Königinnenpyramiden und Mastabas

Südöstlich der Cheops-Pyramide liegen drei weitere kleine Pyramiden für die Königinnen Hetepheres, Meritetis und Henutsen, die normalerweise auch besichtigt werden können. Im Osten, Süden und Westen der großen Pyramide liegen außerdem Dutzende von Mastabas (Bankgräbern) verschiedener Größe. Zu den interessanteren gehören die Gräber der Beamten Idu und Kar. Bei den beiden handelt es sich um Vater und Sohn, wobei nicht ganz klar ist, wer der Vater und wer der Sohn war. Im Grab des Merirenufer, genannt Kar, finden sich schöne Reliefs. An der Rückwand der kleinen Halle sind fünf Statuen des Grabinhabers in den Fels gehauen worden, die sowohl ihn als auch Idu zeigen. Im Grab des Idu sind vor allem die Darstellungen der Trauernden auffällig.

Bootsmuseum

Im Süden der Cheops-Pyramide wurde 1954 ein 43 Meter langes hölzernes Schiff ausgegraben, das dem Pharao mit ins Grab gegeben worden war. An Bug und Heck endet diese elegant geschwungene Barke jeweils in einer Papyrusdolde. Das Schiff ist heute in einem Gebäude direkt neben dem Fundort untergebracht. Es hat insgesamt zwölf Ruder, zehn für die Fortbewegung und zwei zum Steuern. Es lohnt sich auf jeden Fall, die Treppen bis nach ganz oben hinaufzugehen, um einen Blick hinunter in das Schiff zu werfen, das eine große Kabine und ein kleines Sonnendach hat. Denn nur so kann man erkennen, wie die Planken dieses jahrtausendealten Schiffes aus Zedernholz mit festen Tauen zusammengeschnürt wurde, nachdem es wiederentdeckt worden war. Die Barke war dem Pharao nämlich nicht als fertiges Stück mit auf seine letzte Reise gegeben worden, sondern in 1224 Einzelteile dem Grab beigelegt.

Wer das Gebäude betritt, muss Überschuhe aus Leinen anziehen, um das Parkett zu schonen. Vorsicht, Stolpergefahr auf der Treppe!

Spitzenwerk: Bei der Chephren-Pyramide ahnt man, dass sie einst verkleidet war.

Chephren-Pyramide

Die Pyramide des Chephren ist nur minimal kleiner als die seines Vaters Cheops. Sie hat eine Grundfläche von 210 Quadratmetern, bei der Cheops-Pyramide sind es gut 227 Quadratmeter. Allerdings ist hier die Verkleidung der oberen Steinreihen aus weißem Kalkstein noch erhalten, sodass man sich vorstellen kann, wie die Pyramiden früher im Sonnenlicht weithin hell geleuchtet haben müssen – bevor sie als Steinbruch missbraucht

wurden. Unter anderem soll sich Sultan Hassan für den Bau seiner monumentalen Moschee in Kairo hier bedient haben.

In die Chephren-Pyramide klettert man zuerst durch einen unterirdischen Schacht schräg nach unten. Danach geht es noch ein Stückchen nach oben und schließlich geradeaus, bis man in der Grabkammer mit dem Giebeldach steht. Hier hatte der italienische Forscher und Abenteurer Giovanni Battista Belzoni im März 1818 den mit Geröll gefüllten Sarkophag entdeckt.

Vom Totentempel des Chephren sind nur noch Ruinen erhalten. Von dort aus gelangt man über einen steinernen Weg hinunter zum Taltempel, der neben der Sphinx steht. Der Tempel wirkt mit seinen quadratischen Säulen aus rosafarbenem Granit und seinem symmetrischen Grundriss sehr schlicht und eindrucksvoll. Der Boden besteht aus Alabaster. In dem Loch im Vorraum, das heute vergittert ist, stand früher eine Statue des Chephren, die ins Ägyptische Museum gebracht wurde. Die Wände der großen Pfeilerhalle wurden einst von 23 Statuen des Königs gesäumt. Heute sind an den Stellen, wo sie standen, nur noch die rechteckigen Vertiefungen im Boden zu erkennen.

Sphinx

Die 74 Meter lange und mehr als 20 Meter hohe sitzende Löwengestalt mit dem Kopf eines Pharaos hat ihre Existenz in erster Linie einer Laune der Natur zu verdanken. Denn das berühmte Abbild (wahrscheinlich soll es König Chephren darstellen) ist aus einem Felsen, der an dieser Stelle vor den Pyramiden stand, herausgehauen worden. Bevor er seines Schmuckes beraubt und mutwillig beschädigt wurde, ist nicht nur die Nase der Sphinx noch intakt gewesen. Er trug damals auch noch die Uräusschlange und einen Kopfschmuck. Doch dann hatte der rund 4500 Jahre alte »Abu al-Haul« (Vater des Schreckens), wie ihn die Araber

Imposant: Die Sphinx lauert zu Füßen der Pyramiden.

nennen, einiges durchzustehen. Nur noch Überreste sind von der Färbung des Kopftuches der Sphinx zu erkennen.

Menkaure-Pyramide

Die Pyramide des Menkaure ist die jüngste und mit ihren 62 Meter Höhe auch die kleinste der drei Königspyramiden von Gizeh. Sie wird derzeit restauriert. Der Sarkophag versank auf einer Reise nach London vor der spanischen Küste im Meer. Der Direktor der Ägyptischen Altertümerverwaltung träumt davon, den Sarkophag eines Tages zu lokalisieren und zu bergen. Zahi Hawass hat nach eigenem Bekunden sogar schon versucht, den Entdecker der »Titanic«, Robert Ballard, für das Projekt zu gewinnen.

Westfriedhof

Nur einige der Gräber auf dem westlichen Friedhof sind für die Öffentlichkeit geöffnet. Im Grab von Senedjemib-Inti, der in der 5. Dynastie Oberster Richter und Wesir war, kann man auf der Südwand des Portikos ein durchaus sehenswertes Relief betrachten, das Nutztiere zeigt, die im Wasser schwimmen.

Daneben liegt das Grab des Schatzmeisters Khnementi aus der 6. Dynastie. In dieser Mastaba befinden sich drei Scheintüren. Blickt man hinter die zweite Säule, so erkennt man als Relief an der Wand eine Abbildung des sitzenden Grabinhabers in stolzer Pose.

AL-LAHUN

90 km südl. von Kairo

➤ [F 3]

Sesostris II. (um 1845–1837 v. Chr.) ließ in al-Lahun am südlichen Ende des Fayyum nicht nur eine Pyramide erbauen, die bei ihrer Fertigstellung eine Höhe von 48 Meter hatte, sondern auch eine Residenz. Der Eingang der Pyramide liegt nicht mehr im Norden, sondern etwas versteckt auf der südlichen Seite im Grab einer Prinzessin. Die Gänge im Inneren sind etwas verwirrend angelegt, der Korridor führt mehrfach um die Ecke. Grabräuber hat diese Architektur jedoch nicht abgehalten. Der Granitsarkophag blieb erhalten.

LISCHT

50 km südl. von Kairo

➤ [F 3]

Für Laien eher uninteressant ist ein Besuch in Lischt, was auch an der etwas beschwerlichen Anfahrt liegt. Zudem sind die Bewohner des Dorfes, welches an das Pyramidengelände grenzt, nicht alle so hilfsbereit, wenn es darum geht, den Weg zu den Sehenswürdigkeiten zu weisen.

Die Pyramiden von Lischt wurden für Amenemhet I. (12. Dynastie) und seinen Sohn Sesostris I. errichtet. Sie sehen heute, aus der Ferne betrachtet, wie Erdhügel aus. Die Pyramide Amenemhets I. war einst wahrscheinlich 55 Meter hoch. In ihrem Inneren sollen Steinquader aus den Pyramidenbezirken Gizehs, Dahschurs und Saqqaras verbaut worden sein. Nicht sehr massiv gebaut war dagegen die Pyramide Sesostris I., die immerhin eine Höhe von rund 60 Metern hatte. Die zahlreichen Mastabas von Lischt versinken heute zum Teil im Wüstensand, weshalb sie gar nicht so einfach zu finden sind.

Eindrucksvolle Farben: In Memphis sind prachtvolle Grabreliefs erhalten.

MAIDUM

60 km südl. von Kairo

➤ [F 3]

Die Pyramide von Maidum gehört zu den drei Pyramiden, die während der Herrschaftszeit des Pharao Snofru entstanden sind. Sie liegt heute mitten in der Wüste, südlich von Memphis und westlich vom Fayyum.

Sehenswertes

Pyramide von Maidum

Sehen kann man sie schon von Weitem, wenn man über die Wüstenstraße fährt, die an der Halboase Fayyum vorbeiführt. Aus der Ferne sieht es aus, als wäre die Pyramide auf einem Hügel erbaut worden. Kommt man näher heran, entpuppt sich dieser jedoch als antiker Schutt, genauer gesagt als Kalkstein aus Tura. Denn der äußere Mantel der Pyramide, die zunächst als Stufenmastaba angelegt und erst später mit einer glatten Hülle versehen worden war, ist möglicherweise bereits zu Zeiten Snofrus abgerutscht. Zurück blieb ein klotziges Bauwerk, halb Burg, halb Pyramide. Unklar ist, ob der Kern der Pyramide schon unter Huni errichtet worden war. Auch über die Gründe für das Abrutschen der Verkleidung wird bis heute spekuliert. Ursprünglich war die Pyramide rund 93 Meter hoch. Ihr Eingang liegt auf der Nordseite. Ein Korridor führt schräg hinab in die Grabkammer. Östlich liegt der Totentempel.

Mastabas

Unter den nördlich der Pyramide gelegenen Gräbern ist auch die Mastaba von Snofrus Sohn Nefermaat, die er mit seiner Gemahlin Atet teilte. Hier entdeckte August Mariette 1871 ein Wandbild, das unter dem Namen »Die Gänse von Maidum« berühmt wurde. Die farbenfrohen Wildgänse brachte man ins Ägyptische Museum von Kairo. Aus dem Doppelgrab des Prinz Rahotep und seiner Frau Nofret stammt ein ebenfalls ins Museum ausgelagertes berühmtes Statuenpaar. Die beiden Ehepartner sind sehr lebensecht dargestellt: Für ihre Augen hat man Glas verwendet.

MEMPHIS

18 km südl. von Kairo

➤ [F 2]

Unweit der Stufenpyramide von Saqqara liegen am Rande des Dorfes Mit Rahina an einem Palmenhain die Überreste der Reichshauptstadt Memphis. Hier residierten einst die Pharaonen des Alten Reichs. Ihr wichtigstes Heiligtum war ein Tempel für den Schöpfergott Ptah, der in Menschengestalt mit kahlem Kopf und einer Kappe dargestellt wird. Ptah war zunächst nur eine lokale Gottheit von Memphis. Im Neuen Reich wurde er dann in ganz Ägypten verehrt.

Von der um 3000 v. Chr. gegründeten prachtvollen Residenzstadt Memphis, der ersten Hauptstadt des geeinten Reiches, ist nicht viel übrig geblieben. Die Lehmziegelbauten verfielen. Und die Steine, aus denen die Paläste und Tempel einst erbaut einst worden waren, benutzten die Kairoer nach der Islamisierung zum Bau ihrer Häuser. Hier wurde auch die Kolos-

salstatue Ramses II. gefunden, die später vor dem Hauptbahnhof von Kairo aufgestellt wurde, und über deren Umzug an einen neuen Standort – wegen der großen Abgasbelastung – es jahrelang hitzige Debatten gab. (→ Spezial, S. 158)

Memphis hieß ursprünglich Inebu-Hedj (Weiße Mauer), nach einer hier errichteten Festung. Ein Beiname der Stadt lautete »Waage der beiden Länder«, was sich auf die geografische Lage zwischen Ober- und Unterägypten bezog. Der Name ist die griechische Form von Mennefer-(Pepi), der Bezeichnung für den Pyramidenkomplex von Pepi I. im südlichen Saqqara, den man auf die Stadt übertragen hat.

Ihre Glanzzeit erlebt die Stadt im Alten Reich. Mit dem Ende der 8. Dynastie schwindet ihre Bedeutung allmählich, bis sie in der 11. Dynastie schließlich von Theben abgelöst wird. Im Neuen Reich ist sie jedoch noch ein wichtiges Verwaltungszentrum. Ramses II. erweitert den Ptah-Tempel, in dem einst die Pharaonen gekrönt wurden. Auch während der 26. Dynastie und unter der Ptolemäerherrschaft spielt Memphis noch eine bedeutende Rolle.

Sehenswertes

In Memphis sind die Ruinen eines Tempels für den Gott Ptah und das Gebäude, in dem die heiligen Apis-Stiere einbalsamiert wurden, für die Öffentlichkeit derzeit nicht zugänglich. Besichtigt werden kann aber ein Terrain, auf dem einige in der Region gefundene Stelen, Statuen und Sphingen aufgestellt wurden.

Besichtigung des Freigeländes tgl. 8–16 Uhr; Eintritt 25 LE (erm. 15 LE)

Kolossalstatue Ramses II.

Herzstück der Anlage ist eine Kolossalstatue Ramses II. aus Kalkstein, der die untere Hälfte fehlt. Sie ist trotzdem noch mehr als zehn Meter hoch. Gut zu erkennen ist die Kartusche des Pharaos, die an mehreren Stellen auf der Statue angebracht wurde. Auf dem Stein zwischen seinen Beinen zeigt ein Relief seine Gattin Bint Anat. Um die Statue wurde ein kleines Gebäude errichtet.

Direkt neben dem Gebäude steht eine Stele des Königs Apis (26. Dynastie). Darauf wird aufgeführt, welche Ländereien und Arbeiter zum Tempel des Ptah gehörten. Ebenfalls auf der rechten Seite, aber in der hinteren Reihe stehen zwei sogenannte Scheintüren aus Kalkstein. Sie wurden als Verbindung zwischen dem Bereich des Toten und der Opferstätte in den Gräbern angebracht. Hier, so stellte man sich vor, sollten der Tote und die Lebenden, die in seiner Grabstätte Opfer darbrachten, einander begegnen.

Sphinx

Dominiert wird das Freigelände von Memphis von einer acht Meter langen Sphinx aus Alabaster. Bis heute ist nicht zweifelsfrei geklärt worden, welcher Pharao hier dargestellt wird. Einige Experten tippen auf Amenhotep II., der Gesichtszüge wegen. Ein wenig gelitten hat die Sphinx, weil der 90 Tonnen schwere Alabasterblock lange Zeit im Wasser gelegen hatte. Außerdem stehen auf dem Gelände mehrere größere Statuen Ramses II.

Granitsarkophag

Hinten links neben der Sphinx steht ein Granitsarkophag aus der 19. Dynastie. Ein (später wieder gekitteter) Riss soll angeblich daher rühren, dass man im islamischen Mittelalter versucht hat, den Sarkophag zu öffnen.

SAQQARA

20 km südl. von Kairo

➤ [F 2]

Die Stufenpyramide des Djoser (um 2600 v. Chr.) in Saqqara liegt am Rande der Wüste. Das vom genialen

Bauherren Imhotep errichtete Monument ist eine Weiterentwicklung der viereckigen Bankgräber (Mastabas) früherer Dynastien. Die Stufenpyramide ist zwar das Wahrzeichen von Saqqara (es schmückt auch die Etiketten des ägyptischen Bieres gleichen Namens), doch Saqqara ist viel mehr als nur eine Pyramide mit dazugehörigen Tempeln. Bis heute ist die riesige Nekropole noch immer nicht vollständig erforscht, in der über Jahrtausende hinweg bedeutende Persönlichkeiten in Pracht und Prunk beigesetzt wurden. Vom Alten Reich bis in die Perserzeit ließen sich Könige und Hofbeamte hier bestatten.

In Saqqara fand ein ägyptischer Archäologe 1952 die unmumifizierte Leiche einer Frau, die in eine einfache Matte gewickelt war. Auf ihrem Kopf trug die Frau aus der Zeit der 19. Dynastie eine auffallend schöne Totenmaske. Die Maske, die wahrscheinlich in den 1980er-Jahren aus einem Lagerhaus in Saqqara gestohlen wurde, fordert Ägypten nun vom Saint Louis Art Museum zurück, die sie 1998 gekauft hatte.

Selbst wenn man morgens sehr früh ankommt und bleibt, bis die Wächter das Gelände absperren, wird man nicht alle Tempel, Pyramiden und Gräber von Saqqara besichtigen können. Denn auf dem Gelände liegen neben der Stufenpyramide des Djoser noch mehrere kleinere Pyramiden, zahlreiche Mastabas sowie die Ruinen eines Klosters. Außerdem hat hier im Jahr 2006 auch ein kleines interessantes Museum eröffnet, dessen Ausstellungsstücke mit Bedacht ausgewählt worden sind.

Tgl. 8–16 Uhr; Eintritt Pyramidenplateau 35 LE, Eintritt Mastabas 20 LE

Hotels

Sakkara Country Club

Das kleine Hotel eignet sich als »Basislager« für Touristen, die sich mehr als einen Tag Zeit für die Besichtigung der Pyramiden nehmen wollen. Man kann hier auch einfach einen entspannten Tag am Swimmingpool verbringen oder bei einem Ausritt die Pyramiden von Gizeh, Saqqara, Abu Sir und Dahschur sehen. Sogar zu Fuß kann man von hier aus auf Besichtigungstour gehen, zur Tempelanlage von Abu Ghurab, einem von König Niuserre um 2440 v. Chr. errichteten Sonnentempel, der den Namen »Erfreuung des Re« trug. Oben auf dem Hügel stehen ein gut erhaltener Altar und die Reste eines gemauerten Obelisken. Zum Club gehören Hotelzimmer mit kleiner Terrasse. Die Hotelgäste können im Freien mit Wüstenblick frühstücken. Das Essen ist einfach und preiswert.

Anfahrt zum Sakkara Country Club über die Ring Road in Richtung Alexandria Desert Road und dann am Mariotiya-Kanal entlang nach Saqqara. Große Hinweisschilder führen zum Club, der rechts vom Kanal hinter Feldern liegt (→ Tour 1).

Sakkara Country Club, Saqqara Road, Gizeh; Tel. 02/3 81 12 82, Fax 02/3 81 05 71; www.sakkaracountryclub.com; Eintritt für Tagesaufenthalt 71,50 LE, Reiten 82 LE pro Stunde, 20 Zi., EZ 38 $ Ü/F, DZ 48 $ Ü/F VISA

Naseweis: Die Alabaster-Sphinx von Memphis ist relativ unversehrt.

Sehenswertes

Stufenpyramide

Den Pyramidenbezirk, der von einer zehn Meter hohen Umfassungsmauer umgeben war, betritt man durch einen Säulengang (das Dach ist neueren Datums). Die aus Kalkstein erbaute Pyramide hat sechs Stufen und ist rund 60 Meter hoch. Der Grundriss der Pyramide ist nicht ganz quadratisch, was aber fast nur im Luftbild auffällt. Im Vergleich zu den optisch perfekt wirkenden Pyramiden von Gizeh wirkt die Stufenpyramide von Saqqara zudem weniger elegant. Man darf jedoch nicht verkennen, dass ihrem Architekten Imhotep, der die Baupläne mehrfach änderte, damit gleich der ganz große Wurf gelungen war. Imhotep ist auch der einzige Pyramiden-Architekt, dessen Name bekannt ist.

Die Grabkammern für den Pharao und seine Familie liegen tief (bis zu 30 Meter) unter der Pyramide und sind nicht zugänglich. Links vom Eingang zur Pyramide (eine abgesperrte Treppe mit einem tiefen Schacht) steht ein Statuenraum. Die Statue von Pharao Djoser, die man durch die beiden kreisrunden Löcher betrachten kann, ist jedoch eine Nachbildung. Wendet man sich von hier nach links, blickt man auf zwei Gebäude, die Nord- und Südhaus genannt werden. Sie sollen als kleine Paläste die Herrschaft des Königs über Ober- und Unterägypten symbolisieren. Geht man von hier, nachdem man die Pyramide einmal fast umrundet hat, weiter in Richtung Eingang, sieht man auf der rechten Seite einen Tempel mit mehreren kleineren Kapellen. Er könnte für das Sedfest (30 Jahre nach der Thronbesteigung) erbaut worden sein. Djoser soll, so ist es zumindest in einem Relief dargestellt, dieses Fest gefeiert haben, das als eine Art Wiedergeburt für den Herrscher angesehen wurde.

Unas-Pyramide und Sechemchet-Pyramide

Im Südwesten der Stufenpyramide liegt die stark verfallene, 43 Meter hohe Pyramide des Unas. Sie ist die älteste Pyramide, die mit Inschriften versehen wurde. Auch von dem kleinen Totentempel an ihrer Ostseite ist nicht mehr viel übrig. Dafür steht jedoch noch ein Teil des Aufweges zur Pyramide, der in der Mitte eine Überdachung und Reliefs hat. Im Südwesten der Stufenpyramide liegt die erst in den 1950er-Jahren entdeckte, unvollendete Pyramide des Sechemchet. Wie zwei Trümmerhaufen sehen die Pyramiden des Teti (6. Dynastie) und des Userkaf (5. Dynastie) aus.

Nekropole

Neben dem Aufweg zur Unas-Pyramide kann man auf einem Ausgrabungsgelände der Universität Kairo einige monumentale Granitsarkophage sehen, die aus tiefen Schächten emporgeholt wurden. Einige der Steinwannen sind in mehrere Teile zersprungen.

Südlich des Unas-Aufweges liegt das Grab von Haremhab, dem Feldherrn von Tutanchamun. Begraben wurde er hier allerdings nicht, da der erfolgreiche Heer-

Stückwerk: Die Stufenpyramide von Saqqara wurde peu à peu aufgetürmt.

führer aus der 18. Dynastie später zum Pharao aufstieg und demzufolge ein Grab im Tal der Könige in Theben-West für sich anlegen ließ. Durch den Eingang zur Grabanlage tritt man in einen Säulenhof. Ein Teil der Reliefs, die hier zu sehen sind, wurden als Kopien angefertigt. Im nächsten Saal ist der Grabinhaber vor einem Opfertisch zu sehen. Es folgen ein zweiter Säulenhof und die Kultkapelle mit der Statue Haremhabs und seiner Gemahlin.

Ungewöhnlich und daher interessant ist das Doppelgrab der beiden Priester Chnumhotep und Nianchchnum aus der späten 5. Dynastie. Die Wächter, die das schmale kleine Tor zu diesem Grab aufschließen, behaupten zwar steif und fest, die beiden Männer seien Brüder gewesen. Sie können jedoch genauso in einem anderen Verwandtschaftsverhältnis zueinander gestanden haben oder einfach sehr gut befreundet gewesen sein. Jedenfalls stellen die Reliefs, die beide Männer miteinander zeigen, ein inniges Verhältnis dar: Ein Priester legt den Arm um die Schulter des anderen, wobei die zwei einander tief in die Augen blicken. Man betritt das Doppelgrab durch eine kleine Pfeilerhalle, auf deren Reliefs man die Grabherren beim Fischen und bei der Vogeljagd sieht. Ihre Frauen riechen an Lotusblüten. In einem zweiten Raum sind Alltagsszenen zu sehen, unter anderem die Zubereitung von Brot, und eine Mutter, die ihr Kind stillt.

Auf dem gleichen Gelände können noch weitere Gräber besichtigt werden, darunter das Grab des Nefer und seiner Gefährten mit sehr lebendigen Wandbildern (u. a. von der Weinherstellung) und das Grab des Schlachters Iruka-Ptah aus der 5. Dynastie mit 14 aus dem Fels gehauenen Statuen. Von dem Kloster des hl. Jeremias, das etwas unterhalb des Doppelgrabes der beiden Priester liegt, sind nur einige umgestürzte Säulen, Fußbö-

den und Ruinen aus Lehmziegeln vorhanden. Aus der Perserzeit stammen die Gräber von drei Hofbeamten, die rund 15 Meter südlich der Unas-Pyramide in tiefen Schächten angelegt wurden.

Serapeum

Neben der Mastaba des Ti, eines Beamten der 5. Dynastie, liegt das sogenannte Serapeum, in dem die heiligen Apis-Stiere von Memphis beigesetzt wurden. Einen Apis-Stier zu finden, der für die Alten Ägypter den Gott Ptah verkörperte, war gar nicht so einfach. Denn das Tier musste einen dreieckigen weißen Fleck auf der Stirn tragen und zudem einen weißen Fleck in Form einer Mondsichel auf der rechten Seite haben. Man wartete bis die Stiere eines natürlichen Todes starben und mumifizierte sie dann ähnlich wie die Könige.

Museen

Imhotep-Museum

Das Imhotep-Museum, das vor der Auffahrt zur Stufenpyramide liegt, sollte man am besten zuerst besuchen, weil sich einem dadurch einiges erschließt, was man später oben »vor Ort« betrachten kann. Der in englischer Sprache präsentierte Film über Saqqara ist dagegen nicht unbedingt ein Muss. Zu den spektakulärsten Ausstellungsstücken des Museums gehören eine Wanddekoration aus kleinen türkisfarbenen Kacheln, welche die Form einer geflochtenen Matte aus Schilf haben, sowie eine Mumie, bei der es sich wahrscheinlich um Pharao Merenre I. (6. Dynastie), der nur eine sehr kurze Regierungszeit hatte, handelt. Die sterblichen Überreste des jungen Mannes sind hier, anders als im Mumiensaal des Ägyptischen Museums, dezent in die Wand eingelassen und hinter Glas durch einen Sehschlitz zu betrachten. Aus dem Grab des Arztes Qar ist hier ein Teil seines Operationsbestecks zu sehen. Imhotep zugeschrieben wird ein im Museum ausgestellter großer Holzsarkophag mit leuchtend gemalten Augen. Eher belustigend ist die Vorstellung, dass man hier auch die hölzerne Sohle einer Sandale betrachten kann, mit der Pharao Pepi I. durch sein Reich geschritten sein soll.

Eintritt 15 LE

WADI NATRUN

80 km südl. von Alexandria

➤ [E 2]

Das Wadi al-Natrun (Natrontal) ist eine Senke, die sich auf halbem Weg zwischen Kairo und Alexandria, am östlichen Ende der Libyschen Wüste, erstreckt. Seinen Namen trägt das Tal wegen seiner zwölf Seen, deren kristalline Ablagerungen – Salz und Natron – abgebaut werden. Natron, das man unter anderem zum Bleichen nutzt, war einst auch für die Mumifizierung und bei der Glasherstellung verwendet worden.

Das erste Kloster der nördlichen Delta-Region soll im Jahr 325 vom Heiligen Amun gegründet worden sein, der als Einsiedler lebte und dessen Beispiel andere Christen folgten. In dem Wadi entstanden ab dem 4. Jahrhundert rund 50 koptische Klöster, von denen heute noch

Trendsetter: Imhotep war das erste Universalgenie und baute die erste Pyramide.

vier erhalten und auch bewohnt sind. Waren die Klöster bis in die 1970er-Jahre hinein noch weitgehend verlassen, so mussten die Mönche in den vergangenen zwei Jahrzehnten aus Platzmangel neue Zellen anbauen. Lebten in den Klöstern Ägyptens Anfang der 1950er-Jahre noch insgesamt rund 100 Mönche, sind es inzwischen wieder etwa 2000.

In jedem der von hohen Mauern umgebenen sandfarben verputzten Klöster, die sich perfekt in die Landschaft einfügen, gibt es mehrere Kirchen sowie Zellenblöcke und Gemeinschaftsräume mit kleinen Kuppeldächern. Zu jedem Kloster gehört ein Qasr, eine Art Festung, in der die Mönche manchmal monatelang ausharrten, wenn sie von Beduinen oder Berbern angegriffen wurden. Denn Selbstverteidigung mit der Waffe in der Hand kam für die frommen Männer nicht in Frage. Obwohl es in den Klosteranlagen kaum noch Gebäudeteile aus der Zeit ihrer Gründungen gibt, sind die Klöster sehr eindrucksvoll. Die Kirchen haben oft kunstvolle Gewölbe, Wandmalereien und Ikonen. Besucher müssen, genau wie vor dem Besuch einer Moschee, ihre Schuhe ausziehen.

Zu den Klöstern des Wadi Natrun gehören landwirtschaftliche Flächen, auf denen Obst und Gemüse für die Bedürfnisse der Mönche angebaut werden. Zum Teil können Besucher für wenig Geld Honig, Oliven, Olivenöl oder eingelegte Zitronen aus der Produktion des Klosters kaufen.

Der Besuch der Klöster ist kostenlos, an den Wochenenden gibt es oft einen regen Strom von hauptsächlich christlichen Besuchern. Die Mönche bedenken jeden mit einem wohlwollenden Blick, der Geld in die zahlreichen Spendenkästen wirft. Alle Klöster sind an hohen kirchlichen Feiertagen geschlossen.

Sehenswertes

Kloster der Römer

Das wahrscheinlich älteste der noch erhaltenen Klöster im Wadi Natrun ist das um 330 erbaute Dair Amba Baramus. Um die Gründung ranken sich viele, einander zum Teil widersprechende Überlieferungen. Eine davon erzählt, dass sich Maximus und Domitius, die Söhne des römischen Kaisers Valentinian, beeindruckt vom Vorbild des heiligen Makarius, dort niedergelassen hätten. Andere sehen in einem römischen Mönch namens Arsenius den Gründer des Klosters. Die Kirche der Jungfrau Maria ist die älteste erhaltene Kirche in den Klöstern des Tales. Die Kirche Johannes des Täufers stammt dagegen aus dem späten 19. Jahrhundert. Archäologen glauben, dass das heutige Dair Amba Baramus ursprünglich Kloster der Jungfrau Baramus hieß. Auch gehen sie davon aus, dass es sich beim Kloster des heiligen Schwarzen Moses (benannt nach einem Äthiopier, der als Mönch im Jahr 407 der Christenverfolgung zum Opfer fiel), welches erst Mitte der 1990er-Jahre ausgegraben wurde, um das alte Dair Amba Baramus handelt.

Tgl. 9–15 Uhr; während der 55-tägigen Fastenzeit vor dem koptischen Osterfest kein Zutritt

Kloster der Syrer

Rund 500 Meter vom Kloster des heiligen Pschoi entfernt liegt das Dair al-Suriyan. Es war im 6. Jahrhundert von einer Gruppe von Mönchen aus dem Nachbarkloster gegründet worden, die sich mit ihren Glaubensbrüdern über theologische Fragen (zur Bedeutung der Jungfrau Maria) überworfen hatten. Im 8. Jahrhundert, als sich der Streit in Wohlgefallen aufgelöst hatte und die Mönche in ihr Stammhaus zurückkehrten, erwarb ein syrischer Händler das Kloster, um es Mönchen aus seiner Heimat zu überlassen. Besonders sehenswert ist neben dem 18 Meter hohen Festungsturm an der Nordmauer die al-Adra-Kirche, die der Jungfrau Maria geweiht ist (Vorsicht: niedriger Türrahmen!). Die Tür zum Chor stammt aus dem 10. Jahrhundert. Sie ist aus Holz, mit feinen Intarsien gearbeitet und wird Tür der Symbole genannt, weil ihre verschiedenen Täfelchen aus Ebenholz und Elfenbein die Epochen des Christentums darstellen sollen. Umrahmt wird sie von einer altsyrischen Inschrift. In der Kirche liegt außerdem eine Eremitenzelle, in der angeblich der heilige Pschoi gelebt haben soll.

Einige der Fresken werden inzwischen durch Glas geschützt. Direkt gegenüber dem Eingang der Kirche findet sich eine Wandmalerei, die auf das 11. Jahrhundert datiert wurde, und welche die »3 Patriarchen Abraham, Isaak und Jakob« zeigt.

Tgl. 9 Uhr bis kurz vor Sonnenuntergang; in der Fastenzeit nur Freitagnachmittag, Sa und So; www.st-mary-mons.org

Kloster des heiligen Pschoi

Das um 390 gegründete Deir Amba Pschoi, ist nach dem gleichnamigen Eremiten benannt. Hier führt der Mönch Abatir (spricht deutsch) gerne durch die Anlage. Die rechts außerhalb der Klosteranlage liegende große Kirche ist ein Neubau. Direkt rechts innen an der Eingangsmauer liegt die alte Festung mit der Marienkirche in der ersten Etage und der St.-Michael-Kirche oben auf dem Dach. Steigt man ganz nach oben, sieht man mehrere quadratische Löcher, die mit Eisengittern und -deckeln verschlossen sind. Öffnet man diese, so schaut man in die winzigen Verschläge, in denen die Mönche einst ausharrten, während ihre Feinde das Kloster belagerten. Die heutigen Mönche gedenken immer noch ihrer

Christliches Erbe: Ägyptens Klöster – wie das der Syrer – sind die ältesten der Welt.

damals getöteten Brüder, die sie als Märtyrer verehren. Der Teil der Anlage mit den Mönchszellen ist für Besucher allerdings gesperrt.

Zentrum des Klosters ist die Kirche St. Pschoi. Direkt im Eingangsbereich steht auf der linken Seite eine hölzerne Kanzel aus dem 14. Jahrhundert Ebenfalls links (im Osten) führt eine sehr schmale, hohe Holztüre in den Altarraum. Hier ist vor der Ikonostase ein Sarg aufgestellt, in dem »der unversehrte Körper des heiligen Pschoi« liegen soll. Gläubige Kopten legen gerne die Hand auf den Sarg und verharren länger an diesem Ort.

Tgl. 9 Uhr bis kurz vor Sonnenuntergang, in der Fastenzeit nur Freitagnachmittag, Sa und So

Makariuskloster

Am weitesten südlich liegt das Dair Abu Makarius, das heute nur noch mit einer sehr schwer erhältlichen Sondergenehmigung der koptischen Kirche besichtigt werden darf, da sich die Mönche durch die vielen Gäste in ihrer Ruhe gestört fühlten. Das Kloster hatte im 6. Jahrhundert große Bedeutung, als es zum offiziellen Sitz des Bischofs ernannt wurde, nachdem dieser von den byzantinischen Herrschern aus Alexandria vertrieben worden war. Bemerkenswert am Dair Abu Makarius sind die kleinen Kirchen im Festungsturm.

Essen und Trinken

Resthouse

Das Resthouse ist eine große Raststätte mit ordentlichem Essen, in der man sich vor oder nach dem Klosterbesuch stärken kann. Neben dem Lokal führt eine Straße, über der auf einer Art Torbogen »Wadi Natrun« steht, sanft hinunter ins Tal.

Etwa bei km 108 auf der Wüstenstraße

Tipp

Man erreicht Wadi Natrun nur mit dem Bus, der zwischen Kairo und Alexandria verkehrt, und steigt an den großen Rasthäusern auf halber Strecke zwischen beiden Städten in ein Taxi um. Oder man bucht in Kairo oder Alexandria ein Auto mit Fahrer für den ganzen Tag. Der Weg zu den Klöstern ist gut ausgeschildert.

Modernes Ägypten: Die Stanley-Brücke überspannt eine Badebucht und verlängert Alexandrias Corniche nach Osten.

ALEXANDRIA – DIE MEERJUNGFRAU

Von ausländischen Touristen kaum besucht, ist die Mittelmeerküste die beliebteste Urlaubsregion der Ägypter. Im Sommer tummelt sich an den Stränden westlich der Hafenstadt Alexandria Kairos Mittelklasse.

Wie ein auf dem Kopf stehendes grünes Dreieck sehen die ägyptische Nordküste und das Nildelta aus, wenn man die Region auf der Landkarte betrachtet. 500 Kilometer ist die Mittelmeerküste lang. Im Delta lagen einst bedeutende Residenzstädte der Pharaonen, von denen heute allerdings kaum noch Spuren zu sehen sind. Das liegt nicht nur an der Zerstörung durch Kriege, sondern auch am Klima. Anders als in Oberägypten, wo Baudenkmäler, Mumien, Juwelen und andere Schätze aus der Pharaonenzeit im trockenen Wüstenklima bestens konserviert wurden, regnet es hier im Norden häufiger. Zum Teil liegen die archäologischen Stätten auch unter Feldern, die intensiv bewässert werden. Das fruchtbare Nildelta ist zwar schon seit der Zeit der Pharaonen die Kornkammer Ägyptens. Doch wer hier ländliche Idylle sucht, wird vielerorts enttäuscht werden. Selbst in den Dörfern wohnen die Menschen in mehrstöckigen Zweckbauten, die genauso gut in einer Vorstadt von Kairo stehen könnten.

Die Vier-Millionen-Metropole Alexandria am Mittelmeer ist die wichtigste Hafenstadt Ägyptens. Jedes Jahr im Juli und August zieht es Hunderttausende Touristen aus den heißeren Regionen des Landes hierher. Mit seinen Bauten aus der Kolonialzeit hat Alexandria immer noch einen gewissen Charme. Doch das Flair der Zeit vor der Revolution Mitte des vergangenen Jahrhunderts, als die Stadt ein Schmelztiegel verschiedener Kulturen war, ist verloren gegangen. Das ägyptische Bürgertum ist mit seinen Sommerresidenzen in den vergangenen Jahren immer weiter gen Westen gezogen. Nach den Vororten von Alexandria ist inzwischen Marina an der Westküste der In-Spot für die Kairoer.

ALEXANDRIA (AL-ISKANDARIYA)

4,5 Mio. Einwohner, 10 m ü.d.M.

➤ Stadtplan, S. 182/183 ➤ [E 1]

Vorwahl: 03

»Die Meerjungfrau« (»Arusat al-Bahr«) nennen die Alexandriner ihre Stadt liebevoll. Und obwohl die Nixe des Mittelmeers inzwischen reichlich verlebt aussieht, geht von der zweitgrößten Stadt Ägyptens immer noch ein gewisser Charme aus. Von der historischen Größe der Stadt, die einst das geistige Zentrum der hellenistischen Welt war und später hinter Rom den zweiten Rang einnahm, sind allerdings nur noch vereinzelte Spuren zu entdecken.

Gegründet wurde Alexandria um 332 v. Chr. auf Geheiß Alexander des Großen (arab. Iskandar al-Akbar), der nach der Eroberung Ägyptens seinen Architekten Deinokrates damit beauftragte. Von dem kosmopolitischen Flair, das die

Stadt einst hatte, ist heute fast nichts mehr übrig. Verschwindend gering ist inzwischen der Prozentsatz der Einwohner von Alexandria, die nicht-ägyptischer Abstammung sind; diese wenigen haben meist griechische oder italienische Vorfahren. Wenn man sich dieser an der westlichen Peripherie so hässlichen Stadt von der Kairo-Alexandria-Wüstenstraße aus nähert, bietet es sich an, eine Besichtigungstour an der Pompejussäule zu beginnen, die das einzige Überbleibsel des im Jahr 391 von Kaiser Theodosius zerstörten Serapis-Tempels ist. Das Zentrum der Stadt bilden der Saad-Zaghlul-Platz am Ramle-Bahnhof und die Uferpromenade (Corniche).

Die Strände von Alexandria sind im Sommer brechend voll. Taucher, die sich nicht davon abschrecken lassen, dass das Mittelmeer hier nicht sonderlich sauber ist, können alte Wracks und Ruinen besichtigen.

Hotels

El-Salamlek Palace Hotel

Aus der alten Sommerresidenz der ägyptischen Königsfamilie in Muntasah ist das wunderschöne, aufwendig renovierte Palasthotel geworden. Jedes Zimmer und jede Suite sehen anders aus.

Muntasah-Park, 18 km östlich von Alexandria; Tel. 03/5 47 79 99, Fax 5 47 35 85, www.sangiovanni.com; 6 Zi., 14 Suiten CREDIT ••••

Sofitel Cecil Hotel

Erstes Haus am Platz ist das 1929 erbaute Cecil Hotel, das in den vergangenen Jahren komplett renoviert wurde. Von gut der Hälfte der Zimmer blickt man auf das Mittelmeer, ebenso vom französi-

schen Restaurant aus. Idylle oder Abgeschiedenheit darf man im Cecil allerdings nicht erwarten, denn es liegt an einem der belebtesten Plätze der Stadt.

➤ S. 182/183, [c 2]

16 Maid. Saad Zaghlul, Ramle Station; Tel. 03/4 87 71 73, Fax 4 85 56 55; www.sofitel.com; 86 Zi. AmEx MASTER VISA ••• nur Ü/Frühstück

Hotel Metropole

Am gleichen Platz wie das Cecil, allerdings mit dem Eingang auf der anderen Seite, liegt das Paradise Inn Metropole Hotel, das 1902 erbaut wurde und zu den ältesten Hotels der Stadt zählt. Ein Teil der nostalgisch eingerichteten Zimmer und Suiten hat Meerblick.

➤ S. 182/183, [c 2]

52 Sch. Saad Zaghlul, Ramle Station; Tel. 03/4 86 14 67, Fax 4 86 20 40; 66 Zi.; EZ zur Straße 100 $, DZ Meerblick 155 $

Sehenswertes

Abu-al-Abbas-Moschee

Die größte Moschee von Alexandria gehört mit ihren vier Kuppeln und dem mehr als 70 Meter hohen Minarett zu den Wahrzeichen der Stadt. Und da Alexandria nicht so viele bedeutende islamische Bauwerke besitzt wie Kairo, sind ihre Einwohner stolz auf die Moschee, sodass sie besonders gerne die Strophe aus einem beliebten Schlager singen, in der es heißt: »In Alexandria leben die besten Leute, sie gehen am Ufer spazieren von Sidi Bischr bis zur Abu al-Abbas«. Algerier errichteten die Moschee im Jahr 1775 über dem Grab des Heiligen Ahmad Abu al-Abbas al-Mursi. 1943 wurde sie von Grund auf restauriert. Nicht-muslimische Frauen dürfen nicht immer das ganze Gebäude besichtigen.

➤ S. 182/183, [b 1]

Seitenstraße der Corniche, Nähe Fort Qait-Bay

Fort Qait-Bay: Hier stand einmal Pharos, eines der antiken Weltwunder (S. 180).

Bibliotheca Alexandrina

Die im Oktober 2002 neu eröffnete Bibliotheca Alexandrina liegt am Osthafen in der Nähe des Standortes der vor 1600 Jahre zuvor zerstörten berühmten Bibliothek von Alexandria. Im Jahr 48 v. Chr. wurde die Bibliothek, in der zeitweise 900 000 Schriftrollen aufbewahrt wurden, zum ersten Mal niedergebrannt. Im Jahr 391 wurde das, was von ihr übrig geblieben war, ebenfalls durch einen Brand vernichtet.

Durchschnittlich 1500 Menschen bevölkern jeden Tag das futuristische Bauwerk des norwegischen Architektenteams Snohetta. Mit ihrem großen Lesesaal auf mehreren Ebenen, dem Planetarium und den modernen Ausstellungsräumen ist die Bibliothek ein sehr beeindruckendes Bauwerk. Das ambitionierte Ziel, an die Tradition der 288. v. Chr. von Ptolemäus I. gegründeten großen Bibliothek von Alexandria anzuknüpfen, wurde jedoch bisher nicht erreicht. Die alte Alexandrina beherbergte einst die größte Sammlung von Schriften weltweit. Viele bedeutende Mathematiker, Ärzte und Philosophen der Antike ließen sich hier nieder. Zu den Forschern, die es in dieses Zentrum der Kunst und Wissenschaft zog, gehörte auch der griechische Mathematiker Euklid, der hier ein systematisches Buch über das mathematische Wissen seiner Zeit verfasste, das einst als meistgelesenes Buch nach der Bibel galt.

Die moderne Bibliothek, die vom umtriebigen ägyptischen Professor Ismail Serageddin geleitet wird, bringt es bisher gerade einmal auf 500 000 Bücher, wenngleich Platz wäre für mindestens acht Millionen Bände. Die Alexandrina hat sich als Veranstaltungsort einen Namen gemacht. Neueste Errungenschaft der Bibliothek ist das »Culturama«, in dem auch ägyptischen Schulklassen die Geschichte ihres Landes näher gebracht werden soll.

Die Bibliothek sollte man am besten nach 14 Uhr besuchen, wenn die meisten Schüler- und Touristengruppen verschwunden sind. Oben im Café lässt sich gut eine Pause einlegen.

➤ S. 182/183, [d 2] ➤ [E 1]

Corniche, Al-Schatbi; Tel. 03/4 83 99 99, Fax 4 83 03 27; www.bibalex.org, So-Do 11-19 Uhr, Fr-Sa 15-19 Uhr, an Feiertagen geschl.; Eintritt Bibliothek 10 LE (erm. 5 LE), Museen 20 LE (erm. 10 LE). Kostenlose Führungen durch die Bibliothek in sechs Sprachen, kaum Parkplätze

Fort Qait-Bay

Auf den Ruinen des Leuchtturms von Pharos, der in der Antike zu den sieben Weltwundern zählte und durch zwei Erdbeben zum Einsturz gebracht wurde, ließ der Sultan Qait-Bay Ende 1477 ein Fort mit einem Festungsgefängnis und vier runden Wehrtürmen errichten. In dem Gebäude ist auch ein etwas albernes kleines Museum mit Fossilien, Muscheln und Fisch-Nachbildungen untergebracht, außerdem gibt es ein kleines Marinemuseum. Vom Fort aus hat man einen schönen Blick auf ganz Alexandria. Es ist ein beliebtes Ausflugsziel für ägyptische Familien. Neben der Festung liegt ein öffentliches Aquarium.

➤ S. 182/183, [c 1]

Am westlichen Ende der Corniche; tgl. 9–16 Uhr; Eintritt 12 LE

Griechische Kathedrale

Im Frühjahr 2006 wurde im Stadtteil al-Manschiya die im Jahr 1856 geweihte griechische Kathedrale nach vierjähriger Renovierung neu eröffnet. Das Geld dafür stammte von der Alexander S. Onassis Stiftung. Die orthodoxe Kirche,

Lesesaal: Auch die neue Bibliothek von Alexandria ist eindrucksvoll.

die innen reich geschmückt ist und außen in strahlendem Weiß leuchtet, ist leicht zu finden, wenn man in dem Viertel nach dem staatlichen Kaufhaus Omar Effendi fragt, das ganz in der Nähe liegt.

Keine festen Öffnungs- und Besuchszeiten

Kom al-Dikka

In der Nähe des Hauptbahnhofs (Mahattat Masr) befindet sich die Ausgrabungsstätte Kom al-Dikka. Polnische Archäologen haben hier seit den 1960er-Jahren das einzige römische Amphitheater des Landes sowie ein antikes Badehaus, den Teil eines Wohnviertels und eine römische Villa mit schönen Mosaiken freigelegt. Außerdem werden auf dem Gelände einige Fundstücke aus der Unterwasserarchäologie vor der Küste Alexandrias präsentiert.

Zum Amphitheater, das einst Platz für rund 750 Zuschauer bot, und in dem noch Mosaike zu sehen sind, führt eine steile Treppe hinunter. Es wurde im 1. und 2. Jahrhundert errichtet und später mehrfach umgebaut. Folgt man dem von Säulen gesäumten Weg, so liegen direkt neben dem Theater kleinere Auditorien, in denen die Schüler ebenfalls auf Steinbänken saßen. Rechts davon sieht man die Reste eines großen roten Ziegelbaus: Hier befindet sich eine im späten 4. Jahrhundert erbaute römische Badeanstalt mit Kanälen und verschiedenen Becken, die noch bis ins 7. Jahrhundert benutzt wurde. Hier entspannte man im heißen Dampf, wusch sich und erholte sich danach in einem Ruheraum mit lauwarmer Temperatur. Die Archäologen fanden an dieser Stelle auch die Überreste eines ungewöhnlichen Heizsystems zur Erwärmung des Badewassers.

Hinter der Badeanstalt, die früher wohl ein Kuppeldach in der Mitte hatte, liegen die Ruinen einer spätrömischen Siedlung. Am Rande dieser Siedlung befindet sich die Vogel-Villa, ein römisches Wohnhaus, das seinen Namen wegen eines Mosaiks mit Vogelmotiven trägt. In Kom al-Dikka suchen Wissenschaftler auch heute noch nach Reliqiuen vergangener Zeiten. Daher kann nicht immer das komplette Gelände besichtigt werden.

➤ S. 182/183, [c 3]

Tgl. 9–17 Uhr

Kum al-Schukafa

Nahe der Pompejussäule liegt die römische Grabanlage Kum al-Schukafa. Da diese mit ihrem beeindruckenden altägyptisch-hellenistisch-römischen Stilmix zu den wichtigsten Sehenswürdigkeiten der Stadt zählt, hat die Stadtverwaltung die Restaurierung der Fassaden der umliegenden Häuser angeordnet.

Bevor man in die Katakomben der Grabanlage aus dem 1. und 2. Jahrhundert nach Christus hinabsteigt, beachte man das überirdische Grab, dessen Wände farbig mit Schlangen, dem Totengott Anubis, Falken und Leoparden bemalt sind. Steigt man über die Wendeltreppe hinab zu den Hauptgräbern, gelangt man in einen Raum, von dem aus die einzelnen Grabkammern abgehen. Die Gruft gleicht vor allem in den weiter hinten liegenden und schlechter beleuchteten Korridoren teilweise einem Labyrinth. Am Treppenabsatz angekommen, sieht man zur Linken einen Raum mit vier quadratischen Säulen, in dem drei Liegebänke stehen. Hier wurde der Leichenschmaus in Gedenken an die Verstorbenen abgehalten.

Einige Stufen führen hinunter zur Grabkapelle. Zunächst betritt man einen Vorraum mit zwei Säulen. Dazwischen erkennt man oben einen Giebel mit einer Sonnenscheibe. Geradeaus erblickt man zur Linken eine Frauenstatue aus Kalkstein, links die eines Mannes. Dahinter liegt die eigentliche Kapelle mit drei Nischen, in denen sogenannte Schein-Sarkophage stehen, deren Deckel sich nicht öffnen lassen. Die Toten nämlich wurden durch Löcher in den Wänden des kleinen Raumes von hinten in die Gräber gelegt. Die Steinsärge selbst sind im typisch hellenistischen Stil mit Trauben, Gesichtern und Mäandern dekoriert. Oben an den Wänden findet sich im Kontrast dazu altägyptische Symbolik. In der mittleren

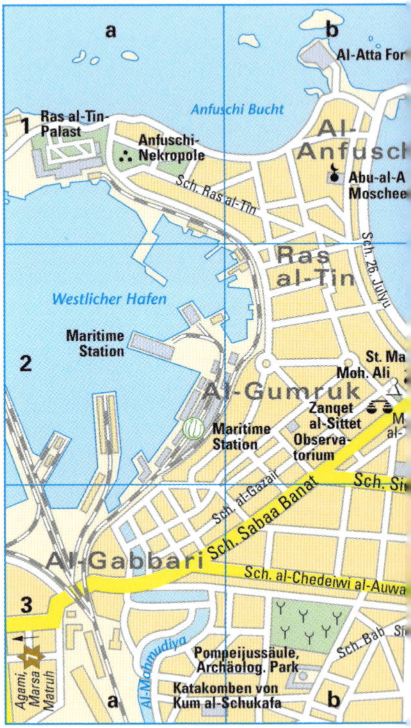

Nische ist auf der Wand eine Bahre mit Mumie zu sehen, die von Horus, Anubis und Thot für den Weg ins Totenreich vorbereitet wird. In den Nischen rechts und links ist der Apisstier abgebildet.

➤ S. 182/183, [a/b 3]

Sch. al-Nassiriya; tgl. 9–17 Uhr; Eintritt 20 LE

Muntasah-Palast

Inmitten eines großen Parks liegt dieser Palast, mit dessen Bau unter dem Chediven Abbas II., der 1892–1914 als Vizekönig regierte, begonnen worden war. Fer-

tiggestellt wurde der Palast unter Mohammed Ali. Und König Faruq verbrachte hier im Juli 1952 seine letzten Stunden, bevor er ins Exil nach Italien ging. Im Palast ist heute das Al-Salamlek-Hotel untergebracht. Auf dem Parkgelände liegt außerdem das Hotel Palestine.

18 km östl. von Alexandria;
Tel. 03/5 47 71 52

Pompejussäule

Die knapp 27 Meter hohe Säule steht auf einem Hügel im Karmus-Viertel. Sie hat an der Basis einen Durchmesser von 2,7 Meter und verjüngt sich nach oben hin bis auf 2,3 Meter. Die Säule aus rötlichem Granit soll im Jahr 292 zu Ehren von Kaiser Diokletian errichtet worden sein. Ihren Namen erhielt sie der Überlieferung nach, weil man im Mittelalter glaubte, in einer Urne aus Bronze, die auf der Spitze stand, befinde sich die Asche des römischen Generals Pompej.

➤ S. 182/183, [b 3] ➤ [E 1]
Sch. Amud al-Sawari

Wohnhaus Lawrence Durrell 28

(→ Der gute Tipp von **MERIAN**, S. 78)

Museen

Griechisch-Römisches Museum

Das wichtigste Museum von Alexandria führt dem Besucher alle wichtigen Epochen der wechselvollen Geschichte der Stadt vor Augen. Der Schwerpunkt liegt bei den hellenistischen und römischen Altertümern – unter anderem findet man hier mehrere Büsten und Porträts Alexanders des Großen – aber auch altägyptische und koptische Fundstücke gehören zur ständigen Ausstellung. Seit dem Jahr 2005 ist das Museum wegen einer umfassenden Renovierung geschlossen. Wann es wieder geöffnet wird, steht aber noch nicht fest.

➤ 182/183, [c 3] ➤ [E 1]

5 Sch. al-Mathaf al-Rumani, Tel. 03/4 86 58 20

Juwelenmuseum

Dieses in einem üppig dekorierten Stadtpalast untergebrachte Museum zeigt eine Sammlung von Schmuckstücken aus dem Zeitraum von der Herrschaft Mohammed Alis bis zum Ende der Monarchie.

27 Sch. Ahmad Yahia Pascha; Tel. 03/5 82 83 48, tgl. 9–17 Uhr; Eintritt 35 LE

Nationalmuseum

Das neue Nationalmuseum wurde erst 2003 eröffnet. Es liegt in einer 1929 erbauten Villa im italienischen Stil, die früher einmal das amerikanische Konsulat beherbergte. Man beginnt den Rundgang durch das Museum rechts vom Eingang, in den abgedunkelten Räumen, die der Unterwasserarchäologie gewidmet sind. Ausgestellt werden hier unter anderem Münzen, Gefäße und Teile von Statuen. Außerdem zeigen Fotografien die Fundstücke bei ihrer Entdeckung auf dem Meeresgrund. Im zweiten Raum werden Totenmasken aus dem Fayyum gezeigt. Im länglichen Raum gegenüber dem Eingang findet man römische Marmorstatuen und griechische Gefäße. In einer kleinen Vitrine liegt eine Sammlung von Tanagra-Figuren: Diese bemalten Terrakotta-Figuren aus griechisch-römischer Zeit zeigen Frauen verschiedener

sozialer Schichten. Das obere Stockwerk ist koptischem und islamischem Kunsthandwerk gewidmet. Zu sehen sind wertvolle Stoffe, Bronzegefäße aus koptischen Kirchen und Holzarbeiten.

➤ S. 182/183, [d 3] ➤ [E 1]

110 Sch. al-Horriya; Tel. 03/4 83 55 19; tgl. 9–17 Uhr, an Feiertagen 9–15 Uhr; Eintritt 30 LE

Essen und Trinken

Sea Gull Restaurant 7

(→ Der gute Tipp von **MERIAN**, S. 49)

Rakuda

Das in der Nähe der Bibliotheca Alexandrina an der Uferstraße gelegene Rakuda ist der Neuzugang unter den Fischrestaurants. Es hat noch nicht so viel Patina angesetzt wie einige der anderen Lokale. Benannt ist das Restaurant nach Rhakotis, dem Fischerdorf, das hier an der Küste lag, bevor Alexander der Große die Weltstadt Alexandria gründen ließ. In dem Restaurant, das eine große Auswahl an Vorspeisen anbietet, gibt es Fisch, gute Calamares und große Krabben.

Sch. al-Gheisch (gegenüber vom nur in arabischer Sprache beschrifteten Casino al-Schatbi, ein moderner weißer Bau); Tel. 03/5 93 33 42; tgl. 12–2 Uhr ••

Abu Ashraf

Am unteren Ende der Preisskala, aber am oberen in puncto Authentizität, liegt das urige Fischlokal Abu Ashraf. Hier kann man in einer engen Gasse mit den Einheimischen auf Plastikstühlen sitzen und für wenig Geld große Mengen fangfrischer Fische und Meeresfrüchte essen. An dem laut lärmenden Fernseher sollte man sich nicht stören. Alkohol gibt es keinen, dafür aber, falls gewünscht, Kontakt zur Familie am Nebentisch.

28 Sch. Safir Pascha, al-Gumruk; Tel. 03/481 65 97; tgl. 10–2 Uhr •

Kopfsache: Fundstücke aus dem Griechisch-Römischen Museum

Pastroudis

Zu den Kaffeehäusern, die vom alten Ruhm zehren, gehört das Pastroudis, das Lawrence Durrell in seinem »Alexandria-Quartett« erwähnte. Hier kann man auch unter der Markise draußen sitzen.

39 Sch. al-Horriya; Tel. 03/4 92 96 09

Trianon

Das Trianon ist eine Institution, die noch aus der Zeit stammt, als Alexandria eine kosmopolitische Stadt war. Hier treffen sich heute die ägyptische Upper Class und nostalgische Ausländer, um Torte zu essen, einen Cappuccino oder ein Bier zu trinken. Im ersten Saal werden Getränke und Snacks serviert. Rechts liegt das Restaurant, dessen Küche einen orientalischen und französischen Einschlag hat. Für eine komplette Mahlzeit zahlt man ohne Alkohol etwa 120 LE. Ein einfaches Sandwich im Coffeeshop gibt es schon für 7 LE. (→ Tour 2)

Maid. Saad Zaghlul; Tel. 03/4 86 09 86; tgl. 7–24 Uhr; Mindestverzehr 10 LE

Délices

Wer es ägyptischer und uriger mag, kann im Délices, zwei Häuser neben dem Trianon, seinen Türkischen Mokka schlürfen, hier stehen auch Stühle draußen, allerdings sitzt man dort mitten im Verkehr. Von dem angebotenen Gebäck sind die Millefeuilles empfehlenswert.

Maid. Saad Zaghlul

Confiserie Flückiger

Im Vorbeigehen kann man leckere Éclairs oder andere kleine französische Patisserie-Spezialitäten neben dem Sitz des Patriarchats in der Confiserie Flückiger kaufen.

Sch. Abu Qasim al-Schabi (gegenüber Restaurant Élite), Tel. 03/4 86 23 23

Einkaufen

In der Sch. Salah Salim kann man in Geschäften mit Antiquitäten und Schmuck stöbern.

AL-ALAMAIN

105 km westl. von Alexandria

➤ [D 2]

Für einen Besuch in al-Alamain gibt es im Prinzip nur drei gute Gründe: Man sucht in Ägypten einen Strand mit blütenweißem Sand am Mittelmeer, man macht Rast auf dem Weg in die Oase Siwa oder man besucht die Gedenkstätten und Gräber, die an die Schlacht von al-Alamain erinnern. 1942 schlugen die Briten unter Führung von General Bernard Montgomery hier in der nordägyptischen Wüste die deutschen und italienischen Truppen unter dem Kommando von Generalfeldmarschall Erwin Rommel. Die Schlacht vom 23. Oktober, bei der die Achsenmächte zum Rückzug gezwungen wurden, markierte einen Wendepunkt in der Geschichte des Zweiten Weltkrieges. Für Tausende Soldaten wurden die ägyptische Wüste und das Mittelmeer zum Grab. Wer sich für Militärgeschichte interessiert, ist hier genau richtig. Die Kleinstadt al-Alamain selbst lohnt keinen Umweg.

Übernachten kann man in Sidi Abdarrahman, das gut 20 Kilometer westlich liegt. Hier gibt es zwei Hotels.

Hotels

Hotel Charm Life

Das zehn Kilometer westlich von Sidi Abdarrahman gelegene Hotel ist relativ neu. Neben der beinahe etwas zu riesig wirkenden Anlage werden auch Ferienwohnungen gebaut. Die Gäste sind entweder Ägypter oder Europäer (meist Italiener), die über den neuen Flughafen von al-Alamain anreisen. Zum Hotel gehören ein Spa & Wellness Center, ein großer Außenpool und ein kleineres beheiztes Schwimmbad sowie ein großer Strand. Zum Teil gibt es in Ufernähe Felsen im Wasser. (→ Tour 2)

Tel./Fax 02/2 66 89 02 (in Kairo), www.charmlifehotels.com, 253 Zi. ••• (im Sommer sind die Preise deutlich höher)

Hotel Al-Alamain

Das Hotel besitze einen wunderschönen sieben Kilometer langen blütenweißen Sandstrand und auch recht ordentliche Zimmer, die alle Meerblick und eine Terrasse oder einen Balkon haben. Alle Zimmer haben Klimaanlage. Das Restaurant lässt allerdings, sowohl was das Ambiente als auch die Küche angeht, einiges zu wünschen übrig, weshalb viele Hotelgäste gelegentlich die Pizzeria im Ort vorziehen. Zu erwähnen ist, dass das Hotel dem ägyptischen Staat gehört, der es auch betreibt, ein Verkauf ist allerdings geplant.

Tel. 0 46/4 68 03 43, Fax 0 46/4 68 03 41; 69 Zi., 10 Chalets ••• (außerhalb der Sommermonate sind die Preise niedriger)

Gute alte Zeit: Das »Trianon« ist ein Platz für Nostalgiker (S. 185).

Sehenswertes

Britischer Soldatenfriedhof und Militärmuseum

Besuchen kann man in al-Alamain, reist man aus dem Osten an, zunächst den britischen Soldatenfriedhof, in dessen Gräberfeld ein großes Steinkreuz steht. Direkt darauf folgt das Militärmuseum, in dessen Außengelände alte Panzer, Artilleriegeschütze und ein Spitfire-Flugzeug der britischen Luftwaffe zu sehen sind. Im Gebäude selbst sind Waffen, Munition, Uniformen und Alltagsgegenstände aller Kriegsparteien von einst ausgestellt, von der italienischen Milchdose bis zu Kanistern der Wehrmacht.

Alexandria-Matruh-Straße km 106, (ein alter Panzer am Straßenrand weist auf das Museum hin, neben der Tankstelle den Hügel hoch fahren); tgl. 9–15.30 Uhr; Eintritt 10 LE

Deutsche Kriegsgräberstätte

Rund zehn Kilometer weiter westlich liegt auf einer Anhöhe nahe dem Meer das deutsche Ehrenmal für die gefallenen Soldaten des Afrikakorps. »Deutsche Kriegsgräberstätte 1939–45« steht unten an der langen Auffahrt geschrieben, die zu der trutzigen kleinen achteckigen Burg hinauf führt, die dem Castel del Monte des Stauferkaisers Friedrich II. in Apulien nachempfunden wurde. Mehr als 4000 deutsche Soldaten fanden hier ihre letzte Ruhestätte. Die Briten, die einstigen Kriegsgegner, hatten die sterblichen Überreste der deutschen und italienischen Soldaten in der provisorischen Grabstätte Tell al-Eyssa bestattet. Das deutsche Ehrenmal wurde 1959 eingeweiht. An den Mauern wurden innen Tafeln mit den Namen der Gefallenen angebracht. Jedes Jahr im Oktober kommen Besucher, um der Toten zu gedenken. Die Gedenkstätte ist verschlossen. Ein Wächter schließt sie jedoch auf, wenn Besucher kommen.

ABU MINA

60 km südöstl. von Alexandria

➤ [E 2]

Das am Rande der Wüste gelegene christliche Pilgerzentrum von Abu Mina entstand rund um das Grab des Märtyrers Minas von Alexandria, der 296 n. Chr. starb. Seit dem Ende des 4. Jahrhunderts entwickelte sich hier ein Pilgerzentrum, das während der persischen Okkupation um 619 zerstört wurde. Zu den wichtigsten Bauten dieses in den Jahren von 1905 bis 1907 von Carl Maria Kaufmann entdeckten Geländes gehören eine große Basilika aus dem späten 5. Jahrhundert, die justinianische Gruftkirche aus dem 6. Jahrhundert und die Ostkirche.

DAMIETTA (DUMIYAT)

120 000 Einwohner. 15 m ü.d.M.

➤ [G 1]

Die Hafenstadt Damietta, die im 12. und 13. Jahrhundert von den Kreuzfahrern angegriffen wurde, ist vor allem für ihre Möbelindustrie berühmt. Hier werden die kitschigen Canapés hergestellt, die so manche ägyptische Stube schmücken und deren Stil von Ausländern gerne spöttisch mit »Louis Faruq« bezeichnet wird. Aus osmanischer Zeit sind noch einige schöne Wohnhäuser erhalten.

MARSA MATRUH

50 000 Einwohner, 20 m ü.d.M.

➤ [C 1]

Wenn man von Alexandria aus in Richtung libysche Grenze fährt, erreicht man Marsa Matruh, eine Provinzstadt am Meer, in der ägyptische Familien gerne ihren Urlaub verbringen. Außer einigen ansehnlichen Stränden hat die Stadt nicht viel zu bieten.

Hotels

Beau Site Hotel

Das bekannteste Hotel von Marsa Matruh liegt auf einer Landzunge und hat einen eigenen Strand. Für das, was geboten wird, ist es allerdings etwas teuer.

Sch. al-Schati; Tel. 0 46/4 93 40 11, Fax 0 46/4 93 33 19; 120 Zi., Rollstuhlfahrer, Halbpension in der Hochsaison obligatorisch

MASTER VISA ●●●

Negresco Hotel

Frisch renoviert wurde das von außen sehr ansprechend aussehende Negresco Hotel. Die Zimmer sind ordentlich, aber klein und auch von der Einrichtung her nichts Besonderes. Man ist hier vor allem auf große ägyptische Familien eingestellt,

Marsa Matruh: bekannt für seine Strände und ein Rommel-Museum

die in der Sommerfrische möglichst viele Leute in einem Zimmer unterbringen wollen. In den Wintermonaten kann man versuchen, einen Discount zu bekommen.

Corniche; Tel. 0 46/4 93 44 92, Fax 0 46/4 93 44 93; negresco_hotel@link.net; 60 Zi. •••

Museen

Rommel-Museum

Generalfeldmarschall Erwin Rommel ist hier ein kleines Museum gewidmet, das in einem Stollen in Strandnähe untergebracht ist. Zu sehen sind Landkarten der Region, die mit »Geheime Kommandosache« gekennzeichnet sind, und auf denen die Stellung der eigenen Truppen sowie die vermuteten Positionen der gegnerischen Armeen eingezeichnet sind. Ebenfalls ausgestellt sind ein Wehrmachtsmantel, der dem »Wüstenfuchs« gehört haben soll, sowie eine Fahne mit Hakenkreuz und andere Devotionalien. Das Rommel-Museum liegt im Westen der Stadt an der Küste.

Tgl. 9–15 Uhr; Eintritt 5 LE; mit Kamera 10 LE extra

Gewürzangebot auf dem Markt: Hier geht's ohne gepfefferte Preise.

Einkaufen

Libyscher Markt

Der Libysche Markt von Marsa Matruh liegt im Westen der Stadt, an der Straße in Richtung Sallum an der ägyptisch-libyschen Grenze. Von der Straße aus übersieht man den Markt, dessen Gänge etwas dunkel sind, leicht. Die hier angebotenen Billig-Textilien aus Libyen sind für Touristen eher uninteressant. Doch es werden auch zu wirklich günstigen Preisen Gewürze angeboten.

Tgl. geöffnet

ROSETTA (RASCHID)

200 000 Einwohner, 15 m u.d.M.

➤ [E 1]

Ihre internationale Berühmtheit verdankt diese kleine Stadt einem Steinblock, der heute im British Museum in London steht. Denn ohne den zweisprachigen Rosetta-Stein, der hier 1799 von Napoleons Soldaten entdeckt wurde, hätte man den Code der ägyptischen Hieroglyphen möglicherweise bis heute nicht geknackt. Rosetta war noch im 17. Jahrhundert der wichtigste Mittelmeerhafen des Landes. Griechen, Nubier, Türken und Europäer lebten hier. Mit dem erneuten Aufstieg von Alexandria und nach dem Bau des Mahmudiya-Kanals durch Mohammed Ali begann der Niedergang von Rosetta. Doch außer einigen gut erhaltenen Moscheen und Wohnhäusern aus osmanischer Zeit im Stadtzentrum bietet »die Stadt der eine Million Palmen« nicht sehr viele Sehenswürdigkeiten und schon gar keine Hotels mit internationalem Standard.

Sehenswertes

Al-Amasjali-Haus

Mit besonders schönen perlmuttverzierten Maschrabiyas versehen ist das al-Amasjali-Haus aus dem 19. Jahrhundert, das auch unter dem Namen Bait Hasiba Ghasal bekannt ist. Der wohlhabende Türke Ali al-Topgi ließ es 1808 erbauen und vererbte es seinem Diener al-Amasjali.

Sch. Scheich Qanadili

Qait-Bay-Zitadelle

Sieben Kilometer vom Stadtzentrum entfernt liegt die Qait-Bay-Zitadelle, die Abul Nasr Qait-Bay 1482 erbauen ließ, nachdem das ebenfalls nach ihm benannte Fort an der Küste in Alexandria vollendet worden war.

TANIS (SAN AL-HAGAR)

170 km nordöstl. von Kairo

➤ [G 1]

In Tanis entstand nach dem Untergang der ebenfalls im Delta gelegenen Hauptstadt Pi-Ramesse die neue Residenz der

Könige der 21. und 22. Dynastie (Dritte Zwischenzeit, 1069–715 v. Chr.). Für Nicht-Fachleute ist das Ruinenfeld von Tanis allerdings ein Buch mit sieben Siegeln, denn die Tempelanlagen sind fast gänzlich zerstört. Spektakuläre Funde machten Archäologen in der Nekropole von Tanis: Denn hier fanden sie die einzigen Gräber, die – wie das Tutanchamun-Grab in Theben – fast unversehrt waren. 1939 entdeckte Pierre Montet die Gräber von Osorkon II. und Psusennes I., der sich in einem Granitsarkophag von Merenptah aus der 19. Dynastie hatte bestatten lassen. Zu dem Grabschatz, der in Tanis nicht zu besichtigen ist, gehörten auch eine goldene Totenmaske und ein silberner innerer Sarkophag.

Tanis, 70 Kilometer nordöstlich von Zagazig gelegen, ist mit öffentlichen Verkehrsmitteln schlecht zu erreichen.

TANTA

335 000 Einwohner, 95 km nördl. von Kairo

➤ [F 2]

Die größte Stadt des Deltas ist ziemlich unansehnlich. Für die meisten Ägypter ist sie nur ein Rastplatz auf dem Weg über die sogenannte Landwirtschaftsstraße und ein wichtiger Eisenbahnknotenpunkt der Kairo und Alexandria verbindet. Tanta beherbergt auch eine der größten ägyptischen Universitäten. In Tanta sollen angeblich die schönsten Frauen Ägyptens wohnen. Im Straßenbild lässt sich der Mythos aber nicht unbedingt überprüfen. Berühmt ist Tanta außerdem für seine Süßigkeiten. Eine lokale Spezialität sind alle Arten von Nüssen, die mit einer zuckrigen Masse zusammengeklebt werden. Es gibt diese süße Masse auch mit Kichererbsen oder Sesamsaat.

Bauchladen: Bei den Straßenverkäufern in Tanta gibt es Getränke und Süßes.

Hotels

Arafa Hotel

Das Arafa Hotel ist ein einfaches Gasthaus mit geräumigen Zimmern.

Bahnhofsvorplatz; Tel. 03/73 40 50 40, Fax 03/3 35 70 80 CREDIT ••

Feste

Maulid des Sayyid Ahmad al-Badawi

Voll wird es in Tanta nur im Oktober zum Ende der Baumwollernte, wenn bis zu zwei Millionen Menschen aus der Umgebung zum einwöchigen Geburtsfest des Sayyid Ahmad al-Badawi in die Stadt strömen. Das Fest ist dem aus Marokko stammenden Gründer einer Sufi-Bruderschaft gewidmet. Zu den religiösen Feiern gehören auch Musik, Zirkusdarbietungen und andere weltliche Vergnügungen.

ZAGAZIG UND BUBASTIS

100 km nordöstl. von Kairo

➤ [F 2]

Die erst 1830 gegründete Stadt Zagazig (ausgesprochen Za'a'zi) hat außer ihrem hübschen Namen nicht viel zu bieten, ist jedoch ein Verkehrsknotenpunkt für das östliche Delta. Südöstlich von Zagazig liegt der Hügel Tall Basta, einst der Hauptkultort für die Katzengöttin Bastet. Hier wurde ein großer Friedhof mit Katzenmumien ausgegraben.

Archaische Welt: Das Hinterland der Sinai-Badeorte ist bewohnt von Beduinen – wie hier bei Nuwaiba, wo Kinder mit einer Ziege posieren.

LAND DER WÜSTE UND DES MEERES

Die Küste des Roten Meeres und ihr Hinterland haben alles, was die Herzen von Naturfreunden und Badetouristen höher schlagen lässt: glasklares Wasser, Korallenriffe und farbig schimmernde Berge.

Sanddünen, auf die der Wind sanfte Muster zeichnet, Wüstenabschnitte, in denen nur gelegentlich ein einsamer Baum Orientierung bietet, kilometerlange Strände, Naturschutzgebiete, glasklares Wasser und hohe farbig schimmernde Berge. Das Gebirge besteht aus farbigem Granit, durch den sich vielerorts dunkle Streifen von Lava ziehen. Wer vor allem Sport und Entspannung sucht, ist hier richtig.

Die Festland-Küste mit Safaga und Qusair war einst ein Fixpunkt auf den Handelsrouten. Auf der Sinai-Halbinsel fanden die Pharaonen Gold, Türkis, Malachit und Kupfer. Die Halbinsel, mit Scharm al-Scheich an ihrer Südspitze, liegt zwischen dem Mittelmeer im Norden und dem Roten Meer im Süden. Sie gehört – als einziger Teil Ägyptens – geografisch nicht zu Nordafrika, sondern zu Westasien. Auf dem Sinai soll Moses die Zehn Gebote empfangen haben.

Die erste Zäsur in der modernen Geschichte der Sinai-Halbinsel war der Bau des Suez-Kanals, in dessen Folge die Städte Suez, Port Said und Ismailiya entstanden. Der zweite Wendepunkt war die Gründung des Staates Israel und die Besetzung der Halbinsel. Die Ägypter erhielten sie erst durch den Friedensvertrag von Camp David aus dem Jahr 1979 zurück. Als Touristen sind die Israelis zum Teil noch gern gesehene Gäste in den Badeorten des Roten Meeres.

Für den Tourismus, der sich in Ägypten jahrzehntelang auf die pharaonischen Sehenswürdigkeiten im Nil-Tal konzentrierte, wurde die Küste erst in den vergangenen 20 Jahren richtig erschlossen. Dabei wurde die Natur, vor allem die Korallenriffe, nicht immer geschont. Trotzdem ist das Wasser, da es hier nur sehr wenig Industrie gibt, fast überall sauberer als in den meisten Urlaubsregionen Südeuropas. Die Tauchreviere der Region ziehen Sportbegeisterte aus aller Welt an. Lediglich im Golf von Suez gibt es ein paar weniger schöne Strände. Die Mittelmeerküste in der Nähe von Al-Arisch ist ein beliebter Standort für Vogelkundler.

Die meisten Ägypter, die in den Urlaubsorten auf dem Sinai arbeiten, stammen aus anderen Teilen des Landes. Die lokale Bevölkerung sind mehr oder weniger sesshafte, aber dennoch zum Teil sehr unabhängige Beduinen. Einige arbeiten in den Naturschutzgebieten, andere vermieten Kamele oder Pferde an Touristen. Manche Frauen stellen kunsthandwerkliche Waren her, die sie an Urlauber verkaufen. Die Festland-Ägypter sprechen nicht immer freundlich über die Sinai-Beduinen, die ihrerseits der Staatsmacht gegenüber oft misstrauisch sind. Für viele Beduinen sind die Berge des Sinai »ihr Gebiet«, hier kennt sich niemand so gut aus wie sie.

AIN AL-SUCHNA

140 km südl. von Kairo

➤ [G 3]

Südlich von Suez beginnt die Festlandküste des Roten Meeres, die von Ain al-Sukhna im Norden bis Berenice im Süden an der Grenze zum Sudan reicht. Neben einigen Mangroven-Hainen besteht die einzige Vegetation auf dieser Strecke, an der die Sand- und Geröllwüste bis zum Wasser reichen, aus den Gärten, die in den vergangenen 20 Jahren rund um die zahlreichen Hotelanlagen angelegt wurden.

Die Stadt Ain al-Suchna ist ein beliebtes Wochenend-Ausflugsziel für die Ägypter und Ausländer aus Kairo. Hier ist es zwar wegen des nahe gelegenen Hafens weniger idyllisch als im Süden der Küste. Doch Ruhe, Sand und Meer findet man auf jeden Fall auch hier, und seit dem Bau der Kattamiya-Schnellstraße ist Ain al-Suchna von Kairo aus innerhalb von eineinhalb Stunden mit dem Auto zu erreichen.

Hotels

Swiss Inn Stella di Mare Resort

Dieses Hotel liegt sehr ruhig an einem langen schönen Sandstrand und hat einen Swimmingpool, der wie ein von Palmen und Felsen umstandener See angelegt ist. Das Essen ist gut, die Küche international. Die Zimmer sind sehr gepflegt, wenn auch nicht groß. Die Freizeitangebote sind vielfältig: Gegen Gebühr kann man Wasserski oder Tretboot fahren, Tennis spielen oder das Fitnesscenter besuchen. (→ Tour 4)

Tel. 0 62/3 25 01 00, Fax 0 62/3 25 00 01; www.stelladimare.com; 257 Zi. CREDIT ●●●

Palmera Beach Resort

In einem großzügig angelegten Garten liegt das Hotel, dessen Zimmer im Erdgeschoss alle eine kleine Veranda haben, von der aus man ins Grüne blicken kann. Die farbenfroh eingerichteten Zimmer sind sehr geräumig und haben eine kleine Sitzecke. Das vor allem bei Familien sehr beliebte Hotel besitzt mehrere Suiten mit Meeresblick. Der Strand ist allerdings nicht sehr breit, dafür aber sauber. Das Preis-Leistungs-Verhältnis ist sehr gut. Einziger Nachteil: In dem großen

Kamel-Ritt: Touristen in einem Beduinen-Camp bei Hurghada (S. 200)

Speisesaal ist es häufig recht laut, genauso wie auch in den Korridoren des Hotels.
Tel. 0 62/3 41 08 16 24, Fax 0 62/3 41 08 25; www.palmerabeachresort.com; 282 Zi.
AmEx MASTER VISA ••

Ramada Resort

Sehr weitläufig ist die Anlage des am weitesten südlich liegenden Hotels von Ain al-Suchna. Kinder schätzen besonders das Trampolin auf dem Spielplatz. Der Pool ist unspektakulär. Außer am Freitag, wenn Tagesgäste aus Kairo hier den Strand bevölkern, ist es eher ruhig und erholsam. Das Essen ist anständig, der Service mittelmäßig. Abends gibt es am Wochenende Unterhaltung im Freien mit Tanz und Folklore-Darbietungen, aber keine laute Animation. Die Zimmer sind sehr groß und haben alle eine Sitzgruppe. Zu den Suiten gehört auch eine kleine Küche, der Herd ist jedoch nicht benutzbar.
Tel. 0 62/3 29 05 10, Fax 0 62/3 29 05 17; www.ramada.com; 41 Suiten CREDIT ••

Essen und Trinken

Bouillabaisse

Außerhalb der Hotelanlagen gibt es nur ein erwähnenswertes Restaurant, das aber besonders schön ist. Im Bouillabaisse gibt es Fisch und Meeresfrüchte in allen nur erdenklichen Variationen. Bezahlt wird größtenteils nach Gewicht. Der Service ist etwas langsam, aber bemüht. Man sitzt an dem kleinen Yachthafen Dome Marina direkt am Wasser. Die ägyptischen Familien halten sich meist lieber drinnen im klimatisierten Speisesaal auf, in dem manchmal brachial laute Musik läuft. Die ausländischen Besucher machen es sich dagegen vorzugsweise draußen auf der Terrasse bequem. Eine Reservierung ist hier normalerweise nicht notwendig. (→ Tour 4)
Dome Marina; Kairo-Hurghada Road, ca. 20 km hinter dem Ramada Hotel; tgl. 12–21 Uhr im Winter, 12–23 Uhr im Sommer; Tel. 0 62/3 21 00 70;
MASTER VISA ••

Tipp

In allen Hotels des Ortes kann es am Wochenende voll werden, wenn einheimische Gäste anreisen. Eine Reservierung wird deshalb empfohlen. Von Sonntagmittag bis Donnerstag dagegen ist es meist sehr leer und zum Teil auch preiswerter.

AL-ARISCH

115 000 Einwohner

➤ [H 1]

Von Touristen kaum beachtet wird al-Arisch an der Mittelmeerküste der Sinai-Halbinsel. Lediglich einige palästinensische Familien zieht es hierher, denn der Übergang zum Gaza-Streifen in Rafah ist nicht weit. Ein Teil der palästinensischen Mekka-Pilger reist über al-Arisch nach Saudi-Arabien. Die Stadt hat eine schöne Uferpromenade. Im Osten der Stadt liegt ein Vogelschutzgebiet. Seit 2005 wimmelt es rund um al-Arisch jedoch von zahlreichen Polizeikräften, denn die Terroristen, die in den Touristenzentren ihre Bomben zündeten, sollen aus der Region stammen.

AL-GOUNA

8000 Einwohner, 22 km nördl. von Hurghada

➤ [H 5]

Ein echtes Phänomen ist die Kleinstadt al-Gouna, die der ägyptische Tycoon Sameh Sawiris in den 1990er-Jahren aus dem Boden gestampft hat. Der ebenso künstliche wie stilvolle Ferienort hat sich in den vergangenen Jahren zu einem Lieblingsreiseziel der Kairoer High Society entwickelt. Der Mix aus nubischer, venezianischer und südarabischer Architektur, gewürzt mit einer Prise Bauhaus und Kubismus, ist zwar nicht jedermanns Sache. Aber der fröhlich bunt wirkende Ort hebt sich auf jeden Fall optisch wohltuend ab von anderen Badeorten am Roten Meer. Inzwischen versuchen viele Architekten und Hotelketten an der ägyptischen Küste, den Gouna-Stil zu kopieren.

Nach al-Gouna fährt man durch eine von zwei Zufahrtstraßen, an denen sowohl von der Polizei als auch von einer privaten Wachfirma Sicherheitskontrollen durchgeführt werden. Danach ist die Orientierung ganz einfach, denn wie in einer riesigen Hotelanlage ist hier alles ausgeschildert.

Außer den Hotels gibt es auch eine Schule, ein Krankenhaus, einen kleinen Hafen und fast alles andere, was man zum Leben so braucht. Hier, zwischen gepflegten Golfplätzen, künstlichen Lagunen, Inseln, kleinen Boutiquen und Luxushotels kann man Abstand zum brodelnden Chaos Ägyptens gewinnen. Der Kontrast zur Tourismus-Hochburg Hurghada mit ihren Bettenburgen und dem eher geschmacklos-grellen Ortskern könnte nicht größer sein. Das Hotelpersonal ist höflich und freundlich und spricht meist mehrere Fremdsprachen. Und das Erstaunlichste: Fast alles funktioniert, und es wird Wert auf Pünktlichkeit gelegt. Vielleicht ist der Ort deshalb bei deutschen Touristen so beliebt. Eine Firma mit Sitz in der Schweiz kümmert sich inzwischen um den Verkauf von lokalen Immobilien an Interessenten aus dem deutschsprachigen Raum.

Wer von al-Gouna aus zu Besichtigungstouren aufbrechen will, muss lange Anfahrtswege in Kauf nehmen. Nach Kairo fährt der Bus bis zu sieben Stunden, und auch der Weg nach Luxor ist weit. Dafür bietet der Ort sportlichen Urlaubern in der Nähe viele Möglichkeiten.

Truman Show auf Arabisch: das »Steigenberger Hotel« in al-Gouna

Hotels

Steigenberger Golf Resort

Zu den schönsten Hotels von al-Guna zählt das vom amerikanischen Architekten Michael Graves entworfene Steigenberger. Die geschmackvoll eingerichteten Zimmer haben gewölbte Decken, mit Holz gestaltete Balkone und eine große Dusche. Die Betten sind sehr komfortabel. Auf den großen Balkonen kann man hervorragend seine Zeit verträumen. Das Essen ist sehr gut, der Service effizient. Man hat nicht das Gefühl, in einem anonymen riesigen Wohnkomplex zu leben.

Tel. 0 65/3 58 01 40, Fax 0 65/3 58 01 49; www.el-gouna.steigenberger.de; keine Haustiere erlaubt, Behinderte; 165 Zi., 17 Suiten, 26 Apartments CREDIT •••

Sultan Bey

Im Zentrum bietet das Sultan Bey Hotel gehobenen Komfort. Die Zimmer haben alle kleine Terrassen oder Balkone. Bei der Einrichtung von Lobby und Restaurant wurden viele Naturmaterialien verwendet. Mit einem Motorboot werden die Hotelgäste zum Zeytuna Beach gebracht. Jeden Mittwochabend bringt ein Bus die Gäste zu einem stimmungsvollen Abendessen mit Unterhaltungsprogramm in die Wüste.

Kafr al-Gouna, Downtown; Tel. 0 65/3 54 56 00, Fax 0 65/3 54 56 01; www.optima-hotels.com; 115 Zi. CREDIT •••

Dawar el Omda Hotel

Schräg gegenüber vom Sultan Bey Hotel liegt dieses von der Einrichtung der Zimmer her etwas schlichtere, dafür aber auch wesentlich preiswertere Hotel. Hier sorgen schmiedeeiserne Dekorationselemente und schöne bunte Glaslampen für orientalisches Flair. Hübsch sind die Eisenbetten und die hölzernen Waschtische und Kacheln in den Zimmern. Auch die Gäste dieses Hotels sonnen sich,

wenn sie nicht gerade am Pool liegen, am Zeytuna Beach.

Tel. 0 65/3 58 00 63, Fax 0 65/3 54 50 61; www.dawarelomda-elgouna.com, 65 Zi.

CREDIT ••

Essen und Trinken

Clubhouse

Internationale Küche, Pizza und Salate gibt es im Clubhouse in Downtown. Wichtiger ist in diesem Restaurant mit Live-Musik und Außenterrasse aber das »Sehen und Gesehen werden«. Eher jüngeres Publikum.

Tel. 24 12 (Direktwahl in al-Gouna); ••

Tipp

Dass die ganze Kleinstadt zentral geplant, verwaltet und betrieben wird, zeigt zum Beispiel das Dine-Around-Gouna-Programm recht deutlich: Wer länger bleibt und trotz Halb- oder Vollpension nicht jeden Abend in seinem eigenen Hotel essen mag, kann ohne Aufpreis in anderen Hotels der gleichen Kategorie speisen. Wer mindestens sieben Nächte gebucht hat, darf drei Mal »außer Haus« essen, wobei 4-Sterne-Gäste bei dem Besuch des Restaurants eines 5-Sterne-Hotels lediglich einen Aufpreis von 3 € bezahlen müssen.

Aktiv

Mangroovy Beach Club

In al-Gouna steht neben anderen Wassersportarten auch Kitesurfen hoch im Kurs. Am Mangroovy Beach wird Anfängern der Umgang mit den kleinen Brettern und großen Segeln beigebracht. Aber auch Profis kommen hier auf ihre Kosten. Aufpassen muss man nur, dass es im Wasser nicht zu voll wird, da sich die Leinen der vielen Segel ineinander verhaken können. Ein zweitägiger Anfängerkurs (acht Stunden) mit zwei bis sechs Teilnehmern kostet pro Person 230 €.

Tel. (Handy) 0 12/1 05 76 00; Kitesurf School; www.kitepower-elgouna.com; Mi und So nächtliche Strandpartys

Info

Die Hotels liegen fast alle an einer künstlichen Salzwasser-Lagune und haben einen Shuttle-Service, der die Touristen, die nicht in der Lagune schwimmen wollen, zu einem Privatstrand bringt. Fortbewegen kann man sich innerhalb des Ortes auch mit Tuk-Tuks, den kleinen offenen Mini-Taxen, Tel. 23 38 (Direktwahlnummer).

Al-Gouna-Informationszentrum Downtown; tgl. 9–13 Uhr und 15–23 Uhr; www.elgouna.com

Sinnenfreude: Die Vielzahl an Speisen, Gerüchen und Düften ist ein Erlebnis.

Goldene Stadt: Zahlreiche Restaurants säumen die Promenade von Dahab.

DAHAB

80 km nördl. von Scharm al-Scheich

➤ [J 3]

Einen ganz eigenen Charakter hat der vor allem bei Wassersport-Fans mit kleinem Budget so beliebte Sinai-Küstenort Dahab, der neben dem Beduinendorf Assalah entstanden ist. Das arabische Wort »Dahab« bedeutet Gold, was sicher kaum auf den hier nicht vorhandenen Reichtum anspielt, sondern eher an die Farbe des Sandes am Strand denken lässt. Die Zeit scheint stehen zu bleiben, wenn man am Boden auf Polstern und Kissen unter strohgedeckten Sonnendächern sitzt, Tee trinkt oder eine Wasserpfeife raucht und auf das Meer sieht.

Das Zentrum des Ortes ist eine Promenade, die für den Autoverkehr gesperrt ist. Beginnt man einen Spaziergang in der Nähe des Busbahnhofs, so ist die kleine Holzbrücke etwa 50 Meter nördlich der Polizeistation ein guter Orientierungspunkt. Auf der linken Seite liegen vor allem Souvenirgeschäfte und kleinere Restaurants, in denen es friedlich und entspannt zugeht, obwohl einige der Gäste schon mittags dem für ägyptische Verhältnisse recht preiswerten lokalen Bier zusprechen. Rechts von der Brücke liegen weitere Restaurants sowie mehrere Bars, Tauchzentren (insgesamt gibt es davon 40 in Dahab) und einfache Hotels. In Dahab gibt es eine kleine Kolonie westlicher Aussteiger, die hier zum Teil als Tauch- oder Surflehrer ihren Lebensunterhalt verdienen. Das Hippie-Dorf von einst, in dem Joints die Runde machten und Israelis am Wochenende in den Camps wilde Partys feierten, ist Dahab aber schon seit Langem nicht mehr.

Hotels

Hilton

Sehr gepflegtes Hotel, das eine schöne Strandbar hat, die auch nach Sonnenuntergang noch geöffnet ist.

Tel. 0 69/3 64 03 10, Fax 0 69/3 64 04 24; www.hilton.com; ••

Ganet Sinai

Ein gutes Preis-Leistungs-Verhältnis bietet dieses Mittelklassehotel. Die Zimmer sind recht klein, haben aber alle eine kleine Terrasse. Beim Mobiliar hat man sich auf das Nötigste beschränkt. Der Service ist freundlich, aber nicht aufdringlich. Das Essen ist nicht spektakulär. Doch Wassersportler finden hier alles, was ihr Herz begehrt. Wem die blaue Tiefe des Meeres zu viel Respekt einflößt, der kann mit dem hoteleigenen Glasboot einen vorsichtigen Blick nach unten wagen.

Tel. 0 69/3 64 04 40; www.ganetsinai.com; MASTER VISA •

Ausflüge

Nationalpark Ras Abu Ghalum

Der Nationalpark bietet eine malerische Landschaft an diesem geschützten Küstenstreifen. Einfache Unterkünfte bei Beduinen.

20 km nördl. von Dahab

Essen und Trinken

Gharib

Die Einheimischen essen Fisch bei Gharib, das in der Nähe der Polizeistation liegt. Wer auf Alkohol und Ambiente verzichtet, wird hier dafür mit fangfrischem Fisch belohnt.

HURGHADA (AL-GHURDAQA)

60 000 Einwohner

➤ Stadtplan, S. 201 ➤ [J 5]

Der größte unter den Urlaubsorten am Roten Meer ist die rund 500 Kilometer südlich von Kairo gelegene Touristenmetropole Hurghada. Bei sonnenhungrigen Europäern ist Hurghada wegen seiner günstigen Hotels und seines aktiven Nachtlebens sehr beliebt. Außerdem gibt es mehrere Einkaufszentren, die sich auf die Vorlieben der ausländischen Gäste eingestellt haben.

Ein malerischer Ort ist diese innerhalb von 30 Jahren entlang der Küste hochgezogene Stadt nicht. Wenn man in Hurghada überhaupt von einem Stadtzentrum sprechen kann, so liegt dieses nördlich im Dahar-Viertel. Hier gibt es für die Touristen öffentliche Strände, einen Markt, preiswerte Hotels und kleine Geschäfte mit Namen wie Tirol-Minimarket oder Aldi-Bazaar. Ein weiteres kleines Zentrum findet man im Stadtteil Sakala und entlang der Sheraton Road. Im Süden der Stadt liegen zahlreiche Strandhotels der oberen Preisklasse. Es wird auch noch weiter expandiert.

Zu besichtigen gibt es in Hurghada so gut wie nichts. Dafür ist das Angebot an Wassersportarten sehr groß.

Hotels

Marriott Beach Resort

Wer es etwas exklusiver mag, kann im Marriott absteigen, zu dem eine kleine Privatinsel gehört. Die Zimmer sind geräumig und sehr komfortabel. Die Betten sind sehr bequem. Alle Zimmer haben Meerblick. Außerdem ist das Hotel technisch gut ausgerüstet: Es bietet seinen Gästen eine schnelle Wireless-Internet-Verbindung.

Al-Corniche; Tel. 0 65/3 44 69 50, Fax 0 65/ 3 44 69 70; www.marriott.com; Rollstuhlfahrer; Haustiere nicht erlaubt; 283 Zi. CREDIT ••••

Sindbad-Beach-Resort

In einem bonbonfarbenen Aquapark können sich demnächst die Gäste der verschiedenen Sindbad-Strandhotels im Süden von Hurghada amüsieren.

Al-Corniche; Tel. 0 65/3 44 46 82, Fax 0 65/ 3 44 32 61; Rollstuhlfahrer; CREDIT •••

Sea Garden

Ein typisches Hurghada-Hotel ist das Sea Garden, das sich den 100 Meter vom Haus entfernten Strand mit zwei weiteren Hotels teilt. Die Zimmer sind schlicht, aber gepflegt. Es gibt ein Internetcafé. Wer nicht viel Geldausgeben will, ist in dieser sauberen Unterkunft mit seinem freundlichen Personal gut aufgehoben.

Sakala; Tel. 0 65/3 44 74 93, Fax 0 65/ 3 44 74 92; www.seagarden.com.eg; 94 Zi. VISA (2,5 % Aufpreis) AmEx (4,5 % Aufpreis) MASTER (2,5 % Aufpreis) ••

Essen und Trinken

Da die meisten Hotelgäste Halbpension, Vollpension oder all-inclusive buchen, findet man in Hurghada kaum vernünftige Restaurants außerhalb der Ferienanlagen. Eine Alternative sind die großen internationalen Fastfood-Ketten, deren Filialen zahlreich in Hurghada vertreten sind. Ihr Vorteil: feste Preise.

Bierkeller

Deutsche Küche bietet das Hotelrestaurant des Iberotel Arabella. Wer es gar nicht mehr aushält und auch fern der Heimat sein Bier und Schnitzel braucht, ist hier goldrichtig aufgehoben.

Iberotel Arabella; Siqala; Tel. 0 65/3 54 86; tgl. 17–23 Uhr ••

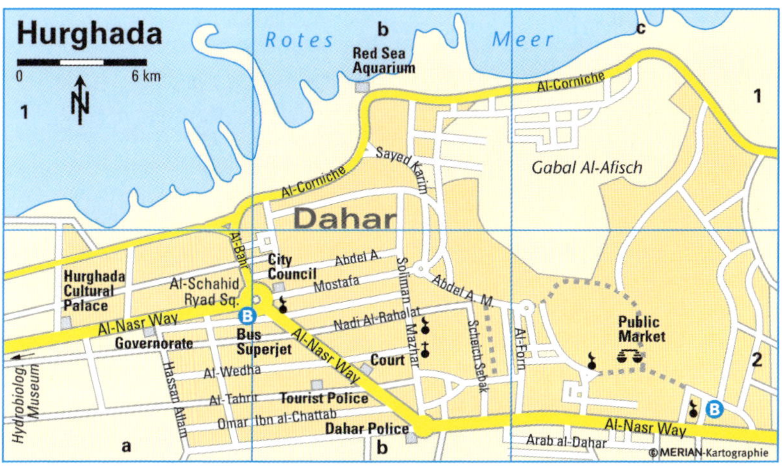

Felfela

Bei dem Ableger des bekannten ägyptischen Spezialitätenrestaurants aus Kairo hat man zwar einen wunderschönen Meerblick und auch das Restaurant ist hübsch gestaltet. Was den Service und das Essen angeht, so hält es dem Vergleich mit der Kairoer »Zentrale« nicht stand. Am besten man hält sich an die Felfela-Klassiker Foul und Taamiya.

Sch. Sheraton; tgl. 10–1 Uhr ••

Am Abend

Hard Rock Café

Zu den ersten Adressen für Nachtschwärmer gehört das Hard Rock Café von Hurghada, das an der Küstenstraße liegt. Mit großer Terasse und Pool-Bar.

Nawarra Center; Sch. al-Kora; Tel. 0 65/ 3 46 51 70; tgl. 12–3 Uhr ••

Ausflüge

Wer sich weder vom Wind tragen, noch auf Brettern stehen oder in die Unterwasserwelt abtauchen will, kann zumindest einen Ausflug mit dem Glasboot machen (40 LE pro Stunde pro Person) oder sich zum Naturschutzgebiet Giftun Island fahren lassen. Außer den Hotelstränden gibt es, auch für Urlauber, die in den Billig-Hotels ohne eigenen Strand absteigen, Privatstrände mit Sonnenschirmen und Restauration. Der Eintritt kostet 10–60 LE (z.B. Papas Beach Club oder Old Vic Beach).

Mit der Fähre (Speed Boat) kann man von Hurghada über das Rote Meer nach Scharm al-Scheich fahren.

ISMAILIYA

750 000 Einwohner, 120 km nordöstl. von Kairo

➤ [G 2]

Von den Städten am Suezkanal ist Ismailiya die ansehnlichste. Benannt nach dem Chediven Ismail, wurde sie 1863 von dem französischen Ingenieur und Diplomaten Ferdinand Marie de Lesseps gegründet, der von hier aus den Bau des Suezkanals organisierte. Da die Stadt am Reißbrett geplant wurde, gibt es keine verwinkelten Gassen, dafür Parks und schöne Villen aus der Kolonialzeit.

Die 750 000-Einwohner-Stadt liegt am Ufer des Timsah-Sees (Krokodilsee). An den nahe gelegenen Bitterseen besitzen viele Ägypter aus Kairo ihre Wochenendhäuser, die Gegend ist bei den Einheimischen als Ferienregion allerdings heute nicht mehr sehr beliebt. Als bedeutendste Einrichtung der Stadt gilt die Suezkanal-Gesellschaft, die hier ihren Hauptsitz hat. Am Mohammed-

Hurghada bei Nacht: schöner Blick, aber unspektakulärer Ort

Ali-Kai steht noch das Haus, in dem de Lesseps einst lebte.

Ismailiya hat zwei Hälften, die durch die Sultan-Hussein-Straße voneinander getrennt werden: eine gepflegte europäische Seite, in der man sich fast in die Kolonialzeit zurückversetzt fühlt, und eine lebendigere, schmutzigere Seite mit den üblichen ägyptischen Wohnblöcken.

Es ist sicher kein Zufall, dass Hassan al-Banna (1916–1949) ausgerechnet hier, während seiner Zeit als Lehrer, in dieser einst europäischsten Stadt Ägyptens, den Entschluss fasste, die Muslimbruderschaft zu gründen. Denn eines der wichtigsten Ziele dieses Urvaters vieler heutiger Islamisten war der Kampf gegen die »Verwestlichung« der Ägypter.

Hotels

Hotel Mercure Forsan Island

Einen Blick über den Timsah-See bietet das Hotel Mercure Forsan Island. Das 1983 erbaute Hotel, zu dem ein Garten gehört, hat 114 Zimmer, 23 Chalets und 15 sogenannte Familien-Suiten.

Forsan Island; Tel. 0 64/3 91 90 41, Fax 0 64/391 80 43; CREDIT ••

Museen

Ismailiya-Museum

Im 1932 eröffneten Ismailiya-Museum hat man archäologische Fundstücke aus altägyptischer, griechischer und römischer Zeit zusammengetragen. Diese waren zum Teil bei den Arbeiten am Kanal entdeckt worden, darunter schöne griechische Mosaike. Im Museum kann man auch den Schlüssel für eine Besichtigung des Gartens der Stelen erhalten, in dem unter anderem einige Exponate aus der Zeit Ramses II. zu sehen sind.

Essen und Trinken

Nefertiti's Restaurant

Bekanntes Restaurant, zentral gelegen. Die Spezialität des Hauses ist Fisch, es werden jedoch auch einige Fleischgerichte angeboten. Es gibt Bier und Wein.

Sch. Sultan Hussein; Tel. 064/3 91 04 94; tgl. 12–24 Uhr ••

George's

Das George's ist eine Bar mit griechischer Küche. Spezialität des Hauses sind Fischgerichte. Die Alkohol-Auswahl ist für ein Lokal in der ägyptischen Provinz nicht schlecht.

Sch. Sultan Hussein; tgl. 11–1 Uhr

Ausflüge

Suez-Kanal

Wer dem Suez-Kanal ein wenig näher kommen will, kann eine kleine Rundfahrt machen, die bei einer der Reiseagenturen der Stadt gebucht werden kann.

ab 10 LE; z. B. bei Misr Tourism 3 91 34 95 oder Emeco 3 91 25 05

MARSA ALAM

6000 Einwohner, 271 km südl. von Hurghada ➤ [K 7]

Mit seinem 100 Kilometer langen Sandstrand, seinen traumhaften Korallenriffen und Delfinen ist Marsa Alam ein idealer Ferienort für Taucher und Urlauber, die abseits vom Rummel der großen Touristenorte (fast) unberührte Natur suchen. Ein Blick auf die Entwicklungspläne für diese Region, die seit der Eröffnung des internationalen Flughafens Marsa Alam im Jahr 2002 massiv vorangetrieben werden, lässt jedoch vermuten, dass dies schon in zehn Jahren nicht mehr der Fall sein wird. Fast möchte man sagen: Besuchen Sie die Idylle von Marsa Alam, solange sie noch existiert. Ein Geheimtipp ist der Ort heute schon lange nicht mehr, er liegt jedoch immer noch weit genug von den großen Bettenburgen der Touristenorte entfernt, um Urlaubern einen entspannten Aufenthalt zu ermöglichen.

Einen richtigen Ortskern hat das einst winzige Fischerdorf Marsa Alam nicht. Die kleine Siedlung, in deren Mitte ein niedlicher Basar liegt, dessen Geschäfte Kuppeldächer im nubischen Stil haben, ist erst später, im Zuge der touristischen Erschließung der Gegend entstanden.

Hotels

Abu Nawas Resort

Das in den Farben Ocker und Karminrot gehaltene, 2003 eröffnete Feriendorf ist geschmackvoll angelegt. Es verfügt über einen im Winter beheizten Pool, ein Tauchcenter und gepflegte Grünanlagen. Einige der nicht sehr luxuriösen, aber hübschen Zimmer bieten den Blick aufs Meer. Ein 350 Meter langer Steg führt vom Sandstrand mitten ins Wasser: Von hier aus können die Gäste am Hausriff die Unterwasserwelt mit dem Schnorchel erkunden. Das Fischrestaurant liegt malerisch direkt am Strand. Vor allem Ruhesuchende sind hier gut aufgehoben.

45 km südl. des Flughafens an der Küstenstraße; Handy 0 12/2 43 99 50 und Tel. 44 44 63, Fax 0 12/2 49 34 48 (Büro Hurghada); www.abonawasresort.com; 150 Zi.; Rollstuhlfahrer, Haustiere; AmEx MASTER VISA ••• (Suite mit Meerblick Aufpreis 30 €)

Kahramana Beach Resort

Aus komfortablen Chalets besteht dieses recht einsam gelegene Feriendorf, zu dem mehrere Restaurants gehören, ebenso wie ein 1,2 Kilometer langer Strand. Ein Shuttle-Bus bringt Urlauber zum Schnorcheln in die Abu-Dabbab-Bucht. Wüstentrips mit Quads oder Geländewagen lassen sich buchen.

40 km südl. des Flughafens an der Küstenstraße; Reservierung in Kairo unter Tel. 02/ 7 48 08 83, Fax 02/7 48 08 28; www.kahramanaresort.com; 179 Zi. AmEx MASTER VISA •••

Strandidylle: das Kahramana Feriendorf am Roten Meer

Sol Y Mar Solitaire

In diesem Hotel, in dem viele All-inclusive-Gäste absteigen, trifft man besonders viele italienische Touristen. Die Atmosphäre ist sehr entspannt, die Animation hält sich in Grenzen. In der Küche ist man bemüht, aber nicht sonderlich kreativ. Wer nicht am Hausriff schnorcheln will, kann hier einen Ausflug per Pferd oder Kamel am Strand entlang machen. Für planschende Kleinkinder ist der Strand nicht gut geeignet. Die Einzelzimmer sind zum Teil sehr klein.

38 km südl. des Flughafens; Handy 0 12/ 2 44 79 55, Fax 0 12/2 49 34 01; www. solymar-hotels.com; 127 Zi. MASTER VISA ••

Ausflüge

Elphinstone Riff

Für erfahrene Taucher gehört zu einem Besuch in Marsa Alam auch ein Ausflug zum etwa zwei Bootsstunden entfernten Elphinstone Riff.

Samadai Riff

Dieses halbrunde Riff bildet eine Lagune. Eine örtliche Tierschutzvereinigung hat sich der Delfine angenommen, die hier in großer Zahl leben und die das Riff zu einer Attraktion für Touristen gemacht haben. Sie hat die Region in drei Zonen aufgeteilt. Zone A ist nur Rangern des Naturschutzgebietes vorbehalten. In Zone B dürfen sich Schnorchler in Begleitung bewegen. Zu Zone C haben kleine Boote Zugang, die Taucher absetzen.

5 km südöstl. von Marsa Alam; Informationen bei der Abu-Salama-Gesellschaft; Tel. 0 65/3 44 50 40

Wüstentrip

Die meisten Hotels und die lokale Reiseagentur Red Sea Desert Adventures organisieren mehr oder weniger lange Trips in die Östliche Wüste, mit dem Auto, dem Kamel oder zu Fuß.

www.redseadesertadventures.com

Tipp

Den Flughafen von Marsa Alam fliegen viele europäische Charterfluggesellschaften an. Von Kairo aus fliegt nur die lokale Gesellschaft Petroleum Air Services zweimal pro Woche (Mo und Do), zu buchen über die Agentur Express, Tel. 02/6 24 27 60. Mit Upper Egypt Travel kann man vom Kairoer Turgoman-Bahnhof dreimal am Tag per Bus nach Marsa Alam fahren. Die Fahrt dauert zehn Stunden, Tel. 02/5 76 02 61. Wer keine Pauschalreise gebucht hat, sollte das Personal seines Hotels bitten, einen Abhol-Service zu organisieren.

NUWAIBA

150 km nördl. von Scharm al-Scheich

➤ [J 3]

Am südlichen Ende des Wadi Watir liegt in einer Senke an der Küste die Kleinstadt Nuwaiba. Sie besteht im Prinzip aus vier Bezirken: Im Norden, in der Beduinensiedlung Tarabin, gibt es viele preiswerte Feriensiedlungen. Hier können Touristen in Hütten wohnen oder in einfachen Pavillons direkt am Strand leben und den Blick auf den Golf von Aqaba genießen. In der Mitte der Stadt liegt der eigentliche Ortskern Nuwaiba, der nach einem Beduinenstamm benannt wurde. Etwas weiter südlich befinden sich mehrere Mittelklassehotels und einige wenige Häuser der gehobenen Preisklasse. Ganz im Süden liegt der Hafen von Nuwaiba. In der Stadt selbst gibt es außer Stränden nicht viel zu sehen.

Hotels

Basata Ecolodge ✡3

(→ Der gute Tipp von MERIAN, S. 45)

Hilton Nuweiba Coral Resort

Das Hilton gehört zu den besten Häusern am Platz. Zwar ist der Baustil wenig beeindruckend, dafür ist das Hotelpersonal zuvorkommend. Die Zimmer sind geräumig und komfortabel. Zum Hotel gehören ein Basar und ein schöner Strand.

Tel. 0 69/3 52 03 21, Fax 0 69/3 52 03 27; www.hilton.com/worldwideresorts; 200 Zi.
MASTER VISA AmEx Diners ••

Nuwaiba Village

Im Hotel Nuwaiba Village kann man entweder ein normales Hotelzimmer oder aber eine preiswertere Hütte ohne eigenes Bad mieten. Die Hotelzimmer sind funktional, aber nicht sonderlich groß.

Tel. 0 69/3 50 04 01, Fax 0 69/3 50 04 07; ••

Farbige Felsenformation:
der Coloured Canyon bei Nuwaiba

Abu Galum
Wer die Einsamkeit an der Küste sucht, kann von Nuwaiba aus zum Naturschutzgebiet Abu Galum fahren, das auch Tauchern einiges zu bieten hat. Mehrere kleine Reiseagenturen und Hotels bieten von hier aus außerdem Kamelsafaris an, auch zur Oase Bir Saghir. Die Straße von Nuwaiba nach Taba an der Grenze zu Israel gehört zu den landschaftlich schönsten der Küste.

Ausflüge

Coloured Canyon
Ein Ausflug ins Hinterland mit seinen spektakulären Bergregionen lohnt sich auf jeden Fall. Reisebüros und Hotels organisieren unter anderem Tagestrips zum Coloured Canyon, einer Schlucht, die von Bergen umgeben ist, deren Gestein in allen erdenklichen Farben schillert: Von Beige und Rosa über Rot und Braun bis hin zu Grau und Schwarz sind sämtliche Nuancen vertreten. Den Canyon erreicht man, indem man ins Wadi Watir fährt und dort an der winzigen Oase Ain Furtaga auf eine Buckelpiste wechselt. Ein Hinweisschild an der Straße gibt es nicht. Für die Tour braucht man allerdings einen robusten Geländewagen, da andere Fahrzeuge zwischen Sand und Geröll stecken bleiben. Auch kann man die letzten zwei Kilometer zur Schlucht nur zu Fuß zurücklegen, an einigen Stellen muss man ein wenig klettern.

Essen und Trinken

Dr. Shishkebab
Hier gibt es einfache ägyptische Speisen und Fastfood-Gerichte, die man auf der Dachterrasse zu sich nehmen kann. Bei Dr. Shishkebab trifft man Urlauber aus den preiswerten Feriencamps des Ortes.
tgl. 11–24 Uhr •

Info

Von Nuwaiba aus gibt es Fährverbindungen nach Aqaba in Jordanien und nach Saudi-Arabien.

PORT SAID (BUR SA'ID)

600 000 Einwohner
➤ [G 1]
Am Mittelmeer, am nördlichen Ende des Suezkanals, liegt die 1859 gegründete Hafenstadt Port Said. Benannt wurde sie nach dem Vizekönig Said Pascha, von dem der Franzose Ferdinand de Lesseps die Genehmigung zum Bau des Kanals

erhielt. Ägypter fuhren früher vor allem nach Port Said, um in der Stadt zollfreie Billig-Textilien aus Fernost einzukaufen. Danach ging man dann häufig mit der ganzen Familie in ein preiswertes Fischlokal. Anfang 2002 schaffte die Regierung den Freihandels-Status der Stadt jedoch mehr oder weniger ab. Seither bleiben die Schnäppchenjäger weg. Während der Kriege gegen Israel haben die Einwohner von Port Said einen hohen Preis zahlen müssen, ihre Stadt wurde zum Teil zerstört.

Für eine erste Orientierung unternimmt man am besten einen Spaziergang entlang der Kanal-Uferstraße (Palestine Street). Zahlreiche Geschäfte und Restaurants liegen auch in der Parallelstraße, der al-Gumhuriya Street. Es gibt in Port Said zwar Strände, und einige Badestrände in Port Fuad sind auch recht hübsch. Wegen der Nähe des großen Hafens ist das Wasser hier jedoch zum Teil nicht sonderlich sauber. Mit der Fähre kann man von Port Said nach Port Fuad übersetzen.

Hotels

Sonesta

Am Ende des Kanals mit Blick auf das Mittelmeer liegt das Sonesta-Hotel. Das Hotel hat einen Swimmingpool, der allerdings nichts Besonderes ist, eine Bar und ein orientalisches Teehaus.

Sch. Sultan Hussein; Tel. 0 66/3 32 55 11, Fax 0 66/3 32 48 25; www.sonesta.com; MASTER VISA ●●●

Sehenswertes

Suezkanal-Gesellschaft

Sehenswert ist das prunkvolle Gebäude der Suezkanal-Gesellschaft, das wie ihre Häuser in Suez und Ismailiya, ein Vorzeigeobjekt der ägyptischen Wirtschaft ist.

Zeitsprung: der Hafen von Port Said um 1930 und heute

Museen

Nationalmuseum

Das Nationalmuseum zeigt ein etwas desperates Sammelsurium archäologischer Fundstücke. Auf einen Besuch kann man auch verzichten.

Palestine Street

Essen und Trinken

Cecil Reanu

Eröffnet wurde das Restaurant 1982 von einem Koreaner. Deshalb werden, selbstverständlich, auch asiatische Spezialitäten serviert.

5 Sch. al-Gumhuriya; Tel. 0 66/3 22 59 11; tgl. 10–23 Uhr ••

Pizza Pino

Pizza, Pasta und Eis gibt es für wenig Geld bei Pizza Pino. Hier kann man auch draußen sitzen.

Sch. al-Gumhuriya, Ecke Sch. 23 Julyu; Tel. 0 66/3 23 99 49; tgl. 8–4 Uhr •

Info

Touristeninformation

Palestine Street; 0 66/23 52 89; Sa–Do 9–18 Uhr, Fr 9–12 Uhr

QUSAIR

50 000 Einwohner

➤ [J 6]

Von der Kleinstadt Qusair aus schickte Königin Haschepsut ihre Schiffe einst auf die berühmte Reise in das sagenumwobene Land Punt. Im Lauf der Zeit entwickelt sich Qusair zu einem wichtigen Hafen. Viele Mekka-Pilger kamen hier vorbei. Eine Handelsroute von Qusair nach Qina verband die Küste mit dem Niltal. Mit der Eröffnung des Suezkanals verlor die Stadt an Bedeutung und wurde zu einem unscheinbaren Fischerdorf. Der schwäbische Zoologe Carl Klunzinger (1834–1915) lebte hier elf Jahre lang, um die Fische und Korallenriffe im Roten Meer zu studieren.

Nördlich und südlich von Qusair haben sich mehrere Hotels angesiedelt. Die meisten Touristen, die hier ihren Urlaub verbringen – darunter viele Taucher – reisen inzwischen über den neuen Flughafen Marsa Alam hierher, ein Teil kommt über Hurghada.

Hotels

Mövenpick Sirena Beach Resort

Das bekannteste Hotel von Qusair ist das Mövenpick Resort, in dem großen Wert auf gutes Essen gelegt wird. Schönes Hausriff.

Tel. 0 65/3 33 21 00, Fax 0 65/3 33 21 28; www.moevenpick-quseir.com; 250 Zi.

CREDIT ●●●●

Radisson SAS

Ganz in der Nähe des Mövenpick liegt dieses Hotel, ein Traum in Altrosa und Grau, der zwar hart an der Grenze zum Kitsch liegt, insgesamt aber einen schönen Eindruck hinterlässt. Beim Bau der 2005 eröffneten Anlage wurde viel Naturstein verwendet. Die Einrichtung der Zimmer ist auffallend schön, die funktionalen Badezimmer haben einen arabischen Touch. Alle Restaurants haben eine Terrasse. Zudem gibt es einen normalen Pool und ein Salzwasser-Becken. Und vor der Küste ein Korallenriff.

Tel. 0 65/3 35 02 60, Fax 0 65/3 35 02 80; www.elquseir.radissonsas.com; 250 Zi. CREDIT **●●● (20 $ Aufpreis für Zi. mit Meerblick)**

Flamenco Beach Resort

Eine gute Wahl unter den Mittelklassehotels ist dieses Resort mit kleinem Strand. Zu einem größeren Strand werden die Gäste per Shuttle-Bus gebracht. Angebote für Übernachtung und Tauchgänge.

Tel. 0 65/3 35 02 00, Fax 0 65/3 35 02 11; www.flamencohotels.com; 280 Zi.

AmEx MASTER VISA ●●●

Sirena Beach Resort: Von den Bungalows führt ein Steg zum Hausriff.

Sehenswertes

Fort Qusair

Das Fort war Ende des 16. Jahrhunderts unter dem osmanischen Sultan Selim errichtet worden. Es verfiel, wurde jedoch von den Franzosen wieder aufgebaut. Nach einer Restaurierung kann es nun besichtigt werden.

Tgl. 9–16 Uhr; Eintritt 2 €

Info

www.alquseir.com

SAFAGA

60 km südl. von Hurghada

➤ [J 5]

Die Hafenstadt Safaga besteht auf den ersten Blick aus nicht viel mehr als einer Hauptstraße mit einer Reihe von Männer-Teestuben und staubigen Gassen, was die Bedeutung des Stadtnamens erklären könnte: Safaga bedeutet »staubige Winde kommen«. Vor der Küste liegt eine große Insel mit einem weißen Leuchtturm. Über Safaga wickelt Ägypten einen großen Teil seines Handels mit Afrika und Asien ab. Mekka-Pilger und Arbeitsmigranten aus Oberägypten reisen von hier mit der Fähre nach Saudi-Arabien. Neben den Tauchern kommen in Safaga vor allem die Windsurfer auf ihre Kosten.

Hotels

Holiday Inn Resort Safaga Palace

Wer kein Risiko eingehen will, ist in diesem Resort gut aufgehoben. Zweckmäßige Zimmer. Das Hotel hat eine Tauchbasis und eine eigene Surf-Station.

Tel. 0 69/3 26 01 00, Fax 0 69/3 26 01 05; 335 Zi. AmEx MASTER VISA ●●

Ausflüge

Die Hotels organisieren Ausflüge zum antiken Steinbruch Mons Claudianus in der Östlichen Wüste und zur Tobias-Insel.

Tauchen

Relativ unbekannt ist, dass an der Küste um Safaga einige großartige Tauchplätze liegen, an denen man Haie und Hammerhaie finden kann. (→ Spezial, S. 216)

Tauchzentren: Ducks Dive im Holiday Inn Resort, Tel. 0 69/3 26 01 00 und Divers International, Tel. 0 62/3 60 08 65

SCHARM AL-SCHEICH

12 000 Einwohner

➤ [J 5]

Unter den Badeorten auf der Sinai-Halbinsel ist die Touristenstadt Scharm al-Scheich der größte und eleganteste. Zwischen Bergen und Meer hat sich hier mittelerweile bereits alles angesiedelt, was in der Hotellerie Rang und Namen hat. Wer vom Flughafen in Richtung Ortsmitte fährt, stößt hier zuerst auf eine Reihe großer Strandhotels der gehobenen Klasse, die jeweils am Ende eines langen Zufahrtwegs weitab von der Straße liegen.

Die Küste ist landschaftlich abwechslungsreich. Es gibt große Buchten, sanft abfallende Strände und steile Abhänge. Die Stadtplaner haben in Scharm al-Scheich nichts dem Zufall überlassen, von der autofreien Promenade bis zu den kleinen Holzbrücken, die es Urlaubern ermöglichen, bequem über den begrünten Mittelstreifen der Hauptstraße zu gelangen. Wegen dieser wunderbaren Atmosphäre hält Ägyptens Regierung internationale Konferenzen am liebsten hier ab, anstatt in Kairo mit seinem Lärm und den verstopften Straßen. Wer hier seinen Urlaub verbringt, sollte Ruhe mögen und auf guten Service aus sein, denn man liegt weit ab vom Schuss.

Hinter den großen Strandhotels liegt der neue Ortskern Naama Bay mit seiner lauschigen Strandpromenade und seiner Fußgängerzone voller Restaurants, Boutiquen und Cafés. Hier entstanden einst die ersten ägyptischen Hotels und Tauchschulen, nachdem die Israelis die Halbinsel Mitte der 1980er-Jahre verlassen hatten. Auf Naama Bay folgen in nordwestlicher Richtung noch zwei Stadtteile: Hadaba, auf dessen Klippen Villen, und Bungalows, kleinere Feriensiedlungen für Ägypter, aber auch eine Handvoll Hotels liegen. Hier ist der Weg hinunter zum Meer an einigen Stellen sehr steil. Weiter landeinwärts liegt der Ortsteil, den die Einheimischen »das alte Scharm al-Scheich« nennen. Dort im Old-Market-Viertel liegen eine Reihe preisgünstiger Restaurants und Hotels. Sechs Kilometer nördlich von Naama Bay findet man zudem noch ein ruhigeres Stück Küste, die Shark's Bay.

In Scharm al-Scheich trifft man traditionell viele italienische Touristen. Mittlerweile kommen auch jedes Jahr mehr Russen hierher. Vor den Eingängen vieler Restaurants hängt die Speisekarte inzwischen auch in russischer Sprache aus. Für Ägypter, die sich keine Auslandsreisen leisten können, ist Scharm al-Scheich neben al-Gouna und Taba Heights ein beliebtes Ziel für die Flitterwochen.

Die Korallenriffe vor Scharm al-Scheich haben schon bessere Zeiten gesehen. Die Strände sind sehr gepflegt. Öffentliche Strände sind allerdings rar. Fast jeder Zentimeter Sandfläche gehört zu einem der Hotels.

Hotels

Hyatt Regency

Traumhaft schmiegt sich das Hotel in mehreren Terrassen an die Steilküste an. Wassersportler sind hier genau richtig: In der Bucht liegt eines der schönsten Korallenriffe Ägyptens. Außerdem bietet das Hyatt drei Badestrände.

Gardens Bay, Tel. 0 69/3 60 12 34, Fax 0 69/ 3 60 36 00; www.sharm.hyatt.com; 439 Zi.
CREDIT ●●●●

Savoy

In der Luxus-Kategorie sticht das Savoy am White Knight Beach wegen seiner schönen Grünanlagen hervor, die zeigen, was man mit intensiver Bewässerung aus dem Boden herausholen kann.

Tel. 0 69/3 60 25 00, Fax 0 69/3 60 27 77; www.savoy-sharm.com; 406 Zi. ♿ CREDIT ●●●●

Malerisch in die Abendsonne getaucht:
Naama Bay in Scharm al-Scheich

Camel Dive Hotel

Jenseits der internationalen Hotelketten ist das Camel Dive Hotel in Naama Bay eine echte Institution. Zu dem Hotel, das auf Rollstuhlfahrer eingerichtet ist, gehören zwei Restaurants an der Promenade und ein Tauchzentrum.

Tel. 0 69/3 60 07 00, Fax 0 69/3 60 06 01; www.cameldive.com; 38 Zi. ♿ MASTER VISA •••

Lido

Das Hotel zeichnet sich durch seine besonders schöne Lage an einem Hang direkt am Strand aus. Die Zimmer sind geräumig. Vom Balkon hat man eine traumhafte Aussicht über Naama Bay.

Tel. 0 69/3 60 26 03, Fax 0 69/3 60 26 17; www.iberotel-eg.com/lido; 71 Zi. AmEx MASTER VISA ••• (All-inclusive-Angebote)

Ausflüge

Wadi Nabq

Weniger bekannt ist bis heute das Naturschutzgebiet Nabq. In dem 600 Quadratkilometer großen Gebiet gibt es nicht nur schöne Strände, sondern es wachsen unter anderem Mangroven.

35 km nordöstl. von Scharm al-Scheich; tgl. bis Sonnenuntergang; Eintrittsgebühr wird nicht immer erhoben

Essen und Trinken

Rangoli

Unter den zahlreichen indischen Restaurants von Scharm al-Scheich sticht das Rangoli im Sofitel Coralia Resort hervor. Von der Terrasse hat man einen schönen Ausblick über die Bucht von Naama. Reservierung empfohlen.

Tgl. 19–23 Uhr; Tel. 0 69/3 60 00 81 •••

Nachtleben: Die Straßencafés sind immer gut besucht.

Abou el Sid

Ägyptische Küche serviert das Abou el Sid im Zentrum von Naama Bay, ein Ableger des gleichnamigen Kairoer Lokals. Berühmt ist die Molochiya, ein Gemüsegericht mit Reis und Fleisch oder Huhn.

Handy 010/6 69 25 71 ••

Fares

Unschlagbar günstig sind Fisch, Krebse & Co. im Fares Sea Food Restaurant, das am Eingangstor des Old Market in der ersten Querstraße links auf der linken Straßenseite liegt. Das Lokal gehört zu dem daneben liegenden Fischgeschäft. Ein Abendessen mit Salat, Fisch und frischem Fruchtsaft kostet pro Person rund 50 LE. Sollte das Lokal voll sein, kann man nach dem Weg zum Fischrestaurant Sinai Star fragen, das nicht weit entfernt liegt.

Tel. 0 69/3 66 30 76,
Handy 0 10/3 41 95 27; tgl. 13–1 Uhr •

Einkaufen

In Scharm al-Scheich wimmelt es nur so von Souvenir-Shops. Wirklich Originelles findet man allerdings kaum. Daneben gibt es vor allem Geschäfte, in denen man Badekleidung, Schnorchel etc. kaufen kann, sowie Juweliere und – für ägyptische Verhältnisse sehr zahlreich und auffällig werbend – Alkoholgeschäfte.

Am Abend

Hard Rock Café

Voll ist es meist im Hard Rock Café an der Fußgängerzone. Getanzt wird ab Mitternacht.

Sch. Sultan Qabus; tgl. ab 13 Uhr

Pacha

House- und Techno-Partys bis zum frühen Morgen feiert man im Pacha. Badesachen nicht vergessen, denn wem es auf der Tanzfläche zu heiß wird, der kann sich im discoeigenen Pool eine Abkühlung verschaffen.

Tam Tam

Nach dem Abendessen laden die Sitzkissen auf dem Boden im Tam Tam Restaurant und Café an der Promenade von Naama Bay zum Ausruhen ein. Hier kann man bei ruhiger orientalischer Live-Musik einen Tee trinken oder eine Wasserpfeife rauchen und dabei die vorbeischlendernden Touristen beobachten.

Info

www.allsinai.info

Laterne, Laterne: ein Mitbringsel, das auch zu Hause noch leuchtet

SOMA BAY

45 km südl. von Hurghada

➤ [J 5]

Sport und Erholung suchen die Gäste in dem noch relativ jungen Feriendorf Soma Bay, das im Prinzip nicht viel mehr als aus einigen Hotels und Tauchbasen besteht. Soma Bay liegt auf einer Halbinsel. Die Fünf-Sterne-Hotels bieten meist einen kostenlosen Transport vom und zum Flughafen in Hurghada an. Von hier aus kann man auch einen allerdings von der Anreise her recht anstrengenden Trip ins 240 Kilometer entfernte Luxor unternehmen.

Hotels

La Residence des Cascades

Dieses Hotel gilt als die erste Adresse für Golf-Freunde. Besonders schön gelegen, wird in dieser architektonisch ungewöhnlichen Residenz Wellness großgeschrieben: Hier gibt es ein Spa, in dem auch eine Thalassotherapie angeboten wird.

Tel. 0 65/3 54 49 01, Fax 0 65/3 54 39 33; www.residencedescascades.com; 255 Zi. ♿ CREDIT ●●●●

Intercontinental Abu Soma

Zu diesem Fünf-Sterne-Hotel gehört ein eigener Reitstall und ein sehr gut ausgestattetes Surf-Center.

Tel. 0 65/3 26 07 00, Fax 0 65/3 26 07 49; www.ichotelsgroup.com; 445 Zi. CREDIT ●●●

Sheraton Soma Bay

Hotel-Architektur mit Altertums-Touch: Die Zimmer der im neo-pharaonischen Stil erbauten Residenz sind in hellen Farben gehalten. Großes Sportangebot.

Tel. 0 65/3 54 58 45, Fax 0 65/3 54 58 85, www.sheraton-somabay.com; 310 Zi. CREDIT ●●●

TAUCHEN IM ROTEN MEER

Klares Wasser, spektakuläre Riffe und bunte Fische machen aus dem Strandurlaub am Roten Meer ein besonderes Erlebnis.

Wer einmal Tauchurlaub am Roten Meer gemacht hat, kommt garantiert wieder. Denn nirgendwo sonst findet man – nur drei bis vier Flugstunden von Europa entfernt – so schöne Korallenriffe und einen so großen Artenreichtum von Meerestieren wie vor der Küste der Sinai-Halbinsel und südlich von Hurghada. Das Meerwasser ist hier so warm, dass das Tauchen selbst in den Wintermonaten noch Spaß macht, und die Sicht ist im klaren Wasser des Roten Meeres so gut, dass man die Korallen, Anemonengärten und bunten Fische in ihrer ganzen Farbenpracht erlebt. Schon vom Steg des Hotels aus oder beim Schnorcheln kann man oft schon große Fächerkorallen oder Löwenfische sehen, weshalb viele Touristen sich am Roten Meer spontan zu einem Tauchkurs entschließen. Auch für Anfänger, die in Ägypten den ersten etwa fünftägigen Kurs absolvieren wollen, finden sich ideale Plätze ohne jede Strömung.

Taucherlebnis der besonderen Art: die Begegnung mit Zitronenfalterfischen.

Die meisten Tauchbasen sind in Ägypten professionell geführt, was einen aber nicht daran hindern sollte, die Ausrüstung sorgfältig zu überprüfen. In fast allen Tauchbasen arbeiten auch Ausländer. Doch auch die ägyptischen Tauchlehrer sprechen in der Regel gut Englisch.

Selbst erfahrene Taucher mit Buddy dürfen allein bestenfalls im Hausriff tauchen. Ein Strandtauchgang kostet auf dem Sinai rund 40 Euro. Bei mehrtägigen Tauchsafaris muss man pro Nacht an Bord eines Schiffes mit Ausrüstung und Verpflegung ungefähr 100 Euro einkalkulieren.

Entlang der Küste reihen sich die Tauchplätze aneinander. Fast alle sind interessant, manche sogar spektakulär. Zu den berühmtesten Tauchgründen gehören bei **Dahab** das Blue Hole und der Canyon, der über einen schmalen Spalt im Meeresboden angetaucht wird. Am Mittag, wenn die Sonne direkt von oben scheint, wirkt der Canyon wie ein Unterwasserdom. Er kann seitlich durch einen Tunnel verlassen werden. Das Blue Hole ist ein fast kreisrunder Topf in unmittelbarer Nähe des Ufers. In einem Torbogen in größerer Tiefe hat es leider schon tödliche Unfälle gegeben. Beide Tauchplätze sind vom Strand aus zugänglich. Die zahlreichen Cafés und Restaurants von Dahab können die Pausen zwischen den Tauchgängen versüßen. Zum Strand geht es mit Jeeps und Minibussen.

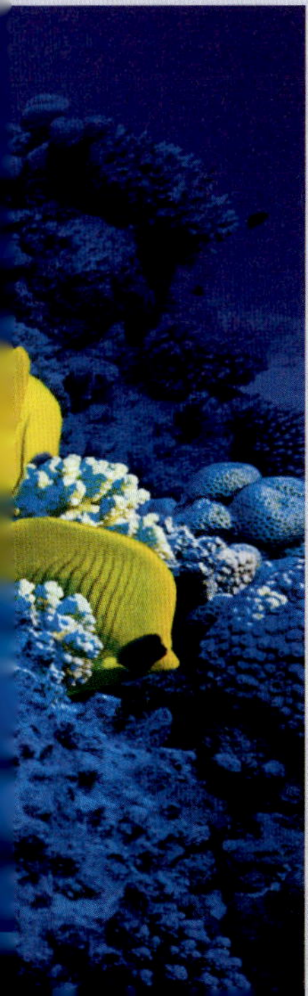

In **Scharm al-Scheich** wechseln sich entlang der Strandpromenade Restaurants, Hotels und Tauchbasen ab. Täglich starten in dem bekannten Badeort mehr als 200 Tauchboote. Leider sind einige der vorgelagerten Riffe schon sehr beschädigt. Empfehlenswert ist der Unterwassernationalpark Ras Mohammed, der südlichste Punkt des Sinai. Hier geht der Golf von Aqaba in den Golf von Suez über. Wegen der Lage an der Spitze der Halbinsel gibt es an den Tauchplätzen von Ras Mohammed starke Strömungen, die aber die Riffe mit Nährstoffen versorgen und eine große Vielfalt der Arten ermöglichen.

Schaab Abu Nuhas in der Straße von Gubal, südwestlich von Scharm al-Scheich, ist ein beliebter Tauchplatz wegen mehrerer Wracks (Giannis D., Carnatic, Kimon M., Chrisoula K.), die dort am Meeresgrund liegen. Boote aus Scharm al-Scheich, Hurghada oder al-Gouna steuern diesen Platz an. In einige Wracks kann man ohne Gefahr hineintauchen. Zwei andere liegen im Hafengebiet von Hurghada: Ein versenkter Minenräumer und ein gesunkenes Ausflugsboot.

www.sinaidivers.com
www.cameldive.com
www.diveindahab.com

ST. KATHARINA ✡5

1600 m ü.d.M.

➤ [J 4]

In einem Tal inmitten der Berge des Sinai liegt das Katharinenkloster, die kleinste Diözese der Welt. Das Kloster, an dieser Stelle gebaut, da Gott hier zu Moses aus dem brennenden Dornbusch gesprochen haben soll, liegt im 4350 Quadratkilometer großen Naturschutzgebiet St. Katharina. Das Kloster liegt am Fuße eines Berges, den Theologen für den in der Bibel erwähnten Berg Sinai (2285 Meter hoch) halten, auf dem Moses die Zehn Gebote empfing. Er wird auch Mosesberg (arab. Dschabal Musa) genannt.

Schon im 4. Jahrhundert hatten sich Mönche hier niedergelassen. Helena, die Mutter Konstantins des Großen, berichtete von einigen christlichen Klausen, die sie im Jahr 324 am Mosesberg gesehen hatte. Mit dem von ihr gestifteten Geld legten die Mönche eine erste kleine Siedlung an. Kaiser Justinian errichtete zwischen 548 und 565 eine Festung für die Mönche und siedelte römische sowie ägyptische Soldaten an, die für die frommen Männer arbeiten mussten. Denn aus Reiseberichten von Pilgern weiß man, dass es immer wieder Angriffe auf die Mönche am Mosesberg gegeben hat.

Mit der Islamisierung Ägyptens sahen sich die Mönche ab dem 7. Jahrhundert zudem neuen Gefahren ausgesetzt, die sie jedoch auch dank diplomatischer Taktiken umgehen konnten. Die Mönche ließen auf ihrem Gelände später sogar eine Moschee bauen, was auch ein Grund dafür sein dürfte, dass sich die christliche Enklave dauerhaft hier halten konnte.

Einen Niedergang erlebte das Kloster im 11. Jahrhundert. Während der Kreuzzüge richtete sich erstmals das Augenmerk der europäischen Christen auf das Katharinenkloster. Im Mittelalter wurden die Mönche mehrfach vertrieben. Napoleon Bonaparte, der 1798 nach Ägypten kam, garantierte dem Kloster seine Rechte. 1859 wurde hier der »Codex Sinaiticus« entdeckt, ein ägyptisches Bibel-Manuskript aus dem 4. Jahrhundert, das große Teile des Alten und ein komplettes Neues Testament enthält. Im Kloster leben heute rund zwei Dutzend griechisch-orthodoxe Mönche. Spektakuläre Hotels gibt es in der Nähe des Klosters nicht: Viele Touristen ziehen es vor, in Nuwaiba, Taba oder Dahab zu übernachten und einen Tagesausflug nach St. Katharina zu unternehmen. (→ Spezial, S. 222)

Hotels

Catherine Plaza Hotel

Eine im Vergleich zu anderen Herbergen am Ort recht komfortable Unterkunft.

Katharinenkloster: wo Gott Moses in einem brennenden Dornbusch erschienen sein soll

Ein bequemer Ort zum Ausruhen für Pilger und andere Urlauber.

Tel. 0 69/3 47 02 89, Fax 0 69/3 47 02 92; 147 Zi. ••

Guesthouse St. Catherine

Wer möglichst nahe am Kloster wohnen will, ist in diesem einfachen Hotel gut aufgehoben. Vor allem bei Kirchengruppen ist dieses Haus beliebt.

Tel./Fax 0 69/3 47 03 53; 52 Zi. ••

El Karm Ecolodge

Im Wadi Gharba liegt diese einfache Herberge im Beduinen-Stil. Hier können Wanderer und Ruhesuchende für ganz

Orthodoxe Pracht: Das Kloster ist berühmt für seine Ikonen und Handschriften.

wenig Geld übernachten. Die kleine Pension, aus Naturmaterialen erbaut, kann entweder mit dem Geländewagen von al-Tarfa aus erreicht werden oder zu Fuß, die Wanderung von St. Katharina dauert ungefähr drei Stunden.

Informationen und Reservierung:

St. Katherine Protectorate; Tel. 0 69/ 3 47 00 32, Fax 0 69/3 47 00 33 •

Ausflüge

Mosesberg (Mt. Sinai)

Vier Stunden sollten man für den Aufstieg zum Mosesberg einplanen. Auf dem Gipfel kann es gelegentlich etwas voll werden. Am Fuße des Berges bieten Beduinen mit Kamelen ihre Dienste an. Das letzte Stück muss trotzdem zu Fuß zurückgelegt werden, weil die Tiere hier nicht weiterkommen. Egal, ob man die Stufen, den direkten Weg oder den nur mit einem lokalen Führer begehbaren Weg hinten herum wählt: Selbst wer kein frommer Christ ist, kommt auf dem Berg Sinai auf seine Kosten. Vor allem bei Sonnenaufgang und bei Sonnenuntergang ist die Aussicht sehr schön. Da es empfindlich kühl werden kann, sollte man eine Jacke oder einen Pullover dabeihaben. Noch höher als der Mosesberg ist der Katharinenberg, die mit 2642 Metern höchste Erhebung des Sinai-Halbinsel.

Auf Moses Spuren: Frühmorgens zieht es die Besucher auf den Berg Sinai.

Wadi Feiran

Rund 60 Kilometer westlich des Katharinenklosters liegt die Oase des Wadi Feiran. In dieser größten Oase des südlichen Sinai sollen die Israeliten auf ihrem Weg zum Berg Sinai gelagert haben. Von einer frühen christlichen Siedlung ist heute nur noch eine Kapelle erhalten.

Sehenswertes

Klosteranlage

Die Klosteranlage stammt aus dem 6. Jahrhundert und wird von einer bis zu 15 Meter hohen Mauer aus Granitblöcken umschlossen. Die Mönche haben einige Bäume gepflanzt, was den Ort wie eine kleine Oase in der kargen Berglandschaft wirken lässt. Infolge der Islamisierung entstand im 11. Jahrhundert eine kleine Moschee auf dem Klostergelände. 1312 stürzte ein Teil der Gebäude bei einem Erdbeben ein. Der Wiederaufbau dauerte mehr als 100 Jahre. Das Kloster wurde nun der Hl. Katharina von Alexandrien geweiht. (→ Tour 3)

Basilika

Das Zentrum der Klosteranlage bildet die Basilika aus dem 6. Jahrhundert, die man durch eine schwere Tür betritt. In dem etwas dunklen Vorraum (Narthex) sind mehrere Ikonen zu bewundern. Durch eine schön geschnitzte Holztür aus byzantinischer Zeit schreitet man in das von zwölf Säulen getragene Mittelschiff. An der Decke hängen prunkvolle Kronleuchter und Straußeneier.

Dornbusch
Auf dem Klostergelände selbst ist die größte Attraktion für christliche Pilger ein Busch, der für einen Sprössling des im Buch Exodus erwähnten brennenden Dornbusches gehalten wird, in dem sich Gott Moses offenbart haben soll. Im Jahr 1216 wurde die Kapelle des Brennenden Dornbusches errichtet.

Museen
Klostermuseum
Zu den besonders interessanten Handschriften, die im Museum ausgestellt sind, gehören ein Schutzbrief Napoleons, ein altsyrisches Gebetsbuch von 1251 sowie mehrere Bibeln in griechischer, arabischer, aramäischer und lateinischer Sprache. Zudem befindet sich dort die Abschrift einer wertvollenn Schriftrolle aus dem Jahr 1638. Auf dem darauf festgehaltenen Text soll Mohammed, der Prophet der Muslime, seine Gefolgschaft dazu auffordern, die Mönche des Kathrinenklosters in Frieden zu lassen. Für den Besuch des Museums wird eine »Spende« von mindestens 10 LE erwartet.

Einkaufen
Fan Sina
In dem kleinen Ort neben dem Katharinenkloster liegt links oben am Hügel dieses kleine Geschäft, in dem sehr schöne bestickte Kissenbezüge, Geldbörsen und Handtaschen verkauft werden, die von den Beduinen-Frauen des Ortes hergestellt werden. Die Frauen von Fan Sina verkaufen ihre Waren auch en gros an Geschäfte in Kairo und im Ausland.

Tgl. 9–15 Uhr

SUEZ
550 000 Einwohner, 2 m ü.d.M.

➤ [G 2]

Die im Krieg mit Israel stark zerstörte Provinzhauptstadt Suez liegt am südlichen Ende des Suezkanals und ist für die meisten Urlauber nicht mehr als eine Transitstation auf dem Weg zum Sinai oder nach Hurghada. Die eigentlich reizvoll am Golf von Suez gelegene Industriestadt ist größtenteils schmutzig und ärmlich. Eine Ausnahme bildet jedoch das historische Villenviertel in Port Tawfik, das bis heute zur Kanalgesellschaft gehört.

Der 163 Kilometer lange Suezkanal verbindet die Hafenstädte Port Said am Mittelmeer und Suez am Roten Meer miteinander. Dazwischen liegt die Stadt Ismailiya. Durch den Bau des Kanals konnte die Zeit für eine Schiffsreise von Europa nach Asien erheblich abgekürzt werden, weil man fortan nicht mehr Afrika umschiffen musste. Schon zu Zeiten der Pharaonen hatte man kleinere Kanäle angelegt, die den Nil mit dem Mittelmeer verbanden. Allerdings versandeten sie später.

Mit Unterstützung des Vizekönigs Mohammed Said begann die französische Suezkanal-Gesellschaft unter Ferdinand de Lesseps 1859 mit dem Jahrhundertprojekt. Mit dem Bau begann man im Norden bei Port Said. Einige der Schwierigkeiten, die das große Bauvorhaben belasten würden, hatte man vorausgesehen, andere nicht. So stellte schon die Trinkwasserversorgung für die 25 000 Arbeiter ein größeres Problem dar. Eine Cholera-Epidemie verzögerte den Bau

weiter auf S. 224

CHRISTENTUM IN ÄGYPTEN

Die Kopten sind die Nachfahren der Pharaonen. Heute jedoch sind sie eine religiöse Minderheit.

Mit rund sechs Millionen ist die christliche Gemeinde in Ägypten größer als in jedem anderen arabischen Land. Doch die Christen machen weniger als zehn Prozent der Bevölkerung aus. Die meisten von ihnen gehören der koptisch-orthodoxen Kirche an. Es gibt zudem in geringerer Zahl auch Protestanten (das Ergebnis westlicher Missionstätigkeit), sowie kleine katholische und griechisch-orthodoxe Gemeinden.

Die koptische Kirche ist, wie andere **Ostkirchen** auch, im Jahr 451 entstanden, als sich die Oberhäupter der ägyptischen Christen beim Konzil von Chalcedon gegen die Betonung der doppelten (göttlichen und menschlichen) Natur Jesu Christi wandten. Das Christentum hatte Ägypten schon im 1. Jahrhundert erreicht. Markus soll in Alexandria die ersten Juden und Griechen zu einem Übertritt zum Christentum bewegt haben. Für die Ägypter selbst, die unter römischer Herrschaft lebten, mag die neue Religion attraktiv gewesen sein, weil sie auch einfachen, frommen Menschen ein ewiges Leben versprach, ohne dass dafür aufwendige Bestattungsriten oder ein Totenkult notwendig sind. Auch gab es möglicherweise einige Elemente – wie die Jungfrau mit dem Jesuskind (ähnlich wie die Darstellung der Göttin Isis mit Horus) –, welche die Ägypter an ihren eigenen religiösen Hintergrund erinnerten. Das koptische Kreuz erinnert von seiner Form her an das ägyptische Lebenszeichen Anch.

Betender Priester: Heiligabend in der Marienkirche al-Zaytun zu Kairo

Vor der islamischen Eroberung war Ägypten rein christlich. Die meisten Kopten konvertierten jedoch später zum Islam, einige aus Überzeugung, andere, um einer Diskriminierung zu entgehen oder unter Zwang. Der Begriff »koptisch« (qibti) geht auf das Wort »ägyptisch« zurück. Unter den Kopten findet man bis heute Menschen mit Mandelaugen, hohen Wangenknochen und schmaler prominenter Nase, so wie man sie auf den Reliefs aus der Pharaonenzeit sieht. Zwar sind die Kopten ethnisch gesehen die Nachfahren der Alten Ägypter, doch kann man die meisten heute nicht von ihren muslimischen Landsleuten unterscheiden. Auch einige Namen, wie z. B. Mariam, Rania, Ibrahim oder Musa werden sowohl von Christen als auch von Muslimen verwendet.

Koptische Gläubige: Die »Hängende Kirche« in Kairo ist berühmt für ihre Ikonen.

Aus Ägypten stammen die wichtigsten Impulse für die **Entstehung von Klöstern**. Durch die Christenverfolgung setzte jedoch ein Niedergang des Mönchwesens ein. Seit den 1970er-Jahren des vergangenen Jahrhunderts haben die Klöster wieder großen Zulauf. Fromme Christen besuchen die Klöster im Wadi Natrun, in Oberägypten und im Hinterland der Küste des Roten Meeres an Wochenenden und Feiertagen.

Die Mönche und die Priester tragen schwarze Gewänder. Fromme Kopten küssen ihnen zur Begrüßung die Hand. Oberhaupt der koptischen Kirche ist seit 1971 der **Patriarch Schenuda III.** (Baba Schenuda). Zu den berühmtesten Kirchen Ägyptens gehören die »Hängende Kirche« in Alt-Kairo sowie die große Markus-Kathedrale im Kairoer Stadtteil Abbassiya. Die meisten Kopten leben in Kairo und den oberägyptischen Provinzen Suhag, Assiut und Minia. Die **koptische Sprache** ist eine Weiterentwicklung der Sprache der Pharaonen mit griechischer Schrift. Sie wird im Alltag nicht mehr benutzt, sondern nur noch in der Liturgie, wobei die Gottesdienste inzwischen hauptsächlich auf Arabisch stattfinden.

Für viele ältere Ägypter gilt vor allem die Zeit vor der Revolution von 1952, da einige Kopten eine prominente Rolle in der ägyptischen Nationalbewegung spielten, als das Goldene Zeitalter des harmonischen Zusammenlebens zwischen Christen und Muslimen. Heutzutage gehört es zu den größten politischen Tabus des Landes, über das gespannte bis feindselige Verhältnis der Angehörigen beider Religionsgruppen zu sprechen. Dies gilt besonders seit den 1990er-Jahren, als Christen von islamistischen Extremisten getötet und ihre Geschäfte verwüstet worden waren. Offiziell gibt es keine staatliche Diskriminierung der Kopten. Allerdings sind sie in den oberen Etagen der Verwaltung, im Parlament und der Regierung deutlich unterrepräsentiert. Auch bleibt die Frage, weshalb es notwendig ist, dass in Ägypten die Religionszugehörigkeit im Personalausweis vermerkt wird.

zusätzlich. Aufwendig war es auch, Baumaterialien und Werkzeuge aus Europa heranzuschaffen. Doch am 17. November 1869 war es dann so weit: Mit Feuerwerk, einem großen Ball und einer Opernaufführung (»Rigoletto«) wurde der Kanal im Beisein Hunderter Europäer eingeweiht. Die Festlichkeiten sollen den Chediven ein Vermögen gekostet haben. Da der Betrieb des Kanals zunächst jedoch keinen Gewinn abwarf, gab man dem Begehren der britischen Regierung nach, die sich 1875 einen großen Anteil an der Kanalgesellschaft sicherte.

Wer Suez erkunden möchte, sollte am besten am Wasser entlang fahren und sich den Kanal und den Golf anschauen.

Hotels

Green House

Dieses um 1990 erbaute Hotel liegt an einer großen Kreuzung. Von einigen Zimmern blickt man auf den Kanal oder den Golf von Suez. Die Zimmer sind mit hellen Holzmöbeln und Klimaanlage ausgestattet. Im Hotelrestaurant kann man für 70 bis 100 LE eine komplette Mahlzeit erhalten. Alkohol wird hier nicht ausgeschenkt.

2 Sch. Port Said; Tel./Fax 0 62/3 33 15 53, Handy 0 12/3 99 64 80; E-Mail: greenhouse@hotmail.com MASTER VISA ••

Red Sea Hotel

Dieses Hotel hat den schönsten Ausblick von allen Hotels der Stadt. Es liegt hinter den alten Villen, in denen die Führungskräfte der Suez-Kanalgesellschaft wohnen. Die Zimmer sind zweckmäßig, aber nicht sonderlich schön eingerichtet. Vom Restaurant in der 6. Etage (90 LE pro Mahlzeit, kein Alkohol) blickt man auf den Kanal.

13 Sch. al-Riad, Port Tawfik;
Tel. 0 62/3 33 43 02, Fax 0 62/3 33 43 01
AmEx MASTER VISA ••

Essen und Trinken

Castello

Einfaches gepflegtes Restaurant mit großer Terrasse, Spezialität sind Fisch und Meeresfrüchte. Kein Alkohol. Freundliche Bedienung. Abends gelegentlich musikalische Unterhaltung. Auf der Terrasse kann man auch nur einen Tee oder einen frischen Obstsaft trinken und dazu eine Wasserpfeife rauchen.

Sch. Saad Zaghlul, gegenüber Fußballstadion; Tel. 0 62/3 32 01 80, Handy 0 12/ 3 58 97 10; tgl. 10–2.30 Uhr ••

Einkaufen

Markt

Wer von Kairo oder von der Sinai-Halbinsel kommend nach Suez fährt, passiert etwa bei Kilometer 5 einen bunten Markt, auf dem die sesshaft gewordenen Beduinen der Umgebung Stoffe, Teppiche und Haushaltswaren erstehen.

TABA

200 km nördl. von Scharm al-Scheich

➤ [J 3]

Taba war der letzte Zipfel Ägyptens, aus dem sich die israelischen Besatzer 1989 zurückzogen. Außer einigen wenigen, zum Teil recht luxuriösen Hotels gibt es hier oberhalb der Wasseroberfläche nicht viel zu sehen. Für Taucher gibt es dafür einiges zu entdecken. Außerdem liegt man hier weit abseits vom Trubel, kann in Ruhe Baden, Schnorcheln oder den Blick über das Vierländer-Eck (Ägypten, Israel, Jordanien und Saudi-Arabien) auf sich wirken lassen. So nah liegen diese vier Staaten am Golf von Aqaba nebeneinander und sind doch politisch und ideologisch so weit voneinander entfernt! Die Zahl der israelischen Besucher, für die Taba quasi vor der Haustür liegt, ist seit einem Anschlag auf das Hilton im Jahr 2004 gesunken.

Historisches Panorama: die Eröffnung des Suezkanals 1869

Hotels

Hyatt Regency

Zu den Hotels von Taba Heights, wo auch der Gründer des Urlaubsortes al-Gouna noch Pläne für mindestens eine Luxusherberge haben soll, gehört das Hyatt Regency mit seinen Gärten und Lagunen. Das Hotel bietet seinen Gästen einiges an Bequemlichkeit und Ausstattung.

Tel. 0 69/3 58 02 34, Fax 0 69/3 58 02 35; www.taba.regency.hyatt.com; 426 Zi. CREDIT ••• (nur Ü/F)

Mövenpick

Direkt neben dem Hilton liegt dieses große Hotel, das demnächst mehr als 400 Zimmer haben soll. Vor allem Araber aus Israel verbringen hier gern das Wochenende. Die Zimmer sind sehr geräumig, haben große Betten, eine kleine Sitzecke und einen Schreibtisch, außerdem einen Balkon oder im Erdgeschoss eine große Terrasse. Es gibt einen Sand-und-Kiesel-Strand und einen schönen Pool.

Tel. 0 69/3 53 05 30, Fax 0 69/3 53 05 40; www.moevenpick-taba.com CREDIT •••

Taba Hilton

Praktisch auf der Grenze zu Israel wohnt man in diesem Hotel, wobei die Zimmer in den unteren Gebäuden (»Nelson Village«) schöner sind, da man direkt am Strand lebt und vor allem einen geräumigen Balkon hat.

Tel. 0 69/3 53 01 40, Fax 02/78 70 44 (Reservierung in Kairo); www.hilton.com/worldwideresorts CREDIT ••

Aktiv

Beschauliche Kamelsafaris werden von Taba und Nuwaiba aus angeboten.

Fjord (Marsa Murach)

Diese wunderschöne kleine Bucht, 15 Kilometer südwestlich von Taba, liegt nicht weit von der Straße entfernt. Wer hier nicht nur im türkisblauen Wasser planschen, sondern tauchen will, kann sich per Boot zum Riff bringen lassen.

Wadis

Wer Action will, dem sei ein Ausflug in die Wadis oberhalb von Taba mit Quads empfohlen. Der Anbieter hat auch einen Shuttle-Bus-Service, der Kunden auch von Hotels in Nuwaiba abholt. Der Spaß ist allerdings nicht ganz billig. Pro Stunde zahlt man für das vierrädrige Vehikel inklusive Helm 55 $, ein 4-Stunden-Trip (Große Safari) kostet 120 $.

Handy 0 12/3 68 43 79; www.taba-quads.com

Sehenswertes

Pharaoneninsel

Von Taba aus kann man einen kleinen Abstecher zur acht Kilometer östlich gelegenen Pharaoneninsel (Gezirat al-Faraun) unternehmen. Dort, in der Abgeschiedenheit, haben die Kreuzfahrer im frühen 12. Jahrhundert eine Burg errichtet, die Saladin 55 Jahre später eroberte. Die Insel liegt dem Hotel Salah el-Din Resort gegenüber, von dem aus man mit dem Boot übersetzen kann. Es lohnt sich, das seichte Wasser rund um die Insel mit Taucherbrille und Schnorchel zu erkunden.

20 LE für die Überfahrt; Eintritt 20 LE

Tipp

Europäischen Touristen, die von Taba aus nach Israel reisen, kann mit einem israelischen Einreisestempel im Pass die Einreise nach Syrien oder Jemen verweigert werden. Man kann sich das Visum auch auf eine separate Karte stempeln lassen. Doch vor allem den Syrern, die bis heute keinen Frieden mit Israel geschlossen haben, reicht manchmal sogar schon der ägyptische Ausreisestempel aus Taba, um einen Visumsantrag abzulehnen.

AIN MUSA (MOSESQUELLEN)

11 km südöstl. von Suez

➤ [G 2]

Fährt man vom Ahmad-Hamdi-Tunnel, der unter dem Suezkanal verläuft, nach Süden in Richtung al-Tur, entdeckt man nach etwa 25 Kilometern mitten in der öden Landschaft (kurz nach dem Militärdenkmal, das an die Kriege gegen Israel erinnert) auf der rechten Straßenseite einen kleinen Palmenhain und eine Reihe von Ständen, an denen Beduinenfrauen Glas- und Muschelketten und Armbänder verkaufen. Hier befinden sich die so genannten Mosesquellen.

Hinter den Palmen steht ein großer Baum, von dem die örtlichen Araber behaupten, dass seine Stämme und Wurzeln das Wort Gott (Allah) in arabischer

Schrift formten. Von hier kann man durch Dünen bis zum Strand des Roten Meeres gehen.

Sehenswertes

Mosesquellen

Drei gemauerte Brunnen aus römischer Zeit sind hier zu sehen. Besucht wird dieser Ort, den die Ägypter Uyun Musa nennen, vor allem von christlichen Reisegruppen. Denn hier soll Moses beim Auszug aus Ägypten mit dem Volk Israel Station gemacht haben. Nach der christlichen Überlieferung gab es in den Quellen zwischen den Palmen damals nur ungenießbares Wasser. Moses warf daraufhin einen Ast oder Zweig hinein und verwandelte so das salzige Brackwasser in Trinkwasser. Im alttestamentarischen Buch Exodus heißt es dazu: »Und sie kamen nach Elim, da waren zwölf Wasserquellen und siebzig Palmbäume. Und sie lagerten sich dort am Wasser.«

ZAFARANA

110 km südl. von Suez

➤ [G 3]

Zafarana selbst bietet nicht allzu viel: Die Stadt besteht im Wesentlichen aus einem riesigen Windpark, einem Leuchtturm, einer Handvoll Häuser und einem leicht kafkaesken Hotel sozialistischer Prägung. Wer hier Station macht, tut dies vornehmlich, um in Ruhe die beiden im Hinterland von Zafarana gelegenen Klöster St. Paul und St. Antonius zu besuchen. Es ist gleichsam eine Reise in die Vergangenheit: Denn am Lebensstil der Mönche hat sich in den vergangenen Jahrhunderten nur wenig geändert.

Hotels

Pharaohotel

Das vormals elegante, nun aber etwas heruntergekommene Pharaohotel an der Kairo-Hurghada-Straße ist nicht zu verfehlen. Es ist riesig groß und fast immer leer. Die wenig ansprechend eingerichteten Zimmer des Hotels haben alle einen Balkon. Man kann hier kilometerlang allein am Strand spazieren. Das Meer ist so seicht, dass man im Wasser etwa fünf Minuten lang laufen muss, bis man keinen Boden mehr unter den Füßen spürt. An Wochentagen gibt es kein Büfett, stattdessen wird serviert – reichlich, aber wenig inspiriert –, was dem Koch gerade einfällt.

Tel. 0 65/4 18 20 13, Fax 0 65/6 90 43 75; www.pharaohotels.com; 220 Zi. ▭ ••

Sehenswertes

Antoniuskloster

Das Dair al-Qaddis Antwan liegt einsam im Wadi Araba am Fuße des Galala-Plateaus. St. Antonius, der im Jahr 251 in Oberägypten geboren wurde, soll sich bereits als junger Mann für ein Dasein als Eremit in dieser einsamen Gegend entschieden haben. Aus seiner Anhängerschaft, die ebenfalls zunächst in Höhlen lebte, erwuchs das 356 gegründete Kloster. Ein von Athanasios (Bischof von Alexandria von 328–373) über den Eremiten verfasster Text mit dem Titel »Leben des Antonius« trug stark zur Verbreitung des mönchischen Ideals bei.

Sehenswert ist in diesem Kloster mit seinem gepflegten Garten auch die Grabeskirche des Antonius am Ende des zentralen Weges, der die Anlage durchtrennt. Die ausdrucksstarken Fresken des Klosters waren über Jahrhunderte unter einer Schicht aus Fett, Staub und Schmutz versteckt gewesen. Archäologen und Restauratoren brachten sie erst vor einigen Jahren wieder ans Tageslicht. Sie stammen zum Teil von einem koptischen Meister namens Theodore. Bei einigen Wandgemälden wird ein byzantinischer Einfluss deutlich. Die ältesten Fresken stammen wahrscheinlich aus dem 7. Jahrhundert.

Wegen der häufigen Angriffe von Beduinen umgaben die Mönche ihr Kloster im Mittelalter mit einer hohen Festungsmauer. Zur Anlage gehört außerdem ein Wehrturm, in dem sich die Mönche bei Belagerungen verschanzten. Auf dem Gelände liegt eine kleine Quelle, die zur Bewässerung des Klostergartens ausreicht. Selbstversorger sind die Mönche des Antoniusklosters jedoch nicht.

Knapp 300 Meter oberhalb des Klosters liegt die Felsspalte, in der Antonius mehrere Jahre seines Lebens verbracht hat, und die man besichtigen kann. Den Aufstieg sollte man auf gar keinen Fall in der Mittagshitze in Angriff nehmen. Oben angekommen, wird man aber mit einer fantastischen Aussicht bis auf den Sinai belohnt. (→ Tour 4)

In einem der ältesten Klöster der Welt, dem Antoniuskloster, leben koptische Mönche.

Tgl. von 9–17 Uhr, an hohen Feiertagen geschlossen. In der Karwoche ist der Zutritt zur Anlage für Frauen verboten. Das Kloster ist von der Hurghada-Küstenstraße über einen Abzweig von der Straße, die Zaafarana mit Beni Suef verbindet, zu erreichen. Der Weg ist ausgeschildert.

Pauluskloster

Das Dair Mar Bolos ist kleiner als das Antoniuskloster. Dafür ist seine Lage landschaftlich besonders schön. Links hinter dem Eingangstor zum Kloster sollen einfache Figuren und Tiere die Legende des Hl. Paulus von Theben illustrieren. Der Mönch, der sich hier um 280 in einer Höhle niedergelassen haben soll, wird als Schutzheiliger der Einsiedler verehrt. Der über seiner Schulter hängende Rabe soll ihm nach der Überlieferung des Hieronymus täglich ein halbes Brot gebracht haben. Die zwei Löwen, die neben ihm lagern, sollen geholfen haben, ihn zu bestatten. Zur Klosteranlage gehört die Grabeskirche des Paulus, deren Mauerwerk zum Teil noch aus dem 7. Jahrhundert stammt. Das Kloster ist täglich – außer an hohen Feiertagen – von 6 bis17 Uhr geöffnet, der Eingang wird aber oft schon um 15.30 Uhr geschlossen. In der Karwoche haben Frauen keinen Zutritt. Die Anfahrt ist nicht beschwerlich, man zweigt 25 Kilometer südlich von Zafarana von der Hurghada-Küstenstraße ab und fährt in Richtung Wadi Dair. (→ Tour 4)

Tipp

Es gibt keinen Linienbus-Verkehr zu den Klöstern. Am besten sucht man sich in Zafarana, Ain al-Suchna oder Suez einen Taxifahrer. Von Zafarana sollte es hin und zurück nicht mehr als 130 LE kosten. Proviant selbst mitbringen.

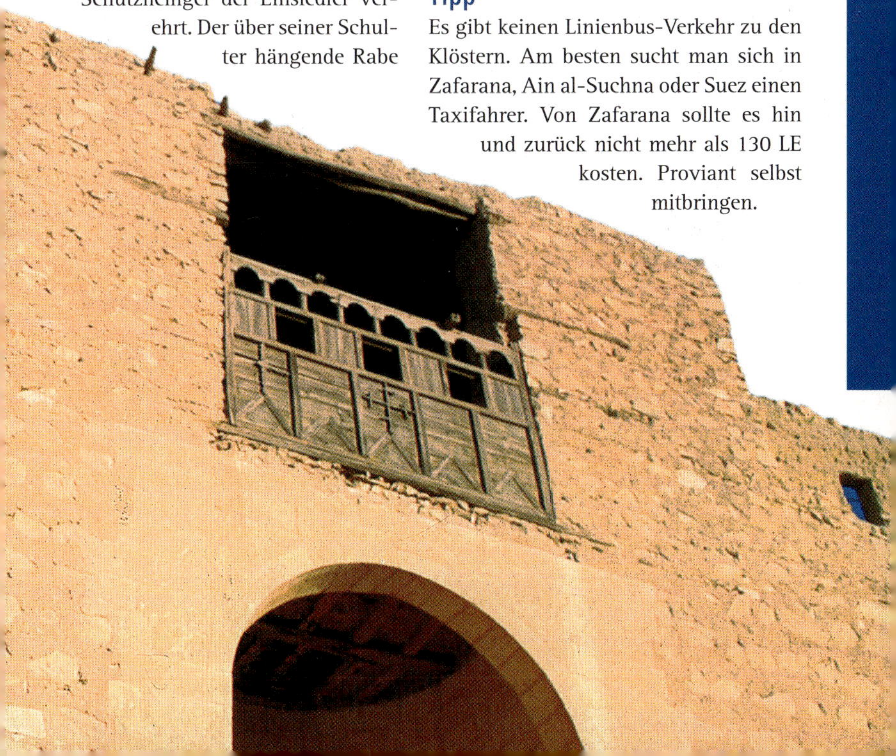

Tempel, Totenstädte und Grabanlagen: Oberägypten ist voller Sehenswürdigkeiten – eine ist dieser Ramseskopf in Theben-West.

DAS LAND AUS STEIN

Die Höhepunkte der klassischen Ägyptenreise reihen sich entlang des Nils wie archäologische Perlen. Riesige Tempelbauten und unterirdische Grabanlagen begeistern Jahr für Jahr Kulturtouristen aus aller Welt.

Die Ägypter nennen den Süden ihres Landes Oberägypten, da sie sich am Nil orientieren, der von Süden nach Norden fließt. Der Nil durchzieht Oberägypten, das von Nubien im Süden bis nach Minia im Norden reicht, wie eine Lebensader zwischen der Östlichen und der Westlichen Wüste. Hier ist das Wasser blau und nicht so schmutzig wie in Kairo. Segelboote werden nicht nur für Touristen genutzt, sondern auch zum Transport und zur Fortbewegung für die Einheimischen. Die kleinen Lastkähne, die man etwa in Minya auf dem Fluss sehen kann, erinnern von ihrer Bauart her an Schiffe, die auf Europas Flüssen vor 100 Jahren unterwegs waren. Olivenbäume, Dattelpalmen und Baumwollpflanzen wachsen hier. Neben dem Nil gibt es Bewässerungskanäle, die zum Teil aus der Antike stammen.

Die Saidis, wie man die Einwohner dieser Region nennt, haben ihren eigenen Dialekt und ihre eigenen Traditionen, die sich von denen der Kairoer und der Menschen aus dem nördlichen Delta unterscheiden. Über die Saidis machen die Ägypter gern ähnliche Witze, wie man sie in Deutschland über die Ostfriesen und in der Schweiz über die Berner reißt. Auch alte Bräuche wie das Einreiben der Haut neugeborener Mädchen mit Fledermausblut, weil sie dadurch angeblich später keine starke Körperbehaarung bekommen, haben sich gehalten. Saidis, die von der muslimischen Pilgerfahrt (»Hadsch«) nach Mekka zurückkehren, holen auch heute noch des Öfteren einen sogenannten Hadsch-Maler ins Haus. Dieser malt dann zum Beispiel ein Flugzeug oder ein Schiff – je nachdem, wie sein Kunde nach Saudi-Arabien gereist ist –, zeichnet das Heiligtum, die Kaaba, auf die Fassade des Hauses und setzt den Namen des frisch gebackenen Hadschi hinzu. Hartnäckig hält sich hier in der Region leider auch die Tradition der Blutrache (»Thar«). Nicht in den großen Städten, aber in den Dörfern sterben bis heute immer noch Menschen, weil Familienfehden mit der Waffe in der Hand ausgetragen werden.

In Oberägypten liegen bedeutende Hauptstädte der Pharaonenzeit wie Tell al-Amarna und Theben. Hier bauten die Könige riesige Tempel und legten prächtige Grabanlagen an, in Luxor und Karnak und Theben-West. In Abydos finden sich die Spuren einer der ältesten Nekropolen des Landes. Im Neuen Reich erlebte diese Region eine Blütezeit, deren Überreste heute in jedem Jahr Abertausende von Kulturtouristen aus aller Welt anlocken.

Egypt Air bietet täglich Flüge von Kairo nach Luxor und Assuan an. Eine gute und etwas preiswertere Alternative ist der Schlafwagen-Zug.

ABU SIMBEL

280 km südl. von Assuan

➤ [G 10]

Abu Simbel liegt weit abseits der Touristenzentren. Die beiden Tempel Ramses II. sind allerdings so beeindruckend, dass viele Urlauber diesen Aufwand nicht scheuen. Entdeckt und freigelegt wurden sie 1816 von dem italienischen Forrscher und Erfinder Belzoni, welcher im Auftrag des britischen Generalkonsuls, Henry Salt, unterwegs war. Die Tempel von Abu Simbel standen ursprünglich an zwei Standorten, die heute im Nasser-See versunken sind. In einer großen Rettungsaktion wurden sie zwischen 1964 und 1968 auf Kosten der UNESCO auseinandergenommen und 65 Meter höher neu aufgebaut. Sie wurden aus dem Felsen herausgeschnitten, in Einzelblöcke zerteilt, nummeriert und am neuen Platz originalgetreu zusammengesetzt. Die Anreise ist aufwendig. Entweder fliegt man mit Egypt Air oder schließt sich dem Konvoi von Assuan aus an.

Hotels

Seti Hotel

Neueres Hotel mit Swimmingpool, bei dem man darauf geachtet hat, dass der Bau in die Landschaft passt. Das beste Haus liegt zwei Kilometer von den Tempelanlagen entfernt.

Tel. 0 97/3 40 07 22, Fax 0 97/3 40 08 29; www.setifirst.com; 138 Zi. MASTER VISA •••

Nefertari Hotel

Staatliches Mittelklassehotel mit Swimmingpool in der Nähe der Tempel. Luxus darf man hier nicht erwarten.

Tel. 0 97/3 40 05 08, Fax 0 97/3 40 05 10; www.nefertarihotelabusimble.net; 120 Zi. VISA •• (im Winter höhere Preise als im Sommer)

Sehenswertes

Großer Tempel

Der Große Tempel ist Amun-Re, Ptah und Horus von Mehu geweiht. Die riesigen Statuen des Königspaares Ramses II. und Nefertari in beiden Tempeln lassen

Abu Simbel: bevor die Tempel 65 Meter höher versetzt wurden

die Monumentalbauwerke jedoch in erster Linie wie eine Machtdemonstration des Herrschers gegenüber den Nubiern aussehen. Vor der Eingangsfassade des Großen Tempels stehen vier jeweils 20 Meter hohe Sitzstatuen des Pharao. Die kleineren Figuren dazwischen stellen einige der zahlreichen Mitglieder der Familie Ramses II. dar.

Der Tempel ist nach Osten ausgerichtet. Um den 21. Februar und den 21. Oktober herum, werden die Götterstatuen im Sanktuarium von der aufgehenden Sonne beschienen – ein großartiges Naturspektakel, das es auch am Originalstandort schon gab. Durch die Eingangspforte tritt man in eine Pfeilerhalle mit weiteren Kolossalstatuen des Pharao als Osirispfeiler. Die Farben an den Wänden sind zum Teil noch sehr schön erhalten.

Auf der rechten Seitenwand ist die Schlacht gegen die Hethiter dargestellt. Auf der linken Seitenwand ist der König vor verschiedenen Göttern zu sehen sowie beim Triumph über fremdländische Feinde.

Kleiner Tempel

Den kleineren der beiden Tempel erreicht man durch ein Tor im Ziegelwall. Er ist der Göttin Hathor geweiht. Die Fassade zeigen sechs Statuen, von denen vier Ramses II. darstellen. Jeweils in der Mitte ist seine Hauptgemahlin Nefertari zu sehen. Die Statuen sind mehr als zehn Meter hoch.

Durch das Eingangsportal tritt man in eine Halle mit sechs quadratischen Pfeilern. Die Pfeiler zeigen auf der Seite, die dem Mittelgang zugewandt ist, die Göttin Hathor (→ Fokus, S. 310/311). Auf den anderen Seiten sind das Königspaar und verschiedene Gottheiten dargestellt. Hinter dem Pfeilersaal liegt eine Querhalle mit zwei seitlichen Nebenkammern.

Großer Tempel: Acht Osirisfiguren wachen in der langen Pfeilerhalle.

ABYDOS

160 km nördl. von Luxor

➤ [G 6]

Abydos in der Provinz Suhag wird von den meisten Urlaubern bei einem Ausflug besichtigt, der in Luxor beginnt und meist auch noch das weiter südlich gelegene Dendera mit einschließt. In der kargen Landschaft jenseits des Fruchtlandes ragt in Abydos auf der westlichen Seite des Nils am Ende einer schmalen Dorfstraße der etwas kastig wirkende Tempel Sethos I. empor. Er ist das sichtbarste Überbleibsel der großen Nekropole von Abydos, in der die Könige der 1. Dynastie bestattet worden waren. Auch in der Nagada-Zeit wurden hier schon Herrscher begraben. Das bislang älteste bekannte Grab stammt aus der Zeit um 3300 v. Chr.

Wichtig war Abydos im Weltbild der Alten Ägypter, weil hier nach ihrem Glauben der Totengott Osiris beigesetzt worden sein soll. Im Mittleren Reich machte man sich in Abydos sogar auf die Suche nach dem Grab des Osiris, das man im Grab des Königs Djer (1. Dynastie) zu erkennen glaubte. In einer Nische dieses Grabes fanden Archäologen den Arm ei-

Hotels

Ein Hotel gibt es in Abydos nicht, nur ein sehr einfaches Gästehaus in direkter Nähe des Sethos-Tempels.

Sehenswertes

Sethos-Tempel

Hinter dem Eingangspylon liegt der erste Hof, in dem man links und rechts des Weges zwei große Brunnen erkennt. Von den Säulen, die einst vor dem zweiten Pylon standen, ist nicht mehr viel übrig. Man schreitet die Rampe hoch zum Haupteingang, vor dem zwölf Säulen stehen. Auf der linken Außenseite schildert eine lange Inschrift die Vollendung des Tempels durch Ramses II. Schön sind die farbigen Kapitelle der Papyrusbündelsäulen in den beiden Säulensälen anzusehen. Im ersten Säulensaal sieht man vor allem Ramses II. auf den Reliefs. Im zweiten Saal, dessen Reliefs flacher und feiner sind, ist Sethos I. zu sehen. Hinter diesem Saal liegen die Eingänge zu den sieben – heute leeren – Kapellen, die verschiedenen Göttern geweiht waren. Von der dritten Kapelle von rechts gelangt man in die kleinere Osirishalle. Vor der Kapelle ganz links liegt an der Wand ein schmaler Eingang zu einem Korridor. Diese sogenannte Königsgalerie ist für die Forschung so bedeutend, weil hier an der rechten Wand sehr ordentlich, Kartusche an Kartusche, die Namen fast aller wichtigen ägyptischen Könige vom legendären König Menes bis zu Sethos I. der

ner Mumie mit wertvollen Armreifen. Dieser wahrscheinlich von Grabräubern vergessene Arm und ein Skelett, das man in einem anderen Grab entdeckte, brachten auch die Theorie ins Wanken, dass viele Könige, deren Namen sich in der Nekropole von Abydos finden, sich in Saqqara bestatten ließen, und in Abydos nur zusätzlich sogenannte Kenotaphe (Scheingräber) errichten ließen.

Osiris, seine Gemahlin Isis und ihr Sohn Horus bilden die sogenannte Triade von Abydos. Seit den 1970er-Jahren graben Forscher des Deutschen Archäologischen Instituts (DAI) in der Nekropole. Konzentrieren sollte man sich bei einem Besuch in Abydos auf den von Sethos I. errichteten und von Ramses II. vollendeten Kalkstein-Tempel.

Pilgerziel: das Kloster der Hl. Jungfrau Maria in Durunka bei Assiut

Chronologie folgend aufgelistet sind. Ausgelassen wurden lediglich die Pharaonen der Amarna-Zeit. Links neben der Liste ist der junge Ramses II. mit der Locke des Kindes abgebildet, hinter ihm sein Vater Sethos I.

Tgl. 8–17 Uhr im Winter, 8–18 Uhr im Sommer

Osiris-Scheingrab

Nach der Besichtigung des Tempels, in dem Vögel und Fledermäuse hausen, werfe man noch einen kurzen Blick auf das für Osiris erbaute Scheingrab links neben dem Tempel. Das Bauwerk aus Granit und Kalkstein liegt tiefer als der Tempel und steht deshalb tief im Grundwasser. Über eine Treppe kann man hinuntersteigen und von der letzten Stufe aus trockenen Fußes einen Blick in den streng wirkenden Bau werfen. Der Mittelteil, in dem es Platz für einen Sarg und für die Behältnisse mit den entnommenen Organen der Mumie gibt, war auch ursprünglich schon von Wasser umspült gewesen.

Essen und Trinken

Osiris-Cafeteria

Nach der Besichtigung kann man in der davor gelegenen Cafeteria noch einen Tee oder eine kalte Limonade trinken. Der Preis für die Getränke ist Verhandlungssache. Die Toiletten sind einigermaßen sauber.

ASSIUT

430 000 Einwohner, 374 000 km südl. von Kairo

➤ [F 5]

Die größte Stadt Oberägyptens besaß früher als Teil einer Karawanenroute große

Bedeutung und ist bis heute ein wichtiges Handelszentrum. Assiut ist bekannt für seine Webereien. Im Alten Ägypten lag hier die wichtigste Kultstätte des Wolfsgottes Upuaut, weshalb der griechische Name für die Stadt »Lycopolis« lautet.

Besonders schön ist die Industriestadt nicht, sieht man einmal von der kleinen Altstadt und der Nil-Promenade ab. Zwei Brücken verbinden hier das West- und das Ostufer des Nils. Die nördlichere Brücke überquert den Fluss auf der Höhe des Staudammes von Assiut, der den Ibrahimiya-Kanal reguliert.

In den vergangenen Jahrzehnten hat sich Assiut leider vor allem durch radikale Islamisten einen Namen gemacht. Es kam damals vor allem zu Übergriffen auf koptische Christen, die hier in größerer Zahl leben. Obwohl sich die Lage seit den 1990er-Jahren beruhigt hat, ist die Präsenz von Sicherheitsleuten in Uniform und in Zivil noch immer recht groß. Ausländer werden beim Verlassen ihres Hotels normalerweise nach ihren Plänen gefragt, es hindert sie jedoch niemand daran, in der Stadt spazieren zu gehen.

Hotels

Assiutel

Mittelklassehotel am Nil, dessen etwas düsterer Eingang nicht abschrecken sollte. Die Zimmer haben alle eine Klimaanlage. Zum Assiutel gehört ein relativ gut besuchtes Restaurant, in dem auch Alkohol ausgeschenkt wird. Wer in den oberen Etagen des Hauses schläft, hat Nilblick und hört den Straßenlärm kaum.

Sch. al-Thawra, Tel. 088/31 21 21, Fax 088/31 21 22; 30 Zi. • (nur Ü/F)

Sehenswertes

Kloster der Hl. Jungfrau Maria in Durunka

Rund zehn Kilometer südlich der Stadt liegt auf dem Assiut-Berg das Kloster der Jungfrau Maria (Dair al-Sayyida al-Adha), welches im 4. Jahrhundert gegründet wurde. Herzstück der großen modernen Anlage, die oben in den Hang gebaut wurde, ist eine Höhlenkirche, die schon seit den Anfängen des Christentums in Ägypten als heiliger Ort gilt.

Der koptischen Überlieferung nach konnte sich hier die Heilige Familie auf ihrer Flucht vor Herodes, der angeordnet hatte, alle männlichen Kleinkinder aus Bethlehem zu töten, in einer Höhle verstecken. Da Jesus, Maria und Josef im August eingetroffen sein sollen, fasten die Klosterbewohner in diesem Monat einige Tage. Zehntausende von Gläubigen pilgern jährlich zwischen dem 7. und 21. August hierher: Dann werden Ikonen in einer Prozession nach draußen getragen.

Die Kopten berichten immer wieder von Marien-Erscheinungen in dem Kloster, in dem rund 100 Schwestern und Mönche leben. 2001 und 2002 kamen noch mehr Besucher, nachdem sie von einem »Licht« gehört hatten, das die Jungfrau Maria gesandt haben sollte.

Das Kloster ist über eine Umgehungsstraße zu erreichen, die im Süden von Assiut etwa drei Kilometer hinter dem Ortseingang beginnt und vom Nil weg in Richtung der Hügelkette führt. Auffällig ist die Sauberkeit in dem auf große Besuchergruppen eingerichteten Konvent.

Tgl. 7–17 Uhr im Winter, 7–19 Uhr im Sommer

Essen und Trinken

Cook Window

Einfaches, aber gepflegtes Lokal an der Uferpromenade. Das Lokal ist im Vergleich zu anderen eher düsteren Restaurants im Ort relativ modern eingerichtet.

Corniche, rund 500 m südl. vom Hotel Assiutel •

Nile Happy Dolphin

Cafeteria und Restaurant mit großer Terrasse am Nil. Hier läuft immer arabische Popmusik. Das Personal ist zuvorkommend. Das Essen ist einfach, aber sehr ordentlich und preiswert. Es wird kein Alkohol ausgeschenkt, die Speisekarte gibt es nur auf Arabisch.

Corniche, gegenüber Saudi-Türmen; Tel. 08 8/2 29 76 76; Abendessen für 2 Pers. um 10 €

ASSUAN

700 000 Einwohner, 85 m ü.d.M.

➤ Stadtplan, S. 247 ➤ [H 8]

Nördlich des ersten Nil-Katarakts liegt die Stadt Assuan, die wohl entspannteste Großstadt Ägyptens. Man hat eher das Gefühl, eine beschauliche Kleinstadt zu besuchen. Das liegt auch daran, dass nur ein Teil der Touristen, die Luxor besuchen, den Abstecher nach Assuan machen. Hier gibt es auch einige altägyptische und christliche Baudenkmäler, allerdings deutlich weniger als in Luxor, Karnak und Theben. Dafür ist die Landschaft am Nil auf dieser Höhe besonders reizvoll. 6 Auf der grünen Ostseite liegt die Stadt, am Westufer blickt man direkt in eine schier endlose Sandwüste, die nur im Süden durch die Schilfpflanzen am Ufer ein paar grüne Farbtupfer erhält. Aus der Umgebung dieser südlichsten Stadt Ägyptens stammt der berühmte rötlich-graue Assuan-Granit, der hier schon zu Zeiten der Pharaonen für Kultbauten im ganzen Reich gebrochen wurde. Auch heute noch geht die ägyptische Führung bei öffentlichen Bauten oft großzügig mit diesem wertvollen Baumaterial um. Mitten im heutigen Marktviertel entdeckten Schweizer Archäologen 2005 erstmals eine der Rampen, über die im Alten Ägypten die Granitblöcke, die beim Bau von Tempeln und auch für die Innenräume mancher Pyramiden gebraucht wurden, zum Nil transportiert wurden. Die Forscher gehen jedoch davon aus, dass dieser Ort damals am Ufer des Nils lag. Von der Rampe ist nichts mehr zu sehen, da inzwischen auf dem Gelände, wo sie entdeckt wurde, mit dem Bau eines mehrstöckigen Hauses begonnen wurde.

Die Orientierung fällt in Assuan leicht. Fast alle interessanten Orte lassen sich entweder über die Uferstraße oder aber per Fähre und Boot erreichen. Im Süden der Stadt liegen der Flughafen und das Nubische Museum. Das Stadtzentrum liegt an der Corniche und auf der Anhöhe dahinter. Die für Touristen geschaffene neue Basarstraße befindet sich am nördlichen Ende der Innenstadt und bildet die Verlängerung der alten Basarstraße, die allerdings immer noch existiert. Der Bahnhof ist im Norden der Stadt zu finden. (→ Spezial, S. 242)

Nil-Klassiker: Hier bei Assuan ist ein Ausflug auf den Feluken besonders schön.

Hotels

Basma Hotel

Moderner Bau, gut eingerichtete saubere Zimmer. Bemerkenswert ist die schöne Lage des Hauses am Hang oberhalb des Nubischen Museums.

Tel. 0 97/2 31 09 01, Fax 0 97/2 31 09 02; www.basmahotel.com; 189 Zi CREDIT •••

Hotel Mövenpick Elephantine Island Resort

Das erst kürzlich renovierte Resort-Hotel liegt auf der Insel Elephantine, direkt gegenüber dem Stadtzentrum. Die meisten Zimmer haben einen schönen Blick auf den Nil. Den Verkehrslärm der Stadt hört man hier nicht. Im zwölften Stock des mächtigen Turmes, der das Hotelgebäude dominiert, liegt eine Bar, von der aus man einen schönen Ausblick hat. Ein kostenloser Fährtransfer nach Assuan wird angeboten.

➤ S. 247 ➤ [b 2]

Elephantine Island; Tel. 097/2 30 34 55, Fax 097/2 31 35 38; www.moevenpick-aswan.com; 234 Zi. CREDIT •••

Ausflüge

Assuan-Hochdamm (Al-Sadd al-Ali)

Fünf Kilometer stromaufwärts der Stadt Assuan befindet sich der alte Assuan-Staudamm, der zwischen 1892 und 1902 von den Briten erbaut worden war, um die Fluten des Nils während des alljährlichen Hochwassers zu regulieren. Der Damm mit seinen 180 Schleusen hatte ursprünglich eine Höhe von 50 Metern und eine Länge von 2,14 Kilometern. Er wurde später auf 54 Meter erhöht.

Sieben Kilometer südlich des alten Dammes liegt der Hochdamm, das wichtigste Prestigeprojekt des ägyptischen Präsidenten Gamal Abdel Nasser. Er ist 111 Meter hoch und rund 3,8 Kilometer lang. Wer sich von Assuan aus mit dem Taxi zum Hochdamm fahren lässt, kann den Fahrer bitten, in der Mitte kurz anzuhalten, damit man einen Eindruck von der Größe des Bauwerks gewinnt. Für den Bau des neuen Dammes wurden rund 100 000 Menschen umgesiedelt, die meisten von ihnen Nubier.

Die ersten Pläne für den Bau des neuen Staudammes schmiedete Nasser bereits 1952. Sein Ziel war es, die landwirt-

Weitblick ist möglich an den Ausläufern des riesigen Nasser-Sees.

schaftlichen Nutzflächen Ägyptens im schmalen Niltal und im Delta zu vergrößern sowie die Nilüberschwemmungen, die trotz des alten Dammes immer noch nicht ganz unter Kontrolle gebracht waren, zu beenden. Außerdem wollte Nasser durch den Stausee zusätzliche Energie erzeugen. Die Schifffahrt auf dem Nil sollte erleichtert werden. Deutsche Ingenieure entwickelten die ersten Pläne für den Damm. Doch dann fiel der unabhängige Nasser, der sich immer stärker an sozialistischen Vorbildern orientierte, im Westen in Ungnade. Die USA und die Weltbank zogen ihre Finanzierungsangebote für das Prestigeprojekt zurück. Nasser konterte 1956 mit der Verstaatlichung der Suez-Kanalgesellschaft, mit deren Durchfahrtgebühren er einen großen Teil der Baukosten für den Damm sicherstellen wollte. Letztlich gewann er die Sowjetunion für das Projekt, die schließlich nicht nur Geld, sondern auch Experten nach Ägypten schickte. 1960 begannen die Bauarbeiten für den damals weltgrößten Staudamm. Die Fertigstellung seines größten Projekts 1971 erlebte Nasser nicht mehr.

Der mehr als 500 Kilometer lange Nasser-See, der durch den Bau des Hochdammes entstand, reicht bis in den Sudan. Kreuzfahrten auf dem Nasser-See gehören zu den entspanntesten Touren für Touristen in Ägypten. Der See ist an einigen Stellen bis zu 180 Meter tief.

Die meisten wirtschaftlichen Ziele wurden durch den Bau des Hochdammes verwirklicht, wenn auch nicht in dem Umfang, den die Experten damals berechnet hatten. Auf der Negativ-Seite stehen jedoch die Zwangsumsiedlung der Nubier, die Zerstörung einiger Kulturdenkmäler und der Verlust des nährstoffreichen Nilschlamms für die Landwirtschaft.

Kalabscha

Idyllisch am Stausee liegt der Tempel von Kalabscha aus der Zeit des römischen Kaisers Augustus. Der ganz aus Sandstei gebaute Tempel, der dem nubischen Gott Mandulis (Marul) geweiht ist, wurde 1961–63 mit deutscher Hilfe an seinem ursprünglichen Standort am Bab al-Kalabscha 38 Kilometer weiter südlich abgebaut und in 13 000 Blöcken am neuen Standort wieder aufgebaut. Sonst wäre er bein

weiter auf S. 244

ELEPHANTINE ISLAND

Knotenpunkt des Afrikahandels, Verwaltungssitz, Startpunkt vieler Expeditionen – eine Insel der Ruhe war dieses Eiland nie.

Auf der lang gestreckten Insel gegenüber der Stadt Assuan liegen zwei nubische Dörfer und die Ruinen einer antiken Stadt, die bis in frühe islamische Zeit bewohnt war. Die ältesten Siedlungsreste der Stadt Elephantine, die an der Südspitze der Insel lag, stammen aus der Nagadazeit (um 3500 v. Chr.).

Der historische Name der Insel ist »Abu«, was »Elefant« oder »Elfenbein« bedeutete. Als wahrscheinlich gilt, dass man diesen Namen wählte, weil Elephantine einst eine Importstation für Elfenbein war. Eine andere Theorie besagt jedoch, dass die Insel zu ihrem Namen kam, da die großen schwarzen Felsen, die man von Assuan aus sieht, aus der Ferne an eine Elefantenherde erinnern. Fast kitschig schön ist die Aussicht auf die Insel, wenn die Sonne untergeht, die Felsen rötlich beschienen sind und Feluken gemächlich vor der Insel kreuzen.

Wer mit dem Boot nach Elephantine übersetzt, landet auf der Ostseite der Insel. Hier lag auch schon zu Zeiten der Pharaonen der Anlegeplatz für die Schiffe, die diesen Warenumschlagplatz im Norden des nicht schiffbaren Kataraktgebietes aufsuchten.

NILOMETER

➤ S. 247, [b 3]

Nahe der Anlegestelle liegt einer von zwei Nilometern. Einer von beiden wurde als Gang mit einer in die Tiefe führenden Treppe gebaut, der zweite hat ein Becken. Mit diesen Nilmessern ermittelten die Alten Ägypter die Wasserhöhe. Sie versuchten vorauszusagen, wann und bis zu welchem Pegel der Fluss während der alljährlichen Nilflut steigen würde, um damit die Ernte zu beurteilen und die Steuern dann entsprechend festzulegen. Der Nilometer von Assuan soll der älteste Nilmesser in ganz Ägypten sein.

ASSUAN-MUSEUM

➤ S. 247, [b 3]

Neben dem Nilmesser liegt die Villa von Sir William Willcocks, der für die erste Erhöhung des Staudammes von Assuan verantwortlich war. Sie beherbergt heute ein Museum, in dem archäologische Fundstücke aus Assuan und Elephantine von prähistorischer bis in frühislamische Zeit ausgestellt werden. Das Museum soll in den kommenden Jahren umgestaltet werden.

ANTIKE STADT ELEPHANTINE

➤ S. 247, [b 3]

An der Erforschung der Stadt Elephantine arbeiten seit 1969 das Deutsche Archäologische Institut und das Schweizerische Institut für Ägyptische Bauforschung und Altertumskunde. Schon in der 1. Dynastie wurde auf der Ostseite der Insel eine Festung mit Türmen errichtet. Freigelegt wurden inzwischen auch mehrere Tempel aus verschiedenen Epochen, Wohnhäuser, Verwaltungsgebäude, eine Anlage

Nil-Kleinod: Nur mit dem Boot zu erreichen ist das interessante Eiland vor Assuan.

für die Feier des Nilfestes sowie eine Bäckerei. Die wichtigsten Kultstätten der Stadt waren der Satet-Tempel und der größere Tempel des Kataraktengottes Chnum.

Betritt man die antike Stadt vom Museum aus kommend, so stößt man zuerst auf den wiedererrichteten Tempel der Stadtgöttin Satet, die als Frau mit einer hohen spitzen Krone und Antilopenhörnern dargestellt wurde. Spannend ist die Besichtigung dieses Tempels, weil man verschiedene Bauphasen ablaufen kann: ein Satet-Tempel aus der Zeit der 6. Dynastie, ein Tempel von Sesostris I. und der Satet-Tempel, den Königin Hatschepsut errichten ließ, von dem einige Relief-Abgüsse im Louvre stehen. Vom jüngsten Satet-Tempel aus ptolemäischer Zeit ist aber nur noch eine Ecke des Fundaments erhalten. Von hier aus war einst der Friedhof der heiligen Widder zugänglich. Anders als die lokale Gottheit Satet hatte der als Widder dargestellte Kataraktengott Chnum als Schöpfergott überregionale Bedeutung.

Erhalten sind auch Teile der Stadtmauer, Wohnhäuser der 12. und 18. Dynastie, aus der Spätzeit und aus der Ptolemäerzeit, sowie das Heiligtum des Gouverneurs Heqaib, der während der Herrschaft Pepis II. (um 2200 v. Chr.) hier gelebt hatte.

Überfahrt mit Feluke, Motorboot oder Fähre, die im Stadtzentrum schräg gegenüber dem Büro der Egypt Air anlegt. Tgl. 8.30–17 Uhr; Eintritt 20 LE (für die ganze Insel)

den Fluten des Stausees untergegangen. Als Dank erhielt die Bundesrepublik die Toranlage aus der Umfassungsmauer des Vorgängertempels, der während der Umsetzung in den Fundamenten des Tempels gefunden wurde. Sie ist heute im Ägyptischen Museum in Berlin zu sehen.

Der kleine Vorgängertempel aus ptolemäischer Zeit wurde an der Südspitze der Insel Elephantine wieder errichtet. Zum Mandulis-Tempel führt ein rund 30 m langer Weg, der in einer Terrasse vor dem ersten Pylon endet. Der Tempel besteht aus einem Hof, einer Vorhalle, drei Sälen und zwei Außenbezirken. In »Neu-Kalabscha« stehen zudem zwei weitere Bauten, die vor den Fluten des Stausees gerettet und hier neu errichtet wurden: Der Tempel Ramses II. von Bait al-Wali, der in christlicher Zeit zur Kirche umgebaut worden war. Die Reliefs des Tempels zeigen unter anderem Szenen von Krieg und Unterwerfung. Auch der kleine Tempel von Kertassi fand hier eine neue Heimat.

➤ [H 8]

Tgl. 9–17 Uhr; Eintritt 25 LE

Philae

Die Tempel der Insel Philae standen schon nach dem Bau des ersten Staudammes mehrere Monate im Jahr unter Wasser. Als sich abzeichnete, dass sie durch den Hochdamm gänzlich überflutet werden würden, beschloss man, die Bauwerke abzutragen und auf der Insel Agilika wieder aufzubauen.

Der größte Tempel wurde unter Nektanebos I. (380–363 v. Chr.), dem Begründer der 30. Dynastie, erbaut und ist der Göttin Isis geweiht. Das Haupteingangstor im ersten Pylon ist deutlich niedriger als die beiden seitlichen 18 Meter hohen Türme (großes Relief der Hathor mit der Sonnen-

Hand-Werk: Eine Nubierin zeigt ihr traditionelles Henna-Tattoo.

scheibe). Auf der linken Seite schließt das sogenannte Geburtshaus für das Horuskind an. Die äußeren Reliefs stammen zum Großteil aus römischer Zeit. Der Innenhof wird von Hathor-Säulen flankiert. Beachtenswert sind zudem die Säulen mit den Pflanzenkapitellen. Durch einen weiteren Hof und mehrere Vorsäle schreitet man dann voran bis zum Allerheiligsten.

Wenn der Wächter bereit ist aufzuschließen, kann man oben auf dem Dach außerdem den Osiris-Schrein besichtigen, mit Szenen des Osiris-Mythos. Links vom zweiten Pylon des Isis-Tempels liegt das Hadrianstor, auf dem die mythischen Nilquellen dargestellt sind. Wo der Nil entsprang, wusste man im Alten Ägypten noch nicht. Östlich des Isis-Tempels liegen die Ruinen des Hathor-Tempels mit Darstellungen musizierender Tiere und des Harfe spielenden Gottes Bes. Der unvollendete Trajan-Kiosk, der in der Nähe des Ufers, ungefähr auf der Höhe des ersten Pylons des Isis-Tempels liegt, war einst von britischen Marinetauchern aus den Fluten des Nil gerettet worden. Abends kann man in Philae eine Sound-and-Light-Show bewundern.

➤ [H 8]

Agilika Island; tgl. 9–17 Uhr; Eintritt 40 LE

Nil-Blick: In Assuan bieten einige Restaurants diesen wunderbaren Ausblick.

Sehel-Insel

Mit dem Boot kann man einen sehr schönen Ausflug zur Insel Sehel unternehmen. Auf ihr gibt es zwar keine großen Tempel zu besichtigen, dafür aber einige interessante Inschriften. Außerdem befindet sich auf der Insel ein kleines nubisches Dorf, dessen Bewohner sehr freundlich sind und Besuchern gerne – vor allem wenn man ein kleines Souvenir kauft – auch das Innere ihrer Häuser zeigen. Unter den Inschriften, die man auf einem Hügel links von der Bootsanlegestelle findet, ist die berühmteste die der sogenannten Hungersnotstele, die aus der Herrschaftszeit von Ptolemaios V. stammen soll. Beschrieben sind auf der Stele jedoch Ereignisse – sie erzählt von einer siebenjährigen Hungersnot, die erst nach einer Fürbitte bei Chnum, dem Herrscher über die Nilquellen, endete –, die sich der Legende nach in der 3. Dynastie unter König Djoser (um 2600 v. Chr.) zugetragen haben sollen.

Sehenswertes

Felsengräber von Qubbat al-Hawa

Am Westufer des Nils liegen, schon aus der Ferne gut zu erkennen, Felsengräber von Fürsten, Gouverneuren und Feldherren aus dem späten Alten Reich und dem Mittleren Reich (6.–12. Dynastie). Die Gräber weisen Ähnlichkeit mit den Felsengräbern von Beni Hassan bei Minya auf. Das am besten erhaltene (Nr. 31) unter den größeren Gräbern gehört Sarenput II., einem Gaufürsten aus der Zeit der 12. Dynastie. Die Farben der Wandmalerei sehen noch sehr frisch aus. Dunkelrot leuchtet die Gestalt des Fürsten. Von einem Pfeilersaal geht ein Korridor aus, in dem der Verstorbene zusammen mit seinem Sohn dargestellt ist. In den Nischen des Korridors ist Sarenput II. in der Gestalt des Osiris dargestellt. Im hinteren Raum sieht man den Verstorbenen auf einem Bild an der rückwärtigen Wand an einem Tisch mit Speisen sitzen. Ebenfalls aus der 12. Dynastie stammt das Grab Sarenputs I. (Nr. 36) mit Szenen aus dem Alltag und Tierdarstellungen. Zum Vergleich ist es interessant, sich eines der ältesten Gräber der Nekropole anzuschauen. Ein gutes Beispiel dafür sind die nebeneinander liegenden Gräber der oberägyptischen Statthalter Mechu (Nr. 25) und Sabni I. (Nr. 26), an deren Eingängen jeweils zwei kleine Obelisken stehen.

Benannt ist Qubbat al-Hawa (»Kuppel des Windes«) nach dem von einer Kuppel gekrönten Grab eines Scheichs, das oben auf dem Hügel liegt. Nach der Besichtigung der Felsengräber, zu denen man über steile Rampen hinaufsteigt, sollte man sich die Mühe machen, zum Grab des Scheichs empor zu steigen, um die herrliche Aussicht auf Assuan, den Nil und die Inseln zu genießen.

➤ S. 247, [b 1]

Tgl. 8–16 Uhr im Winter, 8–18 Uhr im Sommer; Eintritt 20 LE

Grabmal des Aga Khan (Mausoleum)

Hoch über dem Nil am Westufer steht das Mausoleum des Aga Khan III. (1877–1957) mit der kleinen Kuppel. Das geistliche Oberhaupt der Hodschas soll diesen Platz für sein Grabmal wegen der schönen Lage ausgewählt haben. Die Aussicht auf den Fluss ist großartig.

➤ S. 247, [a 3]

Isistempel

Südlich der Altstadt liegt dieser Tempel aus ptolemäischer Zeit, der zu Ehren der Göttin Isis errichtet wurde. Die Inschriften des bereits 1860 entdeckten Tempels, der mehrere Meter tiefer liegt als die moderne Stadt, sind zum Teil noch gut zu erkennen. Die Gesichter der Götter waren einst von religiösen Eiferern ausgehackt worden, als im Innenraum des Tempels eine koptische Kirche eingerichtet wurde. Reste eines Chnum geweihten, kleinen Stationstempels befinden sich nördlich des Deutschen Missionskrankenhauses.

Kitchener-Insel

Nördlich der Insel Elephantine liegt diese kleine Garteninsel (Gezirat al-Nabatat), auf der einst der britische Gouverneur Lord Kitchener residierte. Der Park mit seinen exotischen Pflanzen ist für Ägypter ein beliebtes Ausflugsziel, weshalb man die Insel an offiziellen Feiertagen, wenn

der größte Andrang von Familien und Schulklassen herrscht, meiden sollte.

➤ S. 247, [b 2]

St.-Simeons-Kloster (Dair Amba Samaan)

Eines der größten koptischen Klöster Ägyptens. Hier können die Ruinen des im 7. Jahrhundert gegründeten und im 13. Jahrhundert aufgegebenen Klosters am Westufer des Nils besichtigt werden. Einigermaßen gut erhalten sind die Basilika aus dem 9. Jahrhundert an der Südseite sowie einige Mönchszellen mit gemauerten Betten. Wem der Anstieg zum Kloster zu beschwerlich sein sollte, der kann ihn auch auf dem Rücken eines Kamels bewältigen.

➤ S. 247, [a 2]

Unvollendeter Obelisk

Im Südosten der Stadt liegt ein alter Granit-Steinbruch, in dem ein 42 Meter langer Obelisk »liegen gelassen« wurde. Der Stein des Obelisken hat einen Sprung, weshalb ihn die Steinmetze nicht abtransportierten. Interessant ist ein Besuch des Steinbruchs, weil man hier gut erkennen kann, dass die Granitblöcke zur Zeit der Pharaonen schon im Steinbruch grob vorbehandelt wurden und nicht als unförmige Rohlinge zu den Orten gebracht wurden, an denen sie für die jeweiligen Bauten verwendet werden sollten. Geplant ist auf dem Gelände eine Freilichtausstellung über antike Steinbruchtätigkeit. Gegenüber dem Steinbruch liegt der fatimidische Friedhof mit einer Anzahl gut erhaltener Mausoleen.

➤ S. 247, [b 4]

Museen

Nubisches Museum

Zu den schönsten Museen des Landes gehört dieses 1998 mit Unterstützung der UNESCO fertiggestellte Museum. Die rund 1200 Exponate, die attraktiv und übersichtlich präsentiert werden, gewähren einen Einblick in die Kultur Nubiens von prähistorischer bis in die islamische Zeit. Zu den wichtigsten Ausstellungsstücken gehören eine Ba-Statue sowie Statuen des Chephren und von Ramses II. Es wird außerdem die Kampagne zur Rettung jener Bauwerke erklärt, die vom Assuan-Hochdamm bedroht sind.

➤ S. 247, [a/b 4]

Sch. Abtal al-Tahrir, tgl. 9–13 und 17–21 Uhr im Winter, 9–13 und 18–22 Uhr im Sommer, Eintritt 35 LE

Essen und Trinken

1902

Unter der Kuppel des Speisesaals des Old Cataract Sofitel-Hotels (→ Spezial, S. 88) wird eine französische Küche mit ägyptischem Touch geboten. Dazu spielt Live-Musik. Es gibt einen Mindestverzehr und man sollte reservieren.

Tel. 0 97/2 31 60 00; tgl. 19.30–23.30 Uhr ••••

El Dokka Nubian Restaurant

Einfaches, schmackhaftes nubisches Essen bekommt man im Restaurant El Dokka auf einem kleinen Inselchen gegenüber dem Old Cataract Hotel serviert. Auch ägyptische Familien kehren hier gerne ein. Alkohol wird nicht angeboten. Zu jedem Hauptgericht, das man bestellt, werden automatisch eine Suppe, drei kleine Vorspeisen und ein Nachtisch gereicht.

El Masri

In diesem Restaurant wird neben den üblichen Grilltellern auch eine authentische ägyptische Hausmannskost serviert, so unter anderem auch verschiedene Gemüse-Eintöpfe.

Sch. Abd al-Magid Abu Zaid, Ecke Basarstraße •

Einkaufen

In der belebten Basarstraße kann man besonders gut Gewürze und Textilien kaufen. Vor allem die typischen großen Schals der Saidis sind hier recht günstig zu haben. Ein schönes Stück, das sich auch als Sofa-Überwurf gut macht, gibt es bereits ab ca. 35 LE.

NAG HAMMADI

34 200 Einwohner, 60 km nördl. von Luxor

➤ [G 6]

Wer die klassische Tour von Abydos nach Dendera macht und nicht an den festen Zeitplan einer Reisegruppe gebunden ist, kann auf der Westseite des Nils bei Nag Hammadi ein Frauenkloster besichtigen.

Sehenswertes

Dair Anba Badaba

Das Kloster ist dem heiligen koptischen Bischof Badaba geweiht. Außer den Christen der Umgebung, die zum Gottesdienst herkommen oder die alten Nonnen besuchen wollen, verirrt sich selten ein Besucher hierher. Die Schwestern sind sehr freundlich. Auch Männer dürfen das Kloster besichtigen. Wenn sich eine der Schwestern die Zeit nimmt, Besucher durch die Anlage zu führen, sollte man vielleicht anschließend im klostereigenen Geschäft ein paar preiswerte Handarbeiten erstehen.

Die kleine Kirche, die im Zentrum der Anlage liegt, stammt nach Auskunft der Nonnen aus dem 4. Jahrhundert. Sie ist nur rudimentär und ohne Rücksicht auf Denkmalpflege restauriert worden. Alle anderen Gebäude sind groß, schön und gepflegt und stammen aus dem Jahr 2002. Vorher wohnten die Nonnen alle in kleinen baufälligen Zimmerchen über der Kirche. In der Kirche selbst kann man den koptischen Glauben im Alltag kennenlernen. In das Kloster kommen vor allem Frauen, um Zettel mit Bitten in einen Kasten zu werfen. Und Frauen, die keine Kinder bekommen können, lassen sich von Schwester Umm Sara die Hand auflegen, die dabei Gebete spricht und gute Wünsche murmelt.

Landstraße 211 Suhag – Dendera, am nördl. Ortseingang von Nag Hammadi rechts

DENDERA

55 km nördl. von Luxor

➤ [H 6]

In Dendera, am Westufer des Nils, gegenüber der Provinzhauptstadt Qina, liegt die große Kultstätte der Himmels- und Liebesgöttin Hathor. Sie spielte eine wichtige Rolle beim Neujahrsritual. Neben dem großen Hathor-Tempel liegen außerdem noch ein Heiliger See, ein Isis-Tempel, eine koptische Basilika, zwei römische Geburtshäuser und ein Sanatorium.

Sehenswertes

Hathor-Kultstätte

Der heute noch gut erhaltene Hathor-Tempel stammt aus später ptolemäischer und römischer Zeit. An dieser Stelle hat wohl schon ein früheres Heiligtum gelegen. Die gesamte Anlage ist von einer Mauer aus Nilschlammziegeln umgeben. Man betritt sie durch ein Tor aus spätrömischer Zeit, vor dem kleine römische Säulen zu erkennen sind, die zu einer Brunnenanlage gehörten. Das erste Gebäude im Hof rechts ist das römische Geburtshaus. Die sogenannten Mammisi wurden jeweils für den Sohn der im großen Tempel verehrten Gottheit gebaut. Im diesem Fall war es dem Kind der Hathor und des Horus gewidmet. Dahinter liegt eine teilweise zerstörte koptische Kirche aus dem späten 5. Jahrhundert. Das südliche Geburtshaus Nektanebos I.

(30. Dynastie), das sich wiederum dahinter befindet, ist von dem später errichteten Tempel durchschnitten worden. Der darauf folgende Ziegelbau ist ein römisches Sanatorium, zu dem eine Badeanlage gehörte. Rechts hinter dem großen Tempel liegt der Heilige See.

In der von 24 Säulen getragenen Vorhalle des Hathor-Tempels sind einige römische Kaiser in ägyptischer Herrschertracht dargestellt, die den Göttern Geschenke darbringen. Beachtenswert ist die astronomische Decke der Vorhalle, auf der Tierkreiszeichen, die Stunden des Tages und der Nacht sowie die Mondphasen abgebildet sind, sowie Geier und Sonnen. Die Reliefs an den Wänden des sogenannten Barkenraumes geben Aufschluss über das Ritual der Neujahrsprozession. Das Dach des Tempels verfügt über kleinere Aufbauten wie eine Osiris-Kapelle und einen Hathor-Kiosk. Geht man außen um den Tempel herum, fallen einem sofort die Löwenköpfe auf, die früher Wasser speien sollten. An der Südwand des Tempels ist eine Abbildung zu betrachten, die Kleopatra mit ihrem Sohn aus der Verbindung mit Roms Kaiser Julius Cäsar zeigt.

Landstraße 211, 5 km vor Qina auf der westl. Nilseite; tgl. 7–16.30 Uhr, morgens großer Andrang von Reisegruppen; Eintritt 20 LE

EDFU

94 000 Einwohner, 100 km südl. von Luxor

➤ [H 7]

Der Horus-Tempel von Edfu, dem Handelszentrum am Nil mit seinem alten Töpfereigewerbe, ist das größte Bauwerk der Ptolemäer-Zeit in Ägypten. Sehenswert ist dieser 137 Meter lange schmale Tempel aus Sandstein in erster Linie wegen seiner absolut klassischen Form. Außerdem ist er sehr gut erhalten.

Horus-Tempel in Edfu: Der falkenköpfige Hauptgott galt als Beschützer der Kinder.

Sehenswertes

Horus-Tempel

Der Tempel wurde auf dem Gelände eines früheren Tempels errichtet, der aus dem Neuen Reich stammte oder sogar noch älter war. Geweiht war er dem Sonnengott Horus, der Hathor von Dendera und deren Sohn Harsomtus. Gegründet wurde er um 237 v. Chr. von Ptolemaios III. Endgültig fertig wurde der Bau erst 57 v. Chr.

Vor dem Eingangspylon stehen zwei große schwarze Horusfalken aus Granit. Hinter dem Pylon mit seinen massiven Tortürmen betritt man einen von Säulen umstandenen Hof. Dahinter liegt eine Querhalle, auch hier stehen wieder zwei Falken (von denen einer zerstört ist), die den Sonnengott Horus verkörpern. Läuft man in der Mittelachse voran, trifft man auf einen Säulensaal. Im Allerheiligsten ist der König vor den Göttern zu sehen. Im Umgang des Tempels finden sich viele Tierdarstellungen, unter anderem Horus im Kampf gegen Nilpferde und Krokodile. (→ Fokus, S. 310)

Tgl. 9–17 Uhr, Eintritt 40 LE

ESNA

58 000 Einwohner, 54 km südl. von Luxor

➤ [G 7]

Aus ptolemäischer und römischer Zeit stammt der dem widderköpfigen Schöpfergott Chnum geweihte Tempel von Esna. Der Tempel liegt im Stadtzentrum acht Meter unterhalb des Straßenniveaus. Zu der 15 Meter hohen Fassade gehören sechs Säulen mit Pflanzenkapitellen. In der Vorhalle stehen in drei weiteren Reihen ebenfalls jeweils drei Säulen rechts und links. Die Decke ist mit fliegenden Geiern und astronomischen Bildern dekoriert.

Tgl. 9–17 Uhr, Eintritt 25 LE

Krokodilgott: In Kom Ombo am Nil wurde einst Sobek verehrt (S. 258).

TEMPEL VON KARNAK ✡7

An der größten Tempelanlage Ägyptens im Norden von Luxor bauten seit dem Mittleren Reich fast alle Pharaonen.

Der größte Tempelbezirk Ägyptens ist nicht nur in seinen Ausmaßen einzigartig, sondern auch wegen seiner Komplexität. Man muss die Anlage mit eigenen Augen gesehen und einmal im Schatten ihrer Säulen verweilt haben: So beschrieb die englische Schriftstellerin Amelia Edwards Karnak als einen Ort, »von dem keine Niederschrift und keine Kunst mehr als nur einen schwachen Eindruck geben kann«. Edwards trug mit ihrem 1877 erschienenen Reisebericht »A Thousand Miles Up the Nile« trotzdem dazu bei, das Bewusstsein dafür zu wecken, dass die historischen Stätten Ägyptens geschützt werden müssen.

Rund 30 Pharaonen haben ihre Architekten und Arbeiter einst dazu getrieben, die Säulen, Säle, Pylonen, Höfe und Reliefs der Anlage von Karnak zu schaffen. Spätestens von der 12. Dynastie (um 1938–1759 v. Chr.) an bis in die ptolemäische Zeit wurde hier gebaut. »Ipet-Isut« (der heiligste Platz), so der altägyptische Name des Tempels, war damals der Hauptkultort für die thebanische Göttertriade Amun – Mut – Chons. Der Schöpfergott Amun wurde durch seine Verschmelzung mit dem Sonnengott Re als Amun-Re zur Hauptgottheit Thebens, Karnak zum Zentrum des Amun-Kults.

GROSSER AMUN-TEMPEL

Das Herzstück der Anlage bildet der von Ramses II. (19. Dynastie) in Auftrag gegebene Große Amun-Tempel. Ramses II. gilt als einer der bedeutendsten ägyptischen Herrscher, da das Reich unter seiner Führung eine wirtschaftliche und bemerkenswerte, kulturelle Blütezeit erlebte.

Eine nicht mehr erhaltene, rund drei Kilometer lange Widdersphingenallee (mit dem Körper eines Löwen und dem Kopf eines Widders, der als heiliges Tier des Amun galt) verband einst den Karnak- mit dem Luxor-Tempel. Noch teilweise intakt ist dagegen eine unter Ramses II. erbaute, kürzere Allee am Westtor, dem heutigen Besuchereingang der Tempelanlage. Sie führt zu dem 113 Meter langen ersten Pylon, der erst im 4. Jh. v. Chr. erbaut wurde und unvollendet blieb. An der südlichen Innenseite des Pylons sind sogar die aufgeschichteten einfachen Ziegelsteine noch zu sehen, die von den Arbeitern einst als Gerüst beim Bau des Tores verwendet worden waren.

Hinter dem Tor liegt ein großer Hof, in dem sich ein unter Sethos II. (1294–1198 v. Chr.) erbauter kleiner Tempel, der zur Aufbewahrung der tragbaren Götterbarken diente, und ein etwa 100 Jahre später erbauter, größerer Pylon-Tempel Ramses III. befinden, die beide der Göttertriade geweiht sind. Der eigentliche Blickfang des Innenhofes ist jedoch die Säule des Taharka (690–664 v. Chr.). Dieser einzigen noch erhaltenen von ursprünglich zehn Säulen mit offenen Kapitellen hat Rainer Maria Rilke in seinem XXII. Sonett an Orpheus ein poetisches Denkmal gesetzt: »Oder die eine, in Karnak, die Säule, die Säule, die fast ewige Tempel überlebt.«

Hinter dem zweiten Pylon liegt der Große Säulensaal wie ein steinerner Wald mit seinen 134 (zumeist) Papyrusbündelsäulen. Nur die mittleren Säulen, die etwa 22 Meter hoch sind, haben offene Kapitelle, die äußeren Säulen sind rund 15 Meter hoch. Die Seitenwände der Halle schmücken Reliefe, die den König (an der Nordwand Sethos I., an der Südwand Ramses II.) als siegreichen Heerfüh-

Heiliger See: Schon für die Alten Ägypter galt Karnak als der vollkommenste Ort.

rer verherrlichen. Den Abschluss des Säulensaales bildet der dritten Pylon. Dahinter liegt ein kleiner Mittelhof, in dem einer von einst vier Obelisken zu sehen ist. Dieser 23 Meter hohe Obelisk ist Thutmosis I. geweiht.

Der von Thutmosis I. erbaute vierte Pylon ist stark verfallen. Daneben liegt der rund 30 Meter hohe Obelisk der Hatschepsut, der einst eine vergoldete Spitze hatte. Ihr Nachfolger ließ den unteren Teil des Obelisken einmauern, weshalb er oben stärker von der Sonne gebleicht wurde, als der später wieder freigelegte untere Teil.

Auf der Höhe des vierten Pylons zweigt rechts ein weiterer Teil des Amun-Tempels ab, der die Bezirke vom siebten bis zum zehnten Pylon umfasst, wobei der hintere Teil derzeit nicht zugänglich ist.

Entlang der Mittelachse folgen der fünfte und sechste Pylon dicht aufeinander. Die Ruinen der Bauten zwischen dem vierten und sechsten Pylon sind für den Besucher nur schwer zu verstehen, da hier mehrfach strukturelle Modifikationen vorgenommen wurden. So ließ Thutmosis III. den »Roten Tempel« der Hatschepsut abtragen und durch einen neuen Barkenschrein ersetzen. Im Annalensaal ließ er Berichte über seine siegreichen Feldzüge anbringen. Im Großen Festsaal von Thutmosis III. lohnt sich ein Blick an die mit stilisierten Sternen geschmückte, gut erhaltene blaue Decke. Dieser Teil des Amun-Tempels war später vorübergehend von den Christen als Kirche genutzt worden, was keine Seltenheit war. Im Gegenteil: Die Kontinuität des Kultes ist an vielen Orten in Ägypten zu beobachten. Auch benutzte man für den Bau koptischer Klöster gelegentlich Steinquader mit Reliefs und Inschriften aus pharaonischen Grabanlagen oder Tempeln.

Vom Osttor des Tempelbezirks kann man am Amun-Tempel entlang bis zu dem in Stein eingefassten »Heiligen See« laufen. Dort kann man sich auch vor der Besichtigung der restlichen Bauwerke der »Heiligen Stadt« in der Cafeteria noch einen Tee mit Minze genehmigen. Wenige Meter von dem zu rituellen Zwecken angelegten See entfernt, steht auf einem Sockel ein von Amenophis III. aufgestellter Granitskarabäus. Viele Touristen laufen mehrfach um den Skarabäus herum, weil dies Glück und Wiedergeburt verheißen soll.

Läuft man am Amun-Tempel weiter, stößt man auf den Hof vor dem siebten Pylon, der durch das Versteck berühmt wurde, das der Franzose Georges Legrain dort 1903 entdeckte. Rund 17 000 vergrabene große und kleine Statuen und andere Objekte wurden in den folgenden Jahren in der sogenannten Cachette von Karnak gefunden,

Widderlich: Diese Spinghen bildeten ursprünglich eine drei Kilometer lange Allee.

Steinerne Wacht: Statuen vor dem Tempel des Fruchtbarkeitsgottes Amun Re

von denen einige heute zu den Glanzstücken des Ägyptischen Museums in Kairo zählen. Am siebten Pylon stehen sieben zum Teil sehr gut erhaltene Granitstatuen von Königen des Mittleren und Neuen Reiches.

Auf dem Gelände hinter dem von Hatschepsut erbauten achten Pylon finden derzeit Restaurierungs- und Bauarbeiten statt, weshalb dieser Teil gesperrt ist.

In der Amarnazeit, als Amenhotep IV. (Echnaton) den Glauben an den einzigen Gott Aton proklamierte, wurde die Bautätigkeit in Karnak eingestellt. Nach seinem Tod wurden Trümmer seiner Bauten für den Bau des neunten und zehnten Pylons verwendet.

Der Bezirk des Chonstempels liegt rechts etwa auf der Höhe des neunten Pylons. Der aus der späten Ramessidenzeit stammende Tempel ist dem Mondgott Chons, dem Sohn Amuns und seiner Gemahlin Mut, geweiht und hat eine Struktur, die klassisch für diese Periode ist. Im Inneren findet sich eine kleine Treppe nach oben, die manchmal gesperrt ist. Von oben hat man dann eine hervorragende Aussicht auf die Anlage.

Das von Thutmosis III. erbaute Heiligtum des Ptah liegt auf der Südseite des Amun-Tempels. In der mittleren Kapelle des Tempels steht eine Sitz-Statue des Ptah, welcher der Kopf fehlt. In der rechten Kapelle befindet sich eine schlanke Statue seiner Gemahlin, der löwenköpfigen Kriegsgöttin Sechmet, aus schwarzem Granit. Diese hatte Legrain während seiner Arbeit in Karnak mühevoll aus vielen Einzelteilen wieder zusammengesetzt.

➤ S. 260, [c 1]

GROSSER AMUN-TEMPEL

OBELISKENHOF

Einst die Pforte zum Allerheiligsten. Heute steht hier nur noch der Obelisk Thutmosis' I. (1504–1492 v. Chr.): 21,3 Meter hoch und 143 Tonnen schwer. Hinter dem vierten Pylon ragt der Obelisk Hatschepsuts in die Höhe. Mit einer Größe von 29,6 Metern ist er nach dem Lateran-Obelisk, der sich heute in Rom befindet, der höchste Obelisk der Welt.

DOPPELTE KOLONNADE

Errichtet vom äthiopischen König Taharka (690–664 v. Chr.). Jede der zehn Säulen besteht aus 25 Schichten geglätteten Gesteins; ihre Funktion innerhalb der Anlage ist bis heute unbekannt.

HEUTIGER EINGANG

Vorbei an einer Reihe widderköpfiger Sphinx-Figuren, die eine winzige Statue in ihren Händen halten. Dieses äußere, erste Eingangstor (Pylon) wurde als letztes Element der Anlage erbaut, wahrscheinlich zwischen 380 und 343 v. Chr.

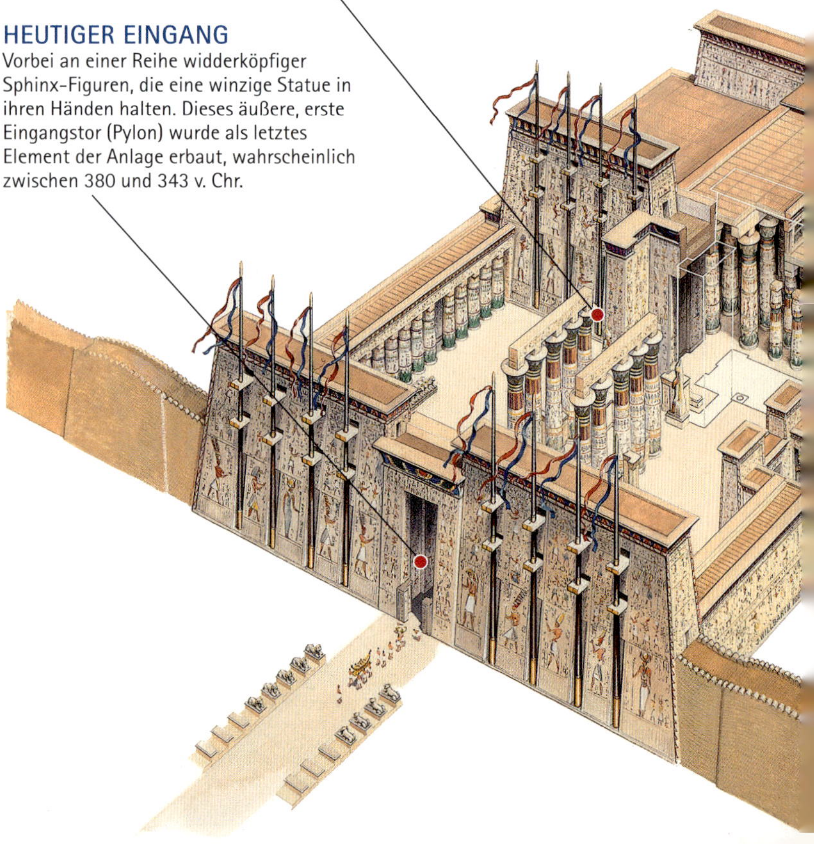

SANCTUARIUM

Das Allerheiligste. Der älteste Teil des Tempels, über einen Zeitraum von tausend Jahren immer wieder neu gebaut.

FESTHALLE

Erbaut von Thutmosis III. (1479–1425 v. Chr.). Die Säulen erscheinen rätselhaft: Sie sind oben breiter als unten, und die Kapitelle haben die Form umgedrehter Kelche.

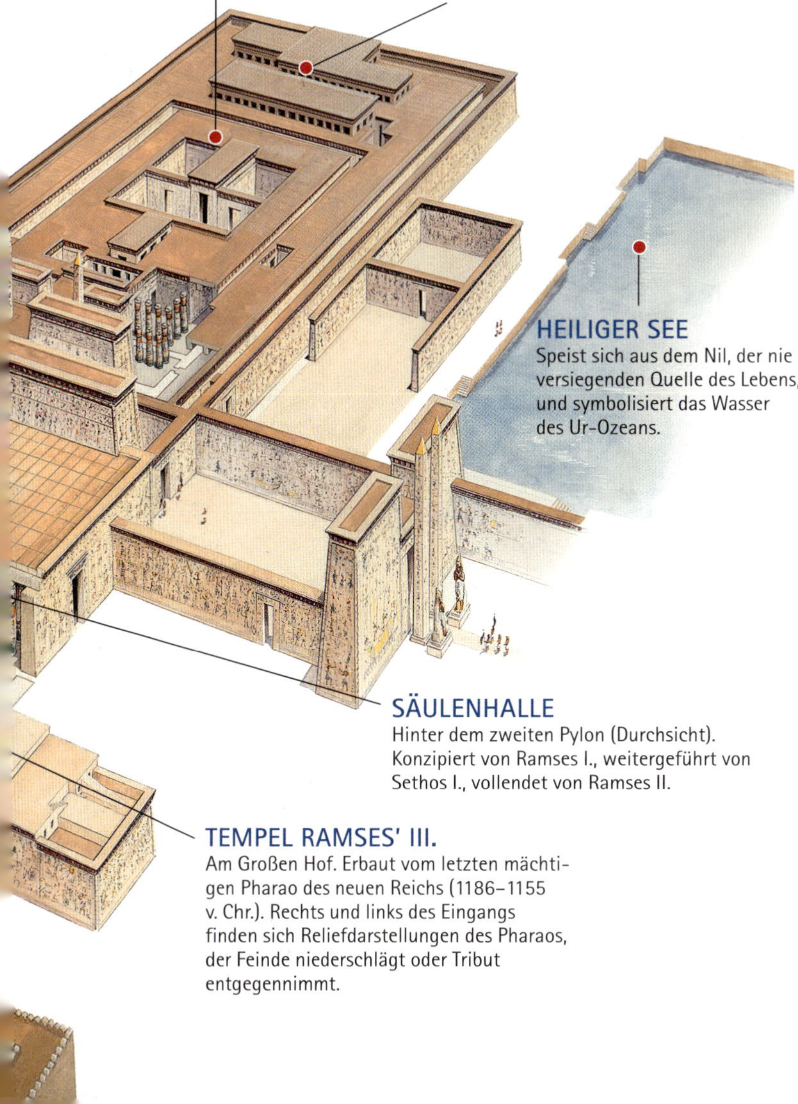

HEILIGER SEE

Speist sich aus dem Nil, der nie versiegenden Quelle des Lebens, und symbolisiert das Wasser des Ur-Ozeans.

SÄULENHALLE

Hinter dem zweiten Pylon (Durchsicht). Konzipiert von Ramses I., weitergeführt von Sethos I., vollendet von Ramses II.

TEMPEL RAMSES' III.

Am Großen Hof. Erbaut vom letzten mächtigen Pharao des neuen Reichs (1186–1155 v. Chr.). Rechts und links des Eingangs finden sich Reliefdarstellungen des Pharaos, der Feinde niederschlägt oder Tribut entgegennimmt.

KOM OMBO

59 800 Einwohner, 50 km nördl. von Assuan

➤ [H 8]

In Kom Ombo wurde ein Teil der nubischen Bevölkerung angesiedelt, die einst wegen des Baus des Assuan-Hochdammes ihre Heimat verlassen musste. Hauptattraktion der Stadt ist der aus der Ptolemäerzeit stammende Doppeltempel des Sobek und Haroeris. Er liegt nahe des Nilufers am südlichen Stadtrand. Der rechte Teil des Tempels ist dem Krokodilgott Sobek geweiht, der linke Haroeris mit dem Falkenkopf. Der Eingangspylon ist weitgehend zerstört. Begonnen wurde der Bau des Tempels unter Ptolemaios VI., fertiggestellt unter Ptolemaios XII. Zu den interessanten Reliefs des Tempels gehört ein altägyptischer Kalender.

Tgl. 6–17 Uhr, Eintritt 25 LE

LUXOR

420 000 Einwohner, 700 km südl. von Kairo

➤ Stadtplan, S. 260 ➤ [H 6]

Luxor gehört mit seinen beeindruckenden Baudenkmälern aus der Pharaonenzeit schon seit der Frühphase des Ferntourismus im 19. Jahrhundert zu den beliebtesten Reisezielen der Kulturhungrigen weltweit. Die Stadt am Nil lebt schon so lange von den Einkünften der Urlauber, dass viele ihrer Einwohner zumindest bruchstückhaft in mehreren Fremdsprachen parlieren können. »Willst du ein Kamel, einen Araberhengst oder ein Motorboot?«, rufen die Männer an der Uferpromenade den Fremden zu. Auf der Corniche mit dem breiten Gehsteig laufen Rucksacktouristen in Wanderschuhen neben Französinnen in Leinenkleidern und Strohhüten entlang. Internetcafes, Teestuben und Droschkenfahrer buhlen um Kundschaft. Die Menschen in Luxor sind meist freundlich zu den Aus-

Koloniales Flair: Der »Old Winter Palace« war einst ein Hort des Empire.

Große Oper in Luxor: Verdis »Aida« sozusagen am Originalschauplatz

ländern. Nicht selten erlebt man jedoch, wie ältere Ägypter einschreiten, wenn ein Bootsbesitzer sein »Opfer« 100 Meter »verfolgt« oder wenn ein bettelnder Junge eine Touristin am Ärmel zupft.

An der Corniche von Luxor legen jeden Tag Kreuzfahrtschiffe an, und selbst bei brütender Hitze sieht man Ausländer mit Sonnenhut und Reiseführer bewaffnet durch die Tempelanlagen und Gräber ziehen. Hochsaison sind in Luxor die europäischen Weihnachts- und Osterferien.

Hotels

Sofitel Old Winter Palace & New Winter Palace

Für Nostalgiker ist das Old Winter Palace am Nil unbestritten das erste Haus am Platz. In dem 1886 erbauten Luxushotel hatte Howard Carter im November 1922 einen Zettel ans schwarze Brett gehängt, um die Gäste über seine Entdeckung des Grabes von Tutenchamun zu informieren. Den großen gepflegten Park mit Swimmingpool teilen sich die Gäste dieser Traditionsherberge mit den Hotelgästen des angrenzenden modernen New Winter Palace, in dem die Übernachtung günstiger ist als in den Zimmern des Mutterhauses. Im Frühjahr 2006 wurde damit begonnen, einige der Zimmer im Old Winter Palace zu renovieren.

Corniche; Tel. 0 95/2 38 04 22, Fax 0 96/2 37 40 87; www.sofitel.com; 329 Zi.
AmEx MASTER VISA ••••
(New Winter Palace •••)

Sheraton

Das vier Kilometer außerhalb des Ortes gelegene Hotel bietet Ruhe und vielfältige Ausflugsmöglichkeiten mit den Boo-

Luxor und Karnak
0
360 m
Tempel des Mont
Tempel des Ptah & Sakhmet
Großer Amuntempel
Tempel Sethos' II
Tempel Ramses' II
Sch. al-Karnak
Heiliger See
Tempel Ramses' III
Chons-Tempel
Tempel Amenophis' II
Tempel des Osiris & Epet
Karnak
Sphingen-Allee
Tempel Amenophis' III
Airport, Kairo
Tempel der Mut
Heiliger See
Tempel Ramses' III
(Corniche)
Sch. al-Bahr al-Nil
Nil
Mabad al-Karnak
Sch. al-Matar
Sch. Ahmos
Sch.
(Corniche)
Luxor-Museum
Sch. Salah Salim
Luxor
Sch.
Hatschepsut
Sch. Ahmos
Sch. al-Bahr al-Nil
Sch. Yusuf Hassan
Mustafa Kamil
Sch. al-Muntaza
Sch. Bur Said
Sch. al-Nichaili
Sch. Kleopatra
Sch. al-Assaita
Theben-West, Tal der Könige, Grab der Nefertari
Sphingen-Allee
Mumifizierungs-museum
Abu-al-Haggag-Moschee
Sch. al-Mahatta
Crocodile Island, Jolie Ville Mövenpick Resort
Luxor-Tempel
Sheraton Luxor
Station
a
b
c
d
1
2
3
4
5
6
7
8
© MERIAN-Kartographie

Gelungene Präsentation: königliches Halbrelief aus dem Luxor-Museum

ten, die direkt vor dem Haus anlegen. Kleine Bar mit Terrasse.

➤ S. 260, [c 6]

Sch. Chalid Ibn al-Walid, Tel. 0 95/ 237 45 44, www.starwoodhotels.com, 284 Zi.
AmEx MASTER VISA ●●●

Ausflüge

Organisiert werden von Luxor aus vor allem Nilkreuzfahrten – der Klassiker ist ein Trip nach Assuan – sowie Bustouren nach Abydos und Dendera oder Esna und Edfu. Möglich ist ein Abstecher zum Roten Meer, nach Safaga oder Qusair.

Ballonfahrten

Am Westufer des Nils werden Ballonfahrten angeboten, mit denen man einen hervorragenden Blick über die Flusslandschaft genießt.

Tel. 0 95/2 37 06 38

Luxor-Tempel

Die Sandstein-Säulen des Luxor-Tempels ragen am frühen Abend rötlich schimmernd in den Himmel und geben der Uferpromenade Glanz. Amenhotep III. (ca. 1391–1353 v. Chr.) ließ den Tempel für die thebanische Göttertriade errichten. Sein altägyptischer Name lautete »Ipet Resyt« (das südliche Privatgemach). Möglicherweise wählte Amenhotep III. einen Standort für seinen Tempel, an dem in früheren Jh. bereits ein anderes Götterkultgebäude gestanden hatte.

Der Tempelbezirk, zu dem eine Allee von Sphingen führt, hat eine wechselvolle Geschichte hinter sich. Erst löschte Echnaton, der monotheistische Nachfolger Amenhoteps III., die Götterbilder aus. Nach Echnatons Tod wurden sie wieder eingesetzt. Andere Pharaonen nahmen An- und Umbauten vor. Später beherbergte die 190 mal 55 Meter große Tempelanlage eine Kirche und einen kleinen römischen Tempel, und heute befindet sich hier eine Moschee im fatimidischen Stil, die den Namen von Scheich Yusuf Abu al-Haggag trägt, einem weisen Mann und Abkömmling des Propheten Mohammed, der im 12. Jarhundert von Bagdad nach Luxor kam.

Vor dem Eingang zum Tempel steht heute nur noch der linke, etwas kleinere Obelisk. Der rechte wurde 1836 abtransportiert und ist seither das Wahrzeichen der Place de la Concorde in Paris. Von den sechs Kolossalstatuen Ramses II., die einst vor dem Eingang standen, sind nur noch zwei Statuen erhalten, die den König sitzend zeigen. Auf dem Pylon, der die typischen Fahnenhalterungen hat, wird der Sieg Ramses II. über die Hethiter dargestellt. Das mächtige Eingangstor führt in eine Säulenhalle, die von Papyrussäulen umstanden wird. Rechts liegt eine kleine Kapelle der Hatschepsut für Amun, Mut und Chons aus Granit. Links hinten steht die Moschee, deren Existenz verhindert, dass auch in diesem Teil des Tempels die frühere Bebauung freigelegt werden kann.

Durch den Hof geht man auf einen beeindruckenden, mehr als 50 Meter langen Gang mit Säulen zu, der in einem zweiten Säulenhof mündet. Dahinter liegt der Vorraum des ursprünglichen Tempels Amenhotep III. Hier blickt man frontal auf einen römischen Altar für den Kaiserkult, der unter Diokletian (284–305 n. Chr.) dort eingebaut wurde. Schreitet man weiter entlang der Achse des Tempels stößt man auf das Allerheiligste, das unter Alexander dem Großen umgebaut wurde. Alexander ließ hier einen Granitschrein errichten. Interessant ist zudem der links vom Allerheiligsten liegende Geburtsraum, auf dessen Reliefs die göttliche Geburt Amenho-teps III. dargestellt wird. Gegenüber wird seine Trhonbesteigung gezegt.

➤ S. 260, [b 6]

Corniche; 6–21 Uhr im Winter, 6–22 Uhr im Sommer

Museen

Luxor-Museum für altägyptische Kunst

Das 1975 eröffnete Luxor-Museum zählt zu den wenigen Ausstellungsräumen Ägyptens, deren Gestaltung wirklich gut gelungen ist. Hier wird eine begrenzte Zahl wirklich auserlesener Stücke aus Oberägypten präsentiert. Durch die Beschriftung der Ausstellungsstücke und den Aufbau der Räume ist der Besuch des Museums auch für Touristen, die keine Hobby-Ägyptologen sind, ein Genuss.

Zu den schönsten Stücken des Museums zählen eine Doppelstatue, die den krokodilsköpfigen Gott Sobek zeigt, neben dem, etwas kleiner, Pharao Amenhotep III. steht. Die Statue war 1967 in einem überfluteten Schacht entdeckt worden. Besonders fein gearbeitet ist eine rund 90 Zentimeter hohe Statue Thutmosis III. aus Grauwacke, die im Karnak-Tempel gefunden worden war. Vor allem das Gesicht des jungen Pharaos, der hintersinnig lächelt, ist präzise in den Stein gemeißelt. Sehenswert ist auch eine Sand-

weiter auf S. 271

KREUZFAHRT AUF DEM NIL

Idyllische Flusslandschaft genießen und atemberaubende Denkmäler besichtigen – seit Jahrzehnten ein Klassiker für Kulturtouristen.

Könige, Künstler und Schriftsteller haben sich zwischen Wüste, Inseln und Palmenhainen inspirieren lassen. Schon die ersten Touristen im 19. Jahrhundert hatten ihr Vergnügen daran, den Nil zu befahren. Seitdem gehört die Nilkreuzfahrt zum Pflicht-Programm vieler Kulturtouristen. Auf dem längsten Fluss Afrikas verkehren derzeit mehr als 200 Kreuzfahrtschiffe. Wer Ägypten auf diesem Weg erkunden will, muss dafür Geld und die richtige Einstellung mitbringen. Denn das Motto lautet: Der Weg ist das Ziel. Und der erstreckt sich entlang einer idyllischen, manchmal monotonen Flusslandschaft.

Die meisten Kreuzfahrten beginnen in Luxor oder Assuan und dauern drei oder vier Tage. Zum klassischen Besichtigungsprogramm gehören dabei das Nubische Museum und der Unvollendete Obelisk in Assuan (gelegentlich auch ein Besuch des Simeonsklosters oder eines nubischen Dorfes), der Tempelbezirk von Kom Ombo, der Horustempel in Edfu, der Chnum-Tempel von Esna sowie das Tal der Könige und der Hatschepsut-Tempel in Theben. Bei einer Sieben-Tage-Tour werden meist auch noch Dendera und Abydos besichtigt. Bis zu zehn Tage dauert die komplette Tour von Kairo nach Assuan. Ist man kein absoluter Fan der Flussschifffahrt, macht es mehr Sinn, sich drei Tage Sightseeing in Kairo zu gönnen und dann mit dem Schlafwagen-Zug oder dem Flugzeug nach Luxor oder Assuan zu reisen, um die Nilkreuzfahrt zu beginnen. Zudem muss bei jedem Stopp zwischen Minya und Assiut (und noch weiter südlich davon) mit ständiger Polizeibegleitung gerechnet werden. Wie groß die Gefahr für Urlauber in dieser Region wirklich ist, lässt sich nur schwer einschätzen. Aber die Polizei geht lieber auf Nummer sicher.

Im Sommer, wenn es in Oberägypten sehr heiß ist, sind die Preise deutlich niedriger als in der Hochsaison von Oktober bis Mai.

Bildlegenden:
Luxus in Holz und Rot: Innenansicht einer Kabine.
Nächste Seite: Gruß von Boot zu Boot
Innenseiten: Für viele ist Assuan der schönste Ort Ägyptens. Der Nil, hier so blau wie nirgends, trennt die Stadt im Osten von den Ausläufern der Sahara im Westen.

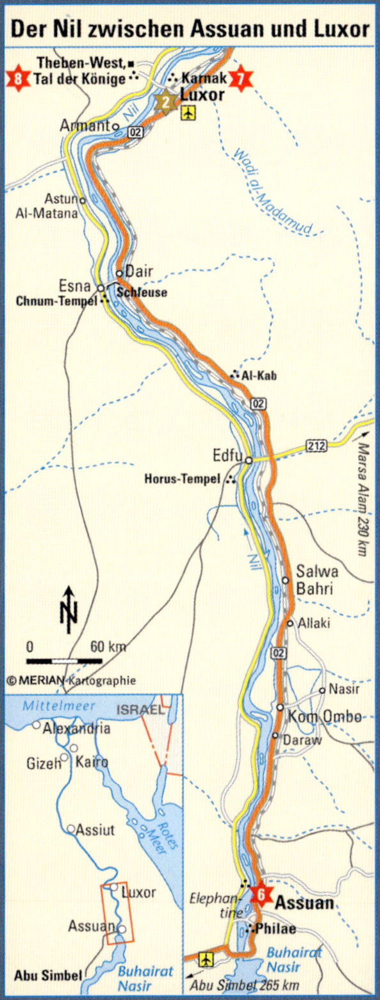

Jedoch kann es in den Sommermonaten passieren, dass die Schiffe wegen des niedrigen Wasserstands ihre Reise unterbrechen müssen. Für einen Kurztrip tut es auch ein Kreuzfahrtschiff unterer Preisklasse. Wer eine längere Tour plant, sollte nicht am falschen Ende sparen. Im Preis sind normalerweise Vollpension, Eintrittskarten und die Begleitung durch einen Reiseführer inbegriffen.

Nilkreuzfahrten sind etwas für Frühaufsteher, da das Besichtigungsprogramm der großen Hitze wegen oft am frühen Morgen beginnt. Das Abendprogramm an Bord ist nicht mit dem der großen Kreuzfahrtschiffe zu vergleichen, die im Mittelmeer oder im Atlantik unterwegs sind. Gelegentlich gibt es Cocktail-Partys, nubische Folklore und die unvermeidliche »Galabiya-Party«, bei der sich die Gäste in ägyptische Gewänder hüllen. Das amüsiert meist die Ausländer und das einheimische Personal gleichermaßen. Abendkleid und Smoking braucht man für eine Nil-Kreuzfahrt nicht einzupacken.

Wer seine Kreuzfahrt nicht schon bei einem Reiseveranstalter im Heimatland bucht, hat zwei weitere Möglichkeiten. Entweder bucht man direkt bei einem Kreuzfahrtunternehmen in Ägypten (die meisten Firmen haben eine Zentrale in Kairo), oder bei einer Reiseagentur in Luxor oder in Assuan. Letzteres hat den Vorteil, dass man sich das Schiff zuerst anschauen kann. Auch ist mit etwas Verhandlungsgeschick manchmal noch ein kleiner Preisnachlass drin.

Mövenpick Nile Cruises, Tel. 02/6 90 17 97
Oberoi Nile Cruises, Tel. 02/3 76 66 44
Abercrombie and Kent Nile Cruises, Tel. 02/ 3 93 62 55, www.abercrombiekent.com
Thomas Cook, Tel. 02/5 74 39 55, www.thomascook.com/cruise
Five Star Travel Group, Tel. 02/3 36 02 55, www.fivestar-egypt.com
Belle Epoque Travel, das Schiff Eugenie kreuzt auf dem Nasser-See, Tel. 02/5 16 96 56

stein-Osiris-Statue mit dem langen Gesicht Echnatons, die 1926 neben dem Karnak-Tempel entdeckt wurde.

Zu den wichtigsten Exponaten des Museums gehört eine Mumie, die aus Schutz vor Grabräubern in die Cachette von Dair al-Bahari gebracht worden war. Die Königsmumie tauchte erst im Museum Niagara Fall auf und wurde 1999 an das Museum Michael C. Carlos in Atlanta/USA verkauft. Nach zähen Verhandlungen mit der ägyptischen Altertümerverwaltung kehrte sie schließlich 2004 nach Ägypten zurück. Möglicherweise ist sie die Mumie Ramses I.

Im Obergeschoss des Museums lohnt es sich außerdem, einen Blick auf das große bemalte Sandstein-Relief zu werfen, das aus Echnatons Tempel in Karnak stammt. Es zeigt auch den Pharao in Begleitung seiner Gemahlin Nofretete bei der Anbetung des Gottes Aton.

➤ S. 260, [b 4]

Corniche; tgl. 9–13 und 16–21 Uhr im Winter, 9–13 und 17–22 Uhr im Sommer

Mumifizierungsmuseum

Das kleine Museum, das etwas versteckt unter der Uferpromenade liegt, beschreibt anschaulich, wie die Menschen im Alten Ägypten die Leichen bedeutender Persönlichkeiten für das Leben nach dem Tod vorbereiteten. Mittelpunkt der Ausstellung ist die in Dair al-Bahari gefundene Mumie des Maseharti, eines Hohepriesters aus der 21. Dynastie, dessen volles Gesicht noch gut zu erkennen ist. Außerdem werden Alabasterkrüge gezeigt, in denen man damals die inneren Organe aufbewahrte, die man dem Toten vor dem Mumifizierungsprozess entnahm. Sie wurden ebenfalls in der Grabstätte deponiert. Ferner sind mehrere bunt bemalte Sarkophagdeckel aus Holz sowie einige Tiermumien zu sehen – vom kleinen Fisch bis zum großen Krokodil.

➤ S. 260, [b 6]

Corniche; 9–14 und 16–21 Uhr Winter, 9–14 und 17–22 Uhr Sommer; Eintritt 35 LE

Essen und Trinken

Chez Omar

Das Restaurant bietet einfache ägyptische Kost sowie einige internationale Gerichte. Man kann hier in einem Garten sitzen. Ruhig ist es in dem Lokal, in dem man auch eine Kaffeepause einlegen kann, aber nicht.

Maid. Hassan Yusuf; tgl. 11–24 Uhr •

Dawar al-Omda

Gartenrestaurant mit einfacher ägyptischer Küche. Alkohol wird serviert. Das Personal ist freundlich, aber etwas langsam. Die gemütlichen Nischen laden am Abend zu einem längeren Verweilen an der Bar ein.

Nördl. des Old Winter Palace; tgl. 18–1 Uhr •

MINYA

220 000 Einwohner, 200 km südl. von Kairo

➤ [F 4]

Die Provinzhauptstadt Minya ist die nördlichste Stadt Oberägyptens. Der Nil ist hier besonders schön anzusehen, kleine grüne Inseln liegen im Fluss. Die Stadt zieht sich am Westufer des Nils entlang. Auf der Ostseite gibt es nur einen schmalen grünen Streifen, der landwirtschaftlich genutzt wird, dahinter beginnt direkt die Wüste. Minya hat viele gepflegte Grünanlagen. Es gehört zu den Lieblingsfreizeitbeschäftigungen der Einheimischen, zum Sonnenuntergang durch die Parkanlagen und Clubs an der Corniche zu schlendern. Hier sitzt man abends auf Bänken beisammen. Jenseits der Brücke, die von der Stadt zum Ostufer führt, steht der arabische Name der Stadt in weißen englischen Lettern auf dem Berg, was nur optisch an den weltberühmten Schriftzug in Hollywood erinnert, das nicht nur geografisch sondern auch die Mentalität betreffend sehr weit entfernt ist.

Die Menschen in Minya begegnen Fremden meist sehr freundlich. Das lässt die Erinnerung an den militanten Islamismus verblassen, der die Stadt, in der viele koptische Christen leben, in den 1990er-Jahren zu einer Tabuzone für Ausländer gemacht hat. Die Präsenz der Sicherheitskräfte ist auch heute noch sehr massiv. So werden im Hotel Ausländer nach ihren Besichtigungsplänen gefragt. Allerdings hat es hier schon seit Jahren keinerlei Gewaltausbrüche mehr gegeben.

Wie zwei Paten, die den Ort schützen sollen, tauchen die Namen und Bilder von Echnaton und Nefertiti überall in der Stadt Minya auf. Auch nach Aton, dem von Echnaton zum Hauptgott proklamierten Sonnengott, ist hier einiges benannt. Denn die Ära des Echnaton ist ohnehin eine Phase in Ägyptens Geschichte, mit der sich auch zeitgenössische religiös-konservative Ägypter ein bisschen identifizieren können, war er doch der Stifter der ersten monotheistischen Religion.

Hotels

Hotel Aton

Im Norden von Minya, direkt am Nil liegt dieses Hotel. Etwas unterhalb der Straße kann man hier relativ ruhig in kleinen Doppel-Bungalows nächtigen. Das Hotelrestaurant hat keine besonders umfangreiche Speisekarte. Serviert wird aber recht ordentliches Essen zu sehr fairen Preisen. Es gibt Alkohol.

Corniche; Tel. 0 86/34 29 93, Fax 0 86/ 34 15 17; 40 Zi. ▭ ••

Mercure Nefertiti Hotel

Direkt gegenüber dem Hotel Aton liegt dieses moderne Hotel. Weil dieses Haus an der Straße lgebaut ist, ist es lauter und die Aussicht etwas weniger schön, auch wenn man den Nil sehen kann.

Corniche, Tel. 0 86/2 34 15 15, Fax 0 86/ 2 36 64 67; 54 Zi. CREDIT ••

Ausflüge

Hermopolis magna

Die Überreste der einst so prächtigen Stadt sind eher dürftig. Hier, in Chmun, wurde einst Thot, dem Gott der Wissenschaft und der Schreibkunst, gehuldigt. Er wurde als Ibis, ibisköpfiger Mann oder Pavian dargestellt. In Hermopolis, das seinen Namen erhielt, weil die Griechen in Thot ihren Gott Hermes erkannten, sind noch vier große Paviane aus Stein aus der Zeit Amenhotep III. erhalten. Die Säulen, die das Gelände dominieren, stammen aber nicht aus der Zeit der Pharaonen, sondern gehören zu einer koptischen Basilika aus dem 5. Jahrhundert.

Bei al-Roda, 42 km südl. von Minya; tgl. 8–17 Uhr

MALLAWI

➤ [F 4]

Noch beschaulicher als Minya ist die auf der gleichen Nilseite gelegene Stadt Mallawi. Der Ort hat ein sehr ländliches Flair und einen lebendigen bunten Markt.

50 km südl. von Minya

Tuna al-Gabal

Wenn man Hermopolis besucht, kann man auch einen Abstecher nach Tuna al-Gabal machen, um dort den Grabtempel des Petosiris, eines Hohepriesters des Thot, und die Totenstadt mit ihren Gräbern zu besichtigen, in denen man einen Stilmix aus römischen, hellenistischen und ägyptischen Elementen findet. Nur für eine Besichtigung von Tuna al-Gabal lohnt sich die Anreise allerdings nicht.

6 km südwestl. von Hermopolis; tgl. 7–17 Uhr

Sehenswertes

Felsengräber von Beni Hassan

Um das Jahr 2000 v. Chr. wurden hier 39 Fürstengräber in den Felsen gemeißelt. Sehenswert sind diese Gräber aus dem Mittleren Reich vor allem, weil die Farbe ihrer Wandmalereien so gut erhalten ist, dass sie bis heute eine unvergleichliche Leuchtkraft haben. Außerdem sind darauf Alltagsszenen dargestellt, die man in den Gräbern der Pharaonen eher nicht findet. Bevor man die vier öffentlich zugänglichen Gräber besichtigt, muss man 207 Stufen erklimmen, da die Grabstätten ganz oben am Hang liegen. Begleitet wird man von einem Wächter, der, hat man Glück, auch kenntnisreich über die Gräber spricht.

Das Grab Nr. 17 gehört Cheti, einem lokalen Fürsten der 11. Dynastie. Von den einst sechs Lotusblütensäulen im Inneren sind nur noch zwei erhalten. Cheti und seine Frau sind auf der linken Wand abgebildet. Gegenüber dem Eingang sind Sportarten dargestellt, die man schon im Alten Ägypten kannte. Sehr intim gezeichnet ist auf der rechten Wand eine Frau mit ihrem Baby.

Das Grab Nr. 15 gehört Chetis Vater Bakhet. Während in den Pharaonengräbern Gewalt meist gegen ausländische Feinde dargestellt ist, kann man hier sehen, dass auch mit unbotmäßigen Untergebenen nicht zimperlich umgegangen wurde. Auf der rechten Wand sieht man, wie zu Gericht gesessen und danach die Prügelstrafe vollstreckt wird. Links haben sich koptische Einsiedler, die hier hausten, mit ihren Namen verewigt.

Aus der 12. Dynastie stammt das Grab des Fürsten Chnumhotep, das aus einer Halle mit vier Säulen besteht. Wie in anderen Gräbern von Beni Hassan ist auch hier die Reise des Toten nach Abydos und zurück dargestellt. Die interessanteste Wandmalerei des Grabes ist jedoch auf der linken Wand zu finden. Hier zieht eine Karawane von Asiaten, wahrscheinlich aus dem Osten kommende Semiten, die durch ihre längeren gestreiften Gewänder leicht von den Ägyptern zu unterscheiden sind, vor den Fürsten.

Ähnlich ist das Grab Nr. 2 des Amenemhet. Von den vier 16-kantigen Säulen in der Halle fehlt einer das mittlere Stück, doch die Säulen sind nicht zwingend nötig, um die Decke zu stützen. Links sind Handwerker dargestellt. An der Wand gegenüber dem Eingang ist links zu sehen, wie die Mumie nach Abydos gebracht wird. Die zerstörten Statuen in der Nische hinten stellen den Grabherren mit Frau und Mutter dar. Ungewöhnlich sind das intensive Grün, das für die Inschriften verwendet wurde und das Orange auf der rechten Wand.

➤ [F 4]

27 km in südl. Richtung nach der Minya-Brücke am Ostufer des Nils, es gibt kein Hinweisschild, von der Straße führt eine Treppe den Berg hoch; tgl. 7–17 Uhr; Eintritt 20 LE

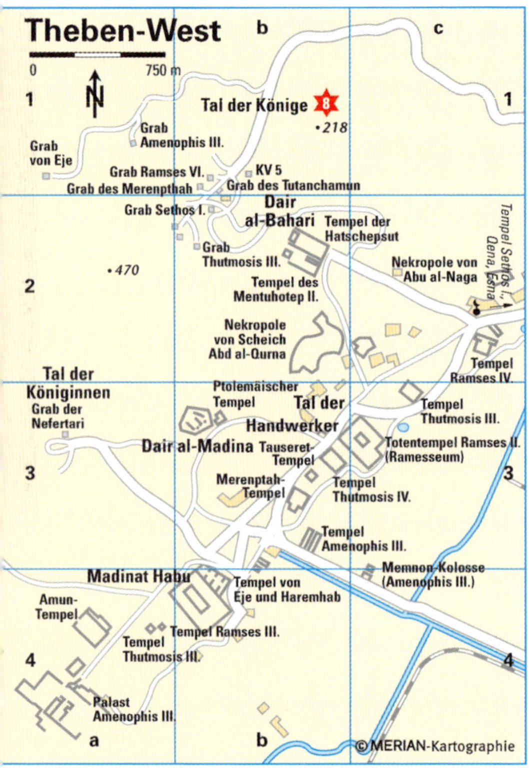

Museen

Aton-Museum

Noch nicht fertiggestellt ist das der Amarnazeit gewidmete Aton-Museum von Minya, das mit Unterstützung der Partnerstadt Hildesheim gebaut wird.

TELL AL-AMARNA

240 km südl von Kairo

➤ [F 5]

Die von der Anreise her etwas aufwendige Besichtigung von Tell al-Amarna ist vor allem etwas für Echnaton- und Nofretete-Begeisterte. Denn von der Residenzstadt Amenhotep IV., der sich nach der Proklamierung des Sonnengottes Aton zum einzigen Gott der Ägypter in Echnaton umbenannte und hier eine neue Hauptstadt gründete, ist nicht mehr viel erhalten. Noch zu erkennen sind die Grundmauern einiger Häuser. Jeweils sehr weit entfernt voneinander liegen drei Gruppen von Gräbern, die zur Stadt des Echnaton gehörten. Er gab der Stadt, die nach seinem Tod aufgegeben wurde, auch den Namen »Achet-Aton«, was Horizont des Aton bedeutet. Später wurde der Ort nach einem lokalen arabischen Stamm »Amarna« genannt, die Ära des Echnaton bezeichnet man heute als Amarnazeit.

Tell al-Amarna befindet sich 15 Kilometer südlich von Mallawi auf der östlichen Seite des Nils. Man kann mit dem Boot übersetzen.

Neo-Ägyptischer Stil: bunt bemalte Hauswand in Theben-West

THEBEN-WEST

10 km westl. von Luxor

➤ Übersichtskarte, S. 274, ➤ [G6]

Auf der Westseite des Nils bei Luxor (einst Theben) liegt Theben-West, womit heute die große Nekropole und die sie umgebenden Siedlungen und Tempel bezeichnet werden. Theben wurde in der 18. Dynastie zur Hauptstadt Ägyptens gemacht. Der Name stammt von den Griechen, die den Ort »Thebai« nannten, doch worauf dieses Wort zurückgeht, ist umstritten. Der altägyptische Name lautete »Weset«. Das am Wüstenrand gelegene Theben gehört wegen seiner prunkvollen Königsgräber und großen Tempelanlagen zu den meistbesuchten Orten Ägyptens. Entlang des Nils gibt es auf dieser Seite des Flusses nur einen schmalen Streifen von landwirtschaftlich genutzten Flächen – dahinter beginnt die Wüste. (→ Spezial, S. 276)

Hotels

Al-Moudira

Das sehr geschmackvoll eingerichtete Hotel liegt vier Kilometer vom Tal der Könige entfernt. Jedes Zimmer folgt einem besonderen Stilkonzept. Das Hotel ist eine Oase für Individualtouristen.

Tel. 0 95/2 55 14 40, Handy 0 12/3 92 83 32, Fax 012/3 22 05 28; www.moudira.com; 54 Zi. AmEx MASTER VISA ••• (nur Ü/F)

Sehenswertes

Im Programm jeder Pauschal-Rundreise ist auch ein Besuch in Theben enthalten. Individualreisende buchen entweder in Luxor eine Besichtigungstour oder sie setzen mit der Fähre (gegenüber Luxor-Museum, 1 LE) über und suchen sich dann an der Anlegestelle am Westufer

weiter auf S. 280

TAL DER KÖNIGE

Theben, die Stadt der »Hundert Tore«, der Gräber, Tempel und Kapellen, hat noch immer nicht alle ihre Geheimnisse verraten.

TAL DER KÖNIGE

Absolutes Muss ist ein Besuch im Tal der Könige. Hier ließen sich die Pharaonen der 18.–20. Dynastie prunkvolle Felsengräber bauen, von Thutmosis I. bis zu Ramses IX. Das Tal ist auch landschaftlich sehr reizvoll. Es wird von der Bergspitze al-Qurn (das Horn) dominiert und besteht aus zwei Flügeln, wobei die meisten der 64 bekannten Gräber im West-Tal liegen.

Die Pharaonen-Gräber sind verschieden aufgebaut. Alle haben jedoch einen langen Korridor, mindestens einen Vorraum und eine Grabkammer. Die Ägypter glaubten, dass sie auf dem Weg in den Himmel die gefährliche Unterwelt durchqueren müssen. Zum Schutz auf dieser Reise diente das »Totenbuch«, dessen Inhalt sich an den Wänden der Grabanlagen findet.

Da die ägyptische Altertümerverwaltung die Gräber alternierend schließt, sind immer unterschiedliche Gräber zugänglich. Eine Tafel hinter dem Eingang gibt Aufschluss darüber. Die Eintrittskarte berechtigt jeden Besucher, drei Gräber nach Wahl zu besichtigen. Wer mehr als drei anschauen möchte, muss eine zweite Eintrittskarte lösen. Gelegentlich lassen die Wächter, welche die Karten abreißen, sich Trinkgeld zustecken und schauen dann nicht so genau hin.

➤ S. 274, [b 1]

Goldener Knabenkopf: Tutanchamuns Grabschätze sind in Kairo ausgestellt.

GRAB DES TUTANCHAMUN

Die längste Warteschlange findet man meist vor dem Grab des Tutanchamun (Zusatz-Ticket am Eingang zum Tal lösen). Dabei war Tutanchamun gar kein bedeutender Pharao. Er regierte nur etwa acht Jahre lang (1319–1309 v. Chr.). Sein Grab (Nr. 62) ist jedoch das einzige, das von Archäologen unversehrt, also nicht geplündert, aufgefunden wurde. Die wertvollen Grabbeigaben, die man im Ägyptischen Museum in Kairo bestaunen kann, lassen erahnen, mit welchen Reichtümern die Gräber der anderen Könige in Theben einst vollgestopft gewesen

Antiker Comic: Interessant sind die Wandmalereien in Ramses' III. Gruft.

sein müssen. In das Tutanchamun-Grab steigt man eine Treppe hinunter, durch einen Gang, der in eine quer liegende Kammer führt. Auf der rechten Seite liegt die Grabkammer mit der Mumie – in einem der vier ineinander verschachtelten Särge.

➤ S. 274, [b 1]

GRAB DES MERENPTHAH

Interessant ist das Grab des Merenpthah (Nr. 8) rechts neben dem des Tutanchamun. Es ist das erste Grab, das streng linear angelegt wurde. Man geht zunächst steil hinab durch einen schmalen Korridor, den auf halber Strecke zwei große Pfeiler säumen. Die Grabkammer ist ein von Pfeilern getragener Saal mit gewölbter Decke. Auf dem Sargdeckel ist der König abgebildet.Die Mumie Merenptahs wurde in der 20. Dynastie im Grab von Amenophis II. (Nr. 35) versteckt.

➤ S. 274, [b 1]

GRAB DES THUTMOSIS III.

Die blaue Decke des Grabes von Thutmosis III. (Nr. 34) ist mit weißen Sternen bemalt. Die Wände sind in Blau, Türkis, Rot und Gelb geschmückt. Am Ende des Schachtes geht es links in einen kleinen Saal, dessen Wände in schwarzer und roter Farbe dekoriert sind, die einerseits in strikten Linien angeordnet sind, andererseits aber wirken, als seien sie mit lockerer Hand aufgepinselt worden. Links führt eine Treppe schließlich hinunter in die ovale Grabkammer, in der noch der Sarg steht. Die Mumie war in der 21. Dynastie in ein Versteck in Dair al-Bahari gebracht worden.

➤ S. 274, [b 2]

RAMESSIDEN-GRÄBER

Anschauen sollte man sich mindestens eines der Ramessiden-Gräber. Im Grab Ramses IV. (Nr. 2) beachte man beim Herausgehen oben an einem Vorsprung im Korridor die kunstvoll gezeichneten Schlangen. Interessante Motive finden sich in den Wandmalereien im Grab Ramses III. (Nr. 11).

➤ S. 274, [c 2/3]

KV 5

Das größte Grab im Tal der Könige (Nr. 5) ist bis heute noch nicht vollständig erforscht. Dem Archäologen Kent Weeks gelang 1995 ein Sensationsfund, als er dieses von frühe-

Majestätischer Auflauf: Im Tal der Könige ist stets Betrieb.

ren Forschern nicht wirklich beachtete Grab wiederentdeckte und als Grabanlage für die zahlreichen Söhne Ramses II. identifizierte. Der dienstälteste Pharao aller Zeiten soll weit über 100 Kinder gezeugt haben, davon 28 legitime männliche Erben. Bisher wurden 121 Kammern und Korridore entdeckt, die zum Teil streng symmetrisch angeordnet sind. Ihre Zahl kann aber, sagen Forscher, noch auf 150 steigen. Die vorderen Kammern des Grabes waren möglicherweise für einen König der 18. Dynastie in den Fels gehauen worden.

»Erstmals seit 84 Jahren ist im Tal der Könige bei Luxor wieder ein Grab aus der Pharaonenzeit entdeckt worden«, hieß es im Februar 2006. Eine Sensation! Die Fachleute staunten, auch wenn vorher schon gemutmaßt worden war, dass es an dieser Stelle eine Kammer geben könnte. Nur sieben Meter vom Grab des Tutanchamun (1319–1309 v. Chr.) entfernt, das Howard Carter 1922 geöffnet und fast unversehrt vorgefunden hatte, blickten amerikanische Archäologen von der Universität Memphis/Tennessee und der Chef der Ägyptischen Altertümerverwaltung, Zahi Hawass, nun durch ein kleines Loch in die mysteriöse Kammer. Darin erblickten sie mehrere Sarkophage. Die Frage war: Welche Mumien würde man in den Särgen finden? Dabei sah es, da in der Kammer Chaos herrschte, nicht nach einer ordentlichen Bestattung mit reichen Grabbeigaben aus, sondern eher nach einem Mumienversteck. Davon gibt es in Theben einige. Um die Sarkophage vor Grabräubern zu schützen, waren mehrere tote Pharaonen aus ihren Gräbern später in andere gebracht worden – zur Sicherheit.

Doch es kam alles anders. Erst wurde ein breiter Durchgang zur Grabkammer KV 63 geschaffen. Dort zählten die Archäologen insgesamt acht Sarkophage sowie 28 verschlossene Gefäße aus Ton und Alabaster. Unter den Sarkophagen war auch ein kleiner goldener Sarg, von der Größe her nur für ein Kind geeignet. Auf dem Deckel von drei weiteren Sarkophagen waren gelb bemalte Gesichter zu sehen. Wahrscheinlich, glauben die Forscher, waren darin einst Frauen be-

Majestätische Landschaft: Von oben sieht man einige der Gräber.

stattet worden. Denn Gelb war die Hautfarbe, die man in altägyptischen Reliefs Frauen und Jungen gegeben hatte; Männer wurden rostrot dargestellt. Dann wurden die ersten Särge aus KV 63 geöffnet. Sie waren leer. In den Gefäßen um sie herum fanden die Archäologen auch Natron, das man im Alten Ägypten für die Mumifizierung von Leichen verwendete. Daraus schließt Hawass: Die Kammer wurde benutzt, um die Toten, die in Theben begraben werden sollten, einzubalsamieren. Darauf deuteten auch Leichentücher hin und kleinere Schmuckteile, Teile von Blumengirlanden und eine Art Krone, die eventuell den mumifizierten Toten für ihre Reise ins Jenseits mitgegeben werden sollten. Am 28. Juni 2006 öffneten die Forscher den letzten Sarg. Eine Mumie fanden sie nicht.

Dennoch glauben einige der beteiligten Archäologen, dass KV 63 in der 18. Dynastie ein Grab war, das erst später einen anderen Verwendungszweck erhielt. In der 19. Dynastie soll die Kammer ausgeraubt worden sein. Einige Forscher sehen in der Kammer den Bestattungsort der Frau des Tutanchamun. Zahi Hawass hält KV 63 dagegen für das Grab von Tutanchamuns Mutter Kija. Dabei steht Tutanchamuns Herkunft gar nicht zweifelsfrei fest. Zwar findet sich auf einem Relief die Darstellung seiner Geburt und des Todes seiner Mutter im Kindbett. Ob Kija, eine Nebengemahlin des Echnaton, tatsächlich diese Mutter war, ist aber umstritten. Hawass argumentiert jedoch folgendermaßen: Für eine standesgemäße Bestattung der Ehefrau Tutanchamuns – im Tal der Königinnen – habe es genügend Zeit gegeben. Es sei wahrscheinlicher, dass die bei der Geburt ihres Sohnes verstorbene Mutter hastig in dieser kleinen Kammer beigesetzt wurde.
➤ **S. 274, [b 1]**

TAL DER KÖNIGINNEN

Weniger prunkvoll als die Königsgräber und meist nur ausgemalt und nicht mit Reliefs versehen sind die rund 80 Gräber im Tal der Königinnen (Biban al-Harim). Sie gehören Königinnen und Prinzen und stammen hauptsächlich aus der 19. und 20. Dynastie. Das interessanteste Grab ist das Grab Nr. 66 der Nefertari, einer Hauptgemahlin Ramses II., das jedoch auf unbestimmte Zeit für Besucher geschlossen wurde. Eindrucksvoll an den Darstellungen der Königin ist vor allem die Maltechnik. Auch wird die Seele der Königin als Vogel mit Menschenkopf dargestellt. Sehenswert sind zudem die Gräber der Königin Titi (Nr. 52) und des Prinzen Amunher-Chopeschef (Nr. 55).
➤ **S. 274, [a 3]**

einen Taxifahrer. Mit diesem können sie z. B. eine Tagestour zu den wichtigsten Sehenswürdigkeiten vereinbaren (ca. 100 LE). Es ist aber in den kühleren Wintermonaten auch möglich, in Luxor für rund 30 LE ein Fahrrad zu mieten, und mit diesem per Fähre nach Theben-West überzusetzen. Dort kann man wegen der geringen Entfernungen zwischen den einzelnen Baudenkmälern problemlos auf der Landstraße von einer Besichtigung zur nächsten radeln.

Alle Sehenswürdigkeiten in Theben-West sind tgl. von 6–17 Uhr zu besichtigen. Der Ticket-Kiosk in der Nähe der Memnonkolosse schließt um 16 Uhr. Hier muss man die Eintrittskarten für alle Baudenkmäler lösen, die jeweils zwischen 10 und 20 LE kosten. Ausgenommen von dieser Regelung sind einzig das Tal der Könige, der Hatschepsut-Tempel und das Tal der Königinnen.

Dair al-Madina

In Dair al-Madina lebten einst die Arbeiter, die im Tal der Könige die riesigen, mit Reliefs und aufwendiger Wandmalerei dekorierten Felsengräber der Pharaonen schufen. Von der Siedlung aus dem Neuen Reich sind zwar nur noch Trümmer vorhanden, man kann anhand der Mauerreste jedoch deutlich sehen, wie die Behausungen der Arbeiter, Künstler und Handwerker einst aussahen. Außerdem wurden im Ort, der wegen der geheimen Bauarbeiten nicht für jeden zugänglich war, Tonscherben gefunden, die nicht nur Skizzen der Künstler zeigen, sondern auf denen auch Texte überliefert sind, die über den Alltag der Grabarbeiter Aufschluss geben. Der ptolemäische Tempel am Rande der Siedlung ist klein und fein. Eine hohe Lehmziegelmauer umgibt ihn. Er war der Wahrheitsgöttin Maat und der Göttin Hathor geweiht, die auch auf den Säulen des Tempels zu sehen sind.

Lohnenswert ist es, einen Blick in die linke Kapelle zu werfen, in der ein Relief zeigt, wie sich die Alten Ägypter das Jüngste Gericht vorstellten. Dargestellt sind hier zwei Wahrheitsgöttinnen – zu erkennen an der Feder auf dem Kopf. Sie führen den Toten. Rechts daneben wiegen Anubis und Horus, das Herz des Toten auf einer Waage. Auf der anderen Waagschale liegt die durch eine Feder symbolisierte Wahrheit.

Derzeit können zwei der Felsengräber der Einwohner der Arbeiterstadt besichtigt werden. Relativ klein, aber schön ausgemalt ist das Grab Nr. 359 des Onurischa, eines Werkmeisters aus der Ramessidenzeit. Die Decke in der oberen Kammer ist mit dem Kuhkopf der Göttin Hathor dekoriert, der hier als Musterelement auftaucht. Das Grab Nr. 1 gehört dem Sennodjem, einem Aufseher der Arbeiter. Gegenüber dem Eingang ist Osiris dargestellt. An der Decke sieht man den Besitzer des Grabes, der an die schwarzgoldene Himmelpforte klopft.

➤ S. 274, [b 3]

Hatschepsut-Tempel

Hier verschmelzen Bau und Natur auf einzigartige Weise miteinander. Der terrassenförmig angelegt Totentempel, dessen Bauzeit etwa 15 Jahre betragen haben soll, orientiert sich architektonisch an dem südlich gelegenen Totentempel des Mentuhotep (11. Dynastie). Eine maßgebliche Rolle beim Bau des Tempels der Hatschepsut spielte ihr Günstling Senenmut, der sich mit seinem Namen sogar im Tempel verewigen durfte und ein für einen Beamten geradezu fürstliches Grab in der Nähe erhielt. In Reliefs wird er stets als Bewunderer der Pharaonin dargestellt. Möglicherweise war er auch ihr Liebhaber.

Hatschepsut hatte nach dem Tod ihres Stiefbruders und Ehemannes, König Thutmosis II., im Jahr 1490 v. Chr. nach der Macht gegriffen und dadurch Thutmosis III. als rechtmäßigen Nachfolger verdrängt. Dieser rächte sich dafür nach ihrem Tode, indem er fast alle Darstellungen der Königin in den Tempeln Ägyptens tilgen ließ. Bei der Besichtigung des Hatschepsut-Tempels kann man erkennen, dass an diesen Stellen eine Gestalt des Reliefs mühsam aus dem Stein gehackt wurde. Hatschepsut ließ sich in ihrem Amun geweihten Tempel aus Kalkstein zudem nicht als Frau darstellen, sondern als männlichen Pharao mit falschem Bart.

Von dem zugehörigen Taltempel ist heute nichts mehr zu erkennen. Von dort aus führte einst eine breite, von Sphingen gesäumte Allee hinauf bis in den oberen Tempelbezirk. Die Arbeiter schufen für diese Allee einen Sphinx, der auf seinem Löwenkörper das Gesicht der Pharaonin trug. Der Tempel besteht aus drei Etagen von Pfeilerhallen (Portikos), die den Teil des Daches tragen, der nicht aus dem Fels gehauen wurde.

In der unteren Terrasse sind viele Reliefs zerstört. In der südlichen Pfeilerhalle (links) ist noch der Transport eines Obelisken zu erkennen. Die nördliche Halle wird Jagdhalle genannt. Hier ist auf der Außenseite eines Pfeilers ein Falke mit Doppelkrone gut zu erkennen.

Auf der mittleren Terrasse liegt im Süden die Punthalle, in deren Wandreliefs die Geschichte einer von Hatschepsut angeordneten Expedition in das sagenumwobene Weihrauchland Punt (Somaliland) erzählt wird. Gut zu erkennen sind hier die kleine fettleibige Fürstin von Punt sowie Behausungen, Bäume und Palmen. Zudem findet man Bilder, in denen die Beladung der ägyptischen Schiffe zu sehen ist. Links neben der Punthalle liegt die Kapelle der Göttin Hathor, als Kuh dargestellt. Zu der Kapelle gehören mehrere sogenannte Hathorsäulen, deren Kapitelle in plastischer Darstellung das Gesicht der Göttin zeigen.

In der nördlichen Pfeilerhalle der mittleren Terrasse wird die Geburt der dem Mythos nach von Amun abstammenden Hatschepsut erzählt. Zu sehen ist auch ihre schwangere Mutter Ahmose. Diese wird rechts von Heket, einer Göttin in Froschgestalt, die Geburt und Fruchtbarkeit verkörpert, und links von dem ibisköpfigen Thot geleitet.

Über die Rampe schreitet man hinauf zur oberen Terrasse mit einem Hof, der von Säulen gesäumt wird. Hier liegen südlich der sogenannte »Raum mit dem Fenster«, dessen Funktion umstritten ist, sowie die Kapellen für Thutmosis I. und Hatschepsut. Gegenüber dem Eingang befindet sich das Heiligtum für Amun, im Norden die Anubiskapelle und der Sonnentempel.

➤ S. 274, [b 2]

Madinat Habu

Der erhabene Tempelkomplex der »Stadt des Habu« wird dominiert vom großen Totentempel Ramses III. (ca. 1187–1156 v. Chr.), der von einem mit Lehmziegelmauern umschlossenen Areal umgeben ist. Auf dem Gelände finden sich neben dem Ramses-Tempel, der in der 20. Dynastie entstand, auch noch andere Bauten, darunter ein filigraner Tempel aus der 18. Dynastie, der von Hatschepsut in Auftrag gegeben und später von Thutmosis III. umgebaut wurde. Vom heutigen Haupteingang aus gesehen links lag einst ein Palast neben dem Tempel, von dem allerdings nur noch Ruinen zu erkennen sind. Dies war allerdings nicht der Hauptpalast des Königs. Am Osteingang lag ein Kai, an dem die Boote anlegen konnten, die über einen Kanal zum Palast- und Tempelkomplex gelangten. Das Westtor wurde während einer Belagerung unter Ramses XI. zerstört.

Man betritt das Gelände, das am Fuße der thebanischen Hügelkette direkt an einer Straße liegt, durch einen großen Torbau und findet sich in einem Vorhof wieder. Das Tor, das einer westasiatischen Festung ähnelt, ist mit Reliefs dekoriert, die den siegreichen Pharao zeigen. Auf der rechten Seite des Vorhofes beachte man den Tempel aus der 18. Dynastie, der wie eine Miniatur-Anlage wirkt und der noch in ptolemäischer Zeit an- und umgebaut wurde. Hinter dem Gebäude liegt ein Heiliger See, links davon ein Nilmesser (Nilometer).

Großartig: Die Reliefs im Totentempel Ramses III. berichten von seinen Taten.

Südlich liegen mitten im Hof die Grabkapellen der Gemahlinnen des Gottes Amun, Amenirdis I., Shepenwepet II. und Nitoket. Der Titel »Ehefrau des Amun« oder »Bewunderin des Amun« wurde im Alten Ägypten Frauen in bedeutender Position am königlichen Hof verliehen.

Der große Totentempel Ramses III., der gleichzeitig auch ein Tempel des Amun war, erinnert an das weiter nordöstlich erbaute Ramesseum. Er ist besonders gut erhalten. Interessant sind die

zahlreichen Reliefs, die von den kriegerischen Leistungen des Pharao berichten.

Man durchschreitet den ersten Pylon und steht im ersten Hof. Hier ist besonders die einzige Darstellung einer Seeschlacht in einem altägyptischen Relief hervorzuheben. Bei den dargestellten angreifenden Seevölkern dürfte es sich nach Ansicht von Historikern um Stämme aus der Balkan-Region und/oder der Ägäis handeln. Auf der linken hinteren Seite des Eingangspylons ist Ramses III. zu sehen, wie er den Libyern auf seinem Streitwagen nachsetzt. Den Hof umrahmen rechts Pfeiler mit Osirisstatuen, links Papyrussäulen. Auf der linken Seite, die gleichzeitig die Palastfassade war, gab es eine Art Repräsentationsfenster, an dem sich der Pharao bei Wettkämpfen oder Zeremonien zeigte.

Auf dem zweiten Pylon lohnt sich links ein Blick auf die Abbildung, die zeigt, wie der König seine Gefangenen wegführt, von denen einige merkwürdi-

ge buschige Kopfbedeckungen tragen. Er bringt sie vor die Götter Amun und Mut. Im zweiten Hof, der zwischenzeitlich zu einer Kirche umfunktioniert worden war, sind an den Wänden u. a. religiöse Prozessionen für Min und Sokaris zu sehen.

Die in der Achse im Westen anschließenden Säle sind stark verfallen. In den Seitenkammern sieht man Brunnen sowie Hinweise auf die Schatzkammern. Reliefs zeigen, wie die Schätze gewogen und aufbewahrt wurden. (→ Tour 6)

➤ S. 274, [b 4]

Memnon-Kolosse

Die Memnon-Kolosse, an denen man vorbeikommt, wenn man von der Fähre zu den Tempeln und Felsengräbern fährt, sind das Wahrzeichen von Theben-West. Die Gesichter der beiden stark beschädigten Sitzfiguren, die beide Amenhotep III. darstellen sollen, sind zerstört. Als die Statuen noch ihre Kronen trugen, sollen sie 21 Meter hoch gewesen sein. Eine Legende, wonach eine der beiden Statuen einst »gesungen« haben soll, geht wohl eher auf den Wind zurück, der durch die Ritzen der beschädigten Kolosse pfiff, die später zum Teil restauriert wurden.

➤ S. 274, [c 4]

Nekropole von Scheich Abd al-Qurna

Mitten zwischen modernen Häusern liegen die Felsengräber von Scheich Abd al-Qurna. Sie gehören zu den interessantesten Privatgräbern in Theben und bestehen meistens aus einem Vorhof, einer Querhalle und einem hinteren Raum.

Das Grab Nr. 55 des Ramose, eines Wesirs, der erst unter Amenhotep III. und dann unter Amenhotep IV. (Echnaton) diente, erhält seine historische Bedeutung, weil man darin den Wandel der Ästhetik und des Glaubens unter dem »Ketzerkönig« Echnaton sehen kann. Das Grab blieb unvollendet. Vor allem im

ersten Säulensaal lässt sich die Maltechnik der Alten Ägypter studieren. Hier wurden in roter Farbe zunächst Raster angelegt, um die Proportionen der Figuren maßstabsgetreu darzustellen. Dann wurden die Figuren mit schwarzer Farbe vorgemalt. Daneben liegt ein traditionelles Bild Amenhotep IV., das verschont blieb, während er und seine Gattin Nofretete auf einem anderen aus dem Relief herausgehackt wurden. Wohl, weil sie, dem neuen Glauben des Königs gemäß, unter den Strahlen des Sonnengottes Aton gezeigt wurden.

Auch das besonders farbenfrohe Grab Nr. 52 des Astronomen Nakht wurde nicht vollendet. Die Statue des Nakht im Eingang ist die Replika einer Statue, die hier gefunden und beim Transport in die USA während des Ersten Weltkrieges mit einem Schiff untergegangen war.

Im Grab Nr. 69 gewinnt man den Eindruck, dass sein Besitzer, Katasterschreiber und Landvermesser Menena, der unter Thutmosis IV. seinen Dienst versah, für seine Tätigkeit von seinen Zeitgenossen nicht unbedingt geliebt wurde. Zum einen sieht man in den Wandbildern, wie sehr sich die Untergebenen bemühen, nicht negativ aufzufallen. Zum anderen hat sich ein Intimfeind des Menena bemüht, sein Gesicht aus den Wandbildern des Grabes herauszubrechen. In der Nische an der Rückwand sind nur noch die Füße einer doppelten Sitzstatue zu sehen, wohl Menena und seine Frau.

➤ S. 274, [b 2]

Nakht-Bilder: Das Grab des Nakht birgt besonders anschauliche Alltagsszenen.

Ramesseum

Durch seine Gigantomanie beeindruckt der Totentempel Ramses II., das sogenannte Ramesseum. Neben dem Tempel, dessen Fertigstellung 20 Jahre dauerte, lag einst ein Palast. Oberhalb des Tempels liegt am Hügel das Grabungshaus des Deutschen Archäologischen Instituts (DAI). Wer sich vor dem Gang durch die große Tempelanlage noch mit einem Tee stärken will, kann das in einer Art Gartenrestaurant vor dem Eingang tun.

Da der erste Pylon des Tempels stark zerstört ist, führt der moderne Eingang direkt vor den zweiten Pylon. Man beachte links die Trümmer einer Kolossalstatue Ramses II. Wie riesig die Statue gewesen sein muss, lässt sich am vier Meter hohen Kopf erahnen. Der zweite Hof wird im Westen und Osten von Osirispfeilern des Ramses mit gekreuzten Armen flankiert. Auf der rechten Innenwand des zweiten Pylons befindet sich eine Darstellung der berühmtesten Schlacht der altägyptischen Geschichte: der Kadeschschlacht (in Syrien im Jahr 1275 v. Chr.).

Über einige Stufen gelangt man in die zum Teil zerstörte kleine Vorhalle. Hier sind Darstellungen des Königs zu sehen, der den Göttern huldigt. Daneben sind – deutlich kleiner – die Söhne Ramses II. in den Stein gehauen. Dahinter liegt die Säulenhalle, die aus einem höheren Mittelschiff und mehreren niedrigeren Seitenschiffen bestand. Hinter dem Säulensaal liegen noch zwei Räume, dann schließt das fast vollständige Allerheiligste an. (→ Tour 6)

➤ S. 274, [c 3]

Weiße Wüste: Die Kalksteinformationen zählen zu Ägyptens größten Naturschönheiten.

DIE ENTDECKUNG DER EINSAMKEIT

Schwarze Felsbrocken, bizarr geformte Kreidefelsen, rosafarbene Steine in Blumenform und glitzernde Kristallformationen – der Schönheit der Wüste kann sich kaum jemand entziehen.

Die Westliche Wüste ist der einsamste Landstrich Ägyptens. Wer hier unterwegs ist, dem wird die Tatsache, dass nur weniger als zehn Prozent von Ägypten besiedelt sind, deutlich vor Augen geführt. Siedlungen gibt es nur in den Oasen. Rein geografisch muss man zu diesen eigentlich auch die Halboase Fayyum und das Wadi Natrun zählen. Diese liegen aber so nah an Kairo, dass man dort nicht das Gefühl hat, sich mitten in der Wüste zu befinden. Die anderen Oasen Siwa, Bahariya, Farafira, Dachla und Charga haben alle heiße und kalte Quellen, Palmenhaine und Obstplantagen. Sehr isoliert liegt die Oase Siwa nahe der libyschen Grenze. Die anderen vier liegen näher am Niltal und sind entweder von Kairo oder von Luxor aus zu erreichen.

Obwohl die Westliche Wüste mehr als zwei Drittel des Staatsgebietes ausmacht, sind die meisten Ägypter nie in dieser Gegend gewesen. Dorthin zieht es fast nur Ausländer. Zur Zeit der Pharaonen fand man die Wüste westlich des Nils bedrohlich und nannte sie »Schwarzes Land«. Wer das Tal der Könige in Theben, den Karnak-Tempel und die Pyramiden von Gizeh gesehen hat, der wird die wenigen Tempel, Ruinen und Grabanlagen in den Oasen wenig spektakulär finden. Das Sehenswerte in diesem Teil Ägyptens ist vielmehr die Schönheit der Natur. Hier kann man stundenlang unterwegs sein, ohne einer Menschenseele zu begegnen. Und selbst jemand, der sich für Geologie nicht interessiert, fängt hier an, über die Entstehung unserer Erde nachzudenken.

Reist man von den Oasen aus weiter in Richtung der Grenzen zu Libyen und Sudan wird es noch einsamer. Expeditionen zum Gilf al-Kabir oder zum Großen Sandmeer, für die man viel Zeit mitbringen muss, bieten inzwischen mehrere kommerzielle ägyptische Reiseveranstalter an. Von längeren Wüstentrips auf eigene Faust ist dringend abzuraten. Denn auch heute noch ist eine Tour durch die unerschlossenen Gebiete der Westlichen Wüste, in denen nur ein paar prähistorische Felszeichnungen daran erinnern, dass hier auch schon andere Menschen waren, ein risikoreiches Abenteuer. In der Weißen Wüste bei Farafira ist das anders. Hier campieren nachts im Winter manchmal so viele Touristengruppen, dass man sich Mühe geben muss, um einen Platz fernab der trommelnden Beduinen zu finden, die westliche Urlauber mit Rhythmus und Gesang zum Tanzen am Lagerfeuer animieren.

Viele Veranstalter von Wüstentouren findet man in den Oasen, einige aber auch in Kairo, z. B. Adventuregypt, Magdy Hanna; Handy 0 12/3 24 55 48, www.adventuregypt.com oder Humdinga Safari, Hamdi Al-Schora, 26 Sch. al-Qudie, Schubra, Kairo, Tel. 02/ 2 05 79 08, Handy 010/1 06 76 73.

BAHARIYA

40 000 Einwohner, 17 m u.d.M.

➤ [D 4]

Die Oase Bahariya gehört als einzige der Oasen der Westlichen Wüste verwaltungstechnisch zur Provinz Gizeh. Die Menschen hier orientieren sich auch stärker als die Bewohner der anderen Oasen an der Hauptstadt Kairo. Die Oase war schon im Mittleren Reich bewohnt und hieß früher Zezes. Zur Zeit der Ptolemäer war die Oase berühmt für den süßen Wein, der hier hergestellt wurde. Von den alten Siedlungen ist nicht viel übrig. Dafür ist Bahariya das beste Sprungbrett für eine Tour durch die Wüste, die hier rund um die Oase so viel Abwechslung und landschaftliche Schönheit zu bieten hat, wie nirgendwo sonst in Ägypten. In Bahariya wurden 2001 Überreste des zweitgrößten bis dahin bekannten Sauriers entdeckt; das Tier soll 30 Meter lang gewesen sein. Für Touristen ist der Fundort jedoch nicht zugänglich. Schon zwischen 1910 und 1914 hatte der deutsche Geologe Ernst Stromer hier die Saurier-Skelette gefunden.

In Bahariya sieht man viele Frauen, die Gesichtsschleier tragen, was es in der noch wesentlich abgeschiedeneren Oase Dachla nicht gibt. Das touristische Zentrum von Bahariya bildet der Busbahnhof in Bawiti, dem größten Ort der Oase. Hier warten die Anbieter von Safari-Touren jeden Tag auf den Bus aus Kairo, um sich bei Ankunft der Touristen um die Kunden zu streiten. Die meisten Oasenbewohner leben vom Tourismus oder der Landwirtschaft. Angebaut werden vor allem Datteln und Aprikosen.

Hotels

Ahmed Safari Camp

Relativ ruhig am Ortsrand liegt dieses einfache Hotel. Der Besitzer Hag Ahmed gehörte zu den Pionieren des Wüstentourismus in Bahariya. Wer hier ankommt, bleibt oft nur eine Nacht und fährt dann am nächsten Morgen mit einem der Jeeps, die zum Haus gehören, in die Wüste, oft für mehrere Tage. Von hier aus kann man auch die große zweiwöchige Tour zum Gilf al-Kebir buchen. Weitere Chalets sind im Bau.

An der Straße nach Farafira;
Tel. 02/8 47 27 70, Fax 02/8 47 20 90,
Handy 0 12/117 95 21; E-Mail:
ezz_desert@yahoo.com, 23 Zi. ••

Western Desert Hotel

Das Hotel im Zentrum von Bawiti liegt nicht besonders schön, ist aber sauber und ansprechend. Jedes Zimmer hat einen Balkon, einige auch Klimaanlage.

Am Busbahnhof; Tel. 02/8 47 16 00,
Fax 02/8 47 18 00, Handy 0 12/4 33 60 15;
www.westerndeserthotel.com; 25 Zi. ••

Ausflüge

Al-Agabat

Ganz in der Nähe des Kristallberges liegt al-Agabat (»Die Schwierigen«). Das ergreifende Zusammenspiel von Felsen und Dünen ist eine Herausforderung für jeden Fahrer eines Geländewagens. Die Beduinenführer aus der Umgebung haben ihren Spaß dabei, hier durch den tiefen Sand und über die hohen Dünen zu fahren. Anfänger sollten lieber die Finger von solchen Spielchen lassen und zu Fuß von Düne zu Düne laufen.

Schwarze Artefakte: archäologische Fundstücke aus der Weißen Wüste

Berg der Engländer (Gabal al-Inglis)

Von diesem Berg aus, der auch der Schwarze Berg genannt wird, hat man einen schönen Blick auf die knapp 100 Kilometer lange Senke, in der die Oase liegt. Hier hatte die britische Armee im Ersten Weltkrieg einen kleinen Vorposten eingerichtet. Das Gebäude auf dem Gipfel, von dem noch einige Wände stehen, soll ein gewisser Captain Williams genutzt haben, um die Bewegungen der islamischen Sanussi-Sekte aus Libyen im Blick zu haben.

Kristallberg (Crystal Mountain)

Am Rande der Weißen Wüste auf dem Weg zwischen Bahariya und Farafira glitzert und funkelt es direkt neben der Asphaltstraße. Mehrere Formationen aus Quartzkristall liegen hier auf einer Hügelkette. Eine von ihnen ist fast kreisförmig und wird von den Einheimischen Haggar Machrum (Fels mit Loch) genannt. So schön dieser Ort auch ist, da er direkt an der Straße liegt, hinterlässt der relativ große Besucherandrang auch seine Spuren. Offensichtlich nützt das Hinweisschild am Fuße der Hügelkette nichts, auf dem die Wüstentouristen aufgefordert werden, hier besonders pfleglich mit der Natur umzugehen.

Schwarze Wüste (Al-Sahra al-Sauda)

Faszinierende Szenerie mit schwarzen Hügeln, die aus dem goldfarbenen Sand herausragen. Für diesen Ausflug benötigt man einen Geländewagen.

Weiße Wüste (Al-Sahra al-Baidha)

Die mit Fossilien durchzogenen Kreidefelsen der Weißen Wüste gehören zum Eindrucksvollsten, was Ägypten an Naturschönheit zu bieten hat. Der bei Sturm durch die Ebene peitschende Sand und der Wind haben aus dem weichen weißen Gestein bizarre Skulpturen geformt. Einige Felsen erinnern an Tiere, andere an Pilze, Schachfiguren oder Hefeteig. Sie machen es für die Beduinenführer leicht, sich zu orientieren, die sich »an der Eiscreme-Tüte« oder »bei der Sphinx« verabreden. Auch der Boden ist in dieser Region, die Geologen interessante Einblicke in die Erdgeschichte liefert, mit Gestein bedeckt, über dem nur eine dünne Sandschicht liegt. Forscher haben hier 6000 Jahre alte Pfeilspitzen gefunden. Viele Touristen campieren gerne in der Weißen Wüste. Wer einen Jeep mietet, hat immer einen ortskundigen Fahrer dabei, der gegen Aufpreis auch ein Nachtlager aufschlägt, das Abendessen kocht und morgens Tee zubereitet. Proviant sollte man sicher verstauen, da es sonst passieren kann, dass sich ein hungriger kleiner Wüstenfuchs darüber hermacht.

Sehenswertes

Altstadt und Libysche Moschee

Viel ist von Bawitis Altstadt nicht mehr zu sehen. Zwischen den modernen Häusern stehen noch einige alte Lehmhäuser sowie eine einst von den Anhängern des Sanussi-Ordens erbaute, heute aber verfallene Moschee, die direkt neben der neuen Moschee liegt. Das Minarett erinnert von seiner Form her ein wenig an die ägyptischen Taubenhäuser.

Tempel in Ain al-Muftala

Die Überreste des Tempels aus der 26. Dynastie liegen fünf Kilometer westlich vom Hauptort Bawiti entfernt.

Mumienmuseum

Im Frühjahr 1996 stolperte in der Nähe des Alexander-Tempels (von dem nur sehr wenig übrig ist) ein Esel in ein Loch, und löste in der verschlafenen Oase einen riesigen Wirbel aus. Denn dort, wo das Tier gestrauchelt war, fand man unter dem Sand in großer Zahl Mumien – einige Forscher sprechen von mumienähnlich präparierten Leichen. Einige dieser rund 2000 Jahre alten konservierten Bürger der Oberschicht waren nur in Leinentücher gewickelt, während andere bemalte und vergoldete Stuck-Masken trugen. Zum Teil hatte man auch die Brust des Toten verziert.

Die Aufregung von damals, als weltweit vom »Tal der Goldenen Mumien« geschrieben wurde, hat sich inzwischen etwas gelegt. Es lohnt sich jedoch auf jeden Fall, das kleine Mumienmuseum zu besuchen. Dort stehen in einem schlichten Raum Glasvitrinen, die zehn dieser Mumien aus griechisch-römischer Zeit beherbergen. Einige der Mumien sind stark beschädigt, andere noch vollständig erhalten. Besonders aufwendig präpariert sind die Mumien eines Ehepaares, über dessen Herkunft man nichts weiß. Auffällig sind die vergoldeten Gipsbrüste der Frau. Auf den Brustdekorationen anderer Mumien erkennt man ägyptische Götter wie Anubis. Die Mumien von Bahariya wurden nicht wie im Alten Ägypten mit dem Gesicht nach Osten begraben. Auch wurden zum Teil mehrere Leichen zusammen in einem Grab bestattet.

Bawiti; tgl. 8–16 Uhr im Winter, 8–17 Uhr im Sommer; Eintritt 30 LE

Erstaunlich: Ein Esel fand 1996 in Bahariya diese Mumie.

Oasis Heritage Museum
Das kleine Museum am nördlichen Ortsausgang von Bawiti gibt Einblick in die Traditionen der Oasenbewohner.

Essen und Trinken

Raschid Restaurant
Hier kann man, wenn es nicht zu heiß ist, draußen sitzen. Das Essen – man hat nur die Wahl zwischen Fleisch oder Huhn, dazu gibt es Gemüseeintopf und einen kleinen Salat – schmeckt gut, nur das Fleisch ist etwas zäh.

Info

Touristen-Informationsstelle gegenüber der Polizeistation; Sa–Do 8.30–14 und 17–20 Uhr; Tel. 02/8 47 30 39
Anfahrt von Kairo in fünf Autostunden, mit dem Bus vom Kairoer Turgoman-Bahnhof aus gut sechs Stunden.

DACHLA

35 000 Einwohner, 340 km westl. von Luxor
Übersichtskarte, S. 292 ➤ [D 7]

Während die anderen Oasen eher als Basislager für Wüstenexpeditionen dienen, wirkt die Oase Dachla durch die umliegenden Berge und die vielen Palmenhaine sehr malerisch. Im Norden wird die Oase von Felsen begrenzt. Die zwei Hauptorte der Oase, Mut (benannt nach der altägyptischen Göttin) und al-Qasr, liegen etwa 35 Kilometer voneinander entfernt. Die Altstadt von Mut, die auf einem Hügel inmitten der Neustadt liegt, verfällt allmählich. Die Gassen sind voller Schutt und Müll, und nur noch einige Familien, die sich den Umzug in ein Haus in der Neustadt nicht leisten konnten, harren hier noch aus. Die teilweise restaurierte islamische Altstadt der Kleinstadt al-Qasr ist gut erhalten. Erst vor Kurzem haben Archäologen hier die Überreste einer Mauer entdeckt, die mit großer Wahrscheinlichkeit zu einer Zitadelle gehörte, die von den Römern errichtet worden war.

In Dachla sind die Menschen besonders freundlich und unaufdringlich. Zu den Waren, die Souvenirverkäufer hier den Urlaubern feilbieten, gehören bauchige Wassergefäße, Körbe und auch Strohhüte, wie sie die Bewohner von Dachla bei der Arbeit auf dem Feld tragen. Das sieht man sonst nirgendwo in Ägypten.

Hotels

In und um Mut gibt es mehr Unterkünfte, einige Hotels und Camps liegen aber auch in al-Qasr.

Desert Lodge
Das schönste Haus am Platz ist die 2003 eröffnete Desert Lodge, die auf einem Hügel oberhalb von Al-Qasr liegt. Der Blick ist spektakulär. Die Zimmer sind mit Naturmaterialien sehr schön eingerichtet. Die Bäder sind für Oasenstandard sehr gut und extrem sauber. Klimaanlagen gibt es in den Häusern, die den Gebäuden im historischen Al-Qasr ähneln, nicht, nur Ventilatoren. Plastikflaschen sind hier verboten. Das Trinkwasser kommt aus der eigenen Quelle. Zum Hotel gehört ein Internetcafé.
Tel. 0 92/7 72 70 62, Reservierung in Kairo Tel. 02/6 90 52 40, Fax 02/690 52 50; www.desertlodge.net; 32 Zi. ••

Sehenswertes

Altstadt von al-Qasr 9

Auf einer kleinen Anhöhe, die wohl schon zur Zeit der Ptolemäer besiedelt war, liegt eine komplette Kleinstadt, die im 12. Jahrhundert unter den Ayyubiden gegründet wurde und bis in die 1970er-Jahre des vergangenen Jahrhunderts bewohnt war. Man beginnt seinen Rundgang an dem Platz, wo die Neue Moschee steht. Am Eingang der Altstadt warten selbst bei brütender Hitze Einheimische, die geflochtene Körbe und Tonkrüge verkaufen. Hier geht man die erste Querstraße der Altstadt rechts hinunter. Dort stößt man auf der rechten Seite auf ein großes Gebäude, in dem früher der Omda (Bürgermeister) lebte.

Gegenüber liegt der Schrein des Scheich Nasr al-Din. Das Gebäude, in dem der Schrein hinter einem Gitter steht, wurde früher als Moschee genutzt. Die geschnitzte Holzplanke mit der kalligraphisch schön gestalteten Inschrift vor dem Schrein hatte einst ein gewisser »Al-Darwisch Ali Effendi, Herrscher der Oasen« anbringen lassen, um an die von ihm in Auftrag gegebenen Restaurierungsarbeiten an dem Gebäude hinzuweisen. An der rechten Wand erkennt man noch die Gebetsnische und die kleine Kanzel für den Prediger.

Zurück auf der Straße entdeckt man auf der Straßenseite des Mausoleums nach wenigen Metern hinter einer Holztür eine alte Getreidemühle, die früher mit Ochsen und Eseln angetrieben wurde. Ein Holzklöppel, der auf dem Mühlstein lag, sollte damals mit seinem Schlagen auf den Stein dem im Nebenraum sitzenden Oasenbewohner anzeigen, ob das Tier im richtigen Tempo im Kreis lief.

Weitere sehenswerte Gebäude in der labyrinthartigen Stadt sind das vierstöckige Haus des Richters sowie das frühere Gericht, zu dem auch ein auf englisch beschriftetes Schild den Weg weist. Das Gericht war in einer früheren Religionsschule eingerichtet worden. Bis heute erkennbar sind die Empore, auf der einst der Richter saß, sowie zwei etwas tiefer liegende Verschläge, die als Gefängniszellen dienten. Am rückwärtigen Eingang ist noch die Vorrichtung zu erkennen, an der man die zum Tode Verurteilten aufhängte.

Wer sich am Eingang zur Altstadt einen Führer nimmt, der auch mehrere Gebäude aufschließt, wird auch die etwas versteckt liegende Olivenölpresse aus Akazienholz finden. Im ersten Raum steht eine Vorrichtung, mit der die Oliven zunächst zerkleinert wurden. Im zweiten Raum befindet sich die Presse, in der die zerstoßenen Oliven zwischen kleine Bastmatten gelegt wurden.

Malerische Moschee: Das mittelalterliche al-Qasr ist bestens erhalten.

Nie führerlos: Die Altstadtgassen mit ihren Lehmhäusern sind ein Labyrinth.

Man sollte beim Spaziergang durch die Gassen auf die geschnitzten Holzgitter vor den Fenstern und die hellen Steine achten, die an einigen Häusern neben dem Eingang in die Lehmziegelmauern eingepasst wurden. Die Bewohner des Ortes – vier Familienclans, die jeweils ein Viertel bewohnten – nahmen früher, als man noch kein Deodorant kannte und auch in Dachla noch kein Talkumpuder kaufen konnte, einen kleinen scharfkantigen Stein und schabten sich damit aus dem weichen Stein der Wand etwas feinen weißen Steinstaub, den sie sich in die Achseln und an den Hals tupften, um den Schweiß zu trocknen. Die Häuser und die zum Teil überdachten Gassen wurden so gebaut, dass die Hitze der Sommermonate erträglich blieb. Ein Teil der Löcher in den Wänden gehört zu einer Art Luftkühlungssystem, das dafür sorgte, dass permanent ein leichtes Lüftchen durch das Gebäude wehte.

Will man tief in die Geheimnisse dieser Altstadt aus Lehmziegeln eindringen, sollte man einen der alten Führer mitnehmen, auch wenn die sprachliche Verständigung nicht wirklich funktionieren wird. Sie aber können einem einige der Gebäude zeigen, zu denen sie die Schlüssel besitzen. Außerdem erklären sie vieles auch in Zeichensprache. Kein Muss dagegen ist ein Besuch der Töpferwerkstatt, die einem unbedingt die Männer vorführen wollen, die am Eingang zur Altstadt warten.

Führung je nach Länge der Tour 10–25 LE

Ruinen der alten Stadt Mut

Fährt man von der Neuen Moschee die Straße al-Gumhuriya stadtauswärts in Richtung des kleinen Flughafens, sieht man auf der rechten Seite ein Gelände voller Ruinen aus rötlichen Lehmziegeln. Hier standen einst die von einer Stadtmauer umgebenen Gebäude der alten Stadt Mut, die noch vor der später erbauten Stadt Mut auf dem Hügel existierte. Archäologen haben hier Häuser aus islamischer, römischer und altägyptischer Zeit gefunden. Viel ist allerdings für den Laien nicht zu erkennen, der sich hier eher am Sonnenuntergang mit der Silhouette von Palmen und alten Gemäuern erfreuen kann.

Museen

Ethnografisches Museum

Am Ende des Altstadt-Rundgangs, links vom Häuschen der Touristenführer und Wächter, liegt das kleine Museum von al-Qasr. Hier kann man sehen, wie die verzierten Brotöfen aussehen, die es früher in jedem Haus der Stadt gab, was eine Braut als Aussteuer mitbringen musste, und kann lernen, nach welchem System die Bewohner das Wasser untereinander aufgeteilt haben.

Al-Qasr; keine festen Öffnungszeiten, an der Tür schräg gegenüber klopfen und fragen, ob jemand da ist, der aufschließen kann; Eintritt 3 LE

Essen und Trinken

Ahmed Hamdy Restaurant

Die Gäste des kleinen Lokals, die drinnen und auf einer kleinen Terrasse essen können, werden durch einige Palmen vor den Blicken der Passanten geschützt, vielleicht auch, weil man drinnen – anders als in den meisten Oasen-Restaurants außerhalb der Hotels – auch Bier serviert. Das Essen ist unspektakulär. Es gibt die üblichen Eintöpfe mit Reis und Fleisch oder gegrilltem Huhn.

Direkt an der Straße, neben Mebarez-Hotel, •

FARAFIRA

2500 Einwohner, 300 km westl. von Assiut

➤ [C 5]

Die Oase Farafira (früher »Das Land der Kuh«) war einst noch abgeschiedener als die anderen ägyptischen Oasen. Ein Teil der Oasenbewohner hat libysche Vorfah-

Mehr Sand: Das große Dünenmeer erfüllt alle Klischees einer Wüste.

ren. Früher kannte hier wirklich jeder jeden. Das Leben ging seinen geruhsamen Gang, bevor die Asphaltstraße gebaut wurde und sich Ägypter aus anderen Landesteilen hier ansiedelten. Die einzige alte Siedlung ist Qasr al-Farafira. Alle anderen Dörfer sind neu. Die meisten Touristen bleiben hier nur kurz, vor oder nach einer Wüstensafari. Es gibt kaum Restaurants. Alkohol wird nicht serviert.

Hotels

Al-Badawiya Safari Hotel

Recht ansprechend ist dieses kleine Hotel mit Swimmingpool eingerichtet. In der Nebensaison, wenn es heiß ist, kann es allerdings passieren, dass auch der Kammerjäger, der hier täglich vorbeischaut, der Insekten nicht völlig Herr wird.

An der Straße nach Bahariya; Tel./Fax 0 92/ 7 51 04 00; www.badawiya.com; 22 Zi. ••

Ausflüge

Das Große Sandmeer

Für Safari-Trips zum Großen Sandmeer sollte man genügend Zeit einplanen, denn Sinn und Zweck ist es schließlich, in den schier endlosen Dünen südlich des Libyschen Plateaus Raum und Zeit zu vergessen.

Im Jahr 525 v. Chr. kamen hier Tausende von Soldaten der persischen Armee in einem Sandsturm um. König Kambyses hatte sie, nachdem er die 26. Dynastie gestürzt hatte, zum Orakel von Siwa geschickt, um dieses zu zerstören. Abenteurer und Forscher haben im Lauf der Zeit immer wieder versucht, Spuren dieser Soldaten zu finden. Wahrscheinlich hatten die Kämpfer versucht, von der Oase Charga aus nach Siwa zu marschieren, hatten dann aber möglicherweise nicht genug Wasser und Proviant dabei und starben schließlich im Sandsturm. Allerdings wird Herodots Darstellung von den 50 000 Soldaten, die hier im Sand einen elendigen Tod fanden, von Historikern angezweifelt. Denn die Frage bleibt, weshalb der auch mit anderen Feldzügen nicht gerade erfolgreiche Perserkönig so viele Soldaten hätte losschicken sollen, um ein kleines Tempelchen in einer unbedeutenden Oase zu zerstören? Ob historisch relevant oder nicht: Als Warnung kann diese Erzählung Herodots aber modernen Wüstenwanderern dienen, die sich niemals ohne ortskundige Begleiter in das Dünenmeer wagen sollten.

Museen

Badr-Museum

Sehr selbstbewusst präsentiert der Künstler Badr Abdel Moghny seine Kunstwerke in einem selbst gebauten Haus im traditionellen Stil. Der Bildhauer und Maler trifft mit seinen Tonfiguren, Sandbildern und Skulpturen aus Naturmaterialien auch den Geschmack eines westlichen Publikums. Er spricht auch deutsch. Seine Kunst ist gegenständlich, entgegen der islamischen Tradition, die Arabesken und Kalligraphie betont. Der Besuch des kleinen Museums gibt auch ein wenig Einblick in die Dorfkultur. Geöffnet wird es, wann immer es dem Künstler, der nicht immer selbst anwesend ist, sondern auch Mitarbeiter hat, beliebt. (→ Tour 6)

Tel. 0 92/7 51 00 91; kein Eintritt

GILF AL-KABIR UND GABAL UWAYNAT

600 m ü.d.M.

Man muss die Wüste schon sehr lieben, um sich an einer strapaziösen Tour zum Gilf al-Kabir zu erfreuen. Dieses Wüstenplateau im Südwesten Ägyptens ist unbewohnt und etwa so groß wie die Schweiz. Hier spielte der Film »Der Englische Patient«. Außer der Schönheit der Wüste und prähistorischen Felszeichnungen gibt es auf dem Plateau nicht viel zu sehen, dafür aber umso mehr zu erleben. Da die Reise in dieses nicht erschlossene Gebiet auch im 21. Jahrhundert nicht ganz ungefährlich ist, sollte man sich auf jeden Fall einer größeren Gruppe mit ortskundigen Fahrern anschließen. Gabal Uwaynat bezeichnet ein Gebiet unweit der libyschen Grenze. Die Wüstenregion ist der höchste Punkt der Westlichen Wüste. Sehr beeindruckende Felszeichnungen von Tieren findet man in Karkur Talh.

Einige Safari-Tour-Veranstalter in den Oasen der Westlichen Wüste organisieren Touren in diese Region, die meisten jedoch nur in den etwas kühleren Wintermonaten.

CHARGA

50 000 Einwohner, 200 km westl. von Luxor
➤ [F 7]

Die Oase Charga ist 200 Kilometer lang und 20 bis 50 Kilometer breit. Sie ist die Hauptstadt der Provinz Wadi al-Gadid (Neues Tal). Die Oase lag einst an einer wichtigen Handelsroute. Auch Sklavenhändler machten auf ihrer berüchtigten 40-Tage-Reise hier Station.

Wer seine Oasentour in Bahariya beginnt, der kann sich einen Besuch in dieser südlichsten Oase sparen, es sei denn, es geht ihm mehr um die archäologischen Stätten als um das Flair einer idyllischen Oase, das hier fehlt. Beginnt man eine Oasentour nicht von Kairo, sondern von Luxor aus, so passiert man Charga auf dem Weg in die anderen Oasen.

Sehenswertes

Nekropole von Bagawat

Einer der ältesten christlichen Friedhöfe Ägyptens mit einer Kapelle und 263 Grabstätten aus Lehmziegeln.

Tgl. 8-16 Uhr im Winter, 8-17 Uhr im Sommer; Eintritt 20 LE

Weite Wüstenei: ein Beduine in den endlosen Dünen von Siwa

Tempel von Hibis

Der persische Großkönig Darius I. (522-486 v. Chr.) ließ diesen Amun-Re geweihten Tempel errichten, in dem eine Liste der ägyptischen Götter zu finden ist. Der 19 mal 44 Meter lange Tempel zählt zu den besterhaltenen in Ägypten. Noch finden an ihm, der durch den hohen Grundwasserspiegel zerstört wurde, zahlreiche Restaurierungsarbeiten statt. Wann sie abgeschlossen sein werden und das Bauwerk wieder zu besichtigen sein wird, war im Sommer 2006 noch unklar. Pläne, den Tempel komplett zu versetzen, hat die Altertümerverwaltung allerdings inzwischen wieder aufgegeben.

Museen

New Valley Museum

Das Museum zeigt archäologische Fundstücke aus dem Alten Reich, aus griechisch-römischer, koptischer und islamischer Zeit.

An der Hauptstraße, Sch. Gamal Abdel Nasser, tgl. 8–15 Uhr, Eintritt LE 20

SIWA 10

20 000 Einwohner, 20 m u.d.M.

➤ Übersichtskarte, S. 300 ➤ [A 3]

Der wahrscheinlich immer noch idyllischste Ort Ägyptens ist die Oase Siwa. Wer hier auf sandigen Wegen spazieren geht, über denen die niedrigen Palmzweige ein natürliches Dach bilden, der wird sich fühlen wie in einem kleinen Paradies. Autos gibt es hier zwar inzwischen, aber noch nicht viele. Meist sind die Schreie der Esel, das Lachen der Kinder und der Gebetsruf die einzigen Laute, die zu hören sind.

Siwa liegt, wenn man aus Marsa Matruh kommt, nach 300 Kilometer Wüsteneinsamkeit plötzlich in einer Senke vor einem. Wie eine grüne Fata Morgana präsentiert sie sich dem staunenden Besucher. Die Oase Siwa, die aus mehreren kleineren Dörfern besteht, ist 1000 Quadratkilometer groß. Neben den Datteln, von denen man sagt, sie seien die besten Ägyptens, werden hier auch Oliven produziert. Hier scheint die Zeit stillzuste-

hen, auch wenn in den vergangenen 20 Jahren die sogenannte Zivilisation die Oase eingeholt hat. Die Regierung baute ein großes Stadion, stellte Straßenlaternen auf, die neben den Lehmhäusern überdimensioniert wirken, und die Altertümerverwaltung in Kairo ließ vor den wenigen Sehenswürdigkeiten des Ortes Ticket-Häuschen bauen.

Wie lange Siwa schon besiedelt ist, weiß man nicht genau. Im Altertum soll der Ort mehr als 1000 Brunnen gehabt haben. Auch heute sprudeln noch zahlreiche warme Quellen. Man kann in heißen oder kalten Quellen baden oder im See. Das Wasser aus Siwa wird inzwischen als Mineralwasser in ganz Ägypten verkauft. Die reichen Wasservorkommen erlauben außerdem eine intensive landwirtschaftliche Nutzung der Oase. Sehr sehenswert sind hier auch die großen Salzseen.

Von den antiken Stätten Siwas sind nur noch spärliche Überreste zu sehen. Wann der Berberstamm, der in dieser Oase an der Karawanenroute lebte, die Siedlung Aghurmi gründete, ist nicht genau bekannt. Anfang des 13. Jahrhundert zog ein Teil der Oasenbewohner aus. Das Dorf Schali wurde gegründet. Die Oasenbewohner gehören einem Berberstamm an und sind die einzigen Einwohner Ägyptens, die einen Berberdialekt sprechen. Arabisch ist für sie nur eine zweite Sprache, die sie nicht unbedingt perfekt beherrschen. Wenn die Siwis »Ägypter« sagen, schließen sie sich selbst meist nicht ein, sondern meinen die Zugereisten, die hier zumeist im Tourismus arbeiten. War Siwa früher nur ein Reiseziel für Rucksacktouristen, so zieht es inzwischen durch die vereinfachte Anreise und die neuen Hotels auch eine anspruchsvollere Klientel in die Oase.

Grüne Gefühle im weißen Haus: Die »White Mountain Ecolodge« ist für Betuchte.

Das wichtigste Fortbewegungsmittel in der Oase ist der Eselskarren, den auch schon siebenjährige Jungen – keine Mädchen – perfekt lenken. Die Mädchen tragen Kopftücher. Nach der Heirat legt die Frau ein grau gemustertes Gewand mit schwarzem Gesichtsschleier an, unter dem sie vollständig verschwindet. Um die Einheimischen nicht zu brüskieren, sollten auch die Touristinnen in Siwa auf kurze Hosen und ärmellose T-Shirts verzichten. Immerhin wies noch vor 15 Jahren ein Schild am Ortseingang darauf hin, dass es in Siwa verboten sei, zu viel Haut zu zeigen.

Bis zur libyschen Grenze sind es von Siwa aus nur 75 Kilometer Luftlinie, weshalb man bis in die 1990er-Jahre, als die Beziehungen zwischen beiden Staaten nicht so gut waren wie heute, noch in Marsa Matruh eine Genehmigung für den Besuch der Oase einholen musste.

Idyllisches Oasenstädtchen: Lampen kontrastieren mit Lehmhäusern.

Siwa verlässt man am besten so, wie man gekommen ist, über die Asphalt-Straße nach Marsa Matruh. Die Sandpiste durch die Wüste zur Oase Bahariya und von dort nach Kairo ist aus Sicherheitsgründen nur Reisenden zu empfehlen, die mit mindestens zwei Geländewagen unterwegs sind. Wenn man dort liegen bleibt, ist es noch schwieriger, den Wagen wieder flott zu machen, als auf der auch recht spärlich befahrenen Strecke nach Marsa Matruh. Von Siwa nach Bahariya fährt man selbst mit einem wüstentauglichen Fahrzeug rund zehn Stunden.

White Mountain Ecolodge

Ein Geheimtipp für wohlhabende Öko-Freaks. Das Hotel hat eine eigene heiße Quelle. Hier wird strikt darauf geachtet, dass niemand das Natur-Pur-Konzept stört. Die Übernachtung in der Ökolodge kostet inklusive Verpflegung und Wüstentrips stolze 400 $.

17 km vom Zentrum der Oase; Tel. in Kairo 02/7 36 78 79; 36 Zi. •••• (all-inclusive)

Siwa Shali Resort

Das Hotel hinter dem Gabal al-Dakrur ist seit 2004 geöffnet und bei deutschen Touristen sehr beliebt. Beim Bau der Chalets und des Pools wurden Naturmaterialien verwendet. Dennoch gibt es Klimaanlagen. Im Restaurant sitzt man auf Stühlen und es gibt Tischdecken.

Tel. 0 92/9 21 00 64, Fax 0 92/9 21 01 03; www.siwashaliresort.com; 78 Zi.

MASTER VISA •••

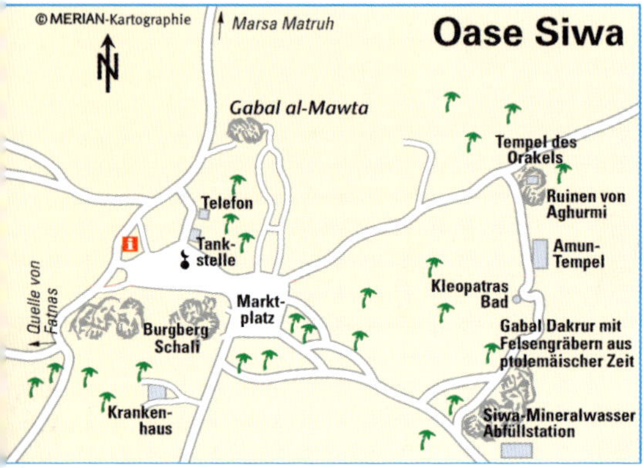

Shali Lodge

Schönes kleines Hotel im Stil der traditionellen Bauten von Siwa. Die Zimmer liegen um ein Wasserbecken. Das Restaurant Kenouz ist häufig voll besetzt.

Siwa Stadt, Tel. 0 92/4 60 12 99, Fax 0 92/ 4 60 17 99; E-Mail: m61d@hotmail.com; 8 Chalets ••

Siwa Safari Paradise Hotel

Gutes Preis-Leistungs-Verhältnis in diesem Haus, das an der Straße zum Amun-Orakel liegt. Zu dem Hotel, das wie eine kleine dorfähnliche Siedlung wirkt, gehört ein Pool, der aus einer natürlichen Quelle gespeist wird. Die meisten Zimmer haben Klimaanlage und TV.

Tel. 0 92/4 60 12 90, Fax 0 92/4 60 15 92; www.siwaparadise.com; 92 Zi. MASTER VISA ••

Hotel Desert Rose (Wardat al-Sahra)

Das Hotel liegt recht einsam hinter Palmenhainen am Rande der Wüste auf dem Weg zu der Quelle Bir Wahid. Strom gibt es nicht, weshalb es hier im Sommer ohne Klimaanlage oder Ventilatoren ganz schön heiß werden kann. Dafür wird das Hotel, das einem in Deutschland lebenden Ägypter aus Kairo gehört, im Gegensatz zu den meisten neueren Herbergen der Stadt von Einheimischen betrieben, die nicht die hektische Attitüde der Großstädter haben. Für nächtliche Beleuchtung sorgen Gaslampen. Gegessen wird an einem niedrigen Tisch im Freien. Es gibt einfache Zimmer mit bemalten Wänden und Moskitonetzen über den gemauerten Betten.

3 km vom Ortskern entfernt; Handy 0 12/ 4 40 81 64, Tel. in Kairo 02/7 92 54 70; Information in Deutschland Tel. 0 89/ 6 51 89 85; 12 Zi. •

Bei allen Ausflügen in der Oase gilt: Sonnenschutz und ausreichend Wasser nicht vergessen. Denn bei Spaziergängen in den weitläufigen Palmenhainen kann man sich leicht verlaufen, vor allem, wenn man sich mit den gelegentlich vorbeikommenden Einheimischen auf ihren Eselskarren sprachlich nicht verständigen kann.

Ausflüge

Bir Wahid

Schön ist ein Ausflug zum Bir Wahid (Quelle Nummer eins), einem inmitten von Sanddünen gelegenen kleinen See. Die heiße Quelle, aus der das Wasser in ein Becken sprudelt, erinnert an einen

Kärgliches Ambiente: Ob in »Kleopatras Bad« wirklich die große Königin gebadet hat?

Whirlpool. Bir Wahid liegt am Rande des Großen Sandmeeres. Die Dünen sind hier besonders schön. Frauen sollten wegen der Einheimischen nicht im Bikini ins Wasser steigen. Ein Badeanzug mit einem langen T-Shirt darüber sind hier die passendere Badebekleidung. Für einen Besuch des Bir Wahid braucht man einen Jeep. Trips hierher werden von einigen Hotels organisiert.

12 km südwestl. von Siwa

Fatnas-Insel

Die Fatnas-Insel im Salzsee Birkat Siwa ist mit dem Geländewagen oder mit dem Fahrrad zu erreichen. Allerdings kann man kaum noch von einer Insel sprechen, da der See teilweise ausgetrocknet ist. Hier gibt es eine Cafeteria. Und man kann in einem natürlichen Pool baden, in dem das Wasser große Blasen wirft.

Kleopatras Bad

Bekannter noch als die Wasservorkommen draußen in der Sandwüste, aber als Naturspektakel auch weniger aufregend, ist »Kleopatras Bad«, eine Art kreisförmiger antiker Swimmingpool, in dem das von unten aufsteigende Wasser riesige Blasen wirft. Ob die berühmte Königin hier wirklich gebadet hat, ist allerdings umstritten.

Sehenswertes

Gabal al-Mawta (Berg der Toten)

In diesem Berg, etwas zurückgesetzt am Ortseingang an der Hauptstraße, liegen Felsengräber aus der 26.–30. Dynastie. Der Berg der Toten ist durchlöchert wie ein Schweizer Käse. Hunderte von Menschen waren hier einst begraben worden. Schöne Wandmalerei mit noch frischen Farben kann man im Grab des

Si-Amun entdecken. Wer das Tal der Könige in Luxor besucht hat, stellt fest, dass sich die Familie des hier begrabenen Mannes bei der Ausstattung der Grabkammer durchaus am Vorbild der Pharaonen orientiert hat. Ein direkter Vergleich allerdings drängt sich nicht auf – weder was die Dimensionen noch die Kunstfertigkeit bei der Ausstattung der Akmmer angeht. Doch auch hier finden wir die blau bemalte Decke mit den Sternen, auch hier werden Barken und altägyptische Götter dargestellt.

In einem anderen Grab, in dem es auch nicht gut riecht, sind nur einige zerfallene Mumien zu sehen. Beide Gräber muss ein Wächter aufschließen, was er jedoch in der Regel bereitwillig tut. Er erwartet dafür ein Bakschisch, auch wenn er nicht direkt danach fragt.

Orakeltempel und Amun-Tempel

Hier soll Alexander der Große 331 v. Chr. das Orakel befragt haben, um sich seine »göttliche Abstammung« bestätigen zu lassen. Folgt man nach dem Tempel der Straße, stößt man auf die Ruinen des von Nektanebos II. (30. Dynastie) erbauten Amun-Tempels von Umm al-Ebaida, von dem noch eine halbe Mauer sowie mehrere umgestürzte Mauer- und Säulenbruchstücke zu sehen sind. Auf der Mauer sind noch Hieroglyphen und Reste eines Reliefs erkennbar. Weiter führt die Straße zum Gabal Dakrur, einem kleinen felsigen Berg, den zu besteigen wegen der grandiosen Aussicht es sich lohnt. Vom Berg aus kann man seine Tour beenden und über die Asphaltstraße zurück zum zentralen Platz von Siwa fahren.

Schali

Besuchen sollte man in Siwa die auf einem Hügel gelegene, zerstörte Altstadt Shali, deren Lehmhäuser 1926 bei einem heftigen Regen quasi geschmolzen waren. Es macht Spaß, zwischen den Häusern hindurchzuklettern, die von ihren Bewohnern, die sich weiter unten ansiedelten, nach dem großen Guss einfach verlassen worden waren.

Museen

Bait Siwa

In der Straße hinter der kleinen Marktstraße (Sch. al-Suq) liegt das Siwa-Haus, ein kleines Museum, in dem Kleidung und Alltagsgegenstände gezeigt werden. Ziel ist es, den Besuchern die Kultur und Traditionen der Einwohner der Oase näher zu bringen.

Essen und Trinken

Berühmt ist das kleine Abdu-Restaurant, bei dem sich die Rucksackurlauber schon in den Anfangsjahren des Siwa-Tourismus trafen. Nicht versäumen sollte man, einen Siwa-Tee zu trinken.

Einkaufen

Es gibt mehrere Kunsthandwerk-Läden, mit Silberschmuck, handgewebten Tücher und Teppichen. Das Feilschen ist hier nicht so mühselig wie in den Basaren von Kairo.

Info

www.siwaoasis.com

Berberische Feier: Jährlich im Oktober zu Vollmond feiert ganz Siwa sein Festival.

FOKUS

Neben jahrtausendealter Geschichte ist Ägypten auch reich an allerlei Geschichten, Traditionen, Rätseln, Gegensätzen und Kuriosem. So ist für viele Urlauber die lockere Einstellung der Ägypter zurzeit ebenso gewöhnungsbedürftig wie das Taxifahren oder der Umgang mit Bettlern. Und auch als Frau gibt es einiges zu beachten.

Als Frau unterwegs in Ägypten 307
Die Fayyum-Porträts 308
Religion und Götter im Alten Ägypten 310
Großfamilie – Fluch und Segen 313
SPEZIAL Die Lust am Bauchtanz 314
Minirock oder Islam-Chic 317
SPEZIAL Nagib Machfus 318
Ägyptische Sprichwörter 321
SPEZIAL Pyramiden 322
Taxifahren in Kairo 327
Eine streitbare Frau 328
Bettler, Schlepper und Bakschisch 330
Ägypter und die Zeit 332

Royale Rückenlehne: Tutanchamuns Thronstuhl glänzt vor Gold und Silber.

Andere Länder, andere Sitten: Außerhalb von Touristenorten sollten Frauen keine kurzen Hosen tragen.

GÖTTER, GRÄBER UND GESELLSCHAFT

Der Spagat zwischen Tradition und Moderne prägt das ägyptische Leben. Ein atmosphärischer Streifzug durch das Reich der Pharaonen zwischen gestern und heute - fernab aller touristischen Klischees.

ALS FRAU UNTERWEGS IN ÄGYPTEN

Frauen, die eine Reise in ein arabisches Land ohne männliche Begleitung planen, machen sich oft Gedanken darüber, ob sie sich am Urlaubsort ungehindert alleine bewegen können. Kurz gesagt: Nach Ägypten kann man als Frau getrost auch alleine reisen. Allerdings sollte man bestimmte Verhaltensmaßregeln beachten, wenn man aufdringliche Anmache oder plumpe Bemerkungen vermeiden möchte. Denn in Ägypten ist es zwar, anders als in einigen konservativen arabischen Golfstaaten, durchaus üblich, dass Männer und Frauen im Bus, auf der Behörde oder im Geschäft miteinander reden und dabei auch durchaus einmal ins Plaudern kommen, ohne dass dies als Anmache zu verstehen ist. Es gibt jedoch rote Linien, die man nicht überschreiten sollte, wenn man Ärger vermeiden will.

So wird beispielsweise jede Art von körperlichem Kontakt über das Händeschütteln hinaus direkt als Aufforderung verstanden. Extrem konservative Muslime schütteln Frauen sogar nicht einmal die Hand. Freundliches Schulterklopfen oder gar Küsschen auf die Wange zur Begrüßung sind zwischen Männern und Frauen unüblich. Frauen untereinander küssen sich jedoch fast immer zur Begrüßung und auch Ägypter, die auf der Straße Hand in Hand gehen, sind ein normaler Anblick, der nicht darauf hindeutet, dass die beiden Männer oder Frauen homosexuell sind.

Auch ist es für die meisten Ägypter nicht üblich, sich mit einer Frau ohne jeden Hintergedanken etwa alleine zum Abendessen zu verabreden. Eine Ausnahme bilden vielleicht ägyptische Männer, die länger im westlichen Ausland gelebt haben und die daher mit der Idee von Freundschaft zwischen Mann und Frau etwas anfangen können.

Was die Kleidung angeht, so kommt es ganz darauf an, wo man gerade unterwegs ist. In den besseren Hotels am Meer wird niemand auch nur einen unpassenden Blick riskieren, wenn Frauen im Bikini am Strand liegen oder in Shorts zum Frühstück erscheinen. Bei Städtetouren oder Ausflügen in ägyptische Dörfer sollte man jedoch besser auf ärmellose T-Shirts und kurze Röcke und Hosen, die oberhalb des Knies enden, verzichten. In den meisten Moscheen, die für Besucher geöffnet sind, ist Kleidung, die Arme und Beine komplett bedeckt, vorgeschrieben. Außerdem muss man ein Kopftuch tragen, unter dem die Haare komplett verschwinden. In der Regel hält der Pförtner am Eingang der Moschee aber Umhänge und Tücher für ausländische Besucherinnen bereit.

Vorteilhaft kann es für alleinreisende Frauen sein, eher damenhafte als modisch-lässige Kleidung zu tragen. Auch für Männer gilt: Da viele Ägypter ihren eigenen sozialen Status auch äußerlich durch bestimmte Kleidung demonstrieren, hat hier niemand Verständnis dafür, wenn Sie im Urlaub alte verschlissene T-Shirts auftragen, und mögen diese auch noch so bequem sein. Entweder hält man sie für einen »verrückten westlichen Hippie« oder aber man ist beleidigt, dass Sie sich als »reicher Ausländer« bei einem Besuch in Ägypten so wenig Mühe mit Ihrem Äußeren geben.

Ausländerinnen werden erleben, dass ihnen in Ägypten gelegentlich Männer und Jugendliche hinterherpfeifen oder -rufen. Davon sollte man sich nicht beirren lassen. Tröstlich ist, dass sie dies auch bei ägyptischen Frauen tun, die ebenfalls nicht immer begeistert sind, wenn ihnen ein Fremder »inti zei al-amar« (Du bist schön wie der Mond) oder »eh, al-gamal da« (Was ist das denn da für eine Schönheit?) hinterher ruft. Wird der Rufer unverschämt, so kann man ihm vielleicht auf Arabisch ein kurzes »imschi« (Geh weg!) zurufen.

Alleinreisende Frauen müssen zudem darauf vorbereitet sein, ständig gefragt zu werden: »Bist du verheiratet? Warum hast du keine Kinder?« Das ist meist nicht böse gemeint, sondern reine Neugier. Bei einfachen Leuten ist es oft sogar fürsorglich gemeint. Sie bieten dann freundlich an, sich nach einem passenden Ehemann umzusehen. Einer schon seit Jahren in Kairo lebenden Schweizerin ging die Fragerei trotzdem so auf die Nerven, dass sie sich kurzerhand einen Ehering kaufte und einen Mann in Europa erfand, der nie zu Besuch kam, weil er sein Geschäft nicht allein lassen konnte.

An jedem Ort in Ägypten, an dem häufiger Ausländer auftauchen, hat man sich an den Anblick von Frauen ohne Begleiter jedoch gewöhnt. Die oft störende Anmache gerade an Touristenorten ist nicht zu beschönigen. Allerdings sollte man nicht vergessen, dass neben der Tabuisierung der Sexualität und den vielen Verboten der ägyptischen Gesellschaft, gerade Männer der Unterschicht oft bis Mitte Dreißig warten müssen, bis sie heiraten können und dann zum ersten Mal Sex haben.

In den vergangenen Jahren hat außerdem die Zahl der ausländischen Touristinnen zugenommen, die in ihrem Urlaub in Ägypten ganz offensiv einen – oft wesentlich jüngeren – Liebhaber oder Ehemann suchen. Gerade in Hurghada und in Luxor kommt das häufig vor. Die Konsulate in Kairo müssen sich dann oft mit den juristischen Folgen dieser nicht immer glücklichen, oft auch spannungsgeladenen Verbindungen herumschlagen, in denen es um unbedacht erteilte Bankvollmachten, ägyptische Scheidungsverfahren oder um Sorgerechtsfragen geht.

DIE FAYYUM-PORTRÄTS

Als der britische Archäologe Flinders Petrie seine Grabungsarbeiter 1888 in der Halboase Fayyum auf die Nekropole von Hawara ansetzte, hatte er zunächst keine großen Erwartungen. Denn nachdem die ersten Hinweise darauf aufgetaucht waren, dass es sich hier um Gräber aus römischer Zeit handelt, rechnete er nicht

Antike Mumienporträts: moderne Antlitze, als seien sie von Frida Kahlo gemalt

mehr mit Mumien oder wertvollen Grabbeigaben. Doch eines Tages, kurz nachdem seine Arbeiter damit begonnen hatten, auf dem Gelände nördlich der Amenemhat-Pyramide zu graben, stieß man in einem der Gräber auf das Porträt eines Mädchens, das auf Holz gemalt war. Das Porträt bedeckte das Gesicht einer Mumie und erfüllte damit den gleichen Zweck wie die bemalten und vergoldeten Totenmasken aus Gips, die man später auf den Mumien in der Oase Bahariya entdeckte und die prunkvollen Masken der Pharaonen des Alten Ägyptens.

Der Stil der Darstellung stellt jedoch einen krassen Bruch mit der Zeit der Pharaonen dar und orientiert sich am griechisch-römischen Kunstverständnis. Sie zeigen die Menschen in naturgetreuer, weniger idealisierter Form als die altägyptischen Totenmasken und Reliefs. Später förderte Petrie noch Dutzende weiterer Porträts zutage. Einige davon sind heute im Ägyptischen Museum von Kairo zu sehen. In den vergangenen Jahren machten internationale Ausstellungen die Fayyum-Porträts einem größeren Publikum bekannt. Der Begriff Fayyum-Porträts wird heutzutage generell für die ägyptischen Mumienporträts aus römischer Zeit verwendet, auch wenn ein Teil dieser Bildnisse in anderen Nekropolen gefunden wurde. Sie stellen die weltweit größte zusammenhängende Sammlung von Gemälden aus der Antike dar.

Obwohl es sich um Bildnisse handelt, die in Gräbern gefunden wurden, sind sich die Forscher aufgrund der Lebendigkeit der Darstellung dieser Menschen aus dem 1.–3. Jahrhundert inzwischen fast einig, dass die Porträts schon zu Lebzeiten angefertigt wurden und die Porträtierten den Malern Modell saßen. Strittig ist aber noch, ob die dargestellten Bürger der Ober- und Mittelschicht die Bilder wohl erst in ihren Häusern aufgehängt haben, oder ob sie einzig und allein für das Begräbnis gemalt wurden. Sie strahlen eine Melancholie aus, die den Betrachter sofort gefangen nimmt. Mit großen Augen blicken diese Menschen uns an. Die Frauen tragen Schmuck und Hochsteckfrisuren, die sich am Geschmack Roms orientieren. Die

Männer haben zum Teil Bärte und lockiges Haar. Die Menschen auf den Fayum-Porträts sind zum Großteil sehr jung. Auch zahlreiche Kinder-Porträts wurden gefunden. Zumindest ein Teil der Porträts gehört zu Mumien von Priestern. Allerdings kennt man nicht bei allen der entdeckten Bildnisse die Namen derjenigen, die darauf dargestellt wurden.

RELIGION UND GÖTTER IM ALTEN ÄGYPTEN

Die Ägypter waren zur Zeit der Pharaonen Polytheisten. Sie glaubten an eine Vielzahl von Göttern, die lokal oder im ganzen Reich verehrt wurden. Eine Ausnahme bildet die sogenannte Amarna-Zeit, als Pharao Echnaton alle Götter bis auf den von ihm zum einzigen Gott erklärten Sonnengott Re »entmachtete«.

Die Ägypter glaubten an die Existenz einer Seele – »Ba«, dargestellt in Gestalt eines Vogels oder eines Vogels mit Menschenkopf – und an ein Leben nach dem Tod. Der Tote musste sich nach damaligen Jenseitsvorstellungen vor einer Art Jüngstem Gericht verantworten. Mit Opfergaben, Ritualen und Amuletten versuchte man, Götter gnädig zu stimmen.

Die Bedeutung und »Funktion« der einzelnen Götter blieb jedoch von Beginn des Alten Reiches bis zur Christianisierung Ägyptens nicht konstant. Einige waren von ihrer Erscheinung Zwitterwesen, halb Tier halb Mensch. Selbst ihre Gestalt konnte wechseln. So wurde beispielsweise Hathor einmal als Kuh dargestellt, ein anderes Mal als Frau mit Kuhhörnern und einer Sonnenscheibe über dem Kopf.

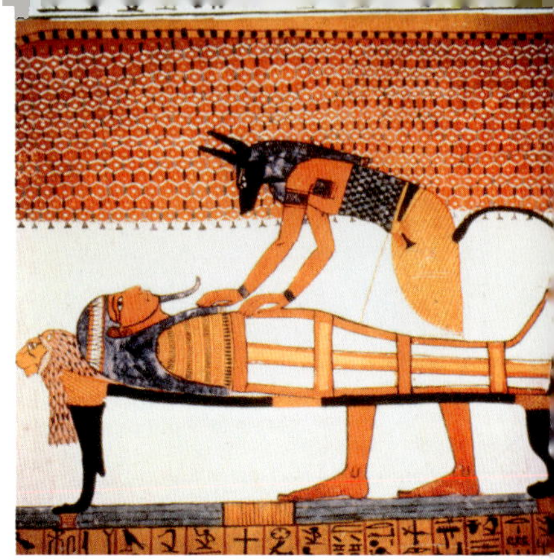

Göttlicher Versager: Der hundsköpfige Anubis sollte die Gräber schützen.

Einige Götter wurden als Triade (Dreiheit von Göttern) angebetet, weshalb sich auch in einigen Tempeln jeweils drei Kapellen nebeneinander befinden. Osiris, Isis und Horus bilden die Triade von Abydos. Unter der Triade von Theben versteht man Amun, seine Gemahlin Mut und ihren Sohn Chons. Ptah, seine Frau Sechmet und Sohn Nefertem sind die Triade von Memphis. Einige der wichtigsten Götter des altägyptischen Pantheons waren:

Amun: Aus dem Gott des Windes wird, als die Bedeutung Thebens wächst, der Schöpfergott Amun. Er wird in den Tempeln von Karnak und Luxor als Hauptgottheit verehrt und als Mensch mit einer hohen Federkrone dargestellt. Seine heiligen Tiere sind der Widder und die Gans.
Anubis: War für die Mumifizierung und den Schutz der Gräber zuständig. Gestalt eines Menschen, Kopf eines Schakals.
Aton: Der als Sonnenscheibe mit Strahlen nach unten dargestellte Sonnengott, den Echnaton zum einzigen Gott erklärte. Echnaton und Nofretete werden teilweise gemeinsam mit ihm gezeigt.

Bastet: Die heitere Katzengöttin ist die Hauptgöttin von Bubastis, wird aber zeitweise in ganz Ägypten verehrt (Katzenmumien). Darstellung als Katze oder weibliche Figur mit Katzenkopf, einer Art Zepter und einem Körbchen am Arm.
Bes: Als Beschützer der Gebärenden gilt der fröhliche Hausgott, der halb Zwerg, halb Löwe ist. Er trägt eine kurze Federkrone und vertreibt böse Geister. Sein Gesicht wird von einem fratzenhaften Grinsen verzerrt.
Chnum: Als Schöpfergott erschafft er die Menschen auf einer Töpferscheibe. Als Schutzgott des Kataraktgebiets südlich von Assuan spendet er das Nilwasser. Er hat den Körper eines Menschen und den Kopf eines Widders.
Chons: Mondgott, Sohn von Amun und Mut. Er hat den Körper eines Menschen, den Kopf eines Falken und trägt eine Mondsichel auf dem Kopf. Oft hat er auch die Gestalt einer Mumie.
Hathor: In Theben gilt die als Kuh oder Frau mit Kuhhörnern und Sonnenscheibe dargestellte Hathor (schon um 2700 v. Chr. verehrt) als Todesgöttin, in anderen Regionen als Göttin der Liebe und des Tanzes. Auf den sogenannten Hathor-Säulen ist ihr Gesicht ungewöhnlicherweise frontal abgebildet, mit Kuhohren.
Horus: Der Himmelsgott rächt seinen Vater Osiris und besiegt Seth. Das im Kampf verlorene Horus-Auge, das man oft auf Sarkophagen findet, wird zum Symbol für den Sieg über das Böse.
Isis: Die Muttergöttin trägt (ähnlich wie Hathor) Kuhhörner und eine Sonnenscheibe auf dem Kopf oder die Hieroglyphe für den Thron. Sie ist die Gemahlin des Osiris, dessen Leichenteile sie sucht und ihn zu neuem Leben erweckt. Sie wird noch in griechisch-römischer Zeit verehrt.
Mut: Die mit der Doppelkrone dargestellte Kriegsgöttin tritt teilweise in Gestalt eines Geiers auf. Gemahlin des Amun und Mutter des Chons.
Osiris: Der Gott des Todes und der Wiedergeburt ist Sohn des Erdgottes Geb. Er

Hathor, hier ohne Hörner, umrahmt von Ihi, Gott des Musizierens, und Sistrum

hat die Gestalt einer Mumie. Als Zeichen seiner Macht trägt er einen Krummstab und einen Wedel. Aus Eifersucht tötet ihn Seth und zerstückelt seine Leiche. Muttergöttin Isis fügt die Einzelteile wieder zusammen und haucht ihrem Gemahl neues Leben ein. Der tote König wird mit Osiris gleichgesetzt.

Ptah: Der Stadtgott von Memphis ist der Schutzpatron aller Künstler und Handwerker. Ptah hat die Gestalt eines Menschen mit kahlem Kopf oder aber einer eng anliegenden Kappe. Im Neuen Reich wird der Stadtgott von Memphis zum Schöpfergott.

Re: Der Sonnengott ist mit mehreren anderen Göttern verschmolzen. Als Amun-Re wird er zum obersten Gott.

Sechmet: Die löwenköpfige Göttin bringt Krieg, Hungersnöte und Krankheit.

Seth: Der Gott mit dem Körper eines Menschen und dem Kopf eines Fabeltieres verkörpert das Böse. Er tötet seinen Bruder Osiris.

Sobek: Herrscher der Gewässer in Gestalt eines Menschen mit Krokodilskopf. Er wird vor allem in Kom Ombo und im Fayyum verehrt.

Thot: Gott der Schreibkunst, der Weisheit und der Wissenschaft. Er wird teilweise auch als Mondgott verehrt. Darstellung als Pavian oder als ein Mensch mit Ibis-Kopf.

Pantheon: Viele Götter füllten den Himmel der alten Ägypter.

GROSSFAMILIE – FLUCH UND SEGEN

Die ägyptische Gesellschaft ist keine Stammesgesellschaft, so wie dies in anderen arabischen Ländern wie im Irak, in Jordanien oder in den Monarchien am Persischen Golf bis heute der Fall ist. Zwar spielen Familienclans in Oberägypten noch eine wichtige Rolle. Die meisten Ägypter definieren sich aber nur über die Abstammung des eigenen Vaters oder Großvaters. Daher benutzt man als Nachnamen Familien- und keine Stammesnamen. Die Großfamilie als Hilfs- und Kontrollinstitution ist zwar etwas auf dem Rückzug, hat aber immer noch große Bedeutung. So verbringt man zum Beispiel den Sommerurlaub mit Tanten, Onkeln, Cousinen und Cousins. Auch ist es in manchen Familien immer noch üblich, dass der Patriarch, wenn er es sich denn leisten kann, ein mehrstöckiges Gebäude baut, in dem jeder Sohn eine Wohnung erhält, in der er dann später mit seiner Frau und seinen Kindern lebt. Dass Cousins und Cousinen miteinander verheiratet werden, wie dies in den Golfstaaten bis heute häufig geschieht, ist in Ägypten eher ungewöhnlich. Die ägyptische Großfamilie fängt ihre Mitglieder bis zu einem gewissen Grad auf. Selbst erwachsene Söhne und Töchter werden bei ihren Angehörigen immer einen Schlafplatz und etwas zu essen finden. Auch bei der Finanzierung der Hochzeit und bei der Jobsuche kann Unterstützung angeboten werden. Dafür übt sie aber massiv Einfluss aus. Gerade junge Frauen fühlen sich oft kontrolliert und eingeengt, wenn die Verwandten darauf achten, wann sie abends nach Hause kommen und sich bei wichtigen Entscheidungen einmischen. Zum Beispiel wenn die Mutter entscheiden soll, ob ihre Tochter beschniten wird – eine barbarische Praxis, die trotz Intervention des Staates, ausländischer Hilfsorganisationen und einiger Islam-Gelehrter immer noch existiert – oder ob die Familie der Tochter das Studium finanzieren soll.

Von den jungen Frauen wird – sowohl bei den Muslimen als auch bei den Christen – erwartet, dass sie jungfräulich in die Ehe gehen. Ist dies nicht der Fall, gilt das als Skandal und Schande. In Kairo und Alexandria gibt es inzwischen zwar durchaus Frauen, die schon Sex vor der Ehe haben. Eine traditionelle Ehe kommt für sie dann nicht mehr in Frage.

Die Hilfe in der Großfamilie funktioniert jedoch nicht nur in eine Richtung. Auch die Jungen müssen den Älteren helfen. Da nur die wenigsten Ägypter eine Altersversorgung haben, die diesen Namen auch verdient, gelten die Kinder als Altersversicherung. Gelingt es dem Nachwuchs nicht, sich und den Eltern ein anständiges Einkommen zu sichern, so ist das manchmal eine Katastrophe für die ganze Familie. Die erste große Hürde, die Kinder aus der Mittelschicht zu nehmen haben, ist die Abiturprüfung (»Thanawiya Aama«). Wer hier durchfällt, ist für die Familie oft ein Versager,

weiter auf S. 316

DIE LUST AM BAUCHTANZ

Der ägyptische Bauchtanz ist mehr als nur eine erotische Nabelschau für Männer. Er ist Ausdruck sinnlicher Lebensfreude.

Kairo ist die Welthauptstadt des Bauchtanzes. Nirgendwo sonst lässt sich der orientalische Tanz auf höchstem Niveau besser studieren. Der traditionelle Bauchtanz der Frauen, der auch in der Türkei und im Osten der arabischen Welt zu Hause ist, ist in Ägypten schon aus vorislamischer Zeit überliefert. Einige Forscher meinen sogar, auf Reliefs aus der Pharaonenzeit Tänzerinnen-Figuren entdeckt zu haben, die dem Bauchtanz frönen.

Inzwischen ist der ägyptische Bauchtanz rund um den Globus so populär, dass beim alljährlichen Bauchtanzfestival im Schatten der Pyramiden von Gizeh ein geradezu babylonisches Sprachgewirr herrscht. Hier lassen Frauen aus Tokio die Münzen an ihren Hüftröcken klimpern. Blonde Französinnen suchen die eigene Mitte und füllige Österreicherinnen sind froh, dass flache Bäuche hier nicht gefragt sind. Voller Bewunderung sprechen die Ausländerinnen von den ägyptischen Bauchtanzgrößen. Vor allem der Star der Szene, Dina mit dem Schmollmund und der langen Lockenmähne, ruft Begeisterungsrufe hervor.

Ein schöner Rücken kann entzücken – ein schöner Bauch auch.

In ihrer Heimat haben Dina und die anderen ägyptischen Bauchtanz-Größen zwar auch viele Bewunderer. Doch die Besinnung der Gesellschaft auf die islamische Frömmigkeit ist auch an der Tanz-Szene nicht spurlos vorbeigegangen. Sie hat beispielsweise dazu geführt, dass viele begabte Nachwuchstänzerinnen auf eine Profi-Karriere verzichten, weil die Gläubigen den orientalischen Tanz wegen seiner Erotik zur Sünde erklärt haben.

Trotzdem kommt kaum ein großes Fest in Ägypten ohne Tänzerin aus und auch

Klimpernde Klunker: Der Bauchtanz schmückt so manche Hochzeit.

eher hausbackene Frauen, die Kopftücher und weite Gewänder tragen und ihrer eigenen Tochter verbieten würden, vor Publikum aufzutreten, klatschen bei einer Bauchtanz-Vorführung begeistert mit. Männer stecken der Tänzerin manchmal Geldscheine zu und lassen sich zum Mittanzen animieren.

Unter den Profis, die in Nachtclubs, in Restaurants und auf Hochzeiten auftreten, finden sich wegen der neuen Welle der Prüderie inzwischen viele Ausländerinnen. Vor allem Russinnen schwingen in Ägypten für Geld die Hüften. Das störte einige Parlamentarier, die dafür sorgten, dass 2003 ein Beschluss erlassen wurde, mit dem den ausländischen Tänzerinnen die Arbeitserlaubnis entzogen werden sollte. Die Regierung hob das Verbot allerdings bereits nach neun Monaten wieder auf.

»Mach dich erst mal locker«, ist einer der häufigsten Ratschläge, die arabische Bauchtanzlehrerinnen ihren Elevinnen aus dem Westen erteilen. Denn die fließenden Bewegungen und das lockere Kreisen des Beckens, das in ägyptischen Dörfern schon achtjährige Mädchen ohne jeden Unterricht perfekt beherrschen, müssen sich die nichtarabischen Tänzerinnen erst mühsam aneignen.

Zwar sind auch viele ausländische Tänzerinnen technisch perfekt, doch behaupten die meisten Ägypter, fehle ihnen beim Tanz »die Seele«. Was es für die ausländischen Bauchtanz-Profis schwierig macht, den richtigen Ausdruck zu treffen, liegt daran, dass sie oft nicht die Texte der arabischen Lieder verstehen, zu denen sie tanzen.

Beim klassischen Bauchtanz trägt man keine Schuhe. Lediglich in einigen ägyptischen Filmen lassen elegante Tänzerinnen in hochhackigem Schuhwerk die Hüften kreisen. So auch die Bauchtanz-Legende Samia Gamal (1924–1994), die bis ins hohe Alter getanzt hat und für viele der heute populären Tänzerinnen inspirierend war.

Genauso wie über die Frage, ob denn Bauchtanz Sünde (arab. »haram«) sein kann, wird am Nil darüber gestritten, wie viel Haut die Tänzerin zeigen darf. Manche tragen einen dünnen Stoff über dem Bauch, andere ziehen nur ein Bustier und einen tief auf der Hüfte sitzenden Rock an. Nur eines ist unumstritten: Am Körper der Tänzerin muss es klimpern und glitzern. Denn ein eher schlichtes Bauchtanzkostüm würde dem sinnlich-betörenden Charakter des Tanzes widersprechen.

Kleine Mittel, große Familie: Die Ägypter sind sehr traditionell orientiert.

dem sein Scheitern nicht so leicht verziehen wird. Ein besonderer Druck lastet oft auf der Generation um die 40. Sie muss gleichzeitig für die Ausbildung ihrer Kinder und die Altersversorgung ihrer Eltern aufkommen.

Ihre großen Momente hat die Großfamilie in Zeiten, in denen gemeinsam gefeiert oder getrauert wird. Nach dem Tod eines Familienmitglieds steht die gesamte Großfamilie bereit, um mit den direkt Betroffenen zu trauern. Es gilt als Selbstverständlichkeit, dass sich auch die Neffen, Nichten, Cousinen und Cousins freinehmen, um einfach da zu sein. Steht eine Verlobungs- oder Hochzeitsfeier an, so müssen sich die Verwandten nicht nur finanziell beteiligen, sondern auch mit anpacken. Den Großteil der Kosten der Heirat tragen jedoch Braut und Bräutigam sowie ihre Eltern. Geheiratet wird meist erst dann, wenn der gesamte Hausrat von der Suppenkelle bis zur Waschmaschine beisammen ist. Zudem muss der Bräutigam ein Haus oder eine Wohnung vorweisen können. Hinzu kommen die hohen Kosten für die opulente Feier, zu der alle Verwandten, Nachbarn, Kollegen und Freunde eingeladen werden müssen. Der enorme Aufwand, der betrieben wird, bevor das Brautpaar sein gemeinsames Leben beginnen darf, ist der Grund dafür, warum viele ägyptische Männer erst sehr spät heiraten. Denn wer keine wohlhabenden Eltern hat, muss mindestens zehn Jahre lang arbeiten, bevor er sich die Ehe leisten kann. Für die vielen Ausländerinnen, die jedes Jahr einem ägyptischen Ehemann das Ja-Wort geben, kann die angeheiratete Großfamilie genauso wie für die Ägypterinnen Fluch oder Segen sein. Einerseits finden sie in der Verwandtschaft sofort Anschluss. Andererseits ist es gerade für Europäerinnen oft gewöhnungsbedürftig, wenn an Festtagen 40 Leute zusammen in einem Raum sitzen und alle gleichzeitig sprechen oder lachen.

MINIROCK ODER ISLAM-CHIC

Die Nummer eins in Sachen arabische Mode sind zweifellos die Libanesinnen. Denn in puncto Eleganz und Geschmack macht ihnen zwischen Marakkesch und Damaskus keiner etwas vor – weder die Saudi-Frauen, die jedes Jahr Unsummen ausgeben, um unter ihren schwarzen Gewändern Versace und Prada zu tragen, noch die Ägypterinnen, die in Sachen Mode zu Extremen neigen.

Mode als Frage von Prestige spielt in Ägypten keine so bedeutende Rolle wie in anderen arabischen Ländern. Trotzdem sind die Ägypterinnen stilprägend, zumindest diejenigen, die man auf dem Bildschirm sieht. Denn die ägyptischen Musikvideos, Filme und Fernsehserien unterhalten die ganze Region. Was die inzwischen verschleierte Schauspielerin Hanan Turk oder die für ihre aufreizenden Outfits und lasziven Blicke bekannte Sängerin Ruby tragen, beein- flusst daher auch modebewusste Frauen in anderen arabischen Ländern.

Doch was trägt man als Ägypter oder Ägypterin eigentlich? Zu Zeiten der Pharaonen war das keine schwierige Frage. Fast 3000 Jahre lang war fast jede Kleidung aus Leinen. Die Baumwolle, heute einer der wichtigsten Exportartikel, kannte man damals noch nicht. Und so komplex die Pyramiden auch waren, die Bekleidung blieb schlicht.

Mit dem Islam kamen Gewänder, die vor allem bei den Frauen nicht mehr so viel von der Figur erkennen ließen wie im Alten Ägypten. Die Männer auf dem Land und viele Angehörige der Arbeiterschicht tragen noch heute die »Galabiya«, ein fast bodenlanges Gewand, darunter eine lange Unterhose und ein Unterhemd.

weiter auf S. 320

Schleierhaft: In den letzten 100 Jahren hat sich die Mode gewandelt.

NAGIB MACHFUS

Der Begründer des modernen ägyptischen Romans war Symbol des säkularen Bürgertums – und ein Liebhaber Kairos.

»Endlich wurde man auf ihn aufmerksam«, schrieb eine amerikanische Zeitung, als der ägyptische Romancier Nagib Machfus 1988 als erster Araber den Nobelpreis für Literatur erhielt. Der damals schon 77 Jahre alte Schriftsteller freute sich zwar sehr über den Preis. Seine Bescheidenheit, seine Weisheit und seine Fähigkeit, auch der bittersten Wahrheit eine komische Seite abzugewinnen, hätten ihm aber auch ohne diese große Anerkennung einen Lebensabend in Zufriedenheit beschert.

Selbst das Attentat eines islamistischen Fanatikers, der ihn 1994 wegen seines als Fortsetzungsroman erschienenen Werkes »Die Kinder unseres Viertels« niedergestochen und schwer verletzt hat, machte aus Machfus keinen verbitterten Mann. Manche ägyptischen Intellektuellen werfen Machfus trotz seiner zum Teil sehr sozialkritischen und mutigen Romane sogar vor, dass er sich zu wenig gegen die ägyptische Zensur aufgelehnt habe. Diese sorgte dafür, dass einige seiner Bücher zunächst nur im liberaleren Beirut erscheinen konnten. Wie aktuell diese Fragen in seiner Heimat heute noch sind, zeigt die in Kairo erst kürzlich wieder entbrannte Debatte um die mögliche Veröffentlichung des Buches mit Genehmigung des Islam-Instituts der al-Azhar. Doch Machfus war kein Revolutionär, der sich ernsthaft mit den Mächtigen anlegen

Anhänger in tiefer Trauer: Nagib Machfus starb am 30. August 2006.

wollte. Bei aller Kritik an den politischen Verhältnissen in seiner Heimat war der glühende Nationalist auch ein bürgerlicher Mensch, der die Monotonie des Alltags genoss.

Einen Teil seiner Kindheit verbrachte Machfus im Gamaliya-Viertel am Rande der islamischen Altstadt von Kairo. So authentisch wirken viele seiner Schilderungen dieses Viertels, in dem er 1911 als siebtes und jüngstes Kind einer kleinbürgerlichen Familie zur Welt kam, dass man in den Gassen des Viertels gelegentlich Touristen antreffen kann, die auf der Suche nach den Spuren der Originalschauplätze seiner Romane sind.

Doch obwohl er mehrere ägyptische Literaturpreise erhielt, musste Machfus, um seine Familie zu ernähren, bis zu seiner Pensionierung im Jahr 1971 als Beamter arbeiten – unter anderem im Ministerium für islamische religiöse Stiftungen und bei der staatlichen Filmgesellschaft. Neben dieser Tätigkeit fand er jedoch immer noch genügend Zeit, um Dutzende von Romanen, Erzählungen und Drehbüchern zu schreiben. Viele seiner Romane wurden in Ägypten verfilmt, wodurch er als Schriftsteller auch bei der Masse der ägyptischen Analphabeten, die täglich mehrere Stunden vor dem Fernseher verbringen, bekannt wurde.

Die Schwächen, Sehnsüchte und Emotionen seiner Landsleute hat er in seinen Werken so treffend dargestellt wie kein anderer ägyptischer Schriftsteller vor ihm. Und auch das westliche Publikum kennt von Machfus kaum die historischen Romane, die zum Teil in der Pharaonenzeit spielen, sondern vor allem die Romane aus der Phase, in der er sich dem sozialen Realismus verschrieben hatte. Aus dieser Schaffensperiode stammt auch die berühmte »Kairo-Trilogie« (1956–1957). Die Trilogie verfolgt die Geschichte einer Händlerfamilie über drei Generationen und liefert darüber hinaus auch einen Einblick in die politischen Entwicklungen der Epoche.

Obwohl er seine allwöchentlichen Treffen mit Freunden und Intellektuellen in seinen letzten Lebensjahren aus gesundheitlichen Gründen stark einschränken musste, nahm Machfus auch mit weit über 90 Jahren noch aktiv am öffentlichen Leben teil. Selbst als er nicht mehr selbst schreiben konnte, verfasste er mit Hilfe eines Freundes eine wöchentliche Zeitungskolumne. Darin schrieb er manchmal über aktuelle politische Fragen, manchmal blickte er aber auch weit zurück, in die Zeit vor der Revolution.

Was die Ägypter an dem greisen Schriftsteller schätzten, war vor allem seine Weisheit. Denn mit dem Abstand des Alters gelang es ihm, die Dinge rational und in einem größeren Zusammenhang zu sehen. So rief er seine Landsleute im Mai 2005, als überall in der arabischen Welt darüber gestritten wurde, ob Reformen von innen oder von außen kommen sollten, mit kühlem Kopf zur Räson: »Wir sollten die Demokratie nicht ablehnen, nur weil die Vereinigten Staaten sie einfordern.«

Am 30. August 2006 starb Nagib Machfus im Alter von 94 Jahren.

Der heitere, weise Greis: Nobelpreisträger Machfus in seinem Arbeitszimmer

Auch in besseren Vierteln sieht man Familienväter gelegentlich im Haus oder am Freitag beim Gebet in der Moschee in der Galabija. In der Beamtenschicht tragen einige, vor allem ältere Männer, eine arabische Version des Anzuges: Hose und Hemd aus dem gleichen Stoff in Blau, Grau oder Beige. Aber auch Hüfthosen, ärmellose T-Shirts und wild bedruckte Hemden findet man, vor allem bei der Jugend in den Städten.

Noch krasser sind die Unterschiede bei den Frauen. Gab sich die Oberschicht in den 1960er- und 1970er-Jahren noch betont westlich mit Miniröcken, Etuikleidern und anderen modischen Importen aus Europa, so setzte Ende der 1980er-Jahre eine Welle des islamischen Konservatismus ein, die bis heute anhält. Zwar gibt es eine Minderheit, die ungeachtet der gerunzelten Stirn der Nachbarn mit superengen Hosen und tief ausgeschnittenen T-Shirts vor die Tür geht, doch sie wird immer kleiner.

In der U-Bahn oder in einer Behörde kommt es inzwischen oft vor, dass die einzigen unverschleierten Frauen Christinnen sind. Wobei es verschiedene Formen der Verschleierung gibt. Bei dem immer größer werdenden Heer der ägyptischen Musliminnen, die bodenlange Gewänder, bis über die Hüfte reichende Kopfbedeckungen und dunkle Gesichtsschleier mit Sehschlitzen tragen, kann man beim besten Willen nicht mehr von Mode sprechen. Und auch die älteren Frauen und Marktverkäuferinnen, die zu ihrer »Abaya«, die den ganzen, oft voluminösen Körper versteckt, ein riesiges Kopftuch tragen, das sie mit einfachen Nadeln befestigen, machen sich wohl herzlich wenig Gedanken um ihre Optik.

Anders sieht es bei den Mädchen und jungen Frauen aus, die trotz des Kopftuches modisch up to date sein wollen. Sie geben sich mindestens genauso viel Mühe mit ihrem Äußeren wie ihre Altersgenossinnen in Rom oder Berlin. Wollen sie geraffte Trägertops tragen, so ziehen sie einfach einen farblich dazu passenden Body mit langen Ärmeln darunter. Beliebt sind auch kurze Kleidchen, die über engen Jeans oder Schlaghosen getragen werden. Das Kopftuch muss immer zum Rest des Outfits passen. Obwohl es die ganze Angelegenheit noch wärmer macht, wickeln sich manche Frauen sogar, wegen des hübschen Kontrasts, zwei farblich gut aufeinander abgestimmte Schleier um den Kopf. Andere entscheiden sich für die sogenannte spanische Kopftuchverson, bei der das Tuch nicht unter dem Kinn, sondern hinten im Nacken verknotet wird. Auch Make-up lässt Experten darüber streiten, ob diese Form des »Hidschab« noch so ganz im Sinne des Erfinders ist. Denn eigentlich geht es nach Auffassung der meisten ägyptischen Muslime darum, dass die Frau mit dem Kopftuch für andere Männer als ihren Ehemann nicht attraktiv sein soll.

Mit der hippen Kopftuch-Mode lässt sich inzwischen viel Geld verdienen, wobei die echten Trendsetterinnen nicht in den Spezialgeschäften für Verschleierte einkaufen, sondern lieber »normale Kla-

Da geht einem der Hut hoch: Der traditionelle Fes ist längst aus der Mode.

motten« mit bunten Tüchern, langen Röcken oder weiten Hosen kombinieren. Dennoch gilt Ägypten wegen des um sich greifenden islamischen Konservatismus und der zum Teil etwas schlampigen Verarbeitung der Kleidungsstücke nicht unbedingt als ein Einkaufsparadies für Fashion-Victims.

ÄGYPTISCHE SPRICHWÖRTER

Die Ägypter gelten unter den Arabern als besonders redegewandt. Zwar ist ihr Hocharabisch nicht immer einwandfrei, da sie dazu tendieren, die Aussprache des Dialektes auch in die Hochsprache einfließen zu lassen. Dafür sind sie außerordentlich schlagfertig und haben einen schier unerschöpflichen Fundus an Sprichwörtern und »coolen Sprüchen«. Scherze machen die Ägypter ständig. Dabei ist ihnen nichts heilig. Nach einem Erdbeben 1992 tauchten sofort Erdbeben-Witze auf. Über die Selbstmord-Serie erfolgloser Abitur-Prüflinge im Sommer 2006 machten sie sich genauso lustig wie zuvor über Ägyptens Kandidatur für die Fußball-WM 2010. Witze über den Präsidenten können nicht veröffentlicht werden. Sie erzählt man stattdessen hinter vorgehaltener Hand.

Lediglich über Witze, mit denen sich andere Araber über die Ägypter lustig machen, können diese oft nicht lachen. Da steht ihnen ganz klar der eigene Nationalstolz im Weg. So kann man zum Beispiel mit dem eigentlich sehr komischen Witz, in dem es polnische und russische Ingenieure sind, die den Assuan-Hochdamm bauen, während die Ägypter nur klatschen, tanzen und laut singen »Wir haben den Staudamm gebaut«, am Nil keine Freunde gewinnen.

Zu den Klassikern unter den Sprichwörtern gehören:

»Willst du ein Abendessen, oder möchtest du lieber leicht schlafen?« So fragt der Geizige, der nichts auf den Tischen bringen möchte, seinen Gast. Besonders den Menschen aus der Stadt Damanhur im Delta sagt man nach, sie seien geizig.

weiter auf S. 326

DIE PYRAMIDEN

Bis heute geben die monumentalen Bauwerke der Pharaonen, diese Vermächtnisse großer Architektur, einige Rätsel auf.

Die ägyptischen Pyramiden faszinieren die Menschheit seit 4500 Jahren durch ihre Größe und Perfektion. Vor allem die Cheops-Pyramide in Gizeh hat es vielen Archäologen, Hobby-Ägyptologen und Esoterikern angetan. Als monumentales Königsgrab war die Pyramide seit der 3. Dynastie ein Symbol für die Macht des Pharaos. Die Architekten und Arbeiter mühten sich aber nicht viele Jahre lang ab, nur um posthum den Ruhm des Herrschers zu mehren. Vielmehr glaubte man, vom Schicksal des Pharaos im Jenseits hinge auch das Wohlergehen des ägyptischen Volkes ab. Ob die Gleichung »große Pyramide = mächtiger Pharao« hundertprozentig aufgeht, ist schwer zu sagen. Umstritten ist auch, dass einige Herrscher ihre Grabmonumente bewusst etwas kleiner ausfallen ließen, um die Ressourcen lieber für diesseitige Projekte wie die Bewässerung der Felder zu verwenden. Denn einige der

Könige, die für ihre Bestattung kleinere Pyramiden anlegen ließen, bauten andernorts große Tempelanlagen. Fest steht aber, dass für derartige Großprojekte eine straff organisierte Verwaltung notwendig war.

Bei der Erforschung der Pyramiden gibt es zwei zentrale Fragen, die Archäologen und Architekten bis heute beschäftigen: Wie gelang den Ägyptern innerhalb weniger Jahrzehnte dieser enorme Sprung von architektonisch gesehen relativ simplen Grabbauten hin zu einem so komplexen Gebäude wie der Pyramide mit ihren Schächten und Kammern? Und wie schafften die Arbeiter mit den damaligen einfachen Mitteln die Ziegel und Steinquader auf die Pyramide?

Der griechische Geschichtsschreiber Herodot (484–425 v. Chr.) behauptete, für die große Pyramide von Gizeh habe man die Steinquader mit hölzernen Maschinen in die Höhe geschafft, die auf dem Prinzip der Hebelwirkung basierten. Doch Herodots Bericht entstand immerhin 2000 Jahre nach dem Bau der Pyramide. Die Mehrheit der Forscher geht inzwischen davon aus, dass die Steine auf Rampen aus Stein und Lehm nach oben gebracht wurden, die nach Vollendung des Bauwerks entfernt wurden. Spuren solcher Hilfskonstruktionen wurden bei einer Stufenpyramide südlich von Abydos und im Karnaktempel entdeckt.

Die Pyramide war zunächst eine Weiterentwicklung der früheren kastenförmigen Bankgräber (»Mastabas«). Deshalb wird die Stufenpyramide von Saqqara, deren Konstruktionspläne der experimentierfreudige Architekt Imhotep während der Bauzeit sechsmal veränderte, gelegentlich auch Stufenmastaba genannt. Denn die Grabstätte des Djoser ist von außen letztlich nichts anderes als eine Aufschichtung von sechs Mastabas, die sich zur Spitze hin verjüngen.

Wenig Glück war Djosers Nachfolgern beim Pyramidenbau beschieden. Erst mit Pharao Snofru, dem Begründer der 4. Dynastie, kam es zu einer Weiterentwicklung der Bautechnik. In Maidum versuchte Snofru erstmals, eine Stufenmastaba zu einer »echten Pyramide« umzubauen. Das Bauwerk mit acht Stufen und 85 Meter Höhe sollte so verkleidet werden, dass eine glatte Oberfläche entsteht und die Stufen nicht mehr zu erkennen sind. Das Projekt wurde vor seiner Vollendung entweder aus ästhetischen, wahrscheinlich aber eher aus politischen Erwägungen aufgegeben. Auch rutschte die glatte Verkleidung ab. Womöglich aber erst später, weil Steinräuber unten Steine aus der Verkleidung zogen, was dem oberen Teil dann den Halt nahm. Die Pyramide von Maidum ragt seither wie ein trutziger Kasten aus dem Wüstensand. Snofru ließ weiter nördlich in Dahschur eine zweite Pyramide bauen. Doch auch hier war das Ergebnis nicht perfekt. Die Knickpyramide, wie sie heute genannt wird, hat in ihrem oberen Teil einen reduzierten Böschungswinkel, sodass die vier Seiten nach oben hin flacher aufeinander zulaufen. Der Bauherr hat sich vielleicht dazu entschlossen, den Knick einzubauen, weil er Angst hatte, die Pyramide würde sonst einstürzen. Bestattet wurde

Faszinosum Pyramide: seit 4500 Jahren steinere Zeugnisse einer vergangenen Kultur

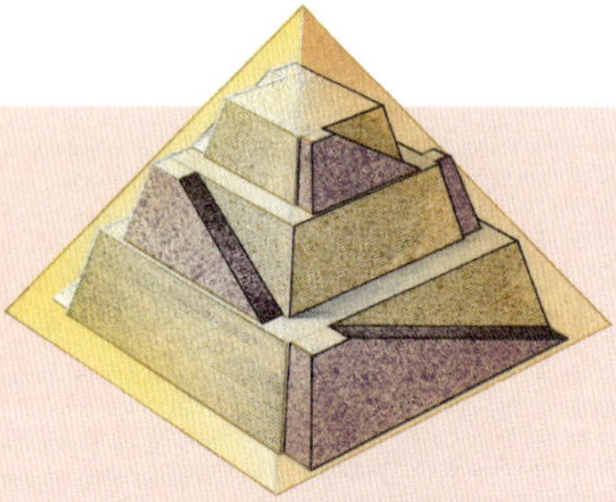

Wie haben die alten Ägypter bloß ihre Pyramiden gebaut? Eine Theorie besagt, dass eine Rampe um das Bauwerk gelegt wurde, auf der die Felsquader nach oben geschleppt wurden. Dagegen spricht, dass so die exakte Seitenschräge des Baus kaum zustande gekommen wäre.

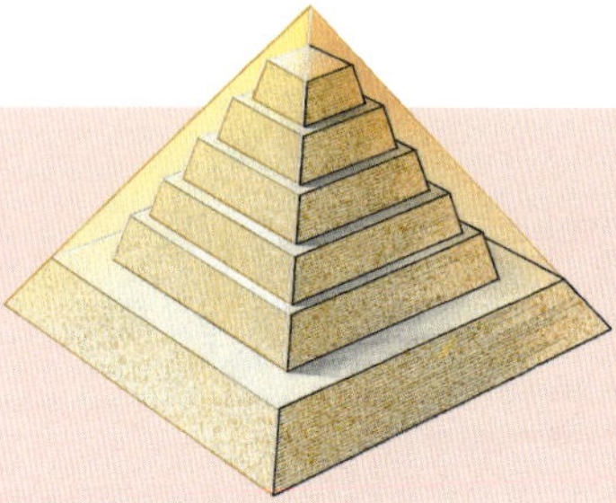

Eine zweite Theorie besagt, dass die Steine an einen Hebekran gehängt und dann auf die nächsthöhere Stufe geschwenkt wurden. Dafür spricht, dass Einheimische sie dem griechischen Geschichtsschreiber Herodot bereits vor 2400 Jahren als Tatsache beschrieben haben.

Snofru wohl letztlich in der etwas weiter nördlich liegenden Roten Pyramide von Dahschur, die bereits eine Höhe von ursprünglich 104 Meter hatte. Für diese Pyramide wurde der gleiche Böschungswinkel des oberen, »abgeknickten« Teils der Knickpyramide gewählt, was darauf hindeutet, dass man diesen als ideal empfand, um eine stabile Pyramide zu errichten.

Doch erst Snofrus Sohn und Nachfolger Cheops (um 2620–2580 v. Chr.) erreichte mit seiner Pyramide in Gizeh, die einst 146 Meter hoch war (heute sind es noch 137 Meter) den Gipfel der Pyramidenbaukunst. Die schiere Größe dieses Bauwerkes hat viele Forscher, Mathematiker und interessierte Laien so fasziniert, dass sie versucht haben, dem Rätsel des Pyramidenbaus zumindest rechnerisch auf den Grund zu gehen. Sie haben unter anderem festgestellt, dass die Steine der Cheops-Pyramide insgesamt rund sechs Millionen Tonnen wiegen. Etwa 2,3 Millionen Steinblöcke wurden hier in 210 Schichten aufeinander gelegt. Der Neigungswinkel liegt bei etwa 51 Grad. Die Ecken haben einen Winkel von genau 90 Grad und die Seiten orientieren sich exakt an den vier Himmelsrichtungen.

Wer die von den Zeitgenossen des Cheops einst für die Ewigkeit verschlossene Pyramide als Erster aufbrach, ist unbekannt. Allerdings steht fest, dass die ägyptischen Pyramiden spätestens seit dem islamischen Mittelalter als Steinbrüche missbraucht wurden. Wohl auch für den Bau der Sultan-Hassan-Moschee . Kein Wunder also, dass die stolzen Bauwerke heute etwas mitgenommen aussehen.

Seinem Bruder Chephren, der ihm als Herrscher nachfolgte, war da mehr Glück beschieden. Unbescheiden pflanzte er seine Pyramide in Gizeh direkt südwestlich neben die des Vaters und nannte sie: »Die größte ist die Pyramide des Chephren«. Das entspricht allerdings nicht ganz der Wahrheit. Denn obwohl die Chephren-Pyramide aufgrund ihrer Höhenlage und der an der

Schachtöffnung in der Cheops-Pyramide:
210 Lagen aus 2,3 Millionen Quadern

Spitze noch erhaltenen Verkleidung vom Pyramidenplateau aus fast noch größer wirkt als die des Cheops, so war sie zum Zeitpunkt ihrer Fertigstellung 2,5 Meter niedriger. Wie schon sein Vater Chephren, so ist auch Mykerinos (Menkaure), der Erbauer der kleinsten der drei Königspyramiden von Gizeh, kein Herrscher, der durch besondere Taten in die Geschichte eingegangen ist. Berühmt wurde er vor allem durch seine Pyramide, wenngleich diese mit einer Höhe von 66 Metern weit hinter den gigantischen Grabmälern des Vaters und des Großvaters zurückbleibt. Die Pyramiden der 5. Dynastie von Pharao Userkaf bis zu Unas sind zum Teil schon deutlich unspektakulärer. Auch die Pyramiden der 12. Dynastie in Dahschur sind im Vergleich zu den »Riesen von Gizeh« vergleichsweise unscheinbar.

Bei einigen Pyramiden aus dem Alten und Mittleren Reich findet man von den sonstigen Bauten, die zu jedem Pyramidenbezirk gehörten, noch Tempel, Nebenpyramiden oder Umfassungsmauern. Im Falle der Cheops-Pyramide wurde auf der Südseite sogar ein komplettes Schiff aus Zedernholz aus dem Boden geholt, das in sämtliche Einzelteile zerlegt und neben der Pyramide in einer gemauerten Grube versenkt worden war. Der sogenannte Taltempel (der des Chephren ist recht gut erhalten und in seiner Schlichtheit sehr beeindruckend) war wahrscheinlich jener Ort, an dem die rituelle Einbalsamierung vollzogen wurde.

Einige der großen Felsengräber des Neuen Reiches in Theben-West stehen den Pyramiden zwar in puncto Kunstfertigkeit in nichts nach. Anders als die Pyramiden, die die Aufmerksamkeit des Betrachters schon aus der Ferne auf sich ziehen, glänzten die Königsgräber des Neuen Reiches im Verborgenen. Aus Angst vor Grabräubern verbarg man den Eingang in sehr tief in den Fels gebauten königlichen Grabstätten. Denn die Angst vor Grabräubern gab es im Alten Ägypten immer – und das sicherlich zu Recht, wie wir heute wissen.

Mit Pfeil und Bogen: Das Volk der Ägypter war streitbar – und wehrhaft.

»Wo bitte geht's zu deinem Ohr, Gohar?« Als Antwort streckt Gohar, der clevere Dorftrottel, seinen Arm quer über den Kopf bis zum Ohr auf der anderen Seite. Das Sprichwort benutzt man für Menschen, die schwer von Begriff sind. Von Gohar sind viele Geschichten überliefert, in denen er zunächst dumm wirkt, seine Mitmenschen letztlich aber durch seine Bauernschläue ins Bockshorn jagt.

»Zwischen der Zwiebel und ihrer Haut findest du nichts als Gestank.« Diese Warnung richtet sich an den Neugierigen, der seine Nase überall hineinsteckt.

»Der weiße Piaster wird seinen Nutzen am schwarzen Tag unter Beweis stellen.« Ein Aufruf zur Sparsamkeit. Als dieses Sprichwort entstand, benutzte man in Ägypten silberfarbene Piaster-Münzen.

»Die Geduld ist der Schlüssel zur Freude.« Besser geht es dem, der nicht drängelt und der sich in sein Schicksal ergibt. Fremde sehen die Geduld und den Fatalismus vieler Ägypter eher als negative Eigenschaften, die zu einer gewissen Lethargie führen. Lediglich im Straßenverkehr ist von der sprichwörtlichen Geduld der Ägypter meist nichts zu spüren. Hier drängelt jeder und holt das Letzte aus seinem Fahrzeug heraus.

»Wer hoch steigt, der bricht sich das Genick. / Wer immer nach oben schaut, der ermüdet leicht.« Beide Sprichwörter haben im Prinzip die gleiche Aussage: Sei nicht hochnäsig, sei kein Aufsteiger.

»Schließe die Tür, durch die der Wind ins Haus weht, und du wirst Ruhe haben.« Geh Ärger aus dem Weg.

»Derjenige, den du für Moses hältst, entpuppt sich als Pharao.« Es gibt einen großen Unterschied zwischen Schein und Sein, Moses steht hier für das Gute, der Pharao ist böse und ungerecht. Bis heute ist der Begriff »Pharao« in der ägyptischen Politik ein Schimpfwort für einen machtbesessenen Herrscher.

»Wer sich an der Suppe einmal die Zunge verbrannt hat, der pustet ab sofort auch auf den Joghurt.« Wem einmal ein Missgeschick passiert ist, der wird danach übervorsichtig sein.

TAXIFAHREN IN KAIRO

Es gibt sie mit durchgesessenen Rückbänken, blinkenden Plastikherzen, mit Musik, die nur im Rückwärtsgang ertönt oder mit lauter Koran-Berieselung. Sie ächzen, quietschen, rasen, hupen und geben plötzlich mitten auf der Brücke den Geist auf. Manchmal werden sie von nervösen, geschwätzigen Schlitzohren gelenkt, die gleichzeitig Witze erzählen, am Radio herumfummeln und telefonieren können. Ein anderes Mal sitzt ein verkappter Rennfahrer am Lenkrad, der dem staunenden Gast bei Tempo 80 in der Innenstadt die Sehenswürdigkeiten im Stakkato herunterrasselt. Ein Taxi in Kairo ist so etwas wie ein Mikro-Kosmos der ägyptischen Gesellschaft. Hier gibt es Philosophen, Lehrer, Analphabeten und Ingenieure – nur Frauen kaum.

Manche Taxifahrer sind so anständig, auch ahnungslosen Touristen Wechselgeld herauszugeben. Die Mehrheit ist jedoch der Überzeugung, dass es nur recht und billig sei, wenn der »Chawaga« (Ausländer) doppelt so viel zahlt wie ein Ägypter. Darüber kann man nun einen Streit anfangen oder den Differenzbetrag als private Entwicklungssteuer verbuchen. Böse werden sollte man nur, wenn der Fahrer vehement mit der Polizei droht, weil man nicht fünf Pfund mehr bezahlen will, denn das ist garantiert ein Bluff.

Ein Taxi in Kairo hatte bisher grundsätzlich schwarzweiß zu sein. Die Gebührenzähler sind nur Dekoration. Sicherheitsgurte funktionieren oft nicht, und schlägt man die Tür so eines klapprigen alten Autos mit Macht zu, kann man erleben, wie der Fahrer gequält zusammenzuckt. Davon, dass der Fahrer die Straßennamen

First Lady: Hoseyna ist Taxifahrerin – Kairos einzige.

der Stadt kennt, in der er täglich unterwegs ist, sollten Urlauber nicht unbedingt ausgehen. Hat man Pech, stammt der Fahrer aus Oberägypten oder dem Delta, sitzt erst seit drei Tagen am Steuer und kennt gerade einmal den Weg zu den Pyramiden.

Zur Ehrenrettung der Kairoer Taxifahrer muss man sagen, dass fast jeder von ihnen genug Geschichten zu erzählen hat, um ein ganzes Buch zu füllen. Der junge Ahmed etwa, der sich mit seinem alten Fiat wie ein Aal durch den Verkehr schlängelt, zeigt jedem Fahrgast bereitwillig das Foto seiner frisch angetrauten Gattin, die daheim in Luxor auf ihn wartet. Oder der behäbige Großvater Mohammed mit großem Gebetsmal auf der Stirn, der mit gespielter Empörung erzählt, wie er einen kuwaitischen Fahrgast aus dem Auto geworfen hat, weil dieser jede seiner drei verschleierten Ehefrauen gezwungen hatte, für ihn im Duty Free Shop am Flughafen jeweils vier Flaschen Whisky zu kaufen. »Bei Ausländern aus dem Westen habe ich nichts dagegen, wenn sie Alkohol in meinem Auto transportieren, aber bei einem Muslim, dessen Frauen Kopftücher tragen, nein, das geht zu weit«, sagt er.

Ein langes Gesicht machen altgediente Fahrer, wenn man sie auf die neuen gelben Taxen von Cairo Cab anspricht, von denen seit Anfang 2006 einige Hundert durch die Nil-Metropole fahren. »Na und, sie haben alle neue Autos mit Klimaanlage und einen funktionierenden Gebührenzähler. Aber fahren sie deshalb auch besser?«, schnaubt ein Taxifahrer, dessen schwarz-weiße Blechkiste Geräusche macht, die ahnen lassen, dass sie ihm nicht mehr lange das Einkommen sichern wird. Was für die Touristen, die ein gelbes Taxi auf der Straße heranwinken, ein Segen ist: Sie lehnen keine Fahrt ab. Anders die alteingesessenen Taxifahrer, denen man immer, ohne dass sie ganz anhalten, das Fahrtziel durch das geöffnete Autofenster zurufen muss. Daraufhin entscheiden sie, ob sie den potenziellen Kunden überhaupt transportieren oder an der nächsten Ecke lieber auf eine lukrativere Fahrt warten.

Allerdings ist auch bei den gelben Taxen schon jetzt nicht mehr alles im Sinne des Erfinders. Nach den ersten Wochen, in denen der Service vorbildlich klappte, schlich sich das ägyptische Chaos auch hier ein. Hat man Pech, sagt der Mann bei der Hotline jetzt: »Vorbestellen müssen Sie zwei Stunden, bevor Sie losfahren wollen.«

EINE STREITBARE FRAU

Tahani al-Gibali ist eine Frau mit Format. Als erste Ägypterin wurde die Richterin 2003 an das Oberste Verfassungsgericht berufen, dessen stellvertretende Vorsitzende sie bis heute ist. Der Weg dorthin war nicht einfach in einem Land, in dem viele traditionell denkende Menschen und Islamisten glauben, dass eine Frau grundsätzlich nicht in der Lage sei, Recht zu sprechen. Ihre Position hat sich al-Gibali auch durch ihre Bereitschaft erkämpft, unpopuläre Positionen zu vertreten und gegen den Strom zu schwimmen, wenn sie es für notwendig hält. Geht es um kontroverse Themen, fährt die resolute Mittfünfzigerin gerne

Resolute Richterin: Tahani al-Gibali ist Vize-Chefin des Verfassungsgerichts.

schwere Geschütze auf, bleibt dabei aber trotzdem damenhaft und charmant.

Zu ihren wichtigsten Anliegen gehört eine Verbesserung der Stellung der Frau im Familienrecht. Als in Ägypten nach jahrelangen Debatten schließlich die »Chula«-Scheidung eingeführt wurde, bei der die Frau zwar finanziell schlecht wegkommt, dafür aber nicht mehr viele Jahre warten muss, bis die Scheidung endlich durch ist, beschwerte sie sich darüber, dass die fast ausschließlich männlichen Richter das neue Gesetz nicht richtig anwendeten. Die konservativen Gegner, so wetterte sie, zögen die Scheidungsprozesse bewusst in die Länge und widersprächen damit dem Geist des Gesetzes, das die Scheidung für die betroffenen Frauen vereinfachen sollte.

Auch in einem Artikel über das islamische Kopftuch, den die selbst unverschleierte Kennerin des islamischen Rechts verfasst hat, nimmt sie kein Blatt vor den Mund und erklärt das Kopftuch schlicht zu einem heute überflüssigen Ballast aus vergangenen Zeiten. Dafür muss man in Ägypten, wo inzwischen 80 Prozent der Frauen Kopftücher tragen, Mut haben. Denn der Imam des einflussreichen Islam-Instituts der al-Azhar, Scheich Mohammed Sayyid Tantawi, musste schon wegen einer weniger radikalen Meinung zum Kopftuch wütende Protestaktionen erdulden. Er hatte zu Beginn des Jahres 2004, als der Streit um das Kopftuchverbot für Musliminnen an staatlichen französischen Schulen eskalierte, erklärt, es sei das Recht eines nicht-islamischen Staates wie Frankreich, ein solches Verbot auszusprechen. Dabei hatte Tantawi gleichzeitig betont, das Tragen des Hidschab sei trotzdem eine »religiöse Pflicht« der Musliminnen.

Tahani al-Gibali argumentiert da ganz anders: Die Verhüllung des Kopfes sei nicht spezifisch muslimisch, schließlich tragen auch katholische Nonnen und orthodoxe Jüdinnen eine spezielle Kopfbedeckung. Zudem hätten sich die gesellschaftlichen Verhältnisse so geändert, dass diese Art der Verhüllung heute nicht mehr notwendig sei. In der Stammesge-

Frauen-Demo: Polizisten versuchen Demonstrantinnen im Zaum zu halten.

sellschaft auf der Arabischen Halbinsel zu Zeiten des Propheten Mohammed hätten gläubige Frauen Belästigungen abzuwehren gehabt. Dafür sorge in einem modernen Staat aber der Rechtsstaat. Auch das häufig vorgebrachte Argument, die Verhüllungspflicht für die Frau diene der Abwehr sündiger Verfehlungen, lässt sie nicht gelten. Sie sieht darin sogar eine Beleidigung für den muslimischen Mann, der dadurch zu einem triebhaften Wesen degradiert werde, »dem beim bloßen Anblick einer Frau ohne Kopftuch der Speichel im Mund zusammenläuft«. Dies sei beschämend und entspreche auch gar nicht der Realität. Schließlich bezeichnet al-Gibali die neue Fixierung auf die Kopftuch-Frage als eine oberflächliche Herangehensweise, in einer Zeit, in der politische Gruppen versuchten, die Religion zur Legitimierung ihrer weltlichen Absichten zu benutzen.

Dass es auch viele ägyptische Frauen gibt, die ihre Meinung zur Kopftuch-Frage schockierend finden, ficht Tahani al-Gibali nicht an. Sie ist schließlich eine Überzeugungstäterin. Ganz egal, ob es um die Frage nach der Anwendung des Scheidungsrechtes geht oder darum, ob es nicht langsam Zeit für eine Frau in politischen Schlüsselpositionen wird – al-Gibali wählt nicht den Weg des geringsten Widerstandes, wie es Frauen in ihrer Kultur oft beigebracht wird. Dabei hat sie auch noch Humor. Auf die Frage, wie sie an das Verfassungsgericht berufen werden konnte, wo doch ein einflussreicher Richter zuvor erklärt hatte, »Eine Frau am Verfassungsgericht – nur über meine Leiche«, lächelt sie und präzisiert: »Er sagte: ›Nur über meine Leiche, es sei denn, diese Frau heißt Tahani al-Gibali.‹«

BETTLER, SCHLEPPER UND BAKSCHISCH

Die Mehrheit der Ägypter ist aus europäischer Sicht sehr arm und die Arbeitslosigkeit ist groß. Dies sind sicher die Hauptgründe dafür, dass es in Ägypten relativ viele Bettler gibt. Für Urlauber und selbst für die Einheimischen ist es aber oft schwer zu unterscheiden, wer wirklich bedürftig ist und wer aus dem

Betteln einen lukrativen »Beruf« gemacht hat. Viele Ägypter haben deswegen Grundsätze wie »Gib nur alten Männern und Frauen mit Kindern Geld« oder »Hilf nur Bettlern, die behindert sind«.

Touristen sollten sich ruhig auf ihr Gefühl und ihre Menschenkenntnis verlassen, aber dabei einige Hinweise beachten. Kinder, die an großen Straßenkreuzungen oder vor touristischen Sehenswürdigkeiten betteln, müssen das Geld in der Regel an ihre Eltern, andere Verwandte oder Jugendliche abgeben, die sie fürs Betteln »trainiert« haben. Anders ist das zum Teil mit Straßenkindern, die oft gar nicht betteln, sondern einfach nur müde auf dem Gehsteig sitzen. Sie können Hilfe gut gebrauchen. Wer länger an einem Ort mit vielen Touristen verweilt, sollte nicht gleich zu Anfang einem Bettler etwas geben, denn sonst umlagern ihn möglicherweise in der nächsten Stunde mehrere weitere Bettler, die auch die Hand aufhalten, was die Besichtigung oder den Kaffeehausbesuch dann wenig entspannend machen.

Professionelle Bettler haben einige Tricks auf Lager, an denen man sie erkennen kann. Die wohl verbreitetste Masche ist der Rezept-Trick: Der Bettler zieht ein Arzneimittel-Rezept aus der Tasche und erzählt, der Arzt habe ihm oder einem Kind aus der Familie diese lebensrettende Medizin verschrieben. Ihm fehle aber das Geld, um sie zu kaufen. Noch aufwendiger ist die Eier- oder Tonscherben-Masche. Dafür besorgt sich der Bettler bei einem Eierverkäufer faule Eier. Die wirft er oder sie (häufig findet man alte Frauen, die diesen Trick anwenden) dann in großer Zahl auf eine Straße. Der Bettler setzt sich an den Straßenrand und wartet ab, bis ein wohlhabend aussehendes »Opfer« vorbeikommt. Dann fängt er an zu weinen und mimt den armen Eierverkäufer, dem die ganze Ware hingefallen ist, und der jetzt nicht weiß, wovon er Essen für die Familie kaufen soll. Genauso funktioniert es mit den Tonkrügen, die angeblich vom Eselskarren heruntergefallen sind, in Wirklichkeit aber nichts anderes sind als Scherben, die bei der Produktion der Krüge angefallen sind.

Grundsätzlich Abstand nehmen sollte man von sogenannten Schleppern, die Touristen Wunderdinge versprechen und sie letztlich doch nur in Souvenirgeschäfte mit überhöhten Preisen zerren. Die Schlepper können bisweilen auch aufdringlich werden. Am besten ist es, man ignoriert sie völlig.

Anpassen sollte man sich den Gepflogenheiten des Gastlandes allerdings in Sachen Trinkgeld, dem »Bakschisch«. Denn auch die Einheimischen müssen für jede kleine Dienstleistung bezahlen. Es gibt wohlhabende Ägypter, die sich allein aus diesem Grund jeden Monat auf der Bank beim Geldabheben ein dickes Bündel von Ein-Pfund-Scheinen aushändigen lassen. Man gibt im Hotel dem Zimmermädchen, dem Kofferträger und manchmal auch dem Portier ein Bakschisch. Trinkgeld erwarten zudem Kellner, Parkplatzwächter und Supermarktangestellte, die Ihnen die Ware in Tüten verpacken und zum Auto tragen. Ebenso bekommen Fahrer von Mietwagen-Firmen, Bootsführer und Pizzalieferanten Trinkgeld, Taxifahrer dagegen nicht.

DIE ÄGYPTER UND DIE ZEIT

Zwischen Ägyptern und westlichen Touristen besteht häufig ein Verständigungsproblem, das auch mit viel gutem Willen und Sprachkenntnissen nicht zu lösen ist: Es geht darum, dass beide Seiten ein völlig anderes Zeitgefühl haben. Wenn etwa ein ägyptischer Fahrer sagt, dass er seinen Fahrgast in fünf Minuten von seinem Hotel abholen will, dann wird er wahrscheinlich in etwa einer Viertelstunde eintreffen und überhaupt kein Verständnis dafür haben, wenn sich der Kunde darüber beschwert. Auch wenn man sich zum Abendessen in einem Restaurant verabredet, ist eine Wartezeit von bis zu einer Stunde nicht ungewöhnlich. Züge, deren Abfahrt für 17.02 Uhr angekündigt wird, gibt es in Ägypten grundsätzlich nicht. Der Zug steht für 17 Uhr oder 17.30 Uhr im Fahrplan und kommt dann ungefähr um diese Uhrzeit an. Darauf sollte man sich einstellen, damit man sich nicht unnötig aufregt. Wer in Ägypten seinen Urlaub verbringt, sollte sich am besten nach dem Motto »Schwimm mit dem Strom« den ägyptischen Gepflogenheiten anpassen und versuchen, der »Entdeckung der Langsamkeit« etwas Positives abzugewinnen.

AUTORENTIPP Zeit ist in Ägypten relativ, Hast gar ein Fremdwort. Da hilft nur eins: gelassen bleiben. Drängelei führt nur zur Gegenreaktion – und Sie warten noch länger.

Oft ist es für Ausländer schwierig, richtig zu interpretieren, was ihnen ein ägyptischer Bügler eigentlich sagen will, wenn er zum Beispiel erklärt, er werde die Hemden »inschallah« (so Gott will) am nächsten Morgen vorbeibringen. Denn entweder benutzt er den Begriff inschallah nur als Floskel oder weil er besonders religiös ist, oder er meint damit eigentlich »vielleicht am Morgen, vielleicht aber auch später«. Sagt ein Ägypter »baada bukra inschallah« (so Gott will übermorgen) ist oft Vorsicht angebracht, denn das kann auch heißen, dass aus der Vereinbarung vielleicht gar nichts wird. Denn langfristige Verabredungen oder Planungen sind keine ägyptische Stärke und »übermorgen« heißt für manche Ägypter auch »vielleicht nächste Woche«. Einen besonders schönen Begriff haben die Ägypter für Dinge, die so unwahrscheinlich sind, dass sie wohl nie eintreffen werden. Dann sagen sie »fil mischmisch« (in den Aprikosen). Dieser Begriff bezieht sich auf die Saison, in der die Aprikosen reif sind. Da diese Saison in Ägypten sehr kurz und die Früchte nur wenige Wochen lang zu kaufen sind, meint man damit »wahrscheinlich nie«.

Wer die Ägypter für ihr lockeres Verhältnis zur Zeit kritisiert, sollte dabei aber immer im Auge behalten, dass das Unverständnis auf Gegenseitigkeit beruht. Denn die Ägypter schütteln ihrerseits oft den Kopf über die ungeduldigen Touristen aus dem Westen, die aus Gründen, die ihnen unerklärlich sind, darauf beharren, dass Busse pünktlich abfahren und das Essen nicht erst eine halbe Stunde später serviert wird.

Nur noch fünf Minuten: Männer beim Spielen in einem Kairoer Kaffeehaus

GESTERN UND HEUTE

Kaum eine Geschichte fasziniert so sehr wie die Ägyptens, kaum eine regt die Fantasie mehr an: der Kult der Pharaonen, das tragische Leben von Königin Kleopatra, Moses und die Zehn Gebote, die kulturelle Blüte des Islam. Ägyptens Einfluss auf die Geschicke der Region war einst groß, der Staat von heute kämpft verbissen gegen seinen Verfall.

Geschichtstabelle 338

SPEZIAL Nofretete 346

SPEZIAL Islam und Islamisierung 360

Historisches Feuerwerk: Wer sich fürs Altertum interessiert, dem gehen hier die Augen über.

Relativ alt: So sah Rudolf Lehnert die Pyramiden vor 85 Jahren.
1000 Jahre zuvor wird es nicht anders ausgesehen haben.

5000 JAHRE ZIVILISATION AM NIL

Der stolze Verweis auf die altägyptische Hochkultur – manchmal nur ein Trost, wenn wieder ein schlampig gebautes Hochhaus einstürzt oder eine politische Reform zum zehnten Mal verschoben wird.

Am Nil gab es schon eine Hochkultur, als die Menschen in Europa noch auf einem zivilisatorisch viel niedrigeren Niveau ihr Dasein fristeten. Tatsächlich lehrt ein Blick auf die Jahrtausende ägyptischer Geschichte, dass Ägypten unter den Pharaonen zu den reichsten Ländern der Erde zählte. Die Alten Ägypter waren die ersten Imker. Sie konnten bereits Bier brauen, Wein herstellen und Bauten errichten, deren Planung selbst heutigen Architekten viel Kopfzerbrechen bereitet. Sie hatten eine komplexe Verwaltung, trieben Sport und widmeten sich der Pflege ihrer Schönheit. Es gelang ihnen, die Körper ihrer verstorbenen Könige durch ein kompliziertes Einbalsamierungsverfahren so zu präparieren, dass wir heute noch wissen, wie groß Ramses II. war und welcher Pharao bis ins hohe Alter noch dichtes Haar hatte. Einige Forscher meinen sogar, dass die Schrift nicht, wie lange Zeit angenommen, in Mesopotamien (im heutigen Irak) erfunden wurde, sondern in Ägypten. Andere vermuten, dass die Ägypter die Inspiration zur Entwicklung einer eigenen Schrift nach 3500 v. Chr. durch erste Kontakte mit Mesopotamien bekommen haben.

FRÜHGESCHICHTE

Um rund 3000 v. Chr. beginnt die Phase der ägyptischen Geschichte, die wir heute als Zeit der Pharaonen bezeichnen. Die ersten Spuren menschlicher Siedlungen, die man in Ägypten gefunden hat, stammen jedoch noch aus früherer Zeit. Aus der sogenannten Negade-I-Kultur (um 4000 v. Chr.) hat man beispielsweise kleine Statuen von Menschen und Keramik gefunden. Im Wadi Hammamat entdeckten Archäologen Felsbilder aus dieser Zeit. Die Könige nannten sich damals gerne nach Tieren, die Macht und Kraft symbolisierten, wie Skorpion, Krokodil, Schlange und Narmer (wütender Wels). Der früheste namentlich bekannte König, über den man gesicherte Erkenntnisse hat, ist Skorpion I., dessen Grab in Abydos liegt. Diese Grabanlage, die aus zwölf Kammern besteht, zeigt, dass der Totenkult in Ägypten schon um 3050 v. Chr. eine wichtige Rolle spielte. Der Machtbereich der damaligen Könige erstreckte sich über Teile Oberägyptens und das Delta.

DIE 1. DYNASTIE

Als Begründer der 1. Dynastie (3000–2850 v. Chr.) nennen frühe historische Werke König Menes. Um ihn ist jedoch eine hitzige Debatte unter den Forschern entbrannt. Einige Wissenschaftler glauben, dass Menes eine Heldenfigur ist, die ins Reich der Legenden gehört. Andere meinen, in ihm König Narmer oder den Pharao Aha (der Kämpfer) zu erkennen.

weiter auf S. 342

GESCHICHTSTABELLE

Überblick der Meilensteine altägyptischer Hochkultur, über die Römer, Franzosen und Briten bis zur Neuzeit

➤ um 6500 v. Chr.
In Oberägypten und im Nildelta entstehen erste dorfähnliche Ansiedlungen.

➤ um 4000 v. Chr.
Neolithische Negade-Kultur, die durch zahlreiche Keramikfunde bezeugt ist.

➤ Um 3000 v. Chr.
Ober- und Unterägypten werden unter König Narmer vereint. Hauptstadt wird Memphis. Die 1. Dynastie wird begründet. Das Land Ägypten steckt seine Grenzen ab und schafft eine Verwaltung.

➤ Um 2600 v. Chr.
Pharao Djoser lässt seinen genialen Architekten Imhotep in Saqqara die erste Pyramide errichten, die sogenannte Stufenpyramide, die eine Weiterentwicklung des Bankgrabes (Mastaba) ist.

➤ Um 2590 v. Chr.
Bau der Cheops-Pyramide. Die Ära der großen Pyramiden von Gizeh beginnt.

➤ 2180 v. Chr.
Untergang des Alten Reiches. Das Reich zerfällt in kleinere Königtümer.

➤ Um 2055 v. Chr.
Montuhotep II. aus Theben vereinigt Ägypten wieder und führt es zu neuem Reichtum.

➤ 1650 v. Chr.
Fürsten aus Syrien-Palästina erobern Ägypten. Die Ägypter nennen sie Hyksos, »Herrscher der Fremdländer«. Hauptstadt wird Auaris im Delta.

➤ Um 1530 v. Chr.
Ahmose vertreibt die Hyksos und widmet sich dem Wiederaufbau der alten religiösen Zentren.

➤ 1467 v. Chr.
Königin Hatschepsut wird Pharao. Sie tritt auf, als sei sie ein männlicher Herrscher und lässt sich in Dair al-Bahari einen Totentempel errichten. Stiefsohn und Nachfolger auf dem Thron Thutmosis III., lässt, vom Hass beseelt, auf den Obelisken und Tempeln ihren Namen und ihr Abbild tilgen.

➤ um 1379 v. Chr.
Amenhotep IV. wird Pharao. Er schafft alle Götter bis auf den Sonnengott Aton ab und nennt sich fortan Echnaton. In den ersten Jahren nach der Thronbesteigung sieht man ihn oft mit Nofretete, seiner Gemahlin. Diese bringt aber keinen Sohn zur Welt, wohl ein Grund für ihr später getrübtes Verhältnis. Echnaton gründet die neue Hauptstadt Amarna.

➤ 1292 v. Chr.
Mit Ramses I. beginnt die sogenannte Ramessidenzeit, die gekennzeichnet ist von

zahlreichen Feldzügen und monumentalen Tempelbauten. Zu den herausragenden Herrschern des Alten Ägyptens gehört Ramses II., der ein für damalige Verhältnisse biblisches Alter von etwa 90 Jahren erreicht haben soll. 67 Jahre lang regierte er Ägypten und hinterließ so viele Baudenkmäler wie kein anderer Pharao.

➤ 332 v. Chr.
Alexander der Große erobert Ägypten. Gründung von Alexandria. Unter der makedonischen Dynastie der Ptolemäer, die nach Alexander das hellenistische Ägypten beherrschte, wird Griechisch jedoch zur offiziellen Sprache des ägyptischen Staates. Hellenistische Ästhetik und Bautechniken befruchten die ägyptischen Traditionen.

➤ 51 v. Chr.
Die geniale Taktikerin Kleopatra wird zu einem Zeitpunkt Ägyptens Königin, als die Endzeit der Ptolemäer-Herrschaft schon begonnen hat. Kleopatra hält sich mithilfe von Julius Cäsar auf dem Thron, obwohl ihr Reich der römischen Übermacht längst nicht mehr gewachsen ist. Nach dem Tod Cäsars sucht sie Unterstützung bei ihrem Liebhaber Marcus Antonius.

➤ 30 v. Chr.
Ägypten wird römische Provinz. Kleopatra begeht Selbstmord, um ihren römischen Feinden nicht in die Hände zu fallen.

➤ ab 45
Verbreitung des Christentums in Ägypten.

➤ 391
Erhebung des Christentums zur Staatsreligion unter Theodosius I. Alle »heidnischen« Kulte werden verboten. In Ägypten entstehen christliche Einsiedeleien und Klöster.

➤ 451
Abspaltung der koptischen Kirche von der Reichskirche nach dem Konzil von Chalcedon. Ursache sind sowohl theologische als auch politische Differenzen.

➤ 640
Islamische Eroberung unter Amr Ibn al-As, dem Feldherrn des aus Mekka stammenden Kalifen Omar. Ägypten wird eine Provinz des Kalifenreichs. Zunächst konvertiert nur ein kleiner Teil der ägyptischen Christen zum Islam. Gründung von Fustat (Alt-Kairo).

➤ 969
Die schiitischen Fatimiden erobern Ägypten und gründen die neue Hauptstadt Kairo, die zum Mittelpunkt ihres Großreiches gehört, das sich zeitweise bis nach Sizilien erstreckt.

Laszive Giftmörderin: So sah der Franzose Alexandre Cabanel 1887 Kleopatra.

Kleiner Mann am großen Ort:
Napoleon Bonaparte erobert Ägypten.

➤ 1171
Der aus Mesopotamien stammende kurdische Feldherr Saladin, der Bezwinger der Kreuzritter, wird Herrscher von Ägypten. Salah al-Din al-Ayyubi, so sein vollständiger Name, wird Sultan und begründet die Dynastie der Ayyubiden. In Kairo lässt er die Zitadelle bauen.

➤ 1250
Die Mamelucken, auch Ghulām genannt, meist türkischstämmige Söldnersklaven, reißen die Macht an sich. Es folgt eine Zeit blutiger Machtwechsel.

➤ 1517
Türkische Truppen besiegen die Mamelucken-Herrscher. Ägypten wird Teil des Osmanischen Reiches. Kairo wird von einer wichtigen Hauptstadt zu einer Provinzstadt degradiert.

➤ 1798–1801
Napoleon Bonaparte und seine Truppen erobern Ägypten. Der französische Eroberer bringt einen Stab Wissenschaftler mit, die Ägypten erforschen und später mit der Veröffentlichung ihrer Resultate in Europa großes Interesse für das Land wecken. Schließlich vertreiben die Engländer Napoleons Truppen aus Ägypten.

➤ 1805
Der Albaner Mohammed Ali wird Herrscher von Ägypten und begründet einen modernen Staat. Er macht die Baumwolle zum wichtigsten landwirtschaftlichen Produkt des Landes.

➤ 1869
Eröffnung des Suezkanals am 17. November. Die hohen Kosten für den Kanalbau, den Bau der Eisenbahnstrecken und andere von westlichen Firmen geleitete Infrastrukturprojekte in Ägypten vergrößern die Abhängigkeit der Chediven (Vizekönige) von Großbritannien.

➤ um 1900
Eine Unabhängigkeitsbewegung formiert sich, die den Briten einige Zugeständnisse abringen kann.

➤ 1922
Großbritannien entlässt Ägypten als konstitutionelle Monarchie formell in die Unabhängigkeit, nicht aber ohne seine Interessen zu sichern, z. B. was den Suezkanal betrifft.

➤ 1942
Im Oktober Schlacht von al-Alamain an der ägyptischen Mittelmeerküste zwischen dem deutschen Afrikakorps und den Alliierten. Rückzug der Deutschen.

➤ 1952
Im Juli Sturz der Monarchie durch die nationalistischen »Freien Offiziere« unter General Ali Mohammed Nagib. König Faruq muss abdanken und geht ins Exil.

➤ 1956
Präsident Nasser verkündet am 26. Juli die Verstaatlichung des Suezkanals. Es kommt zum Krieg mit Israel und die um ihren Einfluss auf die Suezkanalgesellschaft gebrachten Großmächte Großbritannien und Frankreich. Eine Intervention der Vereinten Nationen beendet die Kämpfe.

➤ 1967
Im Sechstagekrieg (5.–10. Juni) erleidet Ägypten eine vernichtende Niederlage gegen Israel. Dies schadet auch dem Image des panarabischen Führers Nasser, dessen Charisma auch Millionen von Arabern außerhalb Ägyptens begeistert hatte.

➤ 1970
Tod Nassers am 28. September. Anwar al-Sadat wird neuer Staatspräsident.

➤ 1971
Einweihung des Assuan-Hochdamms am 15. Januar durch Sadat. Für den Bau des Staudamms werden Tausende Nubier zwangsumgesiedelt. Mehrere bedeutende Bauwerke aus der Pharaonenzeit werden aber während der Bauzeit gerettet.

➤ 1973
Im Oktober erneut Krieg gegen Israel. Zwar können ägyptische Truppen am 6. Oktober die Verteidigungslinie der israelischen Armee auf dem Sinai durchbrechen, jedoch siegt Israel militärisch. Der Sinai wird erst nach langen Verhandlungen an Ägypten zurückgegeben.

➤ 1979
Unter Anwar al-Sadat unterzeichnet Ägypten am 26. März als erstes arabisches Land einen Friedensvertrag mit Israel. Für viele Araber ist er deshalb ein Verräter. Die Arabische Liga verlegt ihren Sitz vorübergehend von Kairo nach Tunis.

➤ 1981
Sadat wird am 6. Oktober in Kairo von Islamisten ermordet. Sein Stellvertreter Husni Mubarak wird Präsident.

➤ 2005
Präsident Mubarak tritt bei einer Präsidentschaftswahl erstmals gegen andere Kandidaten an. Schon vor seinem haushohen Sieg, der ihm ein Mandat für weitere sieben Jahre gibt, bemängelt die Opposition die Wahlbedingungen. Eiman Nur von der liberalen Ghad-Partei wird Zweiter und später wegen angeblichen Betruges zu einer fünfjährigen Haftstrafe verurteilt.

Völkerfreunde: Sowjetchef Nikolai Podgorny und Anwar al-Sadat 1971

Aha herrschte bereits über Ober- und Unterägypten. Symbol der Vereinigung der beiden Regionen sind die ineinander verflochtenen Pflanzen Lotus (Oberägypten) und Papyrus (Unterägypten). Der Pharao trägt als Symbol seiner Macht die Doppelkrone, die sich aus der roten Krone Unterägyptens und der weißen Krone Oberägyptens zusammensetzt. Einige der Grabanlagen aus der 1. Dynastie lassen vermuten, dass die Angehörigen des königlichen Hofstaates ihrem Herrscher in den Tod folgen mussten.

ALTES REICH

In der Epoche des Alten Reiches und der 1. Zwischenzeit (2740–1938 v. Chr.) erlebt die ägyptische Kultur ihre erste große Blüte. Residenzstadt wird Memphis, an der Nahtstelle zwischen Ober- und Unterägypten. Von hier aus wird allmählich ein Staatswesen mit einer privilegierten Schicht von Beamten aufgebaut. Statthalter verwalten die Provinzen im Auftrag des Pharao.

König Djoser lässt seinen genialen Bauherren Imhotep als Weiterentwicklung des alten königlichen Grabmals – der **Mastaba** – die Stufenpyramide von Saqqara bauen. Die Ära des Pyramidenbaus beginnt. Die nächste Etappe ist die sogenannte Knickpyramide von Dahschur. Die »perfekte Form« wird schließlich von Pharao Cheops erreicht. Hohe Beamte werden in dieser Zeit sehr geachtet: Sie dürfen sich ihre Gräber nahe der großen Pyramide ihres Herrschers anlegen lassen. Der Pharao wird als Sohn des Sonnengottes Re verehrt.

Doch dann schrumpft die Macht der Könige. Die Statthalter in den Provinzen gewinnen an Bedeutung. Hungersnöte plagen das Land. Das Reich zerfällt. Eine Dynastie residiert in Memphis, die andere in Theben. Erst Mentuhotep II. gelingt es schließlich, Ober- und Unterägypten wieder zu vereinen. Er lässt für sich einen großen Totentempel in Dair al-Bahari anlegen, neben dem später Hatschepsut ihren Tempel errichten lassen wird.

MITTLERES REICH

Die Periode des Mittleren Reichs und der 2. Zwischenzeit erstreckte sich von 1938 bis 1530 v. Chr. Nach der Reichseinigung wird ein durchorganisiertes Staatswesen aufgebaut, zu dem auch ein selbstbewusstes Bürgertum gehört. Die Macht des Pharao bleibt aber unumstritten. Amenemhet I. verlegt die Hauptstadt von

Baumlanger Kerl: Ägypter vor der Statue des Ramses in Memphis 1930

Theben nach Unterägypten. Südlich von Memphis baut er nahe Lischt eine neue Residenzstadt auf. Gegen die Nubier führen die Könige des Mittleren Reiches Kriege. Im Inneren erschließen sie durch ein Bewässerungssystem die Halboase Fayyum für die Landwirtschaft. Mit den Menschen in Mesopotamien, Palästina und Phönizien treiben sie Handel.

Aus der »Geschichte des Sinuhe«, die dem finnischen Schriftsteller Mika Waltari die Inspiration zu seinem Bestseller »Sinuhe der Ägypter« lieferte, ist ein Bericht über die Ermordung Amenemhets I. und die Nachfolge durch seinen Sohn Sesostris I. bekannt, der in den letzten zehn Jahren der Herrschaft des Vaters bereits mitregierte. Der Überlieferung nach eilte er, als ihn auf einer Reise die Nachricht vom Tod des Vaters erreichte, so schnell er konnte zum Palast, und verhinderte so, dass man ihm den Thron streitig machte.

Ein Wendepunkt in der Geschichte, der heute noch jedem ägyptischen Schulkind als große Katastrophe vermittelt wird, findet in der Mitte des 17. Jahrhunderts v. Chr. statt: Das Land fällt in die Hände asiatischer Herrscher, von den Ägyptern »Hyksos« (Herrscher der Fremdländer) genannt. Es wird vermutet, dass diese schon vorher zum Teil als Einwanderer nach Ägypten gekommen waren. Sie verlegen das Machtzentrum noch weiter nach Norden ins Delta, wo sie ihre Hauptstadt Auaris gründen. Erst König Kamose und seinem Bruder Ahmose, dem ersten Herrscher der 18. Dynastie, gelingt es, die Hyksos aus Ägypten zu vertreiben.

NEUES REICH

Mit Ahmoses Sohn Amenhotep I. beginnt **das Goldene Zeitalter Ägyptens**, das Neue Reich (1530–1070 v. Chr.). Nach der Wiedervereinigung von Ober- und Unterägypten widmen sich die Ägypter der Kunst und der Wissenschaft. Auch dringen sie in neue Länder vor und weiten so ihren Herrschaftsbereich aus. Damit steigt Ägypten zur Großmacht auf. Die Ägypter ziehen gegen die Nubier in die Schlacht und stoßen bis zum Fluss Euphrat im heutigen Irak vor. Am Westufer des Nils entstehen in jenen Jahren große Totentempel. Im Tal der Könige legen die Pharaonen riesige, reich dekorierte unterirdische Grabanlagen an.

Zu den schillerndsten Figuren der 18. Dynastie gehört **Hatschepsut.** Die Gemahlin von Thutmosis II. verdrängt ihren noch minderjährigen Halbneffen und Stiefsohn Thutmosis III. vom Thron und lässt sich schließlich selbst zum Pharao ausrufen. In vielen Reliefs wird die durchsetzungsstarke Frau als Mann mit falschem Bart dargestellt, wohl um ihren Machtanspruch zu untermauern. Einigen ihrer Hofbeamten räumte Hatschepsut eine herausragende Stellung ein. Grund dafür ist vielleicht, dass sie sich diejenigen, die sie bei ihrem »Coup« unterstützt hatten, gewogen halten musste. Überliefert sind aus ihrer Zeit mehrere Expeditionen. Unter Hatschepsut werden bedeutende Tempel und Erweiterungsbauten in Angriff genommen, darunter ihr Totentempel in Dair al-Bahari. Ob Hatschepsut durch Krankheit starb oder ermordet wurde ist unklar. Fest steht jedoch, dass sich ihr Nachfolger Thutmosis III. mit blindem Hass daran macht, das Vermächtnis seiner Halbtante und Rivalin auszulöschen. Im ganzen Land lässt er an allen Tempeln und Obelisken die Kartusche mit ihrem Königsnamen und auch ihr Abbild heraushacken, weshalb wir heute nur sehr wenige komplette Darstellungen der Königin finden. Thutmosis III. und die zwei nachfolgenden Herrscher widmeten sich wieder ausgiebig dem Krieg.

Zu einem radikalen Bruch mit der Tradition kommt es erst durch Amenhotep IV., der sich später in **Echnaton** umbenennt. Der Sonnen-Pharao entmachtet die alte Priesterschicht und lässt in Mittelägypten die neue Hauptstadt Achetaton (»Horizont des Aton«, später Tell al-Amarna genannt) aus dem Boden stampfen. Hier siedeln bald schon 50 000 bis 100 000 Menschen. Die Verwaltung bleibt jedoch in Memphis und Theben. Anstatt Dutzenden von Göttern sollen die Menschen nach dem Willen Echnatons ab sofort nur noch dem Sonnengott Aton huldigen. Selbst der Ur-Gott Amun muss weichen. Die neue Religion ist ein Kult des Lichts, die hellen Seiten des Daseins werden betont. In Amarna werden die Tempel so konstruiert, dass das Licht der Sonne auf die Altäre fällt. Mit seiner radikalen Neuordnung wird Echnaton zum ersten Begründer einer monotheistischen Religion, was ihm mehr als 3000 Jahre

später auch anerkennende Worte in einigen modernen ägyptischen Werken zur Geschichte der Pharaonen einbringt. Dem Sonnengott zu Ehren lässt er einen Tempel in Karnak errichten. Er beruft neue Priester. Den direkten Kontakt zum Gott Aton haben aber nach seinem Verständnis nur er selbst und seine Gemahlin Nofretete. Da sich Echnaton, dessen Statuen wegen des langen schmalen Gesichts mit den hohen Backenknochen aus dem Rahmen fallen, vor allem seinem neuen Kult und dem Aufbau der neuen Residenz widmete, bleibt er außenpolitisch eher inaktiv. Echnatons Nachfolger rehabilitieren die alten Götter, aber die Sonnenscheibe taucht auch in späteren Darstellungen weiter auf.

Tutanchamuns kurze Regierungszeit bringt dagegen wenig Veränderung; sein Name ist heute nur deshalb so berühmt, weil seine Grabkammer im Tal der Könige die einzige von den Archäologen entdeckte ist, die nicht schon von Grabräubern in der Antike geplündert worden war. Der Schatz, der zusammen mit der Mumie des jungen Pharao in der Grabkammer versteckt wurde, lässt ein wenig erahnen, wie prunkvoll die Gräber der »großen« Könige ausgestattet gewesen sein müssen.

Nach dem letzten Pharao der 18. Dynastie, dem Emporkömmling Haremhab, gelangt mit den **Ramessiden** eine neue Herrscherfamilie an die Macht. Vor allem Ramses II. und Ramses III. entfalten eine enorme Bautätigkeit. Im östlichen Delta lässt Ramses II., dessen Regierungszeit 67 Jahre gedauert haben soll, eine neue Residenzstadt errichten, deren Spuren heute unter den Feldern und Häusern der Bauern zu finden sind. Für ihn ist nichts zu monumental und gewaltig. Die vier Sitzstatuen Ramses II. am Tempel von Abu Simbel sind jeweils 22 Meter hoch.

Um 1200 v. Chr. wächst die Bedrohung Ägyptens durch die sogenannten Seevölker aus dem Mittelmeerraum. Ramses III. gelingt es, sowohl die Nubier im Westen zu schlagen, als auch die von Nordosten ins Delta vordrängenden Seevölker. In seinem großen Toten

weiter auf S. 348

Durchblick: Pharao Amenhotep begründete das Goldene Zeitalter.

NOFRETETE

Die Schöne ist gekommen und soll wieder auf Reisen gehen – Streit um die farbige Büste der berühmten Pharaonengemahlin.

Auch schöne Frauen haben es im Leben oft nicht leicht, wie das Beispiel der Großen Königlichen Gemahlin Nofretete zeigt. Zwar zählt die Ehefrau des Pharao Echnaton neben Kleopatra und Hatschepsut zu den einflussreichsten Frauen des Alten Ägyptens, denn sie hatte, glauben Forscher, ganz wesentlichen Anteil an der Revolution von oben, die ihr Gemahl Amenhotep IV. (erst später nannte er sich Echnaton) Ägypten während seiner 17 Regierungsjahre verordnete. Amenhotep war schon an dominante Frauen gewöhnt. Schließlich hatte seine Mutter Teje zu Beginn seiner Herrschaftszeit großen Einfluss auf die Politik ausgeübt.

Nofretetes weiteres Schicksal liegt jedoch zum Teil im Dunkeln und bis heute liefert sie wegen ihrer Schönheit Anlass für Streit. Denn die ägyptische Altertümerverwaltung ist nicht sonderlich glücklich darüber, dass die weltberühmte bemalte Kalksteinbüste der Nofretete in Berlin steht und würde sie am liebsten zurück in ihre alte Heimat bringen. Die Berliner wollen sich jedoch auf keinen Fall von »ihrer« Nofretete trennen. »Die Dame ist nach 3000 Jahren nicht mehr reisewillig«, stellte ein Sprecher der Staatlichen Museen in Berlin im Mai 2006 fest, als die Ägypter wieder einmal ihre Fühler ausstreckten, um die alte Dame zurück in die Heimat zu holen. Zwar haben die Ägypter bisher nicht offiziell angezweifelt, dass die Schöne einst bei einer sogenannten Fundteilung, wie sie damals

Deutschlands berühmteste Ägypterin: Nofretete steht wieder im Alten Museum in Berlin.

üblich war, auf legalem Weg nach Deutschland gelangt war. Sie behaupten jedoch, der deutsche Archäologe Ludwig Borchardt, der die Büste in Tell al-Amarna gefunden hatte, habe sie bei der Teilung der Funde seiner Grabungskampagne bewusst unkenntlich gemacht und verdreckt vorgeführt, damit man ihm erlauben würde, sie nach Deutschland mitzunehmen.

Einen Höhepunkt erreichte der Streit, als der Direktor des Ägyptischen Museums in Berlin, Dietrich Wildung, 2003 einem Künstlerduo erlaubte, den Kopf der Nofretete auf einen von ihnen modellierten nackten Frauenkörper zu setzen. Es raschelte kräftig im ägyptischen Blätterwald. Auch der Direktor der Altertümerbehörde Ägyptens, Zahi Hawas, war empört. Trotzdem machte er im Frühjahr 2006 einen Vorschlag zur Güte: Die Büste solle für drei Monate nach Kairo kom-

Popstar der Antikensammlung: Wie schön wäre sie mit zwei Pupillen ...

men, dafür wolle man den Deutschen im Gegenzug einen gleichwertigen Kunstgegenstand aus dem Alten Ägypten leihen.

Dabei hatte die inzwischen sehr betagte Dame schon einiges an Unruhe erdulden müssen. Nachdem der Kopf aus dem Jahr 1347 v. Chr. in Berlin im Zweiten Weltkrieg 1939 zum Schutz vor Bombenangriffen ausgelagert worden war, hatte er nach dem Krieg 40 Jahre lang seinen Platz im Stülerbau am Schloss Charlottenburg. Gegenwärtig ist die Nofretete-Büste wieder im Alten Museum auf der Berliner Museumsinsel zu sehen. Ihren endgültigen Standort soll die Büste mit dem Schwanenhals, deren Mund ein leichtes Lächeln umspielt, 2009 in dem dann wiederaufgebauten Neuen Museum auf der Museumsinsel haben. Die Tatsache, dass der aus einer königlichen Werkstatt stammende Kopf, der wohl nur als Modell für andere Statuen der Pharaonengattin gedient hatte, das linke Auge fehlt, tut ihrer Schönheit keinen Abbruch.

Über die Herkunft der Nofretete, deren Name »Die Schöne ist gekommen« bedeutet, ist nicht viel bekannt, und auch ihr Tod liegt im Dunkeln. Einige Forscher glauben, dass sie Ausländerin war. Jedenfalls wurde sie schon vor der Thronbesteigung mit Amenhotep IV. verheiratet. In dem Tempel zu Ehren des Sonnengottes Aton, den ihr Gatte in Karnak errichten ließ, taucht ihr Bildnis auf. Die schlanke Nofretete, ihr Gemahl Echnaton mit dem langen schmalen Gesicht und ihre Töchter wurden, was im Alten Ägypten neu war, auf einigen Reliefs gemeinsam als Familie dargestellt. Unklar ist, ob Nofretete ihren Gemahl überlebt hat. Eine Theorie besagt, sie sei in Ungnade gefallen, weil sie ihm keinen männlichen Nachfolger geschenkt hat. Andere Forscher meinen, dass Nofretete nach Echnatons Tode weiter an der Macht beteiligt war.

Traumhafter Torso: Nofretete aus rotem Quarzit steht im Louvre.

tempel in Madinat Habu heißt es über letztere, bei denen es sich um Stämme aus der Balkan-Region und der Ägäis gehandelt haben dürfte: »Sie legten ihre Hände auf die Länder bis zum Umkreis der Erde.« Aus der Regierungszeit Ramses IX. sind Berichte über wirtschaftliche Schwierigkeiten und Korruption überliefert. Königsgräber werden geplündert. Unter Ramses XI. kommt es zu Hungersnöten und einem Bürgerkrieg in Theben. Das Reich zerfällt erneut.

3. ZWISCHENZEIT

Ägypten muss nun in den Jahren zwischen 1075 und 652 v. Chr. an fast allen Fronten Gebiete aufgeben. Die Hohepriester in Theben greifen nach der Macht und rufen eine Art »Gottesstaat« aus. Die gleichzeitig immer noch anerkannten weltlichen Herrscher residieren nun in Tanis. Die libyschen Könige verlegen die Hauptstadt schließlich nach Bubastis im Delta, dem wichtigsten Kultort für die Katzengöttin Bastet. Um 740 v. Chr. greifen die Nubier nach der Macht in Ägypten. Kulturell führen die nubischen Könige der 25. Dynastie jedoch keine gravierenden Veränderungen durch, sondern orientieren sich vielmehr am Erbe des Alten Ägyptens. Auch sie verehren den Gott Amun. Die nubischen Pharaonen lassen sich in kleineren Pyramiden bestatten, die in der Wüste im heutigen Sudan liegen.

Im Jahr 671 v. Chr. steht den Ägyptern Dramatisches bevor. Die Assyrer dringen bis Memphis vor. Auf die 26. Dynastie folgt die Invasion persischer Truppen. Abgesehen von einem kurzen »ägyptischen Intermezzo« um 380 v. Chr. beherrschen die Perser das Land, bis sie 332 v. Chr. von **Alexander dem Großen,** dem Eroberer aus Makedonien, vertrieben werden. Alexander nimmt die beschwerliche Reise bis zur Oase Siwa in der Westlichen Wüste auf sich, um sich dort vom Orakel des Zeus-Amun seine »göttliche Abstammung« und seinen Herrschaftsanspruch bestätigen zu lassen. Er lässt sich zum Pharao krönen und gründet die Stadt Alexandria an der Mittelmeerküste. Nachdem Alexander im Jahr 323 v. Chr. in Babylon stirbt, soll er in Alexandria beigesetzt worden sein, doch sein Grab wird nicht gefunden.

Unter den Ptolemäern kommt es zu einer fruchtbaren **Verschmelzung der ägyptischen und griechischen Kultur.** Alexandria wird zu einem Zentrum der

Hellenistischer Aufbau: Deinokrates leitet in Alexandria die Bauarbeiten.

Wissenschaft und Philosophie. Berühmte Mathematiker betreiben hier ihre Studien. Bei den Ägyptern werden die neuen Herrscher auch deshalb akzeptiert, weil sie die einheimische Religion zu ihrer eigenen machen. Sie bauen Tempel, u. a. in Edfu und Dendara. Den Niedergang der Ptolemäer in Ägypten begleitet eine Serie von Bruder-, Kinder- und Gattenmorden innerhalb des Herrschergeschlechts.

Nach dem Tod Ptolemaios XII., der durch die Schwäche seines Reiches zu hohen Tributzahlungen an Rom gezwungen ist, wird dessen Tochter **Kleopatra VII.** im Jahr 51 v. Chr. Königin von Ägypten. Ihr dramatisches Leben hat viele Künstler von Shakespeare bis Brecht inspiriert. Kleopatra, die den Thron mit 17 Jahren besteigt, versucht während ihrer gesamten Regierungszeit, die Eigenständigkeit Ägyptens gegenüber dem expandierenden Römischen Reich zu wahren. Gleichzeitig befindet sie sich in einem ständigen Machtkampf mit ihrem jüngeren Bruder Ptolemaios XIII. Schließlich greift Julius Cäsar in den Geschwisterstreit ein. Angetan von der Persönlichkeit und der erotischen Ausstrahlung Kleopatras – sie soll sich selbst in einen orientalischen Teppich gewickelt als Geschenk für den römischen Besucher verpackt haben – verbündet er sich mit ihr und erklärt die junge Frau zur rechtmäßigen Königin Ägyptens. Er hilft ihr auch dabei, einige ihrer zahlreichen Feinde und Rivalen aus dem Weg zu räumen. Offiziell ist Ägypten nun **römisches Protektorat.** Die wirtschaftliche Situation des Landes verbessert sich ein wenig. Im Sommer 47 bringt Kleopatra Cäsars Sohn Cäsarion zur Welt. Cäsar wird im März des Jahres 44 v. Chr. Opfer einer Verschwörung im Senat. Er wird erstochen.

Marcus Antonius wird Herrscher über den östlichen Teil des Römischen Reiches. Auch ihn kann Kleopatra in ihren Bann ziehen. Aus dieser Liaison stammen die Kinder Alexander, Kleopatra und Ptolemaios Philadelphos. Im Jahr 34 v. Chr. heiratet Marcus Antonius Kleopatra. Octavian, dessen Rivale, startet nun einen großen Propagandafeldzug, in dem er Kleopatra zur großen Feindin Roms stilisiert. Es kommt zum Krieg zwischen Rom und dem Reich der Ptolemäer. In der Seeschlacht von Aktium besiegt die Flotte Oktavians 31 v. Chr. die Schiffe des Marcus Antonius und der Kleopatra. Nach dieser Niederlage und dem Einmarsch von Octavians Truppen in Alexandria nehmen sich Marcus Antonius und schließlich auch Kleopatra – angeblich durch einen Kobra-Biss – das Leben. Damit endet die Eigenständigkeit Ägyptens für lange Zeit. Alexandria bleibt zwar Hauptstadt, doch das Land am Nil ist nun eine von vielen Provinzen des Römischen Reiches.

RÖMISCHE HERRSCHAFT

Ähnlich wie die Griechen, so bemühen sich auch die Römer in Ägypten, eine gewisse Kontinuität zu wahren, indem sie Bauwerke im Stil der Pharaonen errichten. Die Religion und lokale Traditionen werden zunächst respektiert. Anders als die Griechen, die auch unter römischer Herrschaft noch wichtige Verwaltungsaufgaben innehaben, siedeln die Römer nicht in größerer Zahl in Ägypten. Ihr

Hauptanliegen ist es, Getreide aus der Kornkammer Ägypten nach Rom zu bringen. Die Küste des Roten Meeres wird der römischen Provinz Ägypten erst unter Claudius einverleibt. Unter Trajan kommt es 115–117 zu einer Revolte der Juden in Alexandria. Die Ägypter erheben sich im Jahr 139 unter Marcus Aurelius, um gegen hohe Steuern zu protestieren. Mit **Verbreitung des Christentums** in Ägypten im 2. Jahrhundert kommt es zu neuen Konflikten zwischen den Römern und den Einheimischen. Besonders grausam ist die Christenverfolgung unter Decius (249–251) und unter der Herrschaft von Kaiser Dioclecian (284–305). Auch als Reaktion auf diese Verfolgung entwickeln sich in Ägypten das Mönchstum und die Idee der christlichen Einsiedelei. Im Jahr 323 wird das Christentum schließlich Staatsreligion. Die alten ägyptischen Tempel werden geschlossen. Relativ sang- und klanglos geht der alte Glaube unter. Mit der Teilung des Römischen Reiches im Jahr 395 fällt Ägypten an Byzanz. Es kommt zu Glaubensstreitigkeiten um die göttliche oder menschliche Natur Jesu, die schließlich in einer Abspaltung der ägyptischen Kirche gipfeln. Der Konflikt zwischen den ägyptischen Christen und Byzanz trägt letztendlich auch dazu bei, den islamischen Eroberern den Weg zur Herrschaft über Ägypten zu ebnen.

DER ISLAM HÄLT EINZUG

Im Jahr 639, sieben Jahre nach dem Tod des Propheten Mohammed, schickt der zweite Kalif Omar seinen Feldherren Amr Ibn al-As mit arabischen Soldaten gen Ägypten, um das Land am Nil zu erobern und zu einem Teil der neuen islamischen Nation zu machen. Eine Entscheidungsschlacht bei Heliopolis im Jahr 640 besiegelt die Niederlage der byzantischen Armee. **Ägypten wird Provinz des Kalifenreichs.** Ein Jahr später fällt auch Alexandria. Die koptischen Christen erleichtern den islamischen Truppen die Invasion. Deren Verhältnis zu Byzanz hat zu diesem Zeitpunkt einen Tiefpunkt erreicht, wobei es bei der Auseinandersetzung um das Wesen Jesu Christi letztlich um Macht und nicht nur um theologische Spitzfindigkeiten ging. Und die

Glaubenstreu: Ein Muslim betet in Kairos Al-Rifai-Moschee.

muslimischen Eroberer lassen den ägyptischen Christen – zumindest zu Anfang – eine relativ große Eigenständigkeit, was ihren Glauben und die Verwaltung angeht. Die neuen Herren gründen die Residenzstadt Fustat (Alt-Kairo).

Im 8. Jahrhundert kommt es zu mehreren Aufständen, die sich hauptsächlich gegen die von den islamischen Herrschern erhobenen Steuern richten. Unter den Umayyaden, die in Damaskus residieren, wird die Arabisierung und Islamisierung gefördert. Im Jahr 706 wird **Arabisch offiziell die Sprache der Regierung.** Unter der Dynastie der Abbassiden, die von 750 an regieren, erlebt das Kalifat zwar eine Zeit des Aufschwungs. Für die Ägypter ist dies jedoch eine Epoche des wirtschaftlichen Niedergangs. Ende des 9. Jahrhunderts sind die Mehrheit der Einwohner Ägyptens Muslime. Unter Ahmad Ibn Tulun, der sich als Statthalter der Abbassiden vom Kalifen in Bagdad lossagt, erlebt Ägypten eine kurze Phase der Eigenständigkeit (868–905) und der wirtschaftlichen Erholung. Doch die Abbassiden übernehmen wieder die Kontrolle über das Land am Nil. Im Jahr 969 erobern die schiitischen Fatimiden unter General Dschawhar (Gauhar) Ägypten. Dieser lässt die **neue Stadt Kairo** (al-Qahira – die Siegreiche) erbauen.

Die Moschee al-Azhar (Die Blühende) wird gegründet und 988 zur Islamischen Universität erweitert. Sie ist heute die wichtigste religiöse Institution des sunnitischen Islam. Interne Machtkämpfe und Angriffe der christlichen Kreuzfahrer schwächen die Fatimiden-Herrscher. 1171 erobert der aus Mesopotamien stammende kurdische General Salah al-Din al-Ayyubi (Saladin) Ägypten und begründet die Dynastie der Ayyubiden. Er lässt auf einem Hügel oberhalb der islamischen Stadt die Zitadelle errichten. Die schiitische Religion wird verboten. Saladin, der auch Syrien besetzt, wird Sultan. Gegen weitere Angriffe der Kreuzfahrer setzen sich die Ayyubiden in Ägypten erfolgreich zur Wehr. Gestürzt werden sie letztlich 1250 von den Mamelucken, Sklaven, die zu Kämpfern und hervorragenden Reitern erzogen wurden. Der **Kriegerkaste der Mamelucken,** die bereits in Bagdad im 9. Jahrhundert unter den abbasidischen Kalifen entstan-

den war, gehören vor allem Tscherkessen, Mongolen und Türken an. In Kairo entfalten sie eine große Bautätigkeit, errichten Paläste, Religionsschulen, Krankenhäuser und große Grabmoscheen. Vom wachsenden Handel zwischen Orient und Okzident profitieren die Mamelucken, indem sie Zölle erheben. Da es keine Dynastie gibt, wird die Frage der Nachfolge meist mit dem Schwert geregelt. Kaum ein Mamelucken-Herrscher regiert länger als sieben Jahre. Das einfache Volk hat unter den skrupellosen Militärherrschern viel zu leiden. Nach außen hin müssen sich die Mamelucken gegen die Mongolen verteidigen, die in Syrien und Ägypten einfallen.

OSMANISCHES REICH

Da die Mamelucken ihre traditionelle Kriegstechnik mit Pferd und Schwert beibehalten, können sie der moderneren Armee der Osmanen wenig entgegensetzen, die 1517 Kairo erobert – und erst 1798 wieder verlässt. Selim I., der an die Macht gekommen war, indem er seinen Bruder getötet und seinen Vater abgesetzt hatte, trägt den Beinamen »Der Grimmige«. Seine Grausamkeit soll er unter Beweis gestellt haben, indem er 800 Mamelucken, die Widerstand leisteten, enthaupten und ihre Köpfe zur Abschreckung aufspießen ließ. Er lässt sich zum Kalifen ausrufen und gibt sich den Titel »Diener der beiden Heiligen Stätten«. Damit sind die Mekka und Medina gemeint. Der sunnitische Kalif dokumentiert damit auch seinen religiösen Führungsanspruch. Von Sultan Selim I., der sich unter Pseudonym auch als Poet versucht, ist eine Zeile aus einem Gedicht überliefert, in der er erklärt, »die Welt ist nicht groß genug für zwei Könige«.

Unter seinem Nachfolger Suleiman I. erreicht das Osmanische Reich seine größte Ausdehnung. Istanbul ist sein neues Zentrum. Kairo verkümmert zu einer Provinzstadt, in der die Mamelucken als Vasallen der Osmanen eine tragende Rolle spielen. Dabei sind sie auch weiterhin in interne Machtkämpfe verwickelt. Im 18. Jahrhundert kommt es zu einer Einigung. Doch das Goldene Zeitalter Ägyptens ist lange vorbei.

NAPOLEONS ABENTEUER

Als Napoleon Bonaparte Ägypten besetzt (1798–1801), gilt sein Interesse in erster Linie nicht dem Land am Nil und seinen Einwohnern. Vielmehr geht es ihm darum, den Engländern den kürzesten Land- und Seeweg nach Indien zu versperren. Dennoch ist Napoleons Intermezzo in Ägypten nicht nur ein Feldzug, sondern gleichzeitig auch eine **Expedition im Dienste der Wissenschaft.** Die Künstler und Forscher, die Napoleons Truppen begleiten, machen gewissermaßen »Inventur« in Ägypten. Sie dokumentieren, untersuchen und zeichnen alles, was ihnen interessant erscheint: Pharaonisches, islamische Architektur, Kirchen, Flora, Fauna, Sprache und Traditionen. Die Ergebnisse werden schließlich in dem Monumentalwerk »Description de l'Égypte« zusammengefasst, das heute noch als Buch zu haben ist. Das Werk der Franzosen, die bei ihrer kurzen Expedition auch den Stein von Rosetta finden, der später die Entschlüsselung

Nekropole des Kalifen: die Moschee Sultan Barquqs in Kairo

der altägyptischen Hieroglyphen-Schrift ermöglicht, führt in Europa zu einer wahren Ägyptomanie.

Über den Einfluss, den die Franzosen durch ihre Expedition auf die Ägypter haben, deren kulturelle Blütezeit damals schon eine Weile zurückliegt, ist viel geschrieben worden. Eine direkte kulturelle Befruchtung durch die fremden Eroberer lässt sich nicht feststellen. Zunächst sind die Ägypter schockiert, dass das einst so stolze Militär der Mamelucken in der »Schlacht bei den Pyramiden« eine vernichtende Niederlage einstecken muss. Was dann folgt, ist von einigen Forschern als Beginn eines Unterlegenheitsgefühls der Araber im Kontakt mit Europa beschrieben worden, das letztlich, weil sich dieser Fortschrittsgraben nie geschlossen hat, zwei Jahrhunderte später Aggressionen erzeugt hat, die im Islamismus und, in noch radikalerer Form, im Terrorismus gipfelten. Diese Theorie lässt aber die zusätzlichen Narben, die später der Kolonialismus, der Palästina-Konflikt und die knallharte Interessenpolitik der westlichen Mächte in der Region hinterlassen haben, außer Acht.

Am 1. August 1798 wird die französische Flotte von den Engländern unter Admiral Horatio Nelson geschlagen, der zuvor Monate lang nach den Schiffen gesucht hatte. Napoleons Plan, bis nach Indien vorzustoßen, ist nach der zweitä-

Kleider machen Leute: Napoleon und der Pascha – in landestypisches Ornat gehüllt

gigen Schlacht zerstört. In der Bucht von Abukir, östlich von Alexandria, liegen seither die Wracks der napoleonischen Flotte. 1801 kapitulieren die Franzosen und verlassen Ägypten. Das Machtvakuum am Nil füllt 1805 der Albaner Mohammed Ali, der aus Ägypten einen modernen Staat macht.

MOHAMMED ALI

Mohammed Ali, dessen Machtübernahme vor 200 Jahren die Ägypter im Herbst 2005 mit Sonderseiten in den Zeitungen ausgiebig gewürdigt haben, ist in seinem Denken stark von der Erfahrung mit den Truppen Napoleons geprägt. Ihn beeindruckt der technische Fortschritt der Europäer, den er sich später zu Nutzen macht. Mohammed Ali ist ein Kommandeur der albanischen Truppe im osmanischen Heer, über seine Herkunft gibt es jedoch widersprüchliche Angaben. War er wirklich Analphabet und der Sohn eines armen Mannes aus Albanien oder aber der Sohn eines wohlhabenden Tabakhändlers aus Mazedonien, der seine Wurzeln in Ostanatolien hatte? Auf jeden Fall gilt Mohammed Ali, der osmanischer Statthalter und Vizekönig wird, als **Begründer des modernen Ägyptens.**

Er reformiert die Verwaltung, vergrößert die Armee und modernisiert die Landwirtschaft. Während nicht alle seine Industrialisierungsprojekte erfolgreich sind, gewinnt unter seiner Regierung der Baumwollanbau und -export an Bedeutung. Auch militärisch erringt Mohammed Ali große Erfolge, mit denen er sich seine Unabhängigkeit vom osmanischen Sultan sichert. 1849 stirbt er.

Seinen Söhnen gelingt es jedoch nicht, den Einfluss der Europäer zu begrenzen. Mohammed Said lässt sich vom **Bau des Suezkanals** überzeugen, der 1869 von seinem Nachfolger, dem Chediven (Vizekönig) Ismail feierlich eröffnet wird. Ismail stürzt das Land in eine Finanzkrise, die ihn zwingt, an die Franzosen und Briten mehr Macht abzutreten. Der Widerstand gegen den Einfluss der Europäer wächst. 1881 kommt es zu einer Militärrevolte ägyptischer Offiziere. England nimmt die Proteste zum Anlass für eine militärische Intervention. Völkerrechtlich ändert sich zwar nichts, faktisch wird das Land fortan von den Engländern beherrscht. Somit endet die Ära der Nachfolger Mohammed Alis 1882.

Meeresverbindung: 1869 wird der Suezkanal eröffnet.

BRITISCHE KONTROLLE

Lord Cromer wird 1883 britischer Generalkonsul von Ägypten. Er kümmert sich – immer das Interesse Großbritanniens im Blick – um die Verbesserung der Infrastruktur des Landes und lässt den ersten Staudamm in Assuan und Eisenbahnstrecken bauen. 1887 wird der Suezkanal in Übereinstimmung mit Frankreich zur neutralen Zone erklärt. Vizekönig Abbas II. Hilmi zeigt Sympathien für die ägyptischen Nationalisten, weshalb er schließlich von den Briten abgesetzt wird. Nachfolger wird sein Onkel Hussein Kamil. Mit Beginn des Ersten Weltkrieges, als sich die Türkei auf die Seite Deutschlands stellt, erklärt England Ägypten zum Protektorat. Nach Kriegsende sehen sich die Engländer in Ägypten mit einer neuen Welle nationalistischer Bestrebungen konfrontiert. Als sie einer Delegation (arab. Wafd) unter Führung von Saad Zaghlul verbieten, die ägyptische Forderung nach Unabhängigkeit bei der Friedenskonferenz von Versailles vorzubringen, kommt es 1919 zu Unruhen.

1922 erklärt Großbritannien Ägypten schließlich für unabhängig, allerdings nicht ohne sich umfassende Einflussmöglicheiten auf die Wirtschaft und Politik des Landes zu sichern. **Ägypten wird konstitutionelle Monarchie,** Sultan Fuad wird zu König Fuad I. Bei der ersten Parlamentswahl siegt die Wafd-Partei unter Saad Zaghlul, der bis heute als Nationalheld verehrt wird. Nach Fuads Tod wird 1936 sein erst 16 Jahre alter Sohn Faruq König. Im Zweiten Weltkrieg ist auch Ägypten Kriegsschauplatz. Bei al-Alamain an der westlichen Mittelmeerküste werden 1942 die Truppen der Wehrmacht und der Italiener unter dem Kommando von General Erwin Rommel von den Briten geschlagen. 1948 gründen die Juden im benachbarten Palästina ihren Staat Israel. Die ägyptischen Truppen können dagegen nichts ausrichten. Ihre Niederlage sowie die wirtschaftliche Krise in Ägypten geben einer Gruppe von Nationalisten Auftrieb. 1952 brennt ein wütender Mob in Kairo europäische Einrichtungen und Symbole des westlichen Lebensstils nieder. Die Nationalisten entmachten König Faruq mit einem unblutigen Staatsstreich. Er geht ins Exil.

BESESSEN VOM KING-TUT

Howard Carter ist knapp 18 Jahre alt, als er 1891 das erste Mal nach Ägypten reist. Dort fertigt er zunächst Zeichnungen von altägyptischen Ruinen und archäologischen Fundstücken an, die er an Touristen verkauft. Der Brite, der keine fundierte Universitätsausbildung hat, erlernt hier erste rudimentäre Grabungstechniken. Der französische Ägyptologe Gaston Maspero macht ihn schließlich zum Chefinspektor für die oberägyptischen Altertümer. Doch für seinen Traum von der Suche nach einem Pharaonengrab fehlt ihm das Geld.

Das Blatt wendet sich für Carter, als er 1907 den Millionär und Hobby-Ägyptologen **Lord Carnarvon** kennenlernt. Dieser stellt ihm genügend Geld zur Verfügung. Doch die Suche des Aufsteigers Carter, der aus einfachen Verhältnissen stammt, bleibt vorerst ergebnislos. Im November des Jahres 1922 ist es endlich so weit. Im Tal der Könige, in der Nähe des Grabes von Ramses VI., entdeckt er die erste Stufe einer Grabanlage. Aufgeregt lässt er ein Telegramm an seinen Gönner Carnarvon in England schicken. »Habe endlich wunderbare Entdeckung im Tal gemacht«, schreibt er dem Lord, der sich sofort auf den Weg nach Ägypten macht.

Als dieser in Theben eintrifft, legen Carter, Carnarvon und die ägyptischen Grabarbeiter insgesamt 16 Stufen einer Treppe frei, die in den Berg führt. Vor ihnen liegt der Gang zur versiegelten Grabanlage des Tutenchamun, 12. Herrscher der 18. Dynastie, der ca. 1319 v. Chr. als Kindkönig den Thron bestieg und schon im Alter von 19 Jahren starb. Es ist das erste intakte Königsgrab, das in der Neuzeit gefunden wird. Alle zuvor entdeckten Gräber waren, zum Teil schon Tausende Jahre früher, von Grabräubern geplündert worden. Zwar waren auch in dieses Grab in der Antike schon einmal Diebe eingedrungen, wovon die Unordnung in der vorderen Kammer zeugt sowie ein schmutziges Kopftuch, in das ein Dieb goldene Ringe eingewickelt hatte. Doch waren die Diebe nicht bis zur Grabkammer vorgedrungen. Vielleicht wurden sie auch auf frischer Tat ertappt, weshalb sie nicht noch mehr Schätze abtransportieren konnten.

Am 29. November 1922 öffnen Carter, Lord Carnarvon und ihre Helfer schließlich die Tür zur Vorkammer. Sie sind überwältigt von den prunkvollen

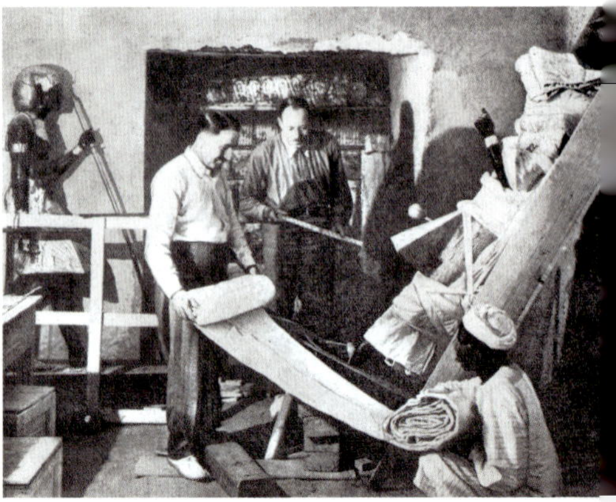

Carter 1: Autodidakt Howard Carter fand 1922 das Grab Tutanchamuns.

Feinarbeit: Restaurator bei der Arbeit am Tempel in Kom Ombo

Grabbeigaben, die für den jungen Pharao gesammelt worden waren. Sie finden einen in seine Einzelteile zerlegten goldenen Streitwagen. Liegen, die mit Tierfiguren verziert sind, stehen an den Wänden. Darauf stehen bemalte Truhen. Als sie Schritt für Schritt in den Raum vordringen, sehen sie eine zweite zugemauerte Tür, die zur Sargkammer führt.

Erst etwa drei Monate später, am 17. Februar 1923, dringen die Entdecker in die Sargkammer vor. So lautet zumindest die offizielle Version. Berichte von Zeitzeugen legen jedoch die Vermutung nahe, dass **Howard Carter** und Lord Carnarvon ihre Neugier nicht bändigen konnten und schon mehrere Wochen zuvor heimlich ein Loch in die Wand schlugen, um sich hindurchzuzwängen. Vor ihnen liegt der goldene äußere Sarkophag, der fast die gesamte kleine Kammer ausfüllt. Anschließend, so die Theorie, mauerten Carter und der britische Lord das Loch wieder zu.

In der Sargkammer liegt die Mumie im Innersten der drei ineinander geschachtelten Sarkophage. Der innere Sarg ist aus purem Gold und wiegt 225 Kilogramm. Nach der Öffnung findet Carter schließlich die Mumie des Pharaos mit der heute weltberühmten Totenmaske aus Gold und Halbedelsteinen.

Insgesamt zehn Jahre verbringt Carter mit der Erforschung des Grabes und seines Inhalts. Von der Sargkammer aus gelangen er und sein Team später in eine mit Figuren und anderen Grabbeigaben gefüllte Schatzkammer, die heute im Ägyptischen Museum in Kairo zu bestaunen sind. Carter und sein Geldgeber dürfen jedoch keine Fundstücke behalten, weil sich Carter mit der Altertümerverwaltung überworfen hatte. Ägyptologen kritisierten die Arbeitweise Carters, der nämlich die Mumie Tutanchamuns zerteilte, um sie aus dem Sarkophag zu holen. Carter war später verbittert, dass ihm in England trotz seines Jahrhundertfundes kein gesellschaftlicher Aufstieg beschert war. Auch die Fachwelt verweigerte ihm die lang ersehnte Anerkennung. Carter starb 1939 in London.

ÄGYPTEN WIRD REPUBLIK

Am 23. Juli 1952 stürzt eine Gruppe junger Offiziere die Regierung. Die »Freien Offiziere« rufen die Republik aus. Sie setzen die Verfassung außer Kraft und beginnen mit der Enteignung von Großgrundbesitzern. 1954 unterzeichnet die neue ägyptische Führung mit Großbritannien eine Vereinbarung über den Abzug der britischen Truppen. Der charismatische Gamal Abdel Nasser wird 1956 zum Präsidenten gewählt. Als Reaktion auf die Neutralitätspolitik Nassers, der gute Beziehungen zur Bewegung der »Blockfreien« und zu kommunistischen Staaten hat, streichen ihm die Westmächte Finanzhilfen zum Bau des großen Nil-Staudammes bei Assuan. Nasser verstaatlicht daraufhin den Suezkanal, um durch die Kanalgebühren Geld für das Großprojekt zu gewinnen. Israel wird der Zugang über das Rote Meer zu internationalen Handelsrouten abgeschnitten. Es kommt zur sogenannten **Suez-Krise.** Im Oktober 1956 beginnt ein neuer arabisch-israelischer Krieg, in dem die Großmächte Frankreich und Großbritannien den Israelis Schützenhilfe leisten. Militärisch wird Nasser zwar besiegt. Als Held der Araber, der sich Israel und den Westmächten widersetzt hat, gewinnt er jedoch enorme Popularität.

Innenpolitisch gehen unterdessen die Enteignungen reicher Bürger weiter. Vor allem Griechen und andere Ausländer, die seit Generationen in Ägypten ansässig waren, verlassen deshalb das Land. Einige von ihnen kehren später unter Sadat zurück, auch um sich verlorenen Besitz zu sichern. Die Mietpreise werden eingefroren. Wer unter Nasser eine Wohnung mietete, hat dadurch fast Besitzrechte erworben. Daraus entsteht die skurrile Situation, dass die Nachkommen eines Ägypters, der in den 1950er-Jahren eine Wohnung in der Innenstadt für eine marktübliche Miete von 20 LE (rund 2,70 €) pro Monat gemietet hatte, heute noch den gleichen Betrag an die Nachkommen des damaligen Wohnungsbesitzers bezahlen. Gleichzeitig aber kassieren sie, haben sie die Wohnung mittlerweile weitervermeitet, 1000 LE pro Monat von den jetzigen Bewohnern.

Nur von kurzer Dauer ist Ägyptens Zusammenschluss mit Syrien. Es ist der erste Versuch, einen panarabischen Staat zu gründen. Anfang der 1960er-Jahre orientiert sich das Land immer stärker an **sozialistischen Vorbildern**. 1967 kommt es zu einer erneuten militärischen Auseinandersetzung mit Israel. Im Sechs-Tage-Krieg werden die Araber derart demütigend geschlagen, dass es viele Staaten der Region bis ins Mark erschüttert. Die Israelis besetzen die ägyptische Sinai-Halbinsel.

Carter 2: US-Präsident Jimmy Carter 1979 mit Anwar al-Sadat und Menachem Begin

SADAT UND DER FRIEDEN

Nach Nassers Tod 1970 wird Vizepräsident **Anwar al-Sadat** neuer Staatschef. Unter Sadat werden einige der sozialistischen Zacken wieder von der ägyptischen Krone entfernt. Er distanziert sich von der Sowjetunion und nähert sich den USA. Da Israel in der Auseinandersetzung um die Wiedereröffnung des seit dem Sechs-Tage-Krieges geschlossenen Suezkanals wenig Flexibilität zeigt, und wohl auch um die 1967 verlorene Ehre seines Militärs wieder herzustellen, entscheiden sich Sadat und die syrische Führung zu einer gemeinsamen Militäraktion gegen Israel. Nach ersten Geländegewinnen, die das Selbstbewusstsein der Ägypter enorm stärken, wendet sich das Blatt jedoch. Der Krieg endet mit einem Aufruf der Vereinten Nationen zu Verhandlungen.

Es entsteht ein Mehrparteiensystem mit halbwegs freien Wahlen. Dominiert wird das Parlament von Sadats Nationaldemokratischer Partei (NDP), die auch heute noch über eine bequeme Mehrheit verfügt. Am 19. Juli 1977 entschließt sich Sadat zu einem historischen Schritt, für den er im Westen viel Lob, in der arabischen Welt jedoch erst einmal Unverständnis und Hass erntet: Er nimmt eine Einladung des israelischen Ministerpräsidenten Menachem Begin an und reist als erster arabischer Staatschef seit der Gründung Israels nach Jerusalem. In einer Rede vor der Knesset ruft er zum Frieden auf. Das von den Amerikanern vermittelte Friedensabkommen von Camp David besiegelt diesen Frieden schließlich. Die Israelis ziehen sich schrittweise von der besetzten ägyptischen Sinai-Halbinsel zurück. Das Verhältnis der Ägypter zu den Israelis bleibt wegen des Schicksals der Palästinenser in den besetzten Gebieten jedoch immer distanziert, weshalb man von einem »kalten Frieden« spricht.

weiter auf S. 362

ISLAM UND ISLAMISIERUNG

Der Muezzin, Armenspeisungen im Ramadan und verschleierte Frauen: Man spürt die Religion auf Schritt und Tritt.

Mehr als 90 Prozent der Ägypter sind Muslime. Sie gehören fast alle der sunnitischen Glaubensrichtung an. Anders als beispielsweise im puritanischen Saudi-Arabien spielt der Volksglaube in Ägypten noch eine wichtige Rolle. Heiligengräber werden besucht. Zu den religiösen Festen (Maulids), die oft auch Volksfestcharakter haben, versammeln sich Hunderttausende Menschen.

In den vergangenen 25 Jahren ist der Islam in Ägypten sichtbarer geworden, sowohl in Form einer wachsenden privaten Frömmigkeit als auch auf der politischen Bühne. Die Gründe für beide Phänomene sind vielschichtig. Eine Rolle spielen sicher die Frustration über den Nahost-Konflikt, die relative außenpolitische Machtlosigkeit des eigenen Staates, die technologische Unterlegenheit gegenüber dem Westen, ein durch das repressive System geförderter Mangel an säkularen politischen Alternativen und schließlich die Möglichkeit, durch Frömmigkeit gesellschaftliche Anerkennung zu erlangen.

Der gesellschaftliche Trend hin zur Religion wird allgemeinhin Islamisierung genannt, obwohl die Ägypter ja nicht zum Islam konvertieren, sondern dem Glauben bloß einen größeren Platz in ihrem Leben einräumen. Waren es früher fast nur ältere Taxifahrer mit langen Bärten, die ihre Fahrgäste mit Koran-Rezitationen beschallten, so hören jetzt auch jüngere Männer in moderner Kleidung oft den Radiosender Al-Quran al-Karim. Früher waren Frauen mit komplettem Gesichtsschleier fast immer Touristinnen aus den arabischen Golfstaaten. Heute sind vollständig verschleierte Ägypterinnen auch ein völlig normaler Anblick auf den Straßen von Kairo, Tanta, Luxor oder Alexandria.

Der Staat reagiert mit einem Zickzackkurs auf diese gesellschaftliche Entwicklung. Einerseits gibt er sich immer islamischer: Beamte erhalten ausreichend Zeit und Platz für das Gebet, in der U-Bahn wurden Waggons für Frauen eingeführt, die politische Führung demonstriert Frömmigkeit. Andererseits versucht der Staat, dem Phänomen Einhalt zu gebieten, indem er zum Beispiel Fernsehmoderatorinnen das Leben schwer macht, die plötzlich mit dem islamischen Kopftuch zur Arbeit erscheinen.

Koran-Studium: Al-Azhar, die älteste Universität der Welt, hat 375 000 Studenten.

Um die islamistischen Terrorgruppen, die in den 1990er-Jahren ausländische Touristen, koptische Christen und Intellektuelle ermordet hatten, wurde es nach einigen großen Verhaftungswellen still. Erst im Oktober 2004 tauchten sie wieder auf – diesmal auf dem Sinai. Experten glauben jedoch nicht, dass die einheimischen Terrorgruppen von früher hinter den neuen Anschlägen stecken. Fest steht jedoch, dass die überwältigende Mehrheit der ägyptischen Muslime den Terrorismus im Namen ihrer Religion ablehnt.

Unter den populären ägyptischen Predigern stechen derzeit vor allem zwei hervor: Amr Chaled, der mit seiner smarten Art und seinem modernen Ansatz viele junge Menschen in die Moscheen getrieben hat, die mit den traditionellen Predigten der älteren Scheichs nichts anfangen konnten, und Jussif al-Qaradawi, der einen sittenstrengen anti-westlichen Kurs fährt. Weit verbreitet sind inzwischen auch halb-private Frauenzirkel im bürgerlichen Milieu, in denen über Religion diskutiert wird.

Auf der politischen Bühne hat sich die Muslimbruderschaft inzwischen als wichtigste Kraft nach der Regierungspartei von Präsident Husni Mubarak etabliert. Offiziell ist die Bruderschaft zwar verboten, seit der Parlamentswahl vom Herbst 2005 sind ihre als Unabhängige firmierenden Mitglieder jedoch mit 88 Sitzen zweitstärkste Fraktion. Die 1928 in Ägypten gegründete Muslimbruderschaft hat in fast allen islamischen Ländern Anhänger oder Verbündete, die mit ihren Zielen, vor allem der Gründung eines »islamischen Staates«, sympathisieren. Im Parlament fallen sie denn auch weniger durch politische Visionen für eine Erneuerung des Staates auf, als beispielsweise durch Anfragen zur Religionserziehung oder zur Absetzung angeblich nicht-islamischer TV-Programme. Die um sich greifende private Frömmigkeit kommt der Regierung jedoch gelegen. Denn wenn die Ausübung ihrer Religion für die Bürger ein Ventil ist, um auf friedlichem Weg Dampf abzulassen, dann ist ihr das lieber als Demonst rationen und hitzige Parlamentsdebatten.

In seiner Wirtschaftspolitik setzt Sadat unterdessen auf Liberalisierung und Marktwirtschaft. Doch seine Politik der Öffnung (»Infitah«) schafft eine Schicht von Neureichen und hilft der armen Bevölkerungsmehrheit nicht. 1981 kommt es wegen einer Erhöhung der Brotpreise zu gewalttätigen Ausschreitungen. Am 6. Oktober 1981 erschießt ein Islamist Anwar al-Sadat, weil er mit Israel Frieden geschlossen hat. Sadats Nachfolger wird sein Stellvertreter Husni Mubarak.

DER EWIGE PRÄSIDENT

Der neue Präsident wird von vielen Ägyptern anfangs unterschätzt, weil er bisher in Sadats Schatten stand. Doch **Mubarak**, der aus dem Militär kommt, wächst mit seiner Aufgabe. Außenpolitisch hält er an Sadats Westbindung fest, allerdings bemüht er sich gelegentlich deutlicher um Neutralität als sein Vorgänger. Ihm gelingt es, Ägypten wieder einen ehrenvollen Platz im Chor der arabischen Staaten zu sichern, die ihm wegen des Abkommens mit Israel jahrelang die kalte Schulter gezeigt hatten. Eine seiner schwersten Krisen hat Mubarak in den 90er-Jahren zu bestehen, als islamistische Terroristen äyptische Christen und ausländische Touristen angreifen. 1995 überlebt er einen Attentatsversuch in Addis Abeba. Einen prägenden Stempel hat Mubarak Ägypten bisher nicht aufgedrückt, eher gilt er als Meister der Improvisation. Verband man Nasser mit dem Bau des Assuan-Staudammes und Sadat mit dem Friedensschluss mit Israel, so hat Mubarak an großen Vorhaben bisher lediglich das »Toschka-Projekt« zur Bewässerung großer Wüstenflächen vorzuweisen. Sehr erfolgreich ist dieses Projekt aber aus Expertensicht nicht. Dafür ist Mubarak für die westlichen Staaten ein guter Partner und Vermittler im Nahost-Friedensprozess.

2005 kommt es unter Mubarak zu einem kurzen politischen Frühling. Die Verfassung wird geändert, sodass Mubarak erstmals bei einer Präsidentenwahl gegen andere Kandidaten antreten muss. Die Entscheidung kommt so kurzfristig, dass es keinem gelingt, genügend Unterstützung zu gewinnen. Mubarak, damals 77 Jahre alt, gewinnt die Wahl. Der Oppositionelle **Eiman Nur**, der mit großem Abstand auf dem zweiten Platz landet, wird später wegen angeblicher Fälschung von Dokumenten zu fünf Jahren Haft verurteilt. Die Muslimbrüderschaft wird zweitstärkste Kraft neben der regierenden NDP.

Immer häufiger sieht man nun die Anhänger von Eiman Nurs liberaler Ghad-Partei zusammen mit Globalisierungsgegnern, kritischen Richtern und Angehörigen der linken Protestbewegung Kifaya demonstrieren, gegen die Notstandgesetze und gegen Wahlmanipulation. Die Opposition vermutet, dass Mubarak und seine Partei einen seiner beiden Söhne, Gamal Mubarak, für die Nachfolge als Präsident vorbereiten. Ein Teil der Bevölkerung, vor allem die koptischen Christen, stellt sich in dieser Zeit auf die Seite der Regierungspartei, in der sie einen Schutzwall gegen die erstarkende Muslimbrüderschaft sieht.

Straßenszene: Allgegenwärtig ist Hosni Mubarak. Er regiert Ägypten seit 1981.

وإبداع شعب
محمد حسنى مبارك
LOOK

REISE-SERVICE

Kairo ist chaotisch? Und auch der Rest des Landes ein Buch mit sieben Hieroglyphen? Macht nichts: Denn zahlreiche Tipps – von nützlichen Telefonnummern bis zur kleinen Sprachschule – werden jedem Reisenden helfen, sich im Land der Pharaonen zu orientieren.

Von A–Z 366
Metroplan Karo 377
Sprachführer 386
Glossar 388

Kutschenstation: Sind die Verkehrsmittel auch archaisch – für Urlauber geht es immer voran.

WISSENSWERTES VON A-Z

ALLGEMEINES

Die offizielle Bezeichnung des Staates ist Arabische Republik Ägypten. In arabischer Sprache heißt Ägypten Gumhuriyat Misr al-Arabiya, kurz: Misr. Die Ägypter selbst sagen aber meist Masr.

Bevölkerung: Ägypten hat rund 78 Mio. Einwohner. Davon leben etwa 17 Mio. in der Hauptstadt Kairo (arab. al-Qahira). 98 Prozent der Einwohner Ägyptens sind Araber. Im Süden lebt eine Minderheit von Nubiern, in der Westlichen Wüste findet man noch wenige Berber. Die ägyptischen Beduinen sind inzwischen fast alle sesshaft geworden. Die Bewohner Oberägyptens, die nicht nubischer Abstammung sind, nennt man Saidis. Außerdem leben in Ägypten palästinensische und sudanesische Flüchtlinge.

Das Bevölkerungswachstum ist mit 1,9 Prozent sehr hoch, ernsthafte staatliche Versuche dagegen gibt es jedoch nicht.

Geografie: Das nordostafrikanische Land grenzt im Westen an Libyen, im Norden an das Mittelmeer, im Osten an Israel, den palästinensischen Gaza-Streifen und das Rote Meer und im Süden an den Sudan. Ägypten hat eine Fläche von rund 1 Mio. km^2. Der größte Teil davon besteht aus Wüstenregionen, die fast unbesiedelt sind. Mehr als 90 Prozent der Ägypter wohnen auf etwa 4 Prozent der Fläche des Landes. Die Ballungszentren liegen entlang des Nils, im nördlichen Nil-Delta und an der Mittelmeerküste. Die Städte an der Küste des Roten Meeres sind alle erst in den letzten Jahrzehnten durch den Tourismus entstanden. Aufgrund des hohen Bevölkerungswachstums fördert die Regierung seit einigen Jahren – mit zum Teil nur mäßigem Erfolg – den Bau neuer Siedlungen in der Wüste. Vor allem rund um Kairo sind zahlreiche Trabantenstädte mit preiswertem Wohnraum sowie vornehme Villenviertel entstanden.

Sprache: Amts- und Umgangssprache in Ägypten ist Arabisch. Nur die Nubier und die Berber in der Oase Siwa sprechen ihre jeweils eigene Sprache. Die Saidis sprechen einen starken Dialekt. Wichtigste Fremdsprache in Ägypten ist Englisch. Lediglich die älteren Angehörigen der Oberschicht sprechen manchmal besser Französisch.

Religion: Mehr als 90 Prozent der Ägypter sind Muslime, die fast alle der sunnitischen Glaubensrichtung angehören. Die restlichen 6–10 Prozent der Bevölkerung sind Christen, die meisten von ihnen Kopten.

Wirtschaft: Die wichtigsten Einnahmequellen sind der Tourismus (im Jahr 2005 besuchten mehr als 8 Mio. Touristen das Land) und die Gebühren für den Suezkanal. Zu den wichtigsten Exportgütern zählen Erdöl und Baumwolle. Ein wichtiger Wirtschaftszweig ist außerdem die Landwirtschaft. Dennoch müssen jedes Jahr große Mengen an Getreide und anderen Nahrungsmitteln importiert werden.

Politik: Ägypten ist eine stark zentralistisch organisierte Präsidialrepublik. Präsident Husni Mubarak ist seit 1981 Staatsoberhaupt. Er ist zugleich Vorsitzender der regierenden Nationaldemokratischen Partei (NDP). Im Herbst 2005 fanden erstmals Prä-

sidentschaftswahlen statt. Vorher hatte sich Mubarak lediglich alle sechs Jahre per Referendum im Amt bestätigen lassen. Im Parlament sind die Muslimbrüder die zweitstärkste Kraft.

ANREISE

Mit dem Flugzeug

Nach Ägypten reist man am besten mit dem Flugzeug. Es gibt Linienflüge von allen großen europäischen Flughäfen, wobei meist Kairo angeflogen wird, zum Teil aber auch Alexandria. Direktflüge mit Egypt Air sind ab etwa 350 € zu buchen. Nicht vergessen: Bei Egypt Air den Rückflug vor Ort bestätigen. Die Charterfluggesellschaften fliegen fast ausschließlich die Badeorte am Roten Meer an, vor allem Hurghada und Scharm al-Scheich.
Die Flugzeit von Deutschland beträgt rund vier Stunden. Zu den deutschen Fluggesellschaften, die Ägypten anfliegen, gehören neben der Lufthansa auch Air Berlin und seit neuestem Hapagfly. Die staatliche ägyptische Fluggesellschaft Egypt Air fliegt ab Frankfurt, Düsseldorf, Berlin und München. Von Wien aus kommt man mit Egypt Air und Austrian nach Kairo. Direktflüge nach Hurghada oder Scharm al-Scheich bieten Charterfluggesellschaften an. Von Zürich aus fliegen Egypt Air und Swiss nach Kairo.

Zu Stoßzeiten sind die Busse oft überfüllt. Gesitteter geht es in den Minibussen zu.

Meist ist es günstig, auch mögliche Inlandsflüge im Voraus zu planen, weil die Buchung im Heimatland preiswerter ist als bei Egypt Air vor Ort. Bei Inlandsflügen ist mit gelegentlichen Verspätungen zu rechnen.
Alle ägyptischen Flughäfen bis auf den Flughafen Kairo sind eher klein und übersichtlich. Der Flughafen Kairo hat zwei Terminals, die etwa 1 km voneinander entfernt hinter dem Vorort Heliopolis (arab. Misr Gadida) liegen. Terminal 1 wird »alter Flughafen« genannt, dort kommen Inlandsflüge, Maschinen der Egypt Air und Flüge aus allen arabischen Staaten an, außer den arabischen Golfstaaten. Am Terminal 2 (»neuer Flughafen«) landen in erster Linie Maschinen aus dem nicht-arabischen Ausland und den reichen Golfstaaten.

Mit einem der Limousine-Services kostet die Fahrt vom Flughafen Kairo bis in die Innenstadt maximal 71 LE, Taxis sind wesentlich günstiger. Bitte beachten Sie: Wer zwischen 13 und 14 Uhr in Kairo landet, gerät mitten in die Rushhour und muss eine Stunde Fahrtzeit in die Innenstadt in Kauf nehmen. Auch mitten in der Nacht kann die Warteschlange an der Passkontrolle bei der Einreise am Flughafen Kairo lang sein. Daher zeitlich nicht zu knapp kalkulieren. Bei der Ausreise geht es dagegen relativ schnell.

Mit der Bahn oder dem Auto

Es gibt eine Fährverbindung zwischen dem ägyptischen Badeort Nuwaiba auf der Sinai-Halbinsel und der jordanischen Hafenstadt

Aqaba auf der anderen Seite des Golfs von Aqaba. Diese Fähre wird hauptsächlich von arabischen Gastarbeitern genutzt. Die Reise ist etwas beschwerlich.
Die Einreise mit dem eigenen Auto, etwa aus Israel, ist wegen der umständlichen Formalitäten an der Grenze und der oft nicht einheitlichen Zollbestimmungen nicht empfehlenswert.

APOTHEKEN

An Apotheken herrscht wahrlich kein Mangel in Ägypten und für manche arme Leute, die das Geld für den Arztbesuch sparen, muss der Apotheker gelegentlich den Arzt ersetzen. Die meisten Apotheken haben bis spät in die Nacht geöffnet. Es gibt alle Medikamente auch ohne Rezept. Die Apotheke Technopharm in Kairo ist 24 Stunden geöffnet und unter Tel. 02/199 55 zu erreichen. Sie hat einen Lieferservice.

ÄRZTE

In Ägypten findet man zahlreiche deutschsprachige Ärzte, die entweder in Deutschland studiert oder eine der deutschen Schulen in Kairo besucht haben. Viele ägyptische Ärzte verschreiben Medikamente leider nach dem Prinzip »viel hilft viel«. Die meisten niedergelassenen Ärzte in Ägypten machen Hausbesuche.

Einige deutschsprachige Ärzte in Kairo:
Allgemeinmedizin und Kinder
Dr. Mona Abu Zekry, 7 Sch. al-Zuhur, Mohandessin, Tel. 02/7 60 01 01, Handy 0 12/2 14 26 69
Dr. Lubna Fawaz, 14 Sch. Syria, Mohandessin, Tel. 02/3 36 69 87, Handy 0 12/64 81 87 69
Gynäkologie
Dr. Samira al-Mallah, 21 Sch. al-Chalifa al-Maamun, Heliopolis, Tel. 02/2 91 80 30, Handy 0 10/146 78 63

AUSKUNFT

In allen touristisch erschlossenen Gebieten Ägyptens gibt es Touristen-Informationsstellen. Allerdings sind die Auskünfte, die man dort erhält, nicht immer sehr hilfreich. Oft ist es besser, im Hotel oder in einem lokalen Reisebüro nachzufragen.
Die Telefonauskunft ist unter den Nummern 140 und 142 zu erreichen. Erwarten Sie jedoch keine allzu großen Fremdsprachenkenntnisse. Die Touristenpolizei, die für die Sicherheit der Ausländer zuständig ist, hat landesweit die Telefonnummer 126.
Anregungen und einige Geschichten zu Urlaubszielen in Ägypten bietet die Internetseite des ägyptischen Tourismusministeriums www.touregypt.net
Generelle Informationen findet man auf der Internetseite des Auswärtigen Amtes www.auswaertiges-amt.de unter Länderinformationen/Ägypten.

Ägyptische Fremdenverkehrsämter:
Kaiserstraße 64 a, 60329 Frankfurt/Main, Tel. 0 69/25 21 53
Opernring 3, 1010 Wien, Tel. 01/5 87 66 33
Marktgasse 59, 3011 Bern, Tel. 0 31/3 11 22 10

AUTO

Autofahren in Ägypten ist für Menschen, die an den einigermaßen geordneten Verkehr

Europas gewöhnt sind, eine echte Herausforderung. Gefahren wird nicht in Linien nebeneinander, sondern im Rudel. Ampeln scheinen, soweit überhaupt vorhanden, eher der Straßendekoration als der Regelung des Verkehrs zu dienen. Wann gefahren und wann angehalten wird, bestimmt in der Regel ein Verkehrspolizist, der mitten auf der Kreuzung steht.

Viele ägyptische Autofahrer fahren im Dunkeln ohne Scheinwerfer. Deshalb ist nachts besondere Vorsicht geboten.

Geparkt wird oft »nach Geräusch«, das heißt man stößt vorne und hinten vorsichtig an die dort geparkten Autos, so lange bis es passt. In Kairo wird oft in zweiter Reihe geparkt. Der Fahrer zieht dann in der Regel nicht die Handbremse an, damit sein Wagen zur Seite geschoben werden kann, wenn ein dahinter geparktes Auto wegbewegt werden muss. Überall findet man in Kairo inoffizielle »Parkraumbewirtschafter«, die einem bei der Parkplatzsuche helfen und anschließend – je nachdem wie chic das Viertel ist – ein Trinkgeld von 50 PT bis 5 LE erwarten. Parkhäuser gibt es nur neben einigen großen Hotels und Shopping Malls.

Zu kleinen Auffahrunfällen kommt es gerade im chaotischen Verkehr in Alexandria und Kairo häufig. Die Ägypter sind aber in dieser Hinsicht sehr lässig und steigen oft nicht einmal aus, um den Blechschaden zu begutachten. Ansonsten aber wird die Schadenregulierung in Verhandlungen beschlossen. Meistens ruft man dazu nicht einmal die Polizei, denn das würde die Angelegenheit auf jeden Fall sehr viel komplizierter machen.

Wer in Ägypten eine Autopanne hat und sich nicht in direkter Nähe einer Werkstatt befindet, schließt sein Auto am besten ab, lässt es am Straßenrand stehen und macht sich zusammen mit einem Taxifahrer auf die Suche nach einem Mechaniker, der dann kommt, und versucht, das Auto vor Ort zu reparieren. Auf dem Sinai und anderen Überlandstraßen stehen am Straßenrand Schilder mit der Telefonnummer des lokalen Pannenservice.

BOOTSVERLEIH

In Kairo, Luxor und Assuan kann man stunden- oder tageweise traditionelle Segelboote (Feluken) oder einfache Motorboote mit Bootsführer mieten. Mit ägyptischen Yachten werden nur Touren innerhalb der Hoheitsgewässer angeboten.

BUCHTIPPS

Der Unterschied zwischen einem Engel. Ägyptische Novelle, Christoph Braendle, Picus 2000, 13,90 €.

Ideale Lektüre zur Einstimmung auf eine erste Ägypten-Reise ist diese Mischung aus Reisebeschreibung, Roman und kleinen Beobachtungen von unterwegs. Die Ägypter mögen ihm verzeihen, dass er den Namen ihrer heimlichen Nationalheldin, der Sängerin Umm Kalthum, falsch geschrieben hat.

Tod auf dem Nil, Agatha Christie, Fischer 2005, 7,95 €.

Ein Klassiker der Krimi-Literatur, zu dem sich Christie 1933 bei einer Ägypten-Reise inspirieren ließ. Meisterhaft lockt sie den Leser bei der Suche nach dem Mörder an Bord eines Kreuzfahrtschiffes immer wieder auf falsche Fährten. Unvergessen bleibt die Verfilmung des Buches von 1978 mit Sir Peter Ustinov in der Rolle des Meisterdetektives Hercule Poirot.

Die Kairo-Trilogie (Zwischen den Palästen/Palast der Sehnsucht/Zuckergässchen), Nagib Machfus, Unionsverlag 2004, 29,90 €.
Diese Familiensaga war ein Meilenstein in der Geschichte des arabischen Romans. Das Schicksal einer Kaufmannsfamilie aus Kairo verwebt der Literaturnobelpreisträger mit den historischen Ereignissen gekonnt zu einem farbigen Bild der ägyptischen Gesellschaft.

Das Buch der Schicksale, Gamal al-Ghitani, C. H. Beck 2001, 24,50 €.
Roman, der in den 1970er-Jahren spielt. Am Beispiel eines jungen Mannes, der seine ersten Erfahrungen mit westlichen Ausländern und ihrem fremden Lebensstil macht, beschreibt Al-Ghitani sein Land in einer Phase des Umbruchs. Der Romancier und Literaturkritiker gehört zu den bedeutendsten zeitgenössischen Autoren Ägyptens.

Ägyptens versunkene Schätze, Franck Goddio, Prestel 2006, 29 €.
Sachbuch mit wunderschönen Unterwasserfotos des französischen Meeresarchäologen, der vor der ägyptischen Mittelmeerküste antike Schätze geborgen hat. Seine Funde haben nicht nur die Herzen der Archäologen höher schlagen lassen, sondern auch ein breites Ausstellungspublikum begeistert. Allerdings sind nicht alle Forscher mit der Art und Weise einverstanden, wie Goddio seine Funde interpretiert hat.

Lexikon der Pharaonen, Thomas Schneider, Patmos 2002, 14,90 €.
Fundiertes Nachschlagewerk für Hobby-Ägyptologen, die nach der Besichtigung von Tempeln und Gräbern abends im Hotelbett noch etwas mehr über Ramses, Echnaton & Co. nachlesen wollen. Die Texte sind auch für Laien verständlich geschrieben. Es werden zudem Details zur Bautätigkeit der einzelnen Herrscher, ihrer Abstammung und ihren Feldzügen aufgelistet.

Die blaue Aubergine, Miral al-Tahawi, Unionsverlag 2004, 9,90 €.
Kurzer Roman über junge Ägypter im Spannungsfeld zwischen Traditionen, Islamismus, Liebe, Selbstfindung und Sex. Hauptfigur des Buches ist ein Mädchen, das von seinen Eltern den wenig schmeichelhaften Spitznamen »Blaue Aubergine« erhalten hat.

DIEBSTAHL

Ägypten ist ein sehr sicheres Land. Die Kriminalitätsrate ist relativ niedrig, abgesehen von Gewaltverbrechen innerhalb der Familie. Im Gedränge, etwa im Basar, sollte man trotzdem auf seinen Geldbeutel achtgeben und auch in den Hotels den Safe nutzen. Wenn wirklich etwas gestohlen wird, sollte man sich gut überlegen, ob man zur Polizei geht. Denn es kommt häufig vor, dass man viele Stunden auf der Wache zubringen muss, bei sehr geringen Erfolgsaussichten. Bessere Chancen hat man, wenn man z. B. genau bemerkt hat, wo man bestohlen wurde, und dann dem Hotelmanager, den Händlern in der Gasse oder dem Busfahrer sofort von dem Diebstahl berichtet. Manchmal ist es sinnvoll, zu sagen: »Ich gehe jetzt für fünf Minuten weg und hoffe, dass der Geldbeutel/die Handtasche bis dahin auftaucht, weil ich sonst die Polizei holen muss.« Gelegentlich kann es vorkommen, dass Verlorenes so auf mysteriöse Weise wieder auftaucht.

DIPLOMATISCHE VERTRETUNGEN

In Deutschland, Österreich und Schweiz:
Botschaft der Arabischen Republik Ägypten, Stauffenbergstraße 6–7, 10785 Berlin, Tel. 0 30/4 77 54 70, Fax 0 30/4 77 10 49, Mo–Fr 9–16 Uhr (tel. Vereinbarung), www.egyptian-embassy.de, Konsularabteilung: Tel. 0 30/47 90 18 80, Fax 0 30/4 77 40 00, Mo–Fr 9–13 Uhr

Botschaft der Arabischen Republik Ägypten, Hohe Warte 50–54, 1190 Wien, Tel. 01 /3 70 81 04, Fax 01/3 70 81 04 27, Mo–Fr 9–17 Uhr, www.egyptembassyvienna.at, Konsularabteilung: Tel. 01/3 70 81 08 60, Fax 01/3 70 81 08 69

Botschaft der Arabischen Republik Ägypten, Elfenauweg 61, 3006 Bern, Tel. 031/3 52 80 13, Fax 031/3 52 06 25, Mo–Fr 9–15 Uhr, Konsularabteilung: Tel. 0 31/3 52 80 55, Mo–Fr 9–14 Uhr

In Ägypten:
Botschaft der Bundesrepublik Deutschland, 2 Sch. Berlin (Sch. Hassan Sabri), Zamalek, Kairo. Tel. 02/7 39 96 00, Fax 02/7 36 05 30, www.kairo.diplo.de
Honorarkonsulin Nevine Leheta, 9 Sch. al-Fawatim, Mazarita, Alexandria, Tel. 03/4 86 75 03, Fax 03/4 84 09 77
Honorarkonsul Peter-Jürgen Ely, 365 al Gabal al-Schamali, Hurghada, Tel. 0 65/3 44 36 05 und 3 44 57 34, Fax 0 65/3 44 36 05
Botschaft der Republik Österreich, 5 Sch. Wissa Wassef, Ecke al-Nil Street, Riyadh Tower, 5th floor, Gizeh, Kairo, Tel. 02/5 70 29 75, Fax 02/5 70 29 79, www.austriaegypt.org

Botschaft der Schweizerischen Eidgenossenschaft, 10 Sch. Abdel Chalek Sarwat, Kairo, Tel. 02/5 75 82 84, Fax 02/5 74 52 36, www.eda.admin.ch/cairo

EINREISEDOKUMENTE

Deutsche, Österreicher und Schweizer können bei der Einreise als Touristen am Flughafen gegen eine Gebühr von 15 US-$ ein Visum erhalten. Das Visum ist 30 Tage gültig. Voraussetzung ist ein noch mindestens drei Monate gültiger Reisepass. Es ist für Touristen nicht notwendig, vorab ein Visum bei der ägyptischen Botschaft zu beantragen, außer bei der Einreise über Rafah, Taba, Suez oder Assuan. Bei der Einreise in Nuwaiba oder Taba kann man ein Visum erhalten, das nur für die Badeorte auf dem Sinai gültig ist.
Seit 2002 können Deutsche als Touristen mit dem Personalausweis nach Ägypten reisen. Es ist jedoch trotzdem ein Visum erforderlich, das gegen eine Gebühr von 22 € von der ägyptischen Botschaft in Berlin oder den Generalkonsulaten in Frankfurt und Hamburg ausgestellt wird oder bei der Einreise erworben werden kann. Bei Einreise

mit dem Personalausweis muss man nach der Ankunft eine Einreisekarte ausfüllen. Auch wird ein Passbild benötigt. Die Einreise mit dem Reisepass ist insgesamt einfacher.

FAHRRADVERLEIH

In den meisten Badeorten am Roten Meer sowie in Luxor und Assuan kann man Fahrräder mieten. In Kairo und Alexandria ist das Fahrradfahren nicht ratsam. Abgesehen von einigen »Profis«, die mit ihren Fahrrädern Brot oder andere Waren ausliefern, fährt in diesen Großstädten mit ihrem mörderischen Verkehr niemand mit dem Rad.

FKK

Nacktbaden ist in Ägypten nicht erlaubt. An den Stränden der größeren Hotels wird normalerweise niemand etwas sagen, wenn eine Frau oben ohne unter dem Sonnenschirm liegt. An öffentlichen Stränden ist dies jedoch absolut tabu. Generell schadet es nicht, wenn man aus Rücksichtnahme auf die Traditionen des Landes in Ägypten auf das Tragen von String-Tangas verzichtet und nicht barbusig badet.

FOTOGRAFIEREN

Die meisten Ägypter haben nichts dagegen, wenn man sie fotografiert und fast jedermann ist bereit, mit Ihrer Kamera ein Foto von Ihnen zu machen, wenn Sie freundlich darum bitten. In der Nähe militärischer Einrichtungen und zum Teil auch an Brücken und vor Regierungsgebäuden ist das Fotografieren verboten (Hinweisschilder beachten). Zu Streit kann es kommen, wenn man konservativ gekleidete ägyptische Frauen oder Frauen in Badekleidung fotografiert. Auch sehen es die Ägypter oft nicht gerne, wenn Ausländer besonders schäbige, schmutzige Gassen ablichten. Filme kann man in Ägypten an jedem Ort entwickeln lassen. Die Qualität ist unterschiedlich. In den Kodak-Shops geht man z. B. ein eher geringes Risiko ein. An den meisten touristischen Orten kann man inzwischen auch Digitalfotos entwickeln lassen.

FRAUEN

Die ägyptische Gesellschaft ist sehr konservativ. Uneheliche Liebesbeziehungen zwischen Frauen und Männern werden nur von ganz wenigen Angehörigen der Oberschicht akzeptiert. Muslimische Frauen riskieren, von ihrer Familie verstoßen zu werden, wenn sie einen nicht-muslimischen Mann heiraten. Deshalb sollten ausländische Touristen sehr vorsichtig sein, wenn sie eine Ägypterin kennenlernen. Alleinreisende Urlauberinnen sorgen zwar an manchen Orten für Aufsehen, vor allem auf dem Land, generell schützen jedoch konservative Kleidung und ein energisches, nicht zu vertrauensseliges Auftreten vor Belästigung.

FUNDBÜRO

Wer in Ägypten etwas verliert, der bekommt es meistens auch nicht wieder. Fundbüros gibt es nicht. Ehrliche Finder geben Fundsachen höchstens bei der nächsten Polizeistation ab. Wer in Kairo am Flughafen ein Taxi nimmt und etwas in dem Fahrzeug vergisst, hat noch eine Chance, wenn er bei der Polizei am Internationalen Flughafen nachfragt. Denn die notiert normalerweise das Nummernschild des Taxis und den Namen des Fahrgastes. Auch wer einen Koffer am Flughafen vergisst, wird diesen meist zurückerhalten.

GELD

Währung ist das ägyptische Pfund, abgekürzt EGP (Egyptian Pound) oder LE (Livres Égyptiennes). Ein Pfund besteht aus 100 Piastern (PT). Auf Ägyptisch-Arabisch sagt man Guinee (Pfund) und Irsch (Piaster). Im Umlauf sind Banknoten mit dem Wert von 25 und 50 PT sowie 1, 5, 10, 20, 50 und 100 LE. Gelegentlich findet man auch 10-Piaster-Scheine oder Münzen zu 5, 10 oder 25 PT. Seit 2006 gibt es auch Ein-Pfund-Münzen.

Die Schalterhallen der Banken sind von 8.30–14 Uhr geöffnet. In allen größeren Städten gibt es Geldautomaten, an denen man mit der Kreditkarte, zum Teil auch mit der EC-Karte und PIN-Nummer Bargeld abheben kann. Bargeld tauscht man entweder in der Bank, in einer lizensierten Wechselstube oder im Hotel, wo der Kurs allerdings manchmal etwas weniger gut ist. Einen Schwarzmarkt gibt es seit etwa zwei Jahren nicht mehr, allerdings sind Ägypter gelegentlich interessiert daran, US-Dollar oder Euro zu wechseln, weil sie bei der Bank nicht unbegrenzt Devisen erhalten.

Man sollte immer genügend kleine Geldscheine (50 PT, 1 LE) für Trinkgeld bereithalten. Auch beim Taxifahren erspart es einem oft langwierige Diskussionen, wenn man das passende Kleingeld gleich dabei hat.

Alle größeren Hotels, die Mehrheit der

Pfunde und Piaster: ägyptischer Zaster.

WECHSELKURSE

EGP/LE	Euro	SFr
0,50	0,07	0,11
1	0,13	0,22
2	0,27	0,44
5	0,67	1,09
10	1,35	2,19
20	2,70	4,38
30	4,05	6,57
50	6,75	10,95
100	13,50	21,90
250	33,76	54,76
500	67,53	109,54
750	101,29	164,31
1000	135,06	219,08

Stand: Februar 2007

1 Euro 7,40 EGP/LE
1 Franken 4,56 EGP/LE

NEBENKOSTEN
(umgerechnet in €)

1 Tasse Kaffee	1,50
1 Bier	2,50
1 Cola/Softdrink	0,50
1 Brot (ca. 500 g)	1,50
1 Schachtel Zigaretten	1,50
1 Liter Benzin	0,20
Fahrt mit dem Bus (Einzelfahrt)	0,05
Mietwagen am Tag	ab 60,00

Restaurants und die meisten Geschäfte akzeptieren Kreditkarten.
Die Visa-Karte ist am stärksten verbreitet, gefolgt von American Express und MasterCard. Allerdings kommt es gelegentlich vor – meistens in kleineren Boutiquen –, dass die Kreditkarten-Lesegeräte streiken und man doch bar zahlen muss.
In Ausnahmefällen wird für das Zahlen mit Kreditkarte eine kleine Gebühr erhoben, die sich nach der Höhe der Summe errechnet, die man bezahlt.

GOTTESDIENSTE

Evangelische Gottesdienste in deutscher Sprache:

Kairo: Evangelische Kirche in Bulak, 26 Sch. al-Galaa, So 17.30 Uhr
Alexandria: Reformierte Kirche, Rue de la Poste, gegenüber Senghor-Universität, tel. Auskunft für Zeiten bei Walter Köhler, 03/4 29 89 10
Assuan: Kapelle des Deutschen Krankenhauses, 23 Corniche al-Nil, So 10.30 Uhr (außer 1. So im Monat)
Dahab: tel. Auskunft bei Pfarrerin Tina Hülsbus, Handy 0 10/3 30 92 62

Katholische Gottesdienste in deutscher Sprache:

Kairo: Konvent der Borromäerinnen, im Vorort Maadi, 6 Straße Nr. 12, Ecke Straße Nr. 75, Sa 18.30 Uhr, So 8 Uhr sowie in der Schule der Borromäerinnen (DSB) im Innenstadtviertel Bab al-Luk, 8 Sch. Mohammed Mahmud, So 8.30 Uhr
Alexandria: tel. Auskunft bei Nikolaus Eberl, 03/3 98 00 50

INTERNET

Internet-Cafés gibt es in Ägypten inzwischen fast überall. Die Nutzungsgebühren sind mit 5–15 LE pro Stunde nicht hoch. Eines der besseren Internet-Cafés in Kairo (Café de Paris im Bustan Center) findet man in der Sch. al-Bustan in der Nähe des zentralen Tahrir-Platzes.

KLEIDUNG

Das ganze Jahr über benötigt man eine gute Sonnenbrille und eine Kopfbedeckung. Von Juni bis Oktober braucht man nur leichte Sommerkleidung und Sandalen. Am Abend reicht meist eine leichte Jacke. Vor allem auf Touren außerhalb der Badeorte sollte man daran denken, dass man sich in einem islamischen Land befindet und deshalb keine besonders kurze, transparente oder enge Kleidung tragen. Auch bauchfreie T-Shirts und Trägerhemdchen sind etwa bei Reisen in die Oasen oder Besichtigungstouren in Oberägypten eher unpassend. Für Touren in die Wüste sind Wander- oder Turnschuhe empfehlenswert.
Im Winter braucht man leichte Wollpullover und warme Hosen. Einen Wollmantel benötigt man in Ägypten nie. In den Häusern herrscht im Winter oft drinnen die gleiche Temperatur wie draußen. In Hotels lässt sich die Klimaanlage meist zur Heizung umfunktionieren. Vorsicht: In der Wüste kann es – vor allem auf dem Sinai – im Winter nachts sehr kalt werden.

KULTURINSTITUTE

In Kairo sind mehrere europäische Staaten mit ihren Kulturinstituten vertreten. Das

Goethe-Institut (5 Sch. al-Bustan, Nähe Tahrir-Platz, Tel. 02/5 75 98 77, www.goethe.de/kairo) veranstaltet regelmäßig Filmvorführungen, Diskussionsrunden, Konzerte und Lesungen und hat auch eine Dependance in Alexandria (10 Rue des Ptolémées, Azarita, Tel. 03/4 87 98 70). Auch das französische Centre Français de Culture et de Coopération (1, Sch. Madrassat al-Huquq al-Frinsiya, Munira, Tel. 02/7 91 58 00, www.ambafrance-eg.org/cfcc) bietet oft interessante Abendveranstaltungen. Das Bistro ist So–Fr von 9–16 Uhr geöffnet. Es gibt einen kostenlosen Internet-Zugang.

LEIHWAGEN

Wer in Ägypten ein Auto mieten will, muss mindestens 25 Jahre alt sein und neben seinem nationalen auch einen internationalen Führerschein vorlegen, außerdem den Reisepass. Generell ist davon abzuraten, ein Auto ohne Fahrer zu mieten, wenn man nicht ein besonders guter Autofahrer ist und Nerven wie Drahtseile hat. In Ägypten gilt im Verkehr das Gesetz des Dschungels. Das bedeutet, kleinere Fahrzeuge müssen den größeren Platz machen. Außerdem schaut aus Prinzip niemand in den Rückspiegel. Der Blick des Autofahrers ist immer nach vorne gerichtet. Die mangelhafte Beschilderung erschwert das Fahren mit dem Leihwagen zusätzlich. Manche Hinweisschilder sind zudem nur auf Arabisch beschriftet.
Avis: Mittelklassewagen von Hyundai oder Toyota pro Tag etwa 48 US-$ inkl. 100 km. Kairo Tel. 02/5 27 54 00, Scharm al-Scheich Tel. 0 69/3 60 24 00
Budget: Kairo im Stadtteil Aguza, Tel. 02/7 62 05 18 und am Internationalen Flughafen, Tel. 02/2 65 23 95, sowie in Scharm al-Scheich im Coral Bay Hotel.
Limousine Misr: Größere bequeme Fahrzeuge mit Fahrer in Kairo, Tel. 02/6 85 67 22.
Blue Cab: Einfache Mittelklassewagen mit Fahrer, die die Urlauber gegen entsprechende Bezahlung auf den Sinai oder in andere Ferienregionen im Umkreis von ca. 600 km bringen, in Kairo, Tel. 02/7 60 97 17.

MEDIZINISCHE VERSORGUNG

Spezielle Impfungen sind vor einer Ägypten-Reise nicht erforderlich. Lediglich für Reisen in die Oasen kann im Sommer eine Malariaprophylaxe sinnvoll sein. Wer unter einer der klassischen Urlaubserkrankungen (Sonnenstich und Durchfall) leidet, wird kein Problem haben, in Ägypten medizinische Hilfe zu finden. Ist ein Krankenhausaufenthalt erforderlich, so sollte man überlegen, ob eine Rückreise, wenn noch möglich, nicht vielleicht ratsamer ist. Es gibt in Kairo, Alexandria, Luxor, Assuan und Hurghada zwar einige anständige Krankenhäuser. Die Krankenschwestern verhalten sich jedoch, vor allem wenn man kein Trinkgeld gibt, oft sehr nachlässig. Auch ist die Hygiene nicht immer optimal.
Anglo-American Hospital, Zamalek, Kairo, Tel. 02/7 35 61 62
Dar al-Fuad Hospital, 6th of October City (vor den Toren Kairos), Tel. 02/8 35 60 30
Deutsches Krankenhaus (Al-Almany), Alexandria, Tel. 03/5 87 18 06
Luxor International Hospital, Luxor, Tel. 0 95/2 37 20 25

El Gouna Hospital, al-Gouna, Hurghada, Tel. 0 65/3 58 00 11
Deutsches Evangelisches Krankenhaus, Assuan, Tel. 0 97/31 71 76
Scharm al-Scheich New Hospital, Scharm al-Scheich, Tel. 0 69/3 66 08 93

MESSEN

Das Messegelände liegt in Nasr-City an der Straße zum Flughafen. Die Internationale Buchmesse in Kairo jeweils Ende Januar ist eine Mischung aus Literaturtreff und Volksfest. In den vergangenen Jahren hat die Zahl der Verlage zugenommen, die Bücher über den Islam verkaufen. Seither findet man auffällig viele Männer mit langen Bärten und vollverschleierte Frauen bei dieser Messe. Im März findet jährlich die Internationale Kairo-Messe statt, bei der Waren aller Art präsentiert werden.

NOTRUFNUMMERN

Polizei 122, **Touristenpolizei** 126, **Feuerwehr** 125, **Ambulanz** 123 (kommt nicht immer schnell, weshalb es oft besser ist, mit dem Taxi zur nächsten Klinik zu fahren).

ÖFFENTLICHE VERKEHRSMITTEL

Bus: In Kairo kostet eine Fahrt für jede beliebige Strecke 25–50 PT. Auf die Fahrtüchtigkeit der Busse, die zu den Stoßzeiten in den Städten hoffnungslos überfüllt sind, kann man sich allerdings nicht unbedingt verlassen. Auch kann es für Frauen im vollen Bus unangenehm werden, wenn männliche Fahrgäste sie »rein zufällig« berühren. Gesitteter geht es im Minibus zu. Für eine Fahrt zahlt man in der Stadt 1–2 LE. Allerdings sind deren Fahrer dafür bekannt, dass sie wie die Henker fahren.

Metro: Dem Verkehrsstau entkommt man auf einigen Strecken in Kairo am besten mit der U-Bahn. Eine Strecke kostet 75 PT. Für Frauen gibt es in der Metro eigene Abteile (Arabiyat al-Sittat). Frauen dürfen auch zusammen mit den Männern fahren. Allerdings ist den Männern aber der Aufenthalt im Frauenabteil untersagt. Die gleiche Regel gilt ebenso für die Straßenbahnen in Alexandria.

ÖFFNUNGSZEITEN ALLGEMEIN

Kernöffnungszeit für Geschäfte ist 10–20 Uhr. Die meisten Läden sind aber mindestens bis 22 Uhr geöffnet, einige Supermärkte in Kairo sogar rund um die Uhr. Museen und Sehenswürdigkeiten kann man fast immer zwischen 9 und 17 Uhr besuchen, wobei der Ticketschalter manchmal schon um 16 oder 16.30 Uhr geschlossen wird. Erwarten Sie nie, dass ein Aufpasser Sie länger in einem Museum verweilen lässt. Sonst lassen die Ägypter ja schon mal Fünfe gerade sein, vor allem wenn ein Bakschisch dabei herausspringt, aber Dienst ist Dienst und Vorschrift ist Vorschrift, zumindest wenn es um den pünktlichen Beginn des Feierabends eines ägyptischen Beamten geht.

Kairo ohne Chaos: Tickets für die U-Bahn

CAIRO Metro
Line 1
Line 2
planned
2005 © UrbanRail.Net (R. Schwandl)
1
New El-Marg
El-Marg
Ezbet El-Nakhl
Ain Shams
El-Matareyya
Helmiet El-Zaitoun
Hadayeq El-Zaitoun
Saray El-Qobba
Hammamat El-Qobba
Kobri El-Qobba
Manshiet El-Sadr
El-Demerdash
Ghamra
Mubarak
Orabi
Nasser
Sadat
Saad Zaghloul
Sayyeda Zeinab
El-Malek El-Saleh
Mar Girgis
El-Zahraa
Dar El-Salam
Hadayeq El-Maadi
Maadi
Sakanat El-Maadi
Tora El-Balad
Kozzika
Tora El-Asmant
El-Maasara
Hadayeq Helwan
Wadi Hof
Helwan University
Ain Helwan
Helwan
2
Shobra
Koliet El-Zeraa
Mezallat
Khalafawy
Sainte Teresa
Road El-Farag
Massara
Ataba
Naguib
Gezira
(Opera)
Bohooth
Dokki
Cairo University
Faisal
Giza Railway
Giza Suburbs
Sakiat Mekki
El Mounib
3
Embaba
Sudan
Kit Kat
Zamalek
Boulaq
Mohandiseen
Emad-Eldin
Abbassiya
Al Ahram
Airport

Die Besichtigung von Moscheen ist möglich, allerdings nicht während des Freitagsgebets, das – je nach Jahreszeit – zwischen 12 und 13 Uhr stattfindet.

POLIZEI

Ein Gang zur Polizei lohnt sich in Ägypten eigentlich nur dann, wenn einem ein Auto gestohlen wurde oder grobes Unrecht geschehen ist – zum Beispiel schwerer Betrug oder gefährliche Körperverletzung. Ansonsten handelt man sich durch eine Anzeige eventuell noch mehr Ärger und Unannehmlichkeiten ein. Auch bei weniger schweren Verkehrsunfällen verlängert das Auftauchen der Polizei oft nur die Prozedur. Bei der Klärung der Frage, wer wem wie viel Geld für den verursachten Schaden zu bezahlen hat, wenn überhaupt gezahlt wird, helfen sie normalerweise nicht.

POST

Postämter sind Sa–Do von 9 bis14 Uhr geöffnet. Briefe und Postkarten von und nach Ägypten können oft länger als eine Woche unterwegs sein. Manchmal kommen sie gar nicht an. Wer einigermaßen auf Nummer sicher gehen will, kann seine Post als Einschreiben (Musaggal) aufgeben.

REISEWETTER

In Ägypten herrscht, mit Ausnahme der Mittelmeerküste und des Nildeltas, ein trockenes Wüstenklima. Schwül ist es ganz selten, sodass sich die Hitze gut aushalten lässt. Viel Regen fällt eigentlich nur im Norden, wo ein mediterranes Klima herrscht. In Kairo gibt es zwischen November und März ungefähr an zehn Tagen Regen, meist kurze heftige Schauer. Dauerregen gibt es nie. In Oberägypten fällt so gut wie gar kein Niederschlag. Der Temperaturunterschied zwischen Tag und Nacht ist in Ägypten groß, vor allem in der Wüste. In Kairo sinkt die Temperatur im Winter nachts manchmal unter zehn Grad. In der höher liegenden Region um St. Katherina fällt gelegentlich sogar Schnee. Der Chamesien, ein Staub- und Sandsturm, sucht Ägypten meist im April heim. Allerdings dauert er jedoch selten lange an.

Die beste Reisezeit für einen Badeurlaub in Ägypten ist der Herbst. Gerade im November, wenn man sich in Mitteleuropa auf Schmuddelwetter einstellen muss, kann man in Ägypten noch warme Tage am Strand erleben und im Roten Meer baden. Für Besichtigungstouren in Oberägypten sind die Monate November bis Februar besonders geeignet. In den Sommermonaten bei Temperaturen um die 40 Grad im Schatten laufen wirklich nur ganz hartgesottene Kulturtouristen durch die Tempel von Luxor und Abu Simbel.

In Kairo ist es in den heißen Sommermonaten durch den Smog an manchen Tagen sehr unangenehm. Im Herbst, vor allem im Oktober, ist die Luft in Kairo manchmal extrem schlecht und es riecht verbrannt. Grund dafür ist die sogenannte Schwarze Wolke. Sie ist ein Gemisch aus Smog und Rauch, denn um diese Jahreszeit verbrennen die Bauern im Delta nach der Ernte das Reisstroh. Alle Versuche der Regierung, diese Praxis zu beenden, blieben bislang ineffektiv.

Mittelwert	JAN	FEB	MÄR	APR	MAI	JUN	JUL	AUG	SEP	OKT	NOV	DEZ
Tagestemperatur	19	21	24	28	32	35	35	35	32	30	24	21
Nachttemperatur	9	9	11	14	17	18	22	22	20	18	14	10
Sonnenstunden	8	9	9	11	11	12	13	12	11	10	9	8
Regentage pro Monat	2	2	1	1	0	0	0	0	0	0	1	2

Quelle: Deutscher Wetterdienst, Offenbach

ROLLSTUHLFAHRER

Körperbehinderte Menschen, die bei der Reiseplanung herausfinden wollen, an welchen Sehenswürdigkeiten, in welchen Hotels und auf welchen Kreuzfahrtschiffen man auf Rollstuhlfahrer eingestellt ist, können sich vorab bei Egypt for All informieren (www.egyptforall.com). Die Mitarbeiter der Organisation versuchen, für die Besucher fast alles möglich zu machen.

RUNDFUNK UND FERNSEHEN

Der staatliche ägyptische Fernsehsender Nile-TV bringt tgl. Nachrichten, Talkshows und Reportagen in englischer Sprache. In allen besseren ägyptischen Hotels empfängt man inzwischen über Satellit mindestens einen, meist sogar mehrere deutsche Fernsehsender. Radio Kairo sendet tgl. um 19 Uhr eine Stunde lang Nachrichten und Magazinbeiträge in deutscher Sprache.

SICHERHEIT

In Ägypten ist das Risiko sehr gering, Opfer eines gewöhnlichen Gewaltverbrechens zu werden. In puncto Kriminalität ist Kairo z. B. sicherer, als viele europäische Großstädte es sind. Seit 2004 hat es jedoch mehrere Terroranschläge auf Touristen gegeben, mit denen die Attentäter nach Ansicht von Beobachtern in erster Linie die Regierung treffen wollten. Weitere Anschläge können nicht ausgeschlossen werden.
Wegen der Terrorgefahr werden Touristenbusse oder auch Taxen mit Ausländern in einigen Regionen von Sicherheitskräften begleitet. Die Bestimmungen dazu ändern sich jedoch monatlich. Hoteliers und lokale Reisebüros können hierzu meist Auskunft geben. Konvois, die aus jeweils mehreren Fahrzeugen mit Touristen und mehreren Polizeifahrzeugen bestehen, verkehren z. B. zwischen Luxor und der Küste des Roten Meeres sowie zwischen Luxor, Assuan und Abu Simbel. Wer den letzten Konvoi von Hurghada nach Kairo am Nachmittag nicht bekommt und seinen Flug in Kairo nicht verpassen will, kann auch von einem einzelnen Polizeifahrzeug begleitet werden. Dieser »private Konvoi« kostet 850 LE.

Konvois:

7 Uhr von Luxor nach Assuan (mit Besichtigungsstopps in Kom Ombo und Edfu)
14 Uhr von Luxor nach Assuan (ohne Aufenthalt auf der Strecke)

7 Uhr von Assuan nach Luxor (mit Besichtigungsstopps in Kom Ombo und Edru)
14 Uhr von Assuan nach Luxor (ohne Aufenthalt auf der Strecke)
4.30 Uhr (Treff ab 3 Uhr) und 17 Uhr von Hurghada nach Kairo
7 und 16 Uhr von Hurghada nach Luxor (30 min später Halt in Safaga)
7 und 15 Uhr von Luxor nach Hurghada (Halt in Safaga)
3 und 11 Uhr von Assuan nach Abu Simbel (Rückkehr am gleichen Tag nach Besichtigung)
Das Auswärtige Amt gibt auf seiner Internetseite Sicherheitsempfehlungen, die ständig aktualisiert werden: www.auswaertiges-amt.de, unter Länder- und Reiseinformationen den Link Sicherheitshinweise anklicken.

SONNENBADEN

Für die meisten Ägypter, deren Schönheitsideal weiße Haut und helle Augen sind, ist es geradezu grotesk, dass sich viele Ausländer über Stunden von der Sonne bräunen lassen. Deshalb gibt es in Ägypten praktisch keinen Strand ohne Sonnenschirme. In den Monaten Mai bis Oktober sollte man zumindest in den Mittagsstunden unter dem Schirm sitzen, wenn man sich nicht die Haut verbrennen will. Bei ausgedehnten Besichtigungstouren sind vor allem in Oberägypten Sonnenhut und langärmelige Kleidung unerlässlich. Schon so mancher Ägypten-Urlauber, der die Intensität der Sonnenstrahlen unterschätzt hat, musste sein Reiseprogramm unterbrechen, weil ihn ein Sonnenstich ans Bett fesselte.

SPORT

Außer den Wintersportarten ist in Ägypten fast alles möglich. Wandern bietet sich wegen des heißen Klimas allerdings höchstens auf dem Sinai oder in der Westlichen Wüste in den Wintermonaten an. Wassersportfans, die ihren Urlaub am liebsten auf dem Surfbrett, beim Kite-Surfen, Tauchen, Schnorcheln oder Schwimmen verbringen, kommen in Ägypten voll auf ihre Kosten. Angeboten werden zum Teil auch Yoga- oder Bauchtanz-Kurse. Fitnessstudios, deren Geräte allerdings nicht immer internationalem Standard entsprechen, bieten inzwischen die meisten Hotels an. Der Golftourismus nach Ägypten steckt noch in den Kinderschuhen.

SPRACHSCHULEN

Jedes Jahr kommen Hunderte von westlichen Studenten nach Kairo, um Arabisch zu lernen. Nicht alle reisen mit dem Gefühl ab, dass sie auch wirklich viel gelernt haben. Denn die Qualität der Sprachinstitute ist sehr unterschiedlich. Arabisch ist grundsätzlich eine schwierige Sprache, weil z. B. die Kurzvokale nicht geschrieben werden, was dem Leser gute Grammatikkenntnisse abverlangt. Darüber hinaus unterscheiden sich die verschiedenen arabischen Dialekte stark voneinander. Das klassische Hocharabisch wird nur in der Schrift oder bei offiziellen Reden und Politiker-Interviews im Rundfunk verwendet.

In Kairo:

American University, Language Center, 113 Sch. Qasr al-Aini, Downtown, Tel. 02/7 97 50 55

International Language Center (ILL), 4 Sch. Mahmud Azmy (Nebenstraße der Sch. Ahmad Urabi), Mohandessin, Tel. 02/3 46 30 87

Al-Diwan Arabic Language Center, 12 Sch. Nagib Mahfuz (Nebenstraße der Sch. Abbas al-Akkad), sowie Corniche al-Nil (Nähe Hotel Grand Hyatt), Garden City, Tel. 02/2 70 84 15.

Einen guten Überblick über das große Angebot liefert der Deutsche Akademische Auslandsdienst (DAAD) unter http://cairo.daad.de/ifd/ifd-as.html.

In Alexandria:

TAFL-Center (Teaching Arabic as a Foreign Language) an der Universität von Alexandria, Sch. Port Said, al-Schatbi, Tel. 03/4 86 87 62

STROM

Die Stromspannung ist 220 Volt Wechselstrom, 50 Hertz. Es ist empfehlenswert Adapter mitzubringen, weil die in Deutschland üblichen Rundstecker nicht überall passen. Mit kurzen Stromausfällen und mit gelegentlichen Stromschwankungen muss man in Ägypten fast immer und überall rechnen. In ganz einfachen Hotels ist etwas Vorsicht geboten, wenn man seinen Fön, Rasierapparat oder Wecker in die Steckdose steckt, da diese manchmal nach dem Prinzip »wird schon passen« montiert werden.

TAXI

Seit Frühjahr 2006 gibt es in Kairo den neuen Taxi-Service Cairo Capital Taxi. Das Projekt, das nach der ersten Idee sechs Jahre brauchte, bis es von den Behörden tatsächlich an den Start gebracht wurde, ist bei den Bewohnern der Hauptstadt gut angekommen. Die gelben Taxen sind zwar auf kurzen Strecken teurer als die alten Taxen, dafür aber auch neu und – vor allem – klimatisiert. Die Fahrer sprechen Englisch, und der Fahrgast kann sicher sein, dass er nicht ungefragt mit lauten Koran-Suren oder Popmusik beschallt wird. Auch ist Cairo Capital Taxi neben den Mietwagen-Firmen der erste Fahrservice, den man telefonisch anfordern kann. Zu Stauzeiten kann es allerdings manchmal 50 Minuten dauern, bis der Wagen da ist. Gerade für Touristen, die der arabischen Sprache nicht mächtig sind, ist der neue Service ein Segen. Auch erspart er ihnen unerfreuliche Verhandlungen mit Taxifahrern, die von Ausländern gelegentlich den dreifachen Preis fordern.

Cairo Capital Taxi: Tel. 191 55 (ohne Vorwahl, auch vom Handy), Grundgebühr 3,50 LE, je km 1 LE.

Cairo Airport Shuttle-Bus: Tel. 02/1 99 70, für Gruppen bis acht Personen.

Gelb ist die Farbe der Hoffnung: Kairos Yellow Cabs – ideal für Urlauber

TELEFONIEREN

Gespräche aus dem ägyptischen Festnetz nach Europa sind teuer. Noch mehr zahlt man allerdings, wenn man vom Hoteltelefon oder mit der mitgebrachten Handy-Karte telefoniert. Die Dienste europäischer Mobiltelefonie-Anbieter funktionieren meist in Ägypten. Wer im Urlaub viel telefoniert, kann sich in einem der zahlreichen Mobiltelefonie-Shops eine ägyptische Handy-Prepaid-Karte kaufen. Die Ländervorwahl für Ägypten ist 00 20.

THEATERKARTEN

Theaterkarten kauft man in ägyptischen Städten nicht an zentralen Kartenvorverkaufsstellen, sondern immer im Theater selbst. Fast alle Aufführungen sind in arabischer Sprache. Karten für die Kairoer Oper bekommt man an den Ticketschaltern zwischen den verschiedenen Gebäuden des Opernhauses auf der Gezira-Halbinsel. Die Internetseite www.operahouse.gov.eg kann man getrost vergessen. Der dort angegebene Spielplan ist alles andere als aktuell. Tel. 02/3 42 05 98.

TIERE

In fast allen ägyptischen Hotels ist das Mitbringen von Haustieren verboten. Auch sonst ist Ägypten für Tierfreunde kein ideales Reiseland, denn mit den Tieren geht man am Nil nicht eben zimperlich um. Auf den Straßen von Kairo leben neben kleinen Mardern auch wilde Hunde und Katzen. Die Pferde der Touristen-Kutschen und die Esel, die Gemüsekarren und zum Teil auch schwere Ziegelstein-Ladungen ziehen müssen, werden häufig kräftig mit Peitsche oder Stock angetrieben. Ägypten ist das Land der Vögel. Zugvögel machen hier Station, und selbst in den Häuserschluchten von Kairo kann man viele Vogelarten finden. Es gibt Ägypter, die Haustiere halten. So ist die Haltung von Hühnern, Truthähnen oder Enten auf Hausdächern oder im Hinterhof weit verbreitet, was bei Ausbruch der Vogelgrippe in Ägypten zum Problem wurde. Nichts für zarte Gemüter ist das islamische Opferfest (Aid al-Adha), bei dem einmal im Jahr im Hausflur, auf der Straße oder in der Garage ein Tier geschlachtet wird. Den Schafen, Büffeln oder Kühen wird dabei mit einem langen Messer ohne Betäubung die Kehle durchgeschnitten. Nach den islamischen Vorschriften muss das Messer besonders scharf sein, damit das Tier nicht zusätzlich leidet. Die Fähigkeiten der Hobby-Schlachter, die an diesem Tag ihre Dienste anbieten, sind aber nicht immer ausreichend.

TRINKGELD

In Restaurants und Cafés gibt man, wenn man mit dem Gebotenen zufrieden ist, 5–10 Prozent der Rechnungssumme als Trinkgeld, wobei bei einer kleineren Summe eher 10 Prozent richtig sind. Gepäckträger erwarten in Mittelklassehotels 2–5 LE für ihre Dienste. Dem Zimmermädchen sollte man, um einen guten Service zu bekommen, am besten bereits zu Beginn des Aufenthalts 5 LE auf dem Kopfkissen liegen lassen.

TRINKWASSER

Nicht abgekochtes Leitungswasser sollten Ausländer nirgendwo in Ägypten trinken. Es ist oft so stark gechlort, dass z. B. ein Goldfisch nicht darin überleben würde. Auch Tee oder Kaffee schmeckt besser, wenn man ihn mit Mineralwasser kocht. Wer nicht überempfindlich ist, kann das Leitungswasser aber zum Zähneputzen verwenden. Die meisten Ägypter trinken das Leitungswasser, wobei es in einigen Haushalten inzwischen Wasserfilter gibt. Wenn man in Ägypten unterwegs ist, bekommt man häufig ein Glas Wasser angeboten. Wer sich nicht sicher ist, ob es sich um Mineralwasser handelt, sollte sicherheitshalber dankend ablehnen, vielleicht aus Höflichkeit mit dem Hinweis, dass man ja gerade eben erst ein Glas Wasser getrunken habe.

VERKEHRSVERBINDUNGEN

Flugzeug: Inlandsflüge sollte man möglichst schon im Heimatland buchen, da sie dort günstiger sein können. Für die meisten Inlandsverbindungen, die nur die staatliche Fluggesellschaft Egypt Air bedient, zahlen Ausländer rund 200 €. Ganz wichtig: Auch auf Inlandsflügen und selbst wenn der Aufenthalt nur zwei Tage beträgt, müssen Flugtickets der Egypt Air vor Ort rückbestätigt werden. Wer in einem besseren Hotel absteigt, kann sein Ticket an der Rezeption abgeben, wo man sich dann darum kümmert. Sagen Sie dem Hotelangestellten aber immer vorher, dass er bitte die Bestätigungsnummer für Sie aufschreiben soll.

Zug: Zwischen Kairo, Luxor, Assuan und Alexandria sind die Zugverbindungen gut. Die Züge sind klimatisiert. Eine Fahrt mit dem Schlafwagen von Kairo nach Luxor kostet ca. 80 €. Die Reise dauert rund elf Stunden. Verspätungen sind auf dieser Strecke aber nicht selten. Abfahrt des Schlafwagenzuges ist jeweils zwischen 19 und 21.30 Uhr. Etwa zweieinhalb Stunden fährt man von Kairo mit dem Zug nach Alexandria, wobei man sich auf dieser Strecke einen Platz in der Ersten Klasse gönnen sollte, der mit rund 40 LE nicht teuer ist. Tickets gibt es jeweils am Ramsis-Bahnhof in Kairo. Frühzeitige Reservierung vor Ort – nicht telefonisch – ist anzuraten.

Bus: Von Kairo aus kann man mit Überlandbussen jede Stadt des Landes erreichen. Das Netz ist gut ausgebaut. Allerdings sollte man sich wegen des oft riskanten Fahrstils der Busfahrer überlegen, ob man dieses Risiko eingehen will. Abzuraten ist beispielsweise von einer Tour mit dem Minibus in Richtung libysche Grenze oder von Fahrten mit dem Minibus auf der Landwirtschaftsstraße durch das Delta, wo es besonders häufig zu Unfällen kommt. In den ägyptischen Städten gibt es jeweils einen zentralen Busbahnhof, in Kairo sind es gleich vier: Turgoman, al-Mazhar, Munib und al-Abbasiya.

Taxi: Taxifahrer kann man jederzeit fragen, ob sie einen nicht nur bis zum nächsten Bahnhof, sondern auch bis in die übernächste Stadt fahren. Die Antwort ist oft nur eine Frage des Preises. Allerdings müssen Kairoer Taxifahrer am Tag vor der Überlandfahrt dafür erst eine Genehmigung bei der Behörde besorgen.

YACHTHÄFEN

Ägypten hat fünf Yachthäfen für Touristen: Hurghada, High Taba Marina, Port Ghalib

Marina, Dome Marina und Marina Al-Gouna. Wer eine Yacht für zehn Personen mieten will, zahlt dafür z. B. 700 US-$ pro Tag. Ein Kairoer Hotel bietet eine Yacht für 30 Personen bei einem Preis von 250-400 LE pro Stunde pro Person an, je nachdem für wie viele Stunden man reserviert.

ZEITUNGEN/ZEITSCHRIFTEN

In Ägypten gibt es neben den zahlreichen arabischen Zeitungen auch mehrere Veröffentlichungen in englischer Sprache. Seit 2005 ist in Kairo die amerikanische Tageszeitung International Herald Tribune mit der Lokalbeilage Daily Star Egypt erhältlich. Lohnenswert ist ein Blick in die englischsprachige Wochenzeitung Al-Ahram Weekly, die beste ägyptische Publikation in englischer Sprache, die auch eine Seite mit aktuellen Veranstaltungstipps hat. Die traditionsreiche Egyptian Gazette ist eine englische Tageszeitung, die mit ihren Nachrichten oft einen Tag zu spät kommt und von manchen Ausländern, die in Ägypten leben, vor allem wegen der in saftigen Worten darin verzeichneten schier unglaublichen Kriminalfälle gekauft wird. Das Monatsmagazin Egypt Today bietet interessante Reportagen und nützliche Informationen auch für Besucher.
Deutsche Zeitungen und Zeitschriften erhält man in den Zeitungsläden der größeren Hotels, allerdings oft mit Verspätung. Bei Zeitschriften kommt es gelegentlich vor, dass Seiten fehlen, wobei es oft nicht um politische Inhalte geht, die der Zensur zum Opfer fallen, sondern um nackte Tatsachen. So kann es vorkommen, dass bei einem Artikel über Körperpflege in einer Frauenzeitschrift eine Seite fehlt, weil man darauf eine nackte Frau unter der Dusche zu sehen bekommen hätte.
Im Juni 2001 erschien eine Ausgabe der MERIAN-Hefte zum Thema »Ägypten«.

ZEIT

Wenn Sie nach Ägypten kommen, müssen Sie die Uhr um eine Stunde vorstellen. Einzige Ausnahme sind die Monate April und Oktober. Denn die Sommerzeit beginnt in Ägypten etwa vier Wochen später als in Deutschland und endet rund vier Wochen früher. In diesen insgesamt acht Wochen gibt es keine Differenz zur Mitteleuropäischen Zeit.

ZOLL

Kleidung, Schmuck, Kameras und andere Geräte für den persönlichen Gebrauch kann man ohne Probleme einführen. Theoretisch muss man Laptops bei der Einreise anmelden. Sieht man dem Gerät an, dass es gebraucht ist, wird aber kein Zöllner Ärger machen. Gelegentlich gibt es beim Zoll am Flughafen Kampagnen, bei denen gezielt nach bestimmten Geräten wie zum Beispiel Videokameras oder DVD-Playern gesucht wird. Deshalb sollte man nichts in der Originalverpackung mitbringen. Die Ausfuhr von Antiquitäten und Fossilien ist verboten. Für bestimmte Artikel kann man jedoch eine Genehmigung einholen. Die illegale Ausfuhr archäologischer Fundstücke wird mit hohen Haftstrafen geahndet.
Weitere Auskünfte unter www.zoll.de, www.bmf.gv.at/zoll und www.zoll.ch

www.Best-of-Egypt.de
Buchungszentrale für alle ägyptischen Hotels und touristischen Service
Egypt euro pyramids
www.egypt-euro.de
fathy@egypt-euro.de
2,3,4,5 Sterne/Kairo, Luxor, Assuan, Hurghada Nostalagische und deluxe Nilkreuzfahrten, Sharm El Sheikh, Alexandrien usw.
Autovermietung, Flüge (international+Inland usw.
Tauchen,Safari, Insentive-&Leser-Reisen,Sport
Konferenzen sowie Musik - Ereignisse
Gruppen und Individuell
Sindbad Reisen GmbH
Pauschalreisen seit 1987
Ihr Ägypten - Spezialist
Insolvenzversicherung
Büro Dr.A.M.Fathy
Mozartstrasse 7
D-77871 Renchen
Deutschland
Tel: 07843-1449
Fax: 07843-1448
Handy1: 0172-7610207
Handy2: 0172-7647782
Mobile Kairo: 002-012-2169861
E-mail: info@egypt-euro.de
website1:www.best-of-egypt.de
website2:www.egypt-euro.de
www.Best-of-Egypt.de
Luxus pur, ägyptenweit – aus einer Hand!
pyramisa HOTELS & CRUISES Egypt
Cairo
Luxor
Aswan
harm El Sheikh
Sahl Hasheesh
Hurghada - Blue Lagoon
Nile Cruises
PYRAMISA HOTELS & CRUISES
Dr. Ahmed Morhaf Fathy
Egypt Euro Representation
Sales & Marketing
www.bestofegypt.de
Mozartstr. 7 · D-77871 Renchen
F.R.G. Deutschland
Tel.: 07843-1449 · Fax: 07843-1448

SPRACHFÜHRER

Begrüßung, Höflichkeitsformeln

Auf Wiedersehen - *maa al-salama*
bitte - *lau samaht/min fadlek*
danke - *schukran*
Das macht nichts - *maalesch*
Es tut mir leid - *ana asif (weibl. ana asifa)*
Gern geschehen - *afwan*
Guten Abend - *masaa al-cheir*
(Antwort) - *masaa al-nur*
Guten Morgen - *sabah al-cheir*
(Antwort) - *sabah al-nur*
Herzlich willkommen - *ahlan wa sahlan*
Ich heiße ... - *ismi ...*
Sei gegrüßt - *al-salamu aleikum*
(Anwort) - *wa aleikum al-salam*
Wie geht es dir? - *issejek?*
Wie heißt du? - *ismak e? (weibl. ismik eh?)*

Nützliche Wörter

Arzt - *tabib*
Botschaft - *safara*
du - *inta* (weibl. inti)
gut - *kwaiis*
heute - *an-nahar da*
ich - *ana*
Ich bin Deutscher/Deutsche - *ana almani* (weibl. almanija)
Österreicher/Österreicherin - *nimsawi* (weibl. nimsawija)
Schweizer/Schweizerin - *swissri* (weibl. swissrija)
Ich brauche/suche ... - *ana mehtaga ...*
Ich habe kein Geld - *ma eindisch fulus*
Ich möchte Geld tauschen - *ais* (weibl. aisa) *arheijjer fulus*
In Ordnung - *mäschi*
ja - *aiwa*
morgen - *bukra*
nein - *la*
Reisepass - *basbor*
vielleicht - *mumkin*
wir - *ihna*

Fragen und Antworten

Gib mir - *aatini/eddini*
Gibt es ...? - *fi ...?*
Ich möchte/will - *ais* (weibl. aisa)
Ich spreche kein Arabisch - *ana misch aaref arabi*
Ich verstehe - *ana fahim* (weibl. fahma)
Ich verstehe nicht - *ana misch fahim* (weibl. fahma)
Ich weiß nicht - *misch aaref (weibl. misch aarfa)*
Ich will nicht - *ana misch ais* (weibl. aisa)
nimm - *chudd* (weibl. chuddi)
Wann? - *emta?*
Warum? - *leeh?*
Was ist das? - *eh da?*
Wer? - *mien?*
Wer ist das? - *mien da (weibl. di)?*
Wie viel? - *kam?*
Wo? - *feen?*

Zahlen

eins - *wahed*
zwei - *itnen*
drei - *talata*
vier - *arbaa*
fünf - *chamsa*
sechs - *sitta*
sieben - *sebaa*
acht - *tamanja*
neun - *tissaa*
zehn - *aschara*
20 - *aschrien*
21 - *wahed u-aschrin*
30 - *talatien*
40 - *arbaien*
50 - *chamsien*
100 - *mija*
200 - *mij'teen*
300 - *tultumija*
400 - *rubu'umija*
500 - *chumsumija*
1000 - *alf*
Arabische Ziffern werden im Gegensatz zur Schrift von links nach rechts geschrieben.

Wochentage

Samstag - *jom al-sabt*
Sonntag - *jom al-had*
Montag - *jom al-itneen*

Dienstag - *jom al-talat*
Mittwoch - *jom al-arba'a*
Donnerstag - *jom al-chamis*
Freitag - *jom al-gumaa*
Jom bedeutet Tag und wird manchmal bei der Nennung des Wochentages weggelassen.

Unterwegs

an der Kreuzung - *fi-l takatua*
Bahnhof - *mahatta*
Bitte warten Sie auf mich - *mumkin tistannani?*
Brücke - *kubri*
Bus - *otobis*
Busbahnhof - *mahattat otobis*
dort - *hinak*
Flughafen - *matar*
geradeaus - *ala tuul*
Hier können Sie anhalten - *bass hinna*
Fahren Sie die nächste Straße links/rechts - *imsi al-scharia il-li gaj schimal/jamin*
hier - *hinna*
links - *schimal*
Luxor? - *ajj otobis hajrouh luxor?*
rechts - *jamin*
reservierter Sitzplatz - *kursi mahgus*
Schiff - *markab*
Segelboot - *faluka*
Straße - *scharia*
Taxi - *taxi*
Turm - *burg*
U-Bahn - *metro*
Was kostet das Taxi für einen Tag? - *bi kam al-taxi fil-jom?*
Welcher Bus fährt nach Fahrkarte - *taskara (pl. tasakir)*
Wo ist ...? - *feen ...?*
Wo kann ich Tickets kaufen? - *feen mumkin ischtiri al-tasaker?*

Übernachtung

Bett - *sirir*
Bitte putzen Sie das Zimmer - *mumkin tenadhaffi al-oda?*
Das Telefon funktioniert nicht - *al-telefun atlan*
Einzelzimmer - *oda mufrada*
Doppelzimmer - *oda musdawaga*
Fön - *seschoir*
Frühstück - *al-fitar*
Gibt es ein freies Zimmer? - *fi oda fadia?*
Haben Sie Internet? - *einduku internet?*
Handtuch - *futa* (pl. fowat)
Hotel - *funduk*
Klimaanlage - *takif*
Kopfkissen - *machadda*
Pension - *lokander*
Um wie viel Uhr gibt es Frühstück? - *as-saa kam al-fitar?*
Zimmer - *oda*
Zimmerpreis - *seir al-oda*

Im Restaurant

Abendessen - *al-aschaa*
Bringen Sie mir die Speisekarte - *aisa al-menu*
Die Rechnung bitte - *al-hisab lau samaht*
Ich esse kein Fleisch - *misch bakul lahma*
Ich habe eine Reservierung - *eindi hags*
Ich möchte einen Tisch reservieren - *aisa ahgis tarabesa*
Hauptgericht - *wagba raisija*
Können Sie mir etwas empfehlen? - *tinsahni bi-eh?*
Mittagessen - *al-ghada*
Nachtisch - *muhallijat*
Vorspeise - *mukabalat*
Wo ist die Toilette? - *feen al-hammam?*

Einkaufen

andere Farbe - *lon tani*
Badeanzug (für Männer und Frauen) - majjot
billig - *rachis*
Das ist kein guter Preis - *al-saer da misch kwaiis*
groß - *kebir*
hässlich - *wahisch*
Hast du/Haben Sie ...? - *eindek ...? einduku ...?*
Hose - *bantalon*
Kleid - *fustan*
klein - *surhaijer*
Meine Größe ist (38) - *ma'asi* (tamanja u-talatien)
mittel - *mutawassit*
Mütze - *kab*
schön - *gamil*
Schuhe - *gazm*
teuer - *rhali*
Was kostet ...? - *bi kam ...?*

GLOSSAR

Anch
Das Kreuz mit der Schleife oben war im Alten Ägypten eine Hieroglyphe, das Symbol für das Leben im Diesseits und im Jenseits.

Ba
Das Ba war für die Alten Ägypter der Teil des Menschen, den wir heute Seele nennen. Das Ba wurde oft als Vogel dargestellt.

Barke
Schiffe, mit denen die Götterstatuen an Festtagen transportiert wurden.

Böschungswinkel
Neigungsgrad eines Geländes oder Bauwerks, spielte bei der Konstruktion der Pyramiden eine wichtige Rolle.

Chedive (Khedive)
Persisch für Fürst, der Titel wurde in Ägypten mit der Bedeutung Vizekönig verwendet. Der osmanische Sultan ernannte Ismail Pascha 1869 zum Chediven von Ägypten. Er war nominell der Statthalter des Sultans und konnte den Titel vererben.

Demotisch
Vereinfachte Kursivschrift im Alten Ägypten, die als Alltagsschrift neben der Hieroglyphenschrift benutzt wurde.

Dynastie
Herrschergeschlecht altägyptischer Könige. Die Ägyptologie hat die Könige in 31 Dynastien eingeteilt, von ca. 3000 v. Chr. bis 332 v. Chr.

Fatimiden
Herrschergeschlecht (909–1171) der schiitischen Ismaeliten mit Wurzeln im heutigen Tunesien, deren Imperium auf dem Höhepunkt ihrer Macht Kairo zur Hauptstadt hatte und weite Teile der arabischen Welt einschloss.

Hieroglyphen
Eine Hieroglyphe kann sowohl für ein Wort als auch für einen Laut stehen. So bezeichnet etwa eine kleine wellenförmige Linie sowohl den Begriff Wasser als auch den Laut N. Die ägyptischen Hieroglyphen gehören zu den ältesten Schriftzeichen überhaupt. Wie modernere semitische Sprachen, so ist auch die Hieroglyphenschrift eine reine Konsonantenschrift.

Hyksos
Bezeichnung der Ägypter für die »Herrscher der Fremdländer«, die aus Asien kamen, ihr Reich bedrohten und schließlich um 1650 v. Chr. eroberten. Nach etwa 100 Jahren gelang es den Ägyptern, sie zu vertreiben.

Ikonostase
Mit Ikonen geschmückte Holzwand mit drei Türen, die in der orthodoxen Kirche den Altarraum abtrennt.

Iwan
Nach drei Seiten hin offene Halle in der Moschee mit gewölbter Decke, die an den Innenhof der Moschee anschließt.

Ka
Die Lebenskraft des Menschen, die durch zwei senkrecht erhobene Arme dargestellt wird. Nach den Jenseitsvorstellungen der Alten Ägypter vereinigen sich der Tote und sein Ka im Totenreich.

Kalif
Islamischer Herrschertitel. Das arabische Wort »Chalifa« bedeutet Nachfolger, gemeint ist, dass der Herrscher als Nachfolger des Gesandten Gottes (des Propheten Mohammed) die islamische Nation führen soll.

Kanopen
Jeweils vier Gefäße, in denen die Eingeweide eines Verstorbenen im Grab aufbewahrt wurden.

Kapitell
Plastisch herausgeformter oberer Abschluss einer Säule oder Pfeilers, von lat. »capitellum«.

Kartusche
Runde, längliche Umrandung für den in Hieroglyphenschrift geschriebenen Namen des Pharaos.

Katarakt
Stromschnelle im Nil südlich von Assuan.

Kenotaph
Scheingrab. Hier wurde kein Mensch bestattet. Das Grab diente als Kultstätte für einen König oder einen Gott, dem es gewidmet war.

Kiosk
An den Seiten teilweise offenes, pavillonartiges Kultgebäude.

Kopten
Angehörige der ägyptischen orthodoxen Kirche. Das Wort geht auf den griechischen Begriff für Ägypter (»Aigyptos«) zurück. Nach der Christianisierung des Landes wurde der Begriff zur Bezeichnung für die Christen Ägyptens. Etwa acht Prozent der Ägypter (offizielle genauere Zahlen gibt es nicht) sind Kopten. Es gibt eine große koptische Diaspora, vor allem in den USA.

Kuttab
Arab. für Koranschule.

Maat
Komplexer Begriff, der sowohl die Weltordnung bezeichnet, die der Pharao aufrechterhalten muss als auch die Wahrheit und die Göttin Maat, die als junge Frau mit einer Feder auf dem Kopf dargestellt wird.

Madrasa
öffentliche Schule (»Ort des Unterrichts«), an der vor allem islamisches Recht gelehrt wurde.

Mamelucken (auch Mamluken)
Nicht-muslimische Söldnersklaven, die in der islamischen Welt ab dem 9. Jh. eingesetzt wurden und teilweise aus dem Kaukasus und aus Anatolien stammten. Die Mamelucken konvertierten zum Islam. Im 11. Jh. war die Militärkaste der Mamelucken so weit erstarkt, dass sie in Ägypten nach der Macht griffen.

Maschrabiya
Ein kunstvoll gedrechseltes Holzgitter, mit dem im islamischen Mittelalter die Fenster zur Straße und die Fenster der Frauengemächer oberhalb der den Männern vorbehaltenen Empfangsräume verkleidet wurden. Durch diese Gitter konnten die Frauen hinausschauen, ohne selbst gesehen zu werden.

Mastaba
Bankgrab, Grabanlage. Ursprünglich wurden Pharaonen in den rechteckigen Gebäuden beigesetzt. Später ersetzte die Pyramide das Bankgrab als königliche Ruhestätte. Beamte nutzten diese Form der Grabanlage weiterhin. Das Wort stammt aus dem Arabischen und bezeichnet eine Bank aus Lehm oder Lehmziegeln, wie man sie z. B. vor alten Häusern aus dem islamischen Mittelalter findet.

Minbar
Kanzel für die Freitagspredigt in der Moschee, zu der eine Treppe hinaufführt. Sie besteht meist aus Holz. In manchen Moscheen hat der Minbar unten am Treppenabsatz eine Tür, die man abschließen kann.

Mihrab
Gebetsnische in der Moschee. Sie zeigt die Richtung nach Mekka (Qibla) an.

Minarett
Hoher schmaler Turm, selten spiralförmig (Form aus Samarra), von dem aus der Muezzin die gläubigen Muslime fünfmal täglich zum Gebet ruft. Heute weitgehend Dekoration, da die Gebetsrufe aus Lautsprechern erschallen.

Moschee
Islamisches Gotteshaus, in dem sich die Gläubigen – Männer und Frauen getrennt – zum Gebet versammeln. Muslime können die Moschee aber auch zu jeder anderen Tages- oder Nachtzeit aufsuchen.

Mumie
Mit der Einbalsamierung sollte der Körper für das Leben im Jenseits konserviert werden. Dabei wurden zunächst die inneren Organe entfernt und einzeln beigesetzt. Dann wurde der Körper mit Natron getrocknet und mit Harzen eingerieben. Der Leichnam wurde sodann in Tücher aus Leinen gewickelt und in den Sarg gelegt.

Nekropole
Totenstadt, großer Friedhof. In Theben gab es eine eigene Siedlung für diejenigen Arbeiter, die ausschließlich mit dem Ausschachten der Gräber und mit ihrer künstlerischen Ausstattung befasst waren.

Nilometer
Aus Treppen, Schächten oder Wasserbecken bestehende Anlagen, mit denen der Pegelstand des Nils gemessen werden konnte. Nilmesser existierten im Alten Ägypten, wurden aber auch noch in islamischer Zeit gebaut. Mit dem Nilmesser wurde z. B. die Höhe der Nilflut vorausgesagt. Anhand der zu erwartenden Wassermenge, die den landwirtschaftlichen Ertrag maßgeblich beeinflusste, wurden hernach die Steuern festgelegt.

Obelisk
Viereckiger massiver Pfeiler aus Stein, der sich nach oben verjüngt, mit einem Pyramidion als Spitze. Auf dieser vergoldeten Spitze sollte die Sonne mit ihren Strahlen Platz nehmen.

Osirispfeiler
Tragende Säule, auf deren Vorderseite eine Statue des Königs in Gestalt des Gottes Osiris angebracht ist.

Papyrus
Papierähnliches Material, das im Alten Ägypten zum Schreiben wichtiger Texte verwendet wurde. Für einfache Notizen verwendete man dagegen sogenannte Ostraka (Tonscherben).

Pharao
Altägyptischer Titel des Königs, stammt vom ägyptischen Begriff für »Großes Haus« ab.

Privatgrab
Bezeichnung für Gräber nicht-königlicher Würdenträger.

Punt
Sagenumwobenes Land, das – die Forscher sind sich noch nicht einig – wohl an der Küste des heutigen Somalia lag. Im Hatschepsut-Tempel in Dair al-Bahari ist eine Expedition nach Punt dargestellt.

Pylon
Großer Torbau in der Mittelachse des Tempels mit zwei Tortürmen. Der Pylon hatte Vorrichtungen, in denen man Flaggenmaste befestigen konnte.

Pyramide
Monumentales Königsgrab, das in der 3. Dynastie aus der Form der rechteckigen Mastaba entwickelt wird und seinen Höhepunkt in der 4. Dynastie erreicht. Zu jeder Pyramide gehörte ein sogenannter Pyramidenbezirk mit Kultstätten.

Pyramidion
Pyramidenspitze, die einzeln angefertigt wurde. Diente als Abschluss für Obelisken.

Qasr
Arab. für Palast, konnte auch den gesamten Palastbezirk bezeichnen.

Qibla
Richtung von Mekka, in die sich die Muslime beim Beten wenden. In der Moschee wird diese Richtung durch eine kleine Nische angezeigt.

Relief
Inschrift oder bildliche Darstellung, die entweder aus einer glatten Fläche herausgearbeitet (erhabenes R.) oder aber in diese hineingemeißelt (vertieftes R.) wurde.

Sabil
Öffentlicher Wasserspender, der an eine Zisterne angeschlossen ist. Wurde im islamischen Mittelalter oft neben einer Moschee und einer Koranschule erbaut.

Sahn
Hof einer Moschee, von Arkaden umgeben.

Sarkophag
Prunkvoller Sarg aus Stein oder Holz, in dem die Mumie bestattet wurde.

Scheintür
Falsche Tür aus Stein. Der Ort vor der Scheintür war eine Opferstätte im Grab. Nach den Vorstellungen der Alten Ägypter war die Scheintür Ort der Begegnung von Lebenden und Toten.

Skarabäus
Der Heilige Pillendreherkäfer galt im Alten Ägypten als Glücksbringer. Nachbildungen dieses Käfers waren ein Symbol des Sonnengottes Re und der Auferstehung. Sie wurden den Verstorbenen mit ins Grab gelegt. Mit beschrifteter Unterseite wurden die Käfer aus Keramik oder Stein auch als Siegel verwendet.

Suq
Arab. für Markt, bezeichnet meist ein Marktviertel, in dem die Ware in den einzelnen Gassen jeweils getrennt nach Warengruppen verkauft wird.

Sphinx (pl. Sphingen)
Sitzende Steinfigur, eine Mischung aus Tier und Mensch. Meist ist es ein Löwe mit dem Kopf eines Königs, manchmal ein Widder. Auch die Königin Hatschepsut ließ sich als Sphinx darstellen. Die Sphingen sollten die Kraft des Pharaos symbolisieren.

Stele
Steinplatte oder Pfeiler mit Inschrift. Auf Stelen wurden im Alten Ägypten Dekrete oder Berichte über wichtige Ereignisse festgehalten. Auf der Grabstele wurden Name, Titel und teilweise auch andere biografische Daten desjenigen eingemeißelt, für den die Grabanlage bestimmt war.

Triade
Dreiheit der Götter. Triade von Abydos: Isis, Osiris und der Sohn Horus. Triade von Theben: Amun, Mut und der Sohn Chons. Triade von Memphis: Ptah, Sechmet, Nefertem.

Uräusschlange
Zum Kampf bereite Schlange, die der Pharao als Zeichen seiner Herrschaft an seinem Kopf trug.

Ushabti-Figuren (auch Ushebti)
Kleine Figuren, die dem Verstorbenen als Grabbeigabe in großer Zahl mitgegeben wurden. Ihre Aufgabe sollte es sein, die vom König im Jenseits verlangten Arbeiten zu verrichten.

Wadi
Arabischer Begriff für ein ausgetrocknetes Flusstal, das zur Regenzeit überflutet sein kann.

Hier finden Sie alphabetisch aufgeführt alle in diesem Band beschriebenen Orte und Ziele, Hotels und Restaurants. Bei einzelnen Nennungen stehen jeweils dazugehörige Orte in Klammern, bei manchen die Nummer einer Tourenkarte, wenn diese dort hinführt, z. B. (Tour 1). Außerdem enthält das Register wichtige Stichworte aus den SPEZIALS sowie dem Kapitel »Der gute Tipp von MERIAN«. Wird ein Begriff mehrfach aufgeführt, verweist die **fett** gedruckte Zahl auf die Hauptnennung, eine *kursive* Zahl auf ein Foto.

A

Abddel Maboud Coffee 53, 150
Abdin-Palast 36, 118, **122**
Abou el Sid 94, 214
Abu Gharib 111
Abu Mina 188
Abu Rawasch 154
Abu Simbel *11*, 14, *65*, **232**, 245
Abu Sir 57, 154
Abu-al-Abbas-Moschee 179
Abukir 354
Abydos 234, 274
After 8 64, 153
Ägyptisches Museum 140, *141*
Ahmad-Hamdi-Tunnel 55, 226
Ain Al-Suchna 194
Ain Musa 226
Al Muallaqa 147
Al Rifai 95
Al-Ahram Weekly 60
Al-Alamain 17, 111, **186**, 340, 355, (Tour 2)
Al-Arisch 111, 193, **196**
Al-Azahr-Moschee *122*, **123**, 351, (Tour 5)
Al-Azhar 318, 329
Al-Azhar-Islam-Institut 36
Al-Badestan-Gasse (Tour 5)
Al-Chayyamiya 130
Al-Ezba-Touristendorf (Tour 1)
Alexander der Große 339, 348
Alexandria 17, 18, 38, 49, 78, 85, 86, 100, 110, 111, 112, **177**, 190, 354, 360, (Tour 2)
Al-Gouna 110, 112, 196, 212, 217
Al-Hakim-Moschee (Tour 5)
Al-Hussein Moschee (Tour 5)
Ali, Mohammed 134, 137, 190, 340, 354
Al-Lahun 165
Al-Manasterly-Palast 128
Al-Muizz li-Din Allah 123, 124
Al-Qasr 291, 292, (Tour 6)
Alte Stadttor Bab Zuwaila 33
Alt-Kairo 146
Amenemhat-Pyramide 309
Amenemhet I. 342, 343
Amenhotep 142
Amenhotep III. 284
Amenhotep IV. (Echnaton) **255**, 274, 284, 285, 338, 344, 346
Amr Ibn al-As 339, 350
Amr-Ibn-al-As-Moschee 146
Amun 310
Amun-Tempel 252, 256
Antoniuskloster 227, *228*, (Tour 4)
Anubis *140*, 310
Anwar al-Sadat 341, 359, 363
Assiut 236
Assuan 14, 15, 85, 88, 107, 109, 110, 231, 238, 358
Assuan-Hochamm (Al-Sadd al-Ali) 240
Assuan-Staudamm 362
Aswani, Alaa al 33, 35
Aton 310

B

Bab Zuwaila 17, 129
Baba Ghanusch 91
Bahariya 287, 288, 299
Bait al-Sennari 95, 130
Bait Zainab Chatun 130, (Tour 5)
Bakschisch 330
Barrel Bar 72
Basar Chan al-Chalili (Tour 5)
Bastet 311
Bau des Suezkanals 354
Bauchtanz 73, 214
Beano's 48, 149
Beit al-Suhaimi
Beni Suef 117
Berg Sinai *220*, (Tour 3)
Bes 311
Beymen 52
Bibliotheca Alexandrina 179, *180*
Bir Wahid 300
Birkat Qarun 17
Blue Hole 217
Blue Nile Ship 153
Bubastis 191

C

Cairo Tower 13, 130
Camp David 193, 359
Carter, Howard **142**, 278, 356, 357
Chan al-Chalili 133, 151
Chan-al-Chalili-Basar 148
Charga 112, 287, 296,
Charm Life Hotel (H, Kairo) (Tour 2)
Chedive 59, 224
Chedive Ismail 122, 127, 129
Cheops 160, 324
Cheops-Pyramide **161**, 162, 322, 324, 325, 338
Chephren 141, 160, 324, 325
Chephren-Pyramide **162**, *163*, 164
Chnum 311
Chons 311
Christentum 222
City Stars Mall 51
Codex Sinaiticus 218

Coloured Canyon 207, *207*
Crocodil Island 44
D
Dachla 112, 287, 291
Dahab 45, 111, **199**, 217, 218
Dahschur 15, **155**, 165, (Tour 1)
Dahschur-Pyramide (Tour 1)
Dair al-Madina 280
Dair al-Suriyan 174
Dair Anba Badaba 249
Damietta (Dumiyat) 188
Darb al-Ahmar 132
Dendra 249, 349
Description de l'Ègypte 352
Deutsche Kriegsgräberstätte 187
Die Gänse von Maidum 166
Die große Sinai-Runde (Tour 3)
Diplomatische Vertretungen 371
Diwan Bookstore 50, 51, 152
Djoser 141, **168**, 169, 245, 323, 338, 342
Dornbusch 221
Durrell, Lawrence 78
Durunka 237
E
Echnaton 141, 262, 271, 310, 344
Edfu 250, 349
Elephantine Island 242
Esna 251
Ezbekiya-Park 132
F
Fagnoon Art School 121
Farafira 112, 287, 294 (Tour 6)
Faruq, König 122, 128, 134, 340, 355
Fatimiden 388
Fayyum **155**, 156, 159, 165, 308
Fayyum-Porträts 308
Felsengräber von Beni Hassan 273
Felsengräber von Qubbat al-Hawa 246
Feluken 79, 80
Fête de la Musique 60, 154
Fischrestaurant Bouillabaisse (R., nahe Ain al-Suchna) (Tour 4)
Fort Qait-Bay *179*, 180, (Tour 2)
Foul 46, 55, 202
Four Seasons at Nile Plaza Hotel 52
Fustat 147
G
Gabal Uwaynat 296
Galabiyas 100, 134, 317
Gamaliya 135
Gamaliya-Viertel 319
Gayer-Anderson-Museum 144
Gezira Sporting Club 59, 110, 152
Gilf al-Kabir 287, 296
Gilf-al-Kabir-Plateau 112
Gizeh, 13, *20*, 58, 63, 110, 117, 118, 120, 141, 158, **159**, 160, 165, 287, 288, 322, 324, 325, (Tour 1)
Goal Café 74
Goldene Mumien (Tour 6)
Goldsouk (Tour 5)
Göttin Hathor 280
Grab des Tutanchamun 276
Grabmal des Aga Khan 246
Großer Tempel 232, *234*
Großes Sandmeer 295
H
Hag Hammadi 249
Halboase Fayyum 17, **117**, 118, 287
Hängende Kirche 147, 223
Haroun al-Raschid Nightclub 73, 153
Hathor 141, 311
Hathor-Kultstätte 249
Hatschepsut 262, 281, 338, 344
Hatschepsut-Tempel 280, 281, (Tour 6)
Hawara-Pyramide 157
Haytt Regency (H, Sharm al-Scheich) 212
Heluan 80
Hibis-Tempel (Tour 6)
Hieroglyphen 388
Horus 311
Horus-Tempel 251
Hotel Arafa (H., Tanta) 191
Hotel Basata Ecologdge (H, Ras al-Burqa) 45
Hotel Feluken (H., Kairo) 43
Hotel Grand Hyatt Cairo (H, Kairo) 43, 120
Hotel Jolie Ville Mövenpick (H., Crocodile Island) 44, (Tour 6)
Hotel Moon Beach Reatreat (H, bei Ras Sidr) 55
Hotel Old Cataract (H, Assuan) 88
Hotel Palmera (H, nahe Ain al-Suchna) 194, (Tour 4)
Hotel Ramada Beach Resort (H., nahe Ain al-Suchna) (Tour 4)
Hotel Sakkara County Club (H, Gizeh) 169
Hotel Stella die Mare (H, nahe Ain al-Suchna) (Tour 4)
Hotels 43
Hurghada (Al-Ghurdaqa) 85, 111, 112, **200**, 202, *203*, 212, 216, 217
Hyksos 343
I
Ibn-Tulun-Moschee 132
Imhotep 342
Imhotep-Museum 172, (Tour 1)
Isis 311
Isistempel 246
Islam 350, 360
Islamische Altstadt von Kairo (Tour 5)
Islamisierung 360
Ismailiya 202

J
Jacques Dessange 56, 154
Jakubijan-Bau 33, 38
K
Kairo 13, 14, 15, 16, 17, 18, *33*, 35, 38, 50, 52, 54, 63, 86–87, 100, **117**, 360, (Tour 5)
Kalabscha 241
Karnak 238, *252*, 347
Karnak-Tempel 262, 271, 287, (Tour 6)
Katharinenkloster 13, *219*, (Tour 3)
Kitchener-Insel 246
Kleopatra 63, 339, 349
Kloster der Hl. Jungfrau Maria 237
Kloster der Syrer 174
Kloster des Heiligen Pschoi 174
Knickpyramide 15, **155**, 323, (Tour 1)
Kom Ombo 258
Kopten 222, 389
Koptisches Museum 147
Koschary El Tahrir 150
Kriegerkaste der Mamelucken 351, 352
Kristallberg 289
Kulinarisches 96
Kum al-Dikka 60, 181
Kum al-Schukafa 181
L
Ländliche Pyramidentour (Tour 1)
Lehnert & Landrock 50, 152
Lehnert, Rudolf 152
Lischt 165, 343
Luxor 85, 106, 110, 231, 234, 238, **258**, *258*, 287, 296, 302, 360, (Tour 6)
Luxor-Museum 262
Luxor-Tempel 261, (Tour 6)
M
Madinat Habu 282, 348, (Tour 6)
Madrasa 135
Maidum 166
Makan 71, 154
Makariuskloster 175
Mallawi 273
Mamelucken 340, 353, 389
Manakisch 46
Marcus Antonius 349
Marsa Alam 17, 204
Marsa Matruh 188, 299
Maschrabiya 389
Memnonkolosse (Tour 6)
Memphis **166**, 167, *169*, 343, 344, 348
Menkaure-Pyramide 165
Merenpthah 277
Minarett 390
Minya 271
Moghul Room (R, Gizeh) 148
Mohamed Ali Club 58, 152
Mohammed, der Prophet der Muslime 221
Mohammed, Ras 75, 76
Mohammed-Ali-Moschee 26–27, 137
Mohandessin 47
Molochiya 89, 94
Moon Beach 54
Moschee 37
Moses (Tour 3)
Mosesberg 218, 129, (Tour 2)
Mosesquellen 226, 227
Mövenpick Jolie Ville Golf Resort 110
Mubarak, Husni 122, 361, **362**
Mumifizierungsmuseum 271
Muslimbrüder 35, 362
Muslimbruderschaft 203, 361
Mut 291, 311
N
Naama Bay 212
Nagib Machfus 135, 318
Nagib Machfus Café (R, Kairo) (Tour 5)
Napoleon Bonaparte 15, 49, 126, 190, 221, 352
Nasser, Gamal Abdel 72, 240, 341, 358
Nasser-See 79, 241
Nationalpark Ras Mohammed 75
Nekropole 159, 390, 170
Nil 18, 109, 120, 121
Nilmesser (Nilometer) 242, 282
Nofretete 346
Nuwaiba 45, **206**, *207*, 218
O
Oase Bahariya 109, 112, 309, (Tour 6)
Oase Charga 109
Oase Siwa 107
Oberägypten 85, 100, 177, 223, 338
Osiris 311
Osiris-Scheingrab 236
Osiris-Schrein 245
Osmanisches Reich 352
P
Pauluskloster 229, (Tour 4)
Pharao 278
Pharao Cheops 242
Pharaonenquelle 55
Pharaonic Village 63
Pharos 180
Philae 244
Pompejussäule 183
Port Said 49, 193, **207**, *208*, 212
Privatmuseum des Künstlers Badr (Tour 6)
Ptah 312
Pyramide von Maidum 166, 323
Pyramiden 322
Q
Qarun-See (Birkat qarun) 156
Qibla 391
Qisair 209
Quelle Bir Wahid (Tour 2)

R
Ramadan 61, 101, 105
Ramesseum 285, (Tour 6)
Ramessiden 245
Ramessiden-Gräber 277
Ramses I. 271, 328
Ramses II. 14, 141, **158**, 167, 168, 232, 233, 234, 235, 245, 253, 278, 339
Ramses III. 245, 253, 282, 283
Ramses VI. 356
Ramses-Bahnhof 36
Re 312
Recoub al-Sorat 57
Reiseservice 364
Restaurant Charwood's (R., Kairo) 47
Restaurant Koschary El Tahrir (R, Kairo) 46
Restaurant Sea Gull Restaurant (R, Alexandria) 49, 185
Restaurant Sequoia (R, Kairo) 61
Rosetta (Raschid) 190
Rosetta-Stein 190
Rotes Meer 13, 17, 85, *108*, **109**, 112, 193, 194, 216, 223, 358, (Tour 4)
Rote Pyramide 155, (Tour 1)
S
Sabil 124, 126
Sabsils 16
Sadat 341
Sadat, Anwar 122
Safaga 210
Sakkara Country Club (Tour 1)
Saladin 137, 340
Salah al-Din al-Ayyubi (Saladin) 137, 351
Saqqara 110, 121, 141, 160, 165, **168**, 169, *170*, 172, 235, 242, 323, (Tour 1)
Sayyida Zainab 130
Sayyida-Zainab-Moschee 95, 106
Schali 298, 312
Scharia al-Muizz li-Din Allah (Tour 5)
Scharm al-Scheich 49, 75, 76, 85, 86, 110, 111, 112, 193, 202, **211**, *212*, 217
Schischa 74
Schischa-Cafés 74
Schwarze Wüste (Al-Sahra al-Sauda) 289
Sechmet 312
Sechs-Tage-Krieg 358, 359
Sehel-Insel 245
Sequoia 150
Serapeum 172
Seth 312
Sethos-Tempel 235
Shark's Observatory 75
Simeons-Kloster 247
Sinai 45, 54, 55, 75, 112, 218, *220*, 228, 341, 359
Siwa 287, *296*, 297, 299, 302
Skarabäus 391
Snofru, König (Tour 1)
Sobek 312
Soma Bay 110, 215
Sphinx 160, *161* 164, **168**
Sprachführer 386
Stadttor Bab al-Futuh (Tour 5)
St. Katharina 218, (Tour 3)
Stein von Rosetta 15, 352
Suez 49, 75, 111, 193, 194, **221**
Suez-Kanal 193, 204, **221**, *225*, 340, 341, 359, (Tour 4)
Sultan al Aschraf Barsbay (Tour 5)
Sultan-Hassan-Moschee 135
T
Taamiya 46, 91, 202
Taba 111, 218, 224
Taharka 253, 256
Tahrir-Platz 36, 64, 118, 153
Tal der Könige **276**, 302, 356, (Tour 6)
Tal der Königinnen 279
Tanis (San Al-Hagar) 190
Tanta 191, 360
Tauchen 105
Tell al-Amarna 141, 274, 344
Tempel Ramses III. 257
Tempel von Karnak 252, 345
Theben 238, 338, 343, 344, 348, 356, (Tour 6)
Theben-West *90*, **275**, *275*, 284, 325
Thot 312
Thutmosis I. 254
Thutmosis II. 344
Thutmosis III. 254, 255, 257, , 262, 277, 338, 344
Thutmosis IV. 285
Totenstadt 138
Townhouse Gallery of Contemporary Art 62, 148
Trianon-Café (Tour 2)
Trinkgeld 331
Tutanchamun 16, 142, 170, 276, **345**
Tutanchamuns Mutter Kija 279
U
Ud *103*, (Tour 5)
Umm Kalthum 102
V
Virgin Megastore 51
Verkehrsverbindungen 383
Von Kairo ans Rote Meer (Tour 4)
W
Wadi Araba (Tour 4)
Wadi Degla 77
Wadi Natrun 14, 117, 118, **172**, 173, 223, 287
Weiße Wüste (Al-Sahra al-Baidha) 28-29, *286*, 287, **289**
Westliche Wüste 288
Wohnhaus Lawrence Durrell 78, 183
Wüste und Tempel (Tour 6)

Z
Zafarana 227
Zagazig 191
Zar 64
Zeltmacher-Suq 130
Zitadelle von Saladin *136*, 137
Zur schönsten Oase Ägyptens (Tour 2) 263
Zweiter Weltkrieg 186, (Tour 2)

Bildnachweis:
Cover: Laif/Clemens Emmler

Agentur Focus (2) /Florence Lebert S.138, /Ferdinando Scianna S. 100/101; Akg-images (10) /Archiv S. 340, 341, 348, 353, 354/355, 356, /Lehnert & Landrock S. 342/343, /Erich Lessing S. 339, 347,/Laurent Lecat S. 353; Alamy (2) /Nagelestock S. 6/7, 20/21; Araldo de Luca/White Star Images (1) S. 304/305; Tarek El Baradi (1) 263, Altarfalz/vorne; Wilfried Bauer (2) S. 119, 258; Bildagentur Huber (14) /Archiv S. 197, /S. Cipriani S. 14/15, /F.Damm S. 144, /Johanna Huber S. 277, /Fantuz Olimpio S. 141, 334/335, /R. Schmid S. 44, 82/83, 90, 149, 215, 230, 243, Altarfalz/Innen;
Bildagentur Online (3) /Archiv S. 218, /Antonello/Lanzellotti S. 84, /Peter Svarc S. 180/181;
Bildarchiv Monheim (1) /Rainer Kiedrowski S. 293;
Bilderberg (14) /Michael Engler S. 223, /Thomas Ernsting S. 173, 278/279, /Lutz Jäkel S. 46, 186, /Markus Kirchgessner S. 128, /Georg Knoll S. 58, 95, 120, /Till Leeser S. 316, /Obie Oberholzer S. 7/19, 28/29, /Dorothea Schmid S. 16/17; Anne-Beatrice Clamann (1) S. 376; Corbis (1) /Sandro Vannini S. 289; Das Fotoarchiv (2) /Granangular S. 176, /Claudia Wiens S. 236; FAN Travelstock (1) /L. Janicek S. 293; Getty – Images (22) /David S. Boyer S. 232/233, /Robert Caputo S. 171, /Mike Copeland S. 7/239, /Kenneth Garrett S. 6, 142/143, 167, /Otto Herschau S. 224, Hulton Archive 317 /Adam Jones S. 252/253, /Will & Deni McIntyre S. 156/157, /Michael McQueen S. 254/255, /Richard Nowitz S. 125, 184, /Steve Outram S. 12, /Hugh Sitton S.297, /Steve Satushek S. 357, /The Bridgeman Art S. 164, 276, 309, 317, /Luca Trovato S. 299, /Gary Wolinsky S. 282/283;
Pirkko Heiman-Meier (1) S. 364/365; Interfoto (2) /Archiv S. 81, /Sartorius S.140; Ipon (1) /Stefan Boness S.104;
Franz Killmeyer (2) S. 213, 214;
Laif (35)/Denis Dailleux S. 32/33, 125, 153, /Xavier Desmier S. 205, /Stephan Elleringmann S. 325, /Clemens Emmler S. 24/25, 79, 113, 123, 129, 160, 189, 190, 209, 228/229, 301; /Christian Heeb S. 86, /Hilger S. 198, 199, /Hoa-Qui S. 134/135, 294/295, /Markus Kirchgessner S. 26/27, 192, 220, /Martin Kirchner S. 206/207, /Axel Krause S. 133, 222, 261, 322, 333, 367, /Ralf Kreuels S. 114/115, Altarfalz/außen, /Robert Leslie S. 106, /Dietmar Reimer S. 216/217, /Arthur Selbach S. 202/203;
Laif/Gamma (2) S. 290, 314, 330;
Laif/Hemispheres (14) S. 6, 10/11, 30/31, 40/41, 93, 108, 163, 240/241, 255, 306, 315, 321, 350/351, 361;
Look (4) /Heinz Endler S. 54, /Michael Martin S. 219, /Ingolf Pompe S. 87, 194/195;
Guido Mangold (10) S. 22/23, 63, 139, 234/235, 244, 245, 250, 251, 275, 284;
Mediacolors (2) /Archiv S. 116, /Flueeler S. 298; Palmyra Verlag (7)/Rudolf Lehnert S. 34, 39, 80, 208, 336, 342/343; W. Gartung S. 103; Picture Alliance/dpa (14) /Archiv S. 158, 175, 318 (2), 326, 329, 347, 359, /Oliver Berg S. 344/345, /Pascal Deloche S. 360, /Khaled El Fiqi S. 363, /Mike Nelson S. 278, /Photoshot S. 168, /Stephanie Pilick S. 346;
Stockfood (2) /Archiv S. 94, /Michael Brauner S. 53;
Superbild (6) /Archiv S. 310, /Bernd Ducke S. 60/61, 74, 178, /Haga S. 258/259, 303; Topic Media (2) /Michael Nitzschke S. 188, /STR S. 49; Ullstein/Reuters (2) S. 311, 312/313; Visum (1) /Günter Standl S. 98; Waldhäusl (1) /Al-Talwe S. 286,
Claudia Wiens (12) S. 51, 52, 62, 64, 65, 69, 71, 73, 124, 126, 327, 381.

Umschlag hinten: Laif/Hemispheres (1), Laif/Axel Krause (1)

Illustrationen:
Andrea Tanksley: S. 136/137
Jürgen Willbarth: S. 256/257, 324

Liebe Leserinnen und Leser,

wir freuen uns, dass Sie sich für einen Titel aus unserer Reihe MERIAN *Reiseführer* entschieden haben. Damit werden Sie sich an Ihrem Reiseziel wie ein Kenner fühlen können.

Alle Angaben in diesem Reiseführer sind gewissenhaft geprüft. Der Verlag übernimmt jedoch für evtl. Fehler keine Haftung. Preise, Öffnungszeiten usw. sind schnelllebig. Änderungen, die nach Drucklegung entstehen können, sind daher nie auszuschließen.

Schließlich interessiert uns noch Ihre persönliche Meinung. Bitte schreiben Sie uns, wenn Sie Berichtigungen und Ergänzungen haben - und natürlich auch, wenn Ihnen etwas ganz besonders gefällt.

TRAVEL HOUSE MEDIA
Redaktion MERIAN Reiseführer
Berg-am-Laim-Str. 47
D-81673 München
merian-reisefuehrer@travel-house-media.de

Bei Interesse an Karten aus MERIAN Reiseführern schreiben Sie bitte an:
iPUBLISH, geomatics
Berg-am-Laim-Str. 47
D-81673 München
geomatics@ipublish.de

Bei Interesse an Anzeigenschaltung:
KV Kommunalverlag GmbH & Co KG
Mediacenter München, Tel. 0 89/92 80 96-44
kramer@kommunal-verlag.de

TRAVEL HOUSE MEDIA

100 JAHRE
GANSKE VERLAGSGRUPPE

PROJEKTKOORDINATION
Birgit Chlupacek

REDAKTION
Birgit Chlupacek, Gisela Wunderskirchner

REDAKTIONSASSISTENZ
Gabriele Fitschen

LEKTORAT
Susanne Debbas, Franz Lenze, Ulrich Templer

SCHLUSSREDAKTION
Dr. Anita Meschendörfer

ART DIREKTION/REIHENGESTALTUNG
Helinä Markkanen, München

SATZ/GESTALTUNG
Marja Fischer, Feldafing

BILDREDAKTION
Alexandra Dimitrijevic (Koord.),
Jürgen Lindenburger, Petra Becker

UMSCHLAGGESTALTUNG
Heuer & Sachse, Hamburg

KARTEN
MERIAN-Kartographie, München

PRODUKTION
Renate Hutt

DRUCKVORSTUFE
Repro Ludwig, Zell am See

DRUCK UND BINDUNG
Printer Trento, Italien

GEDRUCKT AUF
Nopacoat Edition von der Papier Union

1. Auflage, ISBN 978-3-8342-0136-2